台灣受虐症候群

上冊/台灣受虐症候群的煉製

埔農 著

序

　　台灣這塊土地上的人民，原本謙虛、好客又善良；勤奮、節儉而樂與天地共榮。雖經鄭成功集團、清朝的壓迫與統治過，文明、文化被摧毀，但仍能於逆境中求生存。在中國蔣幫集團的侵台以前，大多數也可以繼續維持自己的生命尊嚴和民族本質記憶。

　　鄭成功集團、清朝侵略台灣期間，以安全掌控為目的，清廷更視台灣為敵境。他們全面摧毀台灣原有文書、文化及工業文明設施，限令台灣族人僅能從事農耕，台灣文明一時俱毀。台灣族人歷經二百多年持續的被迫漢化。被河洛人鄭、清官員管控的台灣人民，被迫經河洛語系漢化；被客家人鄭、清官員管控的台灣人民，被迫經客家語系漢化。執行漢化者更依姓氏建立其中國祖宗堂號，強制台灣族人敬拜。更悲慘的是，台灣族人於被迫漢化中重新建立起的台灣自有文化，竟在不到三百年間，再遭受中國蔣幫壓霸集團侵略。台灣重新建立起的文化，又再一次被徹底消滅。這次他們更陰狠，把台灣人民洗腦、篡改台灣歷史、消滅台灣人民的良知與文化傳統、呆奴化台灣人民的心靈。

　　台灣人崇尚自然；重人倫；敬天地；樂與天地共榮，和諧分享是台灣人的信念；戒慎爭鬥，不重視功利文明。這本是好事，更是世外樂土的條件。但是，當有外來的功利主義

民族入侵時，缺乏足夠的裝備和有效的戰略、戰術經驗去抵抗，註定成了劣勢。

在接受漢文化的過程中，或順勢、或被迫而受漢姓、取漢名。但仍保留不少台灣傳統風俗，如先生嬤及拜地基主的習俗等；而在演算上優於阿拉伯數字的台灣數字，直到三、四十年前還有不少老一輩台灣人在使用，稱「台灣數字碼」，簡稱「台灣碼」。計算機發明前的通用算盤是史上和台灣數字同時發明的台灣算籌。鄭成功集團降清，被趕回中國時，將「台灣數字」、「台灣算盤」傳入福建、廣東沿海。福建、廣東沿海漢人即學會使用「台灣數字」(卻稱之為番仔碼)；也逐漸捨棄拙於高等運算的中國算盤，改使用「台灣算盤」。另外，在四千多年前，台灣就已有世界上最早的煉鐵工業。直到今天，被迫漢化的台灣族人，仍奉行著不少台灣自己的幾千年傳統禮俗。例如：祭祖應同時敬拜「地基主」；在節氣「大寒」當日整修先人墳墓；行結婚儀禮時，以母舅為尊，須請坐大位；新添人口、新墳於新年陪墓；不於清明掃墓等。樸實不忘本的台灣族人，至今仍奉行不斷。但是，現在台灣人民之中，有多少人知道有很科學化的台灣數字呢？有多少人知道計算機發明前的通用算盤是史上和台灣數字同時發明的台灣算籌呢？有多少人知道台灣五千年前就有很進化的橫寫式文書呢？有多少人瞭解台灣抵抗鄭成功海盜集團、清廷、蔣幫中國壓霸集團等壓霸外族侵略的真正血淚歷史呢？又有多少人知道在四千多年前，台灣就已有世界上最早的煉鐵工業呢？又有多少人知道在五千多年前，台灣就已在向中國輸出科技文明與文化呢？這些事實，在正常

的國家和人民，是不可能不知道的。

　　由於台灣在被迫漢化過程中請來的唐山師，不論是文學或工藝，都是正統師匠，能不受中國各地方的俗雜變異所影響，反而更能保有漢學、漢藝優雅的本質。直到六十多年前蔣幫侵台，為逞其永遠坐享霸王地位之獸慾，用厚黑學經周密的陰狠設計，手持槍炮為工具、以恐怖極權為手段，將台灣土地上的人民洗腦、篡改台灣歷史、消滅台灣人民的良知與文化傳統、呆奴化台灣人民的心靈，塑造侵台的蔣幫集團為「當然貴族」之印象，這些蔣幫惡徒自稱為「高級人」，使台灣百姓多數逐漸自卑喪志。一些人則變得寡廉鮮恥，以附貴求榮自滿。歷經二至三代六十年的強塑，台灣人民還有本質記憶者，已經稀有、罕見了。這時要喚醒台灣人民的良知本性已難上加難，有識者共同努力吧！

　　宇宙之內的大自然現象與變化，人類原本能理解的不多，人力所能掌握的更少。人對無知與無力的境界，都有存在一種原始的恐懼，恐懼會轉為敬畏，敬畏會衍生出乞求與依賴，這是人類會祭拜神明與信仰宗教的由來。正常情況之下，這是有正面的意義。但有時人類對惡霸也有這種心理效應，由恐懼轉為敬畏，若自信心不夠堅強，就會由敬畏轉為崇拜。所以偶爾會有受虐者對施暴者產生神明式的崇拜現象。輕度的這種心理扭曲，常會發生而少被注意。如神棍、官僚與幫派頭子的作威作福。而嚴重的這種典型心理扭曲，較少出現，偶發時則會引起震驚。但真正經過分析確認，而舉世聞名的，則始自1973年的斯德哥爾摩症候群。當年在瑞典首都斯德哥爾摩，有一群持槍搶匪侵入一家大銀行搶劫，

與警方對峙數日，期間搶匪對人質數度凌虐。但搶匪歸罪於警方包圍，告訴人質，人質之所以在此受苦，是因為警方包圍所致，否則他們早已逃走，大家都可得安樂，何須在此受苦。後來警方攻堅，結果危機解除，受盡凌虐的人質們竟未因得救而高興，反過來同情凌虐他們的搶匪，自以為大義凜然地為搶匪辯護，且出錢出力，要救搶匪。精神科醫師才驚覺出這種心理扭曲的現象，遂將這種扭曲的被迫害心理與精神病態，首次命名為斯德哥爾摩症候群。隨後，世界上亦發生過幾次這種典型心理症候群。較有名的是美國駐中東大使的女兒，被恐怖份子綁架案。該名遭折磨得奄奄一息的大使女兒，被救回美國。她康復後，竟偷偷出國，投向該恐怖集團頭子。1974年報業大亨威廉・赫斯特的孫女派蒂被左派游擊隊從家中綁走，被凌虐數月，後來竟加入該游擊隊，並參與持槍搶劫。這種精神與心理的變態，在世界上都是偶發的獨立個案。可憐在台灣，卻是被設計出來的全面性慘況，使得台灣人民在幾十年之後，多數人不知不覺地認賊作祖、認盜作父，且已延續達六十年之久。全面性地歷經二至三代，已成劣幣驅逐良幣的「習呆奴生活為常態」，進入難以康復的窘境。遂成陰狠下的絕世悲慘──「台灣受虐症候群」。

在人類歷史上，一個強權國家侵略另一個國家時，以武力燒殺擄掠、奴役另一個民族是時有所聞。但是，侵略者使用槍炮武力為工具，有計劃地消滅當地的語言與文化；毀壞當地人民的人格與尊嚴；去除民眾的理性與邏輯思考能力，再偽造其歷史，在這世界上卻僅見於蔣幫集團的侵略台灣，陰狠而特意地將全體台灣住民呆奴化。特別悲慘的是：在今

日，台灣人民已由「勉強久了」變「習慣」；習慣久了成「自然」的情況下，已難有「被呆奴化」的自覺。缺乏「被呆奴化」的自覺，就難從「呆奴化」中脫身。要找回固有文化、還原歷史真相、恢復人格尊嚴的本質、重建理性邏輯思考的能力，就更加不容易了。

　　初看本序，多數人必不以為然。但是，不論您本是台灣人；或是來自中國的華裔移民台灣人；或者否認自己是台灣人民的「自稱高級」中國人，都請仔細看完本書，重回頭再看一遍本序，相信您會有一番新的正確認知。

　　本書分為上、下兩冊，上冊是「台灣受虐症候群的煉製」；下冊是「台灣受虐症候群的延燒」。這才是一部真正的台灣史實。除了第二章有關蔣介石的幼年成長，係節錄自蔣介石一位妻子的敘述；以及第六章有關蔣經國與覺性和尚的對話，係摘錄自陽春所著的《蔣經國外傳》，其餘均由作者親自查察相關典籍資料，證實無誤後，才收錄本書。本書所記述，均有十足事實根據，作者本人絕對負全責。歡迎指教。

上冊【本冊】

目次　　　CONTENTS

CONTENTS 目次

下冊

目次　　　　CONTENTS

CONTENTS 目次

台灣被摧毀的史實與偽造歷史的謊言之證據

　　台灣位於西太平洋邊緣的中央，台灣人在這塊土地生活，至少五萬年以上，甚至二十萬年〔註證1、2〕。台灣文明開化，至少比中國早一千多年〔註證3、4、5、6、8、13〕。台灣歷史有記錄的已五千年〔註證6、7、8、9〕。台灣人擁有世界人類最早開化的文明，但更注重心靈修養。敬自然、順天地；勤奮、節儉樂互助；和平、溫良而好客；輕功利而戒慎爭鬥；不發展武器、軍備；禮貌、謙恭、和諧、分享是台灣人的信念。這本是好事，更是世外樂土的條件。但是，當有外來的功利主義壓霸民族入侵時，缺乏足夠的裝備和有效的戰略、戰術經驗去抵抗，註定成了劣勢，易遭受壓霸入侵者的蹂躪。

　　台灣高山部族人口數較少，有十一個族群：泰雅族、賽夏族、布農族、鄒族、邵族、排灣族、魯凱族、卑南族、阿美族、雅美族(蘭嶼達悟族)及太魯閣族等。平地居民人口數較多，分為九個族群：噶瑪蘭族、凱達格蘭族、道卡斯族、巴

則海族、巴瀑拉族、巴布薩族、洪雅族、西拉雅族、馬卡道族。各族群往來頻繁，語言、文字〔註證8〕也可溝通(雖然口音上各族群有些微差異)，各族群文化雷同又各自帶有一些獨特色彩。台灣的土地並不大，自有高度文明，各部族卻能維持五千年的群聚而存在多樣性。這在世界其他地方是少有的情形。若在世界上其他地方的人類，早就因貪念和壓霸心態而競相製造殺人利器，發生侵略、併吞的戰爭。台灣平地各部族間雖偶有爭執，卻能長久維持和平，未見霸權現象。是真正的人間樂土、世外福地。台灣住民可貴的人性情操，還可由「台灣四千多年以前即有世界最早的煉鐵工業〔註證3、4〕和非常科學化的台灣數字與算盤〔註證5〕，並且不自私地對外擴散文明、輸出產物〔註證3、4、5、8、25〕，卻未見浮華傲人的大型歷史遺跡」得印證。因為各種所謂「偉大的歷史建物」，都是由殘暴和貪得無厭的心態，不斷地向其他族群侵略、併吞，建立霸權，再奴役其人民，搜括其財物，才得以建成。都是醜陋人性和罪惡的成果。中國的長城、宏奢皇陵；埃及的金字塔；印度的泰姬瑪哈陵；柬埔寨的吳哥窟；各國的傲人宮殿、神廟，等等皆是。在台灣卻未見任何丁點這類痕跡，更足見台灣人靈性的可貴。

　　Dai-Wan一詞，原是台灣人對外來客招呼、問好、歡迎的禮貌用語。初到台灣的中國福建河洛語漢人，聽到的第一句話，就是台灣人用台灣語Dai-Wan的熱情問候。初到之地是台南的台江內海一帶(南起現今安平北至鹽水的一片區域，唐山人就稱台江內海一帶)，漢人就稱台江內海一帶為「台灣」。荷蘭人稱台江內海一帶為Tayouan，稱此地區住民為

Tayouanners。荷蘭人稱全台灣為Formosa，稱全台灣住民為Formosans【*The Formosan Encounter,* Vol. I, p. 37】。1623年3月27日，荷蘭人Verhult，由唐山人走狗(兼通譯、嚮導)Hongtsieusou(又寫為Hung Yu-yu)陪同，首先帶隊自Soulang(蕭壠)北側海峽進入 Bay of Tayouan（倒風內海(鹿耳海)），建立據點Smeerdorp(今之下營)【*The Formosan Encounter,* Vol. I, p. 2】。當時鹿耳海(倒風內海)出海口以西4英哩的北線(汕)尾海上沙洲，是中、日走私的來往匯集地。荷蘭商船則在蕭壠西方的北線(汕)尾南岸另一據點（Tayouan Harbour(台灣港)）與中、日船隻交易。【*The Formosan Encounter,* Vol. I, p. 13】。所有歷史學者卻都誤以為Bay in Tayouan、Bay of Tayouan是指後來之大員島旁的海灣。荷蘭人記載，Soulang(蕭壠)是在Bay of Tayouan之內【*The Formosan Encounter,* Vol. I, pp. 24, 28】〔註證11〕。

1624年8月26日，荷蘭東印度公司決定在現今被稱安平的小島另建更大、更堅固的城堡(後來稱為熱蘭遮城)，以便把倒風內海東岸的Smeerdorp和Tayouan Harbour(台灣港)主力遷去，並擴充。1625年，荷蘭人就再稱此小島為台灣島(Isle of Tayouan)。後來，到台灣各地的唐山人，都同樣聽到台灣語Dai-Wan的招呼、問好聲，也就以Dai-Wan稱呼全台灣這塊土地。台灣島(Isle of Tayouan)為與全台灣區別，唐山人就把台灣島的稱呼改寫為「大員」。河洛語發音，「大員」、「台灣」都是Dai-Wan。

華人移居台灣，起於明朝末葉。因當時中國明代朝綱鬆弛，福建又屬偏遠地區。官吏貪腐，又與土豪勾結，善良百

姓屢受欺壓。有反抗意圖或顯露不滿之人，必遭追殺。有部分不甘坐以待斃之人，遂選擇冒死強渡險惡的黑水溝(現台灣海峽中，海象惡劣的狹長海流)。少數成功渡過海峽者即得新生。有膽量且能渡海求新生者，皆爲男丁，有部分人努力開墾有成，受台灣平地住民(後被稱平埔族)的肯定者，得以入贅爲婿。遂有「台灣有唐山公、無唐山嬤」之語。此期間，也有一些惡質罪犯逃亡至台灣，以偷、搶、拐、騙肆虐。台灣這人間樂土上，首度被人類的邪惡面所汙染。

　　早期到過台灣之人，都來自福建地區。而福建居民有一些原爲唐朝、宋朝中原百姓。爲逃避中原戰禍遷移而來，有河洛語系漢人較早；客家語系較晚。河洛語系占地較廣。這些人稱其在福建附近區域居住地爲唐山，以示不忘原是唐朝之人。所以，台灣族人就稱中國爲唐山。後來，遷往其他海外地區的福建、兩廣中國人，也開始稱其中國祖地爲唐山。台灣人民則泛稱華人爲唐山人。這些逃到台灣的唐山人總計有三千二百人〔註證10〕，雖有分散各地，仍以台南一地較多。然而，這些華人在鄭成功集團向清廷投降後，已入贅者連帶整個家庭，甚至整個家族，全數被清軍趕回中國。所以台灣人根本沒有一點華人血緣〔註證12、15、16、17、18、19、20、21、22、23〕。最簡單的可由平地台灣人民多爲隱藏性雙眼皮，或稱內雙眼皮，少單眼皮或眞正外雙眼皮看得出。當時清廷派來統治台灣的官吏，認定接受漢化者爲民；不接受漢化或尚未接受漢化者爲番。由於華人的壓霸橫行，平埔族文明、文化被刻意消滅，就逐漸衰微。但台灣人民生活習慣中，仍可見不少平埔族文化痕跡留傳。例如：先生嬤，即是

台灣傳統女醫；而在被迫漢化過程中仍得以保存至今，並被學傳至中國南部沿海地區的台灣數字和台灣算盤，更足證台灣的亙古文明。台灣人，現在不論是河洛語系或客家語系，雖被迫接受漢化，但仍是一個獨特的台灣民族〔註證23〕。

　　依據1650年代，荷蘭人據台時做過的台灣人類學調查，至荷末的1661年即已調查出九個台灣平地族群，計一百九十三個部落。調查得出並接受登記的就已有三十萬人〔註證10〕。實際數字應在七十萬以上(應該多出非常多。因為，1654年3月10日，熱蘭遮城長官Verburg寫給巴達維亞評議會的信指出，若台灣住民受唐山人挑撥，真要反抗我們，單Tayouan一帶，他們就能夠出動十萬名戰士)。在台之華人則因均定居交通便利之地，較有正確數字，為數僅三千二百人。

　　荷蘭人於1604年8月7日首度到澎湖。此其時，中國明朝為防備倭寇，春秋兩季會派兵巡戍。荷蘭駐軍兵力不足，於10月20日即自行撤離。荷蘭與西班牙、葡萄牙等國，因造有大而堅固的船隻，適於長時之海上航行。早就數度航經台灣，驚嘆台灣之肥美，而以美麗之島(Formosa)名之。荷蘭人於1623年4月，即在掩蔽良好的倒風內海(Bay of Tayouan)東岸的Smeerdorp(今之下營，附近住民是Dorcko社。Smeerdorp荷語意思為Lubricating Village，潤滑之村，是抹油保養之意，即保養、渡假、休養的地方)設有據點，下營Dorcko社人還助其建有城堡。Smeerdorp因風景優美，又安全性高，早就被荷蘭人選做船艦保養和人員休養、渡假處所。

　　1622年7月11日，荷蘭人再度入侵澎湖，設立要塞、建築城堡。而澎湖駐軍和整個荷蘭艦隊的所需食物、飲水、

薪柴等民生補給，則主要來自台灣Smeerdorp(今下營，倒風內海東岸)。傷病人員也送到台灣Smeerdorp治療、休養。於是，Pieter de Carpentier總督命令指揮官Reijerson在1623年10月25日到台灣倒風內海出口的南岸建築要塞（蕭壠社西北(今佳里)），以加強保衛Lankjemuyse水道(鹿耳門)和其東岸的Smeerdorp【*The Formosa Encounter,* Vol. I, p. 24】；【*Dagh-Register gehouden int Casteel Batavia,* Vol. I, p. 30】。

　　1624年，荷蘭放棄澎湖基地，於8月26日全數撤回台灣倒風內海，並另外計劃在大員島著手構築更大、更堅固的城堡（因為北線(汕)尾是沙洲，不適合建築大城堡，且當時倒風內海的入口已漸淤淺，退潮時大型船隻出入險象環生。）（1632年完成內城，外城則於1634年全部竣工，名Fort Zeelandia(熱蘭遮城)。(幾經清、日侵台時期的破壞後，剩下今日之安平古堡遺跡)）。〔註證11〕

　　西班牙人和荷蘭人由於海洋貿易的利益衝突，成為仇敵。基於台灣是來往菲律賓、中國、日本的重要中途站，唯恐荷蘭人壟斷中國與日本的貿易利益，西班牙人於1626年由台灣北端的三貂角(今屬貢寮鄉)登陸，在雞籠(今基隆)社寮島(今和平島)設立堡壘，做為基地。

　　1642年荷蘭人在台灣北端趕走西班牙人，荷蘭人正式獨攬台灣地位之利益。荷蘭人到台灣是貪圖台灣的豐富物產，從事不平等貿易。但其掌握的勢力範圍，仍僅及台南附近地區而已。趕走西班牙人只是為去除身旁的敵對勢力。荷蘭人並未真正占領過台灣。

　　荷蘭人到台灣之前，早已訓練一批熟練河洛漢語文的人員。此時，兼通一些台灣平埔族語的漢人，順勢而成為荷台

通譯〔註證10〕。這些人因依附荷蘭人強權而得勢、得利，甚至作威作福。

　　荷蘭人入侵台灣期間，正值中國明末衰敗，遂有海盜父子鄭芝龍、鄭福松(七歲時又名森)在中國南部沿海坐大。1644年清軍滅明，明朝宗室福王藉用鄭芝龍海盜勢力，在南京個自稱帝。一年後即被清軍擊潰。1645年鄭芝龍之子鄭福松又在福州立傀儡唐王為帝。鄭福松脅迫傀儡唐王賜其姓朱，並改名為成功，自稱朱成功。妄想由海盜變身以繼承明室。後來見野心無望，改以入侵台灣，建立東都王國霸權，認為已成功自立為王，才又自稱鄭成功。

　　海盜時期的鄭氏集團即曾劫掠過台灣，並與東來的荷蘭人有接觸，訂有互不侵犯協議。鄭成功藉傀儡明帝企圖漂白後，轉型為亦盜亦商集團。和荷蘭人的接觸多了，對台灣更有瞭解。鄭成功得知台灣土地肥沃，文明進步，民眾生活安康，而占據台灣部分肥沃地區的荷蘭人並無強大駐軍(包括文職人員，最多時也僅二千八百人)。當時正值鄭成功被清廷追逼，難以招架。又有對台江內海一帶(Tayouan)區域知之甚詳的何斌(何斌原為荷蘭人所用)適時投靠，帶來詳細地圖。於是接受右武衛軍師(劉國軒)的建議，決定入侵較易得手的台灣，趕走荷蘭人，據台稱王。

　　1661年，精於謀略的軍師劉國軒，探詢好台南地區沿岸地理形態及安全航線，搜集所有可用船艦，渡海東進台灣。考慮渡海顛簸勞累，必使官兵無力作戰。先入北台江內海東方，掩蔽良好的倒風內海(西邊緊接台江內海北半部，是內海中的內海，台灣族人稱鹿耳海)，由腹地寬廣的禾寮港(即現在台南市下

營區，舊稱Smeerdorp)登陸，並襲擊僅有數名士兵看守的荷蘭長官渡假別墅(紅毛厝)，再引進大批軍隊和船艦登陸紮營，以待恢復官兵體力，及為進攻赤崁（台南市區。內有普羅民遮城(Provintia)，又稱紅毛城，今只遺留赤崁樓）及熱蘭遮城Zeelandia（在大員島(安平)）做準備。同時誘騙台灣族人助其運輸和補給。劉國軒先派遣部分兵力開往普羅民遮城(台南)外圍埋伏，斷了荷蘭守軍的陸上退路和糧食供給。先逼使普羅民遮城地方官投降。普羅民遮城投降後，鄭成功本人即遷入普羅民遮城。如此過了24日，陸上荷蘭守軍已全部被掃平。這才開始進行對熱蘭遮城為期九個月的圍城。等城內糧食用盡，荷蘭守軍只好投降(當時荷蘭駐台人員僅二千餘人，主要布署在更堅固、存糧更充足的熱蘭遮城堡壘內)。〔註證11〕

　　數個月的圍城期間，鄭成功(是海盜起家)部隊運用海盜戰術圍困熱蘭遮城。雙方對峙時，主力船隊在岸上炮台射程之外的海面，一字排開，看起來聲勢浩大。但一次僅輪派二艘炮艦，左右游擊。岸上堡壘明顯，目標龐大而固定，由海上容易擊中；陸炮射程內的海上，僅二艘分別快速移動的炮艦，由岸上要擊中海上游走的小目標並不容易。故荷蘭堡壘浪費大半彈藥，存糧又已耗盡。而海上鄭成功的主力艦隊並無損傷，且在台灣族人幫助下，後續補給無虞。僵持久了，荷蘭守軍只好投降。精於謀略的劉國軒，鑒於初到台灣，對台灣全境的地形、地勢並不完全熟悉，為減少損傷，保留以後控制台灣的實力，留用了一些熟悉台灣地形的荷蘭軍官和土地測量師(他們早先都已懂唐山河洛語文，並學會了台灣族語)。

　　鄭氏據台，帶來漢人軍民三萬七千人，建立東都王國，

自稱東都王。由於台灣高山險阻，鄭氏集團不願因涉險而帶來損傷。遂放過山地部落，僅占領易掌控、又獲利高的平埔族所在平地和丘陵地。鄭氏集團占領台灣後，掠奪台灣優渥資源，官兵生活富裕而安樂。遂逐漸疏於軍備。二十三年後，其孫鄭克塽年幼，對於來犯清軍已無力抵抗，遂受招降。

　　鄭成功集團軍民(東都王國)據台期間，使用優勢武力在各地強占良田、房舍；強擄台灣平地住民為農奴、家丁。強迫農奴、家丁說漢語；學漢文；取漢名；更依其頭領改冠漢姓；並遵行其習俗和宗教活動。未受鄭成功集團軍民控制的台灣平地住民，被迫遷避至偏遠貧瘠之地，但仍時常受鄭成功集團軍民的劫掠。台灣住民忍無可忍，乃多次起而反抗。記載中較大的戰役就有1661年的大肚社之役；1670年的沙轆社之役；1682年的竹塹社之役和新港社之役。鄭成功集團軍民在台的殘暴，可從其記載中窺見一二：「沙轆番亂，右武衛劉國軒駐半線，率兵討，番拒戰。燬之，殺戮殆盡，僅餘六口匿海口。」

　　鄭成功集團軍民(東都王國，後稱東寧王國)據台期間的壓霸行徑，是台灣人民被奴化洗腦的開端。茲以台南下營一地為例：

　　下營是鄭成功集團在正式到大員(安平)攻打荷蘭人前，所選定做為休息、準備的跳板。在下營登陸後，即就地安置各將領的家眷。下營人不明究理，在好客心理下給予接待，並助其補給。大員的荷蘭守軍投降後，有劉國軒將軍、洪旭

副將軍、所屬參軍沈崇明、潘庚鍾、副參軍姜拏、陳姓、曾姓、蔡姓等部將仍把家眷繼續留住下營。這些鄭成功集團家眷受到下營人親切的款待、照顧，並給予軍隊補給。他們才能無後顧之憂，繼續到台灣各地侵略。孰料鄭成功集團在控制台灣後，恩將仇報，反客為主。強占大面積良田、房舍；強擄下營人為農奴、家丁。鄭成功集團軍民坐享貴族生活。強迫農奴和家丁說漢語、學漢文、取漢名；更各依其頭領改冠漢姓；並被迫遵行其習俗和信仰活動。其中右武衛軍營的占地，今日還留有「右武衛」地名（在下營南邊，靠近大溪(現在流入將軍溪)北岸，往中營方向東側）。劉國軒在數年後遷走其家眷，住到隆田。一併帶走在下營所擄家丁，僅留一些軍隊駐守（這也是「將軍溪」名稱的由來。劉國軒有空回隆田時，必乘船由大員經將軍溪(當時稱蕭壠溪，麻豆段又稱灣裡溪。曾文溪未改道前，是曾文溪出海的河道)，入隆田支流。當劉國軒將軍留在隆田時，其他軍、政人員有事晉見劉國軒，也都是搭船上溯蕭壠溪而來，蕭壠溪遂成為當時受到管制的重要河流，也因而被叫做「將軍溪」。後來因山洪爆發，夾帶大量泥沙，鹿耳海(倒風內海)和蕭壠溪同時淤積。蕭壠溪變淺又河面縮小。1823年再次山洪爆發，灣裡溪在麻豆南方決堤改道，主流往南由潟湖(南台江內海)北端入海，是為今日的曾文溪。下營大溪則因鹿耳海淤積更加屬害(事實上，此時鹿耳海已成內陸)，改流入殘留的蕭壠溪。成為今日的將軍溪）。潘庚鍾不久後於征戰中被殺。洪旭因戰功彪炳，其子洪磊得以任吏官、兼管戶部。洪磊後來在北門地區自己另外占地分立。

　　1661年底劉國軒帶軍登陸下營時，帶來一尊玄天上帝神像。玄天上帝又稱玄武大帝、真武大帝、上帝公。被當時中

國人視爲武運大神。許多起兵征戰的人或強盜，皆宣稱得到
玄天上帝的認可和庇佑。並隨軍攜帶，公開祭拜。劉國軒等
人登陸後，即在下營大溪北岸附近(「右武衛」以西約400至500
公尺)蓋茅舍，供奉此玄天上帝神像。這是漢人最早在台灣設
立的第一座神廟(下營上帝廟)(在荷蘭人占據台南附近地區時，是有
一些唐山賭商早先曾帶來神像，乞求保佑。但僅供奉在住處，回唐山時
隨身帶走或遺棄)。後來因爲此地在颱風大雨時會淹水，才將神
廟遷往現在的上帝廟址。不過，下營人至今仍稱原廟址爲廟
地。

　　鄭成功集團以貴族姿態占領下營近二十三年期間，忘
恩負義，以武力逼使下營人爲農奴、家丁。強迫說漢語、學
漢文、取漢名；各部將更將所擄下營人強冠其漢姓；並迫使
遵行其習俗和宗教信仰活動。不順從者施以酷刑；反抗者處
死。各將官自稱王爺，有時又自稱元帥、千歲，各「元帥、
千歲、王爺」所擄農奴、家丁稱爲其「鑼下」(當時以打鑼聲
做爲人員召集令)。下營人爲他們種田、勞役；各「元帥、千
歲、王爺」生日時，得前去拜壽，並供應他們大肆慶祝、吃
喝玩樂所需，還須提供其所屬兵士山珍海味的宴席，稱爲
「賞兵」。而供奉武運大神「玄天上帝」的上帝廟，是這些
強盜官兵的信仰中心。3月3日「上帝公生」，須爲其連續三
天的慶典付出，除了奉獻大量供品，更要排出轎班，輪流用
八人抬的大轎，抬著各「元帥、千歲、王爺」，隨上帝公神
像乘轎出巡、出遊，並沿途供應其人馬飲水、糧食、草料(驕
奢必敗，所以二十二年後，無力抵抗清軍來犯而投降)。經過長期的
洗腦、強塑，以上這些活動，竟已成爲下營人根深柢固的習

俗和信仰行為。當時將家眷留在下營做貴族的鄭成功集團部將，主要有劉國軒、洪旭、沈崇明、潘庚鍾、姜拏、陳姓、曾姓、蔡姓(後三位因官階較低，名字已不可考)。各擁有強迫冠其姓的農奴、家丁。其中劉國軒家數年後帶家丁遷走，農奴散給他人；留在下營的以洪旭官階最高，但他僅遷來少數的部分家眷；潘庚鍾和姓蔡者早死，失去庇護，擁有強迫冠其姓的農奴、家丁較少。所以現在的下營人口，以姜、曾、沈、陳、洪五姓為主，潘、蔡次之，都是沿用被壓霸冠上的姓氏。

鄭成功集團部隊，以來自中國福建泉州、漳州為主，所以屬河洛語系者較多；屬客家語系者較少。因而台灣族人被迫說河洛語、行河洛習俗的人較多；被迫說客家語、行客家習俗的人較少。其中劉國軒是客家人，但劉國軒數年後就將家眷遷走，所擁農奴散給他人，所以在下營並未見說客家語、行客家習俗的人。

鄭成功集團向清廷投降後，漢人全數被清軍趕回中國。善良的下營人並未瓜分這些壓霸唐山人帶不走的所掠奪土地。由於已習慣了被強塑的習俗和宗教信仰，於清廷官方清點地籍時，大家合議將這些被掠奪二十多年的土地，登記為「武承恩」之名，歸為廟產。意思是「我們心不懷恨，仍以玄天上帝之名(玄武)，存感恩之心，來接回這些壓霸唐山人帶不走的被掠奪土地」，由六姓推派代表共管。六姓是姜、曾、沈、陳、洪五姓加上「什姓」。「什姓」是指人數較少的潘、蔡兩姓及其他後來遷入的他姓人口。足見台灣人善良又謙恭的本性。更由於清國延續鄭成功集團管訓台灣人

民的高壓漢化策略，鄭成功集團留下的空祠堂，乃由被強制冠姓的各族群繼續使用。雖然其祖先牌位已全都撤走，但其堂號牌匾卻仍高掛著。下營人還替各「元帥、千歲、王爺」塑像，用在已被定型化的節慶活動，還變成民間信仰的一部分。

以上情況由鄭成功集團其他頭領拿做範本，在全台灣橫行。所以全台灣受害的情況雷同而小異。這是台灣人被澈底殘酷「奴化改造」的起始。荷蘭人據台期間，是以不平等貿易掠奪台灣物資，也有試圖傳教的同化行為。但荷蘭人並無摧毀台灣人固有文明、文化及歷史之意圖；也未壓霸到想奴化台灣人的身、心、靈；還用羅馬字母拼音，來學習台灣語言。

清廷追剿鄭成功集團，是擔心其在台灣壯大後，可能帶來威脅。且滿族屬內陸民族，無海權觀念。當時滿清康熙皇帝，不願侵占台灣，但執意將在台漢人全數趕回中國。寧可錯趕一百，也不能放過一個。就是要免除後顧之憂。

鄭氏集團入台，帶來漢人三萬七千，被台灣族人反抗時所殺或病死的有六千。鄭氏的東寧王國(鄭成功兒子鄭經繼位後，將東都王國改名為東寧王國)被消滅後，清國政府命令漢人回籍。將鄭氏集團帶來的軍民和所生子孫，計四萬二千名趕回中國。死在台灣者的墳墓，也全都遷回中國。連與鄭氏集團無關的原先住台漢人，也全數趕出台灣，一個不留〔註證12〕。根據記載，總共將十多萬人驅逐出台灣。然而，荷蘭人在鄭氏集團入台前所做人口調查，顯示原在台漢人僅三千二百人〔註證10〕。多了數萬人被趕走，應該是包括了

一些在台灣入贅者的所有家族。所以台灣人民，是被迫漢化了，卻沒有一點漢人血緣的獨立民族。

1683年，清廷消滅據台的鄭氏東寧王國。滿清康熙皇帝本欲於清除在台漢人後，立即撤兵。但施琅上奏「台灣棄留疏」，主張需在台灣留下可有效掌控的駐軍和官吏來占領。理由有二： 一，可防止漢人再偷渡到台灣；也避免荷蘭人再占據台灣。不論何者在台灣壯大，都可能為將來留下禍根。二，台灣土地肥沃、台灣人生性勤勞、物產豐富，尤其樟腦、鹿皮、米和蔗糖產量大，足可便宜供應中國民生所需。滿清康熙皇帝最後採納施琅建議，占領台灣。

此後清廷禁止漢人再移居台灣。派來的治台官吏，最長任職三年即遣回中國；不能帶眷上任；亦不准在台灣娶妻，以防止留下漢人後代；另駐有陸、海軍萬餘人，也是每三年調換新部隊來駐守。這是為避免漢人久居而有機會偷偷和台灣人民來往。光緒年間才稍微解禁〔註證20〕。鄭氏集團原視台灣為殖民地；清國更視台灣為敵境。

清國視台灣為可有可無的邊陲。從未正眼視之。任由督吏胡亂行事。但台灣人本性善良而勤奮，又農耕收成不錯，雖受剝削與欺壓、先進文明被摧毀殆盡，仍能勉強生存，繁衍子孫。

清廷據台，派來占領的都是降清原明朝官吏。接收了鄭氏集團在台灣全部的地籍圖冊、人口登錄、資產記載以及管訓台灣人民的高壓策略。不但承襲鄭氏集團的政策，更嚴厲執行。首先下了嚴酷刑罰的封山令。不願因為進入高山而付出涉險的代價，遂要狠將台灣山地各族孤立在高山各個局

限區內，每一個部族都被隔離在狹小範圍內，令其自生自滅。在原鄭氏集團河洛人部將轄區，派駐河洛人官吏；在原鄭氏集團客家人部將轄區，派駐客家人官吏。分別依河洛習俗、客家習俗繼續加強漢化，以利管控。將接受漢化者列為「民」，未接受漢化者列為「番」而加以歧視。

列為番者不被承認擁有資產的權利，可隨時將其向偏遠、貧瘠區域驅逐。列為民者，可登記住宅、耕地，人身也受到較多保障。如此加速台灣人接受漢化的意願。但直到蔣幫中國壓霸集團侵台初期，仍有不少民族自尊心較強，堅持台灣傳統文化的台灣族人，寧被視為番而不移。然而，因受到歧視(被稱為平埔番)，生活條件差，台灣文化不但無法發展，更逐年凋落。

在嚴酷封山令之下，台灣山地各族就像被困在孤島監獄，無法與其他地方交流維持文明所需的物質和原料。文明遂停滯，更繼而消退。因為生活條件差，族群又無法與外界通婚而基因逐漸純化，族群也逐漸縮小。文書教育傳承失去需要性，就斷層了。連語言也因族群縮小，加上二百年的完全隔離，各部落語音的差異越來越大。其實「日月潭台灣古文石版」〔註證8〕就是來自山地族群，足證山地住民本來也是有使用原台灣文字的。只是文明被迫而流失，就僅以簡單符號記下生活所需事物。後來山地住民竟被認為原就文明落後。

台灣平地各族人，在被迫漢化過程中，所有文明、文化則被消滅殆盡。清廷施琅侵台時，視台灣為敵境。見台灣文明比中國進步，台灣人文明昌盛、豐衣足食〔註證13〕，更

懷妒恨之心。下令台灣人僅能從事農耕，澈底摧毀工業、工藝、文化設施；滅絕所有歷史文書，並加速漢化改造，使得台灣文明一下子倒退五千年〔註證7〕。其目的，除了爲方便管控台灣，更爲了滿足華人心虛又自大的狂妄野心。爲了消滅台灣意識，強冠漢姓、取漢名〔註證23〕；連宗教信仰〔註證24〕、生活習俗也全部移植過來。在鄭成功集團據台時立下的基礎上，做更澈底的消滅台灣意識、文明、文化。

　　善良的台灣人都會定期敬拜地基主。因爲台灣人認爲，此地原來定有先人打過獵、走過、休息過，甚至住過、開墾過，他們雖未宣稱擁有，但本人總是後到，要開墾或據爲己有，道理上應先得這些先人的允許才是。但這些先人應已不在人世，或不知在何處，就統稱這些先人爲地基主。在敬拜自己祖先之餘，須記得也定期敬拜地基主，以示做人懂得感恩的道理。並代代相傳。即使土地是後來從別人手中買得，也必須不忘感恩原來在此活動、開墾過的先人。強行漢化過程中，被迫接受王權式神明的「土地公」習俗時，台灣人仍能留傳敬拜地基主這純粹表達對先人感恩的謙恭禮儀。至今在台灣民間奉行不斷。

　　台灣自有以太陽、地球、月亮運行爲基準的曆書。台灣屬海洋氣候，節氣與漢曆不同。例如：漢曆大寒時節(以太陽照射地球角度爲依據)，在中國是一年最冷的日子，人與大地早已蟄伏多時；在台灣，眞正寒冬卻才開始，台灣人剛把秋季作物收成完畢〔註證8末〕。所以台灣曆法中，以這時節(因被迫使用漢曆名稱，台曆稱謂已不可考)才是人與大地休養的開始。在台灣，此時已收成、存糧完畢，豐足又輕鬆，歡喜準備過

年。台灣人要在這天(漢曆的所謂大寒)首先整修先人墳墓,才
再整理家宅。在被迫遵行漢人習俗後,台灣人今日仍保持這
項傳統。鄭氏集團據台期間,有些人水土不服病死;有些人
因台灣人的反抗而戰死,在台灣置有墳墓(降清後已全部遷回唐
山),所以每年於陰曆3月3日或清明節之日強迫台灣人跟著
掃墓。清朝據台期間,禁止漢人留居台灣(死在任期內的派台
人員,連屍骨也送回唐山;少數無親人認領的,則就地掩埋,無人聞
問),台灣不再有漢人墳墓,清朝派台的漢人官員自然無掃墓
之舉,所以也不再強推陰曆3月3日或清明節掃墓的規定。台
灣人因而在被迫漢化後,並無清明時節掃墓之習俗。直到蔣
幫壓霸集團侵占台灣,在呆奴化台灣的同時,也大力宣導清
明掃墓。然而樸實的台灣民間,至今仍沒有清明掃墓之舉(是
有少數台灣族人在受了幾十年「高又深『中國蔣幫』教育」之後,已跟
著清明掃墓)。台灣人追念先祖的傳統,除了每年在「大寒」
日整修先人墳墓外,前一年家裡有人娶媳或生子時,家族須
於過新年時,帶新媳、子,攜牲禮「陪墓」。是敬告先人、
認祖的意義。新墳則要連三年在新年「陪墓」。此「陪墓」
不同於漢人的掃墓,「陪墓」是攜牲禮敬懷祖先,是不准動
到墓體的。

　　台灣人在被迫漢化過程中,台灣文明幾乎被消滅殆盡。
「台灣數字」和「台灣算盤」因其重要性,又被認為無威脅
性,漢人爭相學習,乃得以被保留。

　　清國據台前幾年,發現台灣雖然已歷經二十幾年的被
強制漢化,但仍保有不少台灣自己的歷史記載和傳說。為安
全統治,漢人滿官執意徹底消滅台灣人保留的台灣意識。遂

建議在台灣開放科舉考試，錄用少數台灣人爲官。以富貴機會吸引台灣人專心研讀中國典籍，傳誦中國史蹟。使台灣自己的歷史意識逐漸淡化而消失。於是，清康熙二十六年(1687年)，台灣開科考試。此後的台灣人被漢化得更徹底了〔註證14〕。不過，直到蔣幫壓霸集團侵台後十多年，仍可見到不少原台灣傳統。例如：先生嬤(即台灣傳統女醫)；輕便的台灣牛車(僅兩輪)；平日穿的兩縛衫、兩縛褲(這服裝穿起來輕鬆，行走、工作不礙手腳。美國博物學者Mr. Joseph Beal Steere於1873至1874年間探訪台灣，採集博物標本時，看到這種服裝的舒適和實用性，立即很高興地換穿起來。不過，Mr. Joseph Beal Steere 誤以爲那是漢人服。其實，其前後到訪台灣的西洋人，都誤會接受漢化的台灣「民」爲漢人)。而祭祖應同時敬拜「地基主」；在節氣「大寒」當日整修先人墳墓；行結婚儀禮時，以母舅爲尊，須請坐大位；新人、新墳於新年陪墓；不於清明掃墓等，樸實台灣人至今仍奉行不斷。

　　台灣人原本謙虛、好客又善良，所以外族入侵初期，都盛情接待。見入侵的外族露出壓霸面目、做出暴行時，才起而抵抗。但台灣人原本信仰和諧與分享；戒慎爭鬥；不重視功利文明，雖有先進工業文明，仍不發展戰爭用的武器。因而缺乏有效的戰略、戰術經驗，又無足夠的武器、裝備，抗戰註定處於劣勢，無法成功。荷蘭人、鄭成功集團、滿清的入侵，情形都是如此。

　　荷蘭人在台期間，是以不平等貿易掠奪台灣物資，並未壓霸到想奴化台灣人的身、心、靈，所以台灣人對抗荷蘭人的衝突，規模都較小。僅1635年與1636年的「麻豆事件」和

「蕭壠事件」死傷較多，也不過幾十人。鄭成功集團是海盜起家，侵占台灣時，殘暴地橫行霸道，台灣人不時群起奮力抵抗。1661年的大肚社之役；1670年的沙轆社之役；1682年的竹塹社之役和新港社之役都是較大的戰役，台灣人死傷無數。清朝占領台灣時期，以安全掌控爲目的，任由派台漢人滿官貪瀆、施暴，且全面摧毀台灣原有文書、文化及工業文明設施，限令台灣地區僅能從事農耕，台灣農業以外的文明一時俱毀。台灣人更是反抗、起義不斷，大小有二百多件。遂有「三年一小反，五年一大反」之說。當中，1721年的朱一貴起義、1786年的林爽文起義、1862年的戴潮春起義，是三個大規模起義事件。三次都幾乎收復全台灣。最後還是因爲中國調來大批精銳武器部隊，才以失敗收場，台灣人傷亡更是慘重。當時的駐台漢人滿官，爲求得迅速的精銳大軍支援，急報「叛變」事件。後來卻被說成「反清復明」事件。事實上，當時的台灣，除了清兵和滿官，以及爲強制漢化而引進的執行強制漢化人員、契約唐山人工匠(每期三年，期滿即遣返)以及爲生產特定農產品供應中國而特許的短期農作物契作人員(稱爲贌商，台語音與「絢」同。贌是短期絢約租賃或包攬的意思，其操作包括農作物生產、漁獲和林業、礦產等)〔註證17〕，根本一個漢人也沒有，何來反清復明？就連由海盜變身，妄想繼承明室，稱王稱帝的鄭成功，在中國時雖以「反清復明」口號自我漂白，後來見野心無望，改以入侵台灣，自立爲王。就在台灣成立東都王國，欲獨霸一方，哪有什麼反清復明？

　　由於台灣人原本善良、勤奮，在台灣文明被摧毀、禁絕後，只得接受漢人文化，重新學習漢人文明(落後原台灣文明

一千多年)〔註證3、4、5、13〕。漢化後也是上進。滿清統治台灣後，禁止漢人入台。在1875年稍有解禁〔註證20〕。准許漢人來台經商、短期受聘工作，僅日本據台前的二十年而已。漢化的平埔族賢達，由於自己的文明被禁絕，只好連年集資聘請中國最好的漢文教師與工匠(漢人滿官為加速漢化績效，傾向批准。也是三年一聘)，來台傳授漢文和工藝，稱之為唐山師。漢文教育、文化和工藝遂在台灣興盛。由於漢人文化和工藝的興盛，更使台灣平埔族全面漢化的速度加快。依清廷據台官吏的政策，已漢化者為民；未漢化者為番。清廷戶籍記載(台灣府志)，1684年鄭氏軍民被迫回到中國而移交滿清時〔註證15〕，已漢化的台灣平埔族住民有30,229人。至1730年已有約六十萬人〔註證16〕。 1756年之實際登錄人數是660,147人〔註證17〕。1777年開始(台灣府志)，八十三萬已被強制漢化後之台灣人，戶政登記上改記為「民」〔註證18〕。至1811年已達1,944,737人，至割讓給日本前兩年的1893年達2,545,731人〔註證19〕。1811年至1893年共八十二年，人口增加了六十萬，平均年成長率0.3%，在當時是很低的人口自然成長率。1895年滿清把台灣割讓日本，中國官兵、文職人員全數遣回；台灣族人在反抗日本入侵時，又有不少被殺害。在1896年時，日本費盡心力在台灣做嚴密的戶口普查，所得人口數為2,571, 004人。可見1875年起，雖有對台解禁二十年〔註證20〕，除為了謀利的流動商人及短期受聘的工匠、教員曾短暫居留外，並無任何漢人移居台灣。

　　只是，1895年日本自清廷手中取得台灣，日本人延續清廷戶籍，依台灣人民當時的語音，在戶籍上做分類。仍將說

河洛語的歸爲「福」，將說客家語的歸爲「廣」(日本人誤以爲客家語是廣東話，繼續誤植)。所以，在蔣幫中國壓霸集團侵台，呆奴化台灣族人多年後，就有更多的台灣族人誤以爲自己是河洛漢人或客家漢人了。

清朝派台官員爲執行對台漢化任務所引進執行強制漢化人員、契約唐山人工匠，以及爲生產特定農產品供應中國而特許的短期農作物契作人員，也和駐守官兵一樣，是最多三年即遣返。竟然被說成引進華人移民。自1684年至1895年，依契約嚴格管控來去的華人工匠、執行強制漢化人員、特許的短期農作物契作人員，曾有數萬至十萬多唐山人到過台灣〔註證17〕。這些唐山人工作結束即回中國，竟然被說成有數萬至十萬多中國漢人移民台灣。當時在中國有嚴禁渡海令〔註證21〕；台灣又有禁絕漢人入台的嚴厲封鎖令〔註證22〕，即使有任務渡海赴台，還都「文武差役、誠實良民，必將赴臺何事，歸期何月，敘明照身票內」。又敢講說引進漢人移民台灣，眞是睜眼說瞎話。縱使有逃犯偷渡成功，在官兵必須連坐嚴懲下，必然嚴密搜捕〔註證22〕，有幾人能眞的落戶屯墾？

現今台灣平地住民中，在本質上全是漢化的平地原住民之後裔。也許有人硬要說「原先1661年的三千二百名漢人移民可能會有留下後代」，事實上是不可能的，因爲清廷據台時，只要與漢人沾上一點邊，就全部會被趕出台灣〔註證15〕。

至於原本就生活於深山的各族高山住民，由於長期的封山令，都自成封閉的社會，只能自給自足，缺乏資源，生活

形態受限，原來的文明、文化就只有逐漸衰減了。

　　清廷強制漢化台灣二十幾年後，爲使台灣自己的歷史意識更澈底逐漸淡化而消失。清康熙二十六年(1687年)在台灣開放科舉考試。錄用少數台灣人爲官，以富貴機會吸引台灣人專心研讀中國典籍，傳誦中國史蹟。於是，一些受漢化過程影響而轉性追求名利的台灣人，既得功名後，開始存心攀炎附勢。爲了滿足虛榮，甘願賣祖求榮，去當假中國人。不惜扭曲、僞造台灣歷史，硬要把自己連上中國。其中最不要臉的，就屬連橫(連雅堂)了。連橫家族勾結貪官，搜刮財利，橫行鄉里；連橫又性好漁色十二、三歲雛妓，還在《台南新報》上開「赤城花榜」，並寫《花叢回顧錄》，不知恥地自誇傲人。當然被台灣人民唾棄。他於是僞裝成「高級」「假漢人」。連橫爲了說服別人認他是「高級假漢人」，更狠將台灣的歷史，用其妄想改寫，僞造了《台灣通史》一書，編了一堆漢人移民台灣的謊言。其中誤謬、矛盾百出。可笑、更可惡的是，連橫還發表「鴉片有益無害」的蝕國謬論，媚日、好漁色雛妓，還自誇傲人。當時台灣人視連橫爲「台灣之恥」。《台灣通史》一書是1918年完成，但僅隔二年，連橫又想在不久的將來，把兒子連震東送往日本受教育，想改當「高級假日本人」。竟於1920年，自己將其僞造之《台灣通史》書中，描寫「台灣民主國」抵抗日本據台、爭取建國的〈獨立紀〉一篇，改爲〈過渡紀〉。藉以向日本人諂媚，討好日本人。只是日本人並不領情，還是未讓他和他兒子連震東當成「假日本人」。連震東就再扮演「高級假漢人」，在台灣搜括財富，攜去中國當起「假中國人」，連橫後來再

舉家遷去會合。台灣人稱他們爲「半山仔」。連橫、連震東父子，起先要僞裝「假漢人」；再來想當「假日本人」；隨後拉攏中國的「保皇黨」；接著又到中國投靠中國的「革命黨」；最後再裝成「假中國人」，回台灣當中國蔣幫壓霸集團的走狗，欺壓自己的台灣族人。一個人爲了虛榮，可以把自己的祖先和歷史一改再改；爲了富貴，可以不斷出賣自己的族人，眞是丟盡台灣人的臉！雖說他們是受漢化過程影響而轉性追求名利的，仍是台灣之恥。縱觀連橫、連震東、連戰，祖、兒、孫三人，還眞是一個樣，子如其父。

　　清廷據台末年，因被漢化而虛榮、功利薰心，甘願賣祖想當「假漢人」的台灣人，也不過數千人。這些人在日本入侵台灣之後二、三十年間，都得日本政府允許，移往中國。當中不少人，過不慣在中國的「假漢人」生活，還是陸續遷回故鄉台灣。當然，也有幾個賤得入骨的台灣「假漢人」，堅持屈膝巴結、鑽營，在中國被當閹宦而不悔。這幾人以黃朝琴、連震東(連橫之子，連戰之父，連勝文的祖父)最具代表性。黃朝琴、連震東就是帶領蔣幫壓霸集團掠奪其台灣家鄉，賣祖求榮，自甘做爲其走狗、馬前卒而沾沾自喜的那兩人。

　　由於清國統治期間，嚴格管制中國人進出台灣，反使得台灣住民在早期漢化後，保有較完整的漢文文化而不受中國數百年來各地文化變異的汙染。台灣文風興盛；生活幽雅而樸實，敬天地而能與萬物和諧共榮。和當時的中國文化及生活習性有很大的差異。台灣人民稱華人爲「唐山人」，更稱呼那些缺德的華人爲「阿山仔」。所以，當日本據台初期(1895年至1897年)，有六千四百五十六位台灣人自以爲是「高

級假漢人」而決定去唐山定居，其中有約五百人因文化和生活習性的差異，不能適應，立即就轉身返回台灣。部分在中國久居之台灣人，由於無法融入華人社會，當不了「假漢人」，再返台時；以及那些後來替蔣幫中國壓霸集團侵台領路，為當「高級」(自以為)的「假中國人」而甘做走狗、馬前卒之人，則被稱為「半山仔」。連震東、黃朝琴就是當時最典型「半山仔」的代表人物。

日本因重視西太平洋防線的完整，看重台灣的地理位置，與海上交通中繼站的重要地位。中國清廷則一直視台灣為敵境。遂在1895年中日甲午戰爭，中國戰敗求和，日本提出要中國割讓台灣的要求時，中國清廷毫不遲疑地答應。

日本據台後，全力經營台灣；修築綿密的鐵、公路網；建造高雄、基隆深水港口，及各地飛機場；普查登錄戶籍；廣設公立學校，推廣教育；重新精準測量地籍；普及現代化醫療衛生院所；發展現代化工業；開闢水庫與灌溉渠道、自來水與下水道設施；開發礦產。種種建設台灣的作為，當然也是為了日本的長遠利益，但也確實為台灣的「重新」進步，貢獻良多。

台灣四百年來是全然的外族侵略史。起於荷蘭(荷蘭人到台灣是貪圖台灣的豐富物產，從事不平等貿易。但其掌握的勢力範圍，仍僅及大員附近地區而已。荷蘭人並未真正占領過台灣)，繼之是鄭成功集團、清廷、日本，再而是現在的中國蔣幫壓霸集團。荷蘭侵台，是覬覦台灣的豐富物產；日本純是擴張勢力、搶占交通和軍事的重要地位；清廷視台灣為敵境；鄭成功集團和中國蔣幫壓霸集團則都是逃亡流寇，皆先以掠奪台灣資產

爲目的，無處可逃時，再決定避難到台灣這塊福地，占地重新壓霸稱王。荷蘭人並無摧毀台灣人固有文化及歷史之意圖；日本人是一直把台灣視爲日本國土的一部分(日本是自強盜手中拿到贓物，卻自以爲合法)，雖然日本是企圖把台灣日本化，並未壓霸到想奴化台灣人的身、心、靈。日本人占領台灣時，台灣已被清廷摧殘成文明落後之地。日本據台後，全力經營、建設台灣，雖然也是爲了日本自己的長遠利益，然而確實讓台灣得到重建文明的機會。鄭成功集團、清廷及現在的中國蔣幫壓霸集團入侵台灣時，見到的都是比他們進步、文明得非常多的台灣，他們又皆是心虛加上自大的狂妄之輩，妒恨之火油升，都執意要把台灣住民呆奴化，以坐享壓霸貴族地位。所不同的是，蔣幫壓霸集團除了台灣之外，已無路可退。在封鎖、掏空台灣二十年後，爲了得到後續的豐厚供養，才肯讓台灣有機會繼續發展。

蔣幫侵台，爲逞其永遠坐享霸王地位之獸慾，用厚黑學經周密的陰狠設計，以恐怖極權將台灣土地上的人民洗腦、篡改台灣歷史、消滅台灣人民的良知與文化傳統、呆奴化台灣人民的心靈，塑造侵台的蔣幫集團爲「當然貴族」之印象。這些蔣幫惡徒自稱爲「高級人」，使台灣百姓多數逐漸自卑喪志。一些人則變得寡廉鮮恥，以附貴求榮自滿。歷經二至三代六十多年的強塑，台灣人民還有本質記憶者，已經稀有、罕見了。這時要喚醒台灣人民的良知本性已難上加難。

其實，直到蔣幫壓霸集團侵台後十多年，仍可見到不少原台灣傳統。例如：先生嬤(即台灣傳統女醫)；輕便的台灣牛

車；平日穿起來輕鬆，工作時不礙手腳的兩縛衫、兩縛褲；台灣住民(不分山地或已被漢化的平地)都還知道自己是原住民，蔣幫壓霸集團是侵略者。台灣人稱華人為「唐山人」；稱呼那些缺德的華人為「阿山仔」，更稱那些賣祖求榮的不要臉台灣人為「半山仔」。是後來台灣人被澈底洗腦、呆奴化了，勉強久了成習慣，習慣久了成自然，才傻傻地跟著別人叫「自稱高級外省人」的華人為「外省人」。

　　直到今天，被迫漢化的台灣族人，仍奉行著不少台灣自己的幾千年傳統禮俗，例如：祭祖應同時敬拜「地基主」；在節氣「大寒」當日整修先人墳墓；行結婚儀禮時，以母舅為尊，須請坐大位；新添人口、新墳於新年陪墓；不於清明掃墓等。樸實不忘本的台灣族人，至今仍奉行不斷。

　　可惜在歷經六十多年的被澈底洗腦、強塑、呆奴化，早被迫漢化的原平地台灣族人，多數已不知道自己是誰。不知自己的歷史；更完全不知自己的祖先五千年前就有很進化的文字、數字、算盤和科技文明；不曉得自己祖先如何對抗鄭成功海盜集團的侵略；傻傻地跟著侵略者(中國蔣幫集團)和虎視眈眈的準侵略者(中國共產黨)稱自己祖先「抵抗清廷壓霸統治」為「反清復明」；就只知曉台灣的抗日事件(其實，日本對台灣的「重新」進步貢獻很多)。連一些自以為有台灣意識、主張台灣應建國自決的人，很多都已不知道，或其下意識不願知道自己是原台灣族人。人類的歷史悲劇，莫此為甚。

　　在人類歷史上，一個強權國家侵略另一個國家時，以武力燒殺擄掠、奴役另一個民族是時有所聞。但是，侵略者使用槍炮武力為工具，有計劃地消滅當地的語言與文化；毀壞

當地人民的人格與尊嚴；去除民眾的理性與邏輯思考能力，再偽造其歷史，在這世界上卻僅見於蔣幫壓霸集團的侵略台灣，陰狠而特意地將全體台灣住民呆奴化。特別悲慘的是：在今日，台灣人民已由「勉強久了」變「習慣」；習慣久了成「自然」的情況下，已難有「被呆奴化」的自覺。缺乏「被呆奴化」的自覺，就難從「呆奴化」中脫身。要找回固有文化、還原歷史眞相、恢復人格尊嚴的本質、重建理性邏輯思考的能力，就更加不容易了〔註證25〕。

可憐台灣，在二十一世紀的今日，還在把「中國國民黨的黨軍軍旗」當國旗行禮；還在把「中國國民黨的黨歌」當國歌唱(中國國民黨人在自家黨內是從不唱國歌的，他們都是大叫「唱黨歌」)。那些常說「尊崇現有國旗、國歌超過自己生命」的人，在懷有敵意的外國人來到台灣時，竟然強制禁止使用，並暴力取締國旗、國歌。那些平常否認現有國旗、國歌的人，卻指責他們作踐國旗、國歌。而其餘更多的人則漠視這種現象。多數的原平地台灣族人，全無自覺地跟著別人稱山地族群爲原住民；也還稱在台灣的壓霸中國人爲「外省人」(早忘了四十年前台灣族人是叫他們「唐山人」或「阿山仔」)。這些情況，在正常的國家和人民，是不可能發生的事情。

現在台灣人民之中，有多少人知道有很科學化的台灣數字呢？有多少人知道計算機發明前的通用算盤是史上和台灣數字同時發明的台灣算籌呢？有多少人知道台灣五千年前就有很進化的橫寫式文書呢？有多少人瞭解台灣抵抗鄭成功海盜集團、清廷、蔣幫中國壓霸集團等壓霸外族侵略的眞正血淚歷史呢？又有多少人知道在四千多年前，台灣就已有世

界上最早的煉鐵工業呢？又有多少人知道在五千多年前，台灣就已在向中國輸出科技文明與文化呢？這些情況在正常的國家和人民，是不可能不知道的事情。台灣人民今日精神和心理的扭曲現象，雖然有一些少數源頭可追溯至三、四百年前，但主要是在二十世紀內形成，尤其固化。所以稱之為「台灣受虐症候群」。

事實上，任何被迫害、被奴化的人們，要得到解脫，都需先破除壓霸者的謊言。今天我們必須瞭解台灣真實的歷史，非拒絕被呆奴化不可。然而我們不是偏狹心態的民族主義者。台灣人民能以開闊的心胸接納已在台灣、誠心誠意和台灣人民一起生活的華裔移民。但台灣人民要立即清醒過來，不能再被蔣幫中國壓霸集團繼續出賣；不能再被那些「自以為是高級」的人說「把你們當人看」而麻木不仁。台灣人民要活得尊嚴，不能認賊作祖，更不能認盜作父！

註證1

　　台灣氣候濕熱，且土壤多屬酸性，古物、化石不易保存完好，仍有不少考古發現。1971年，台大師生前往古生物、化石豐富的台南左鎮菜寮溪流域挖掘化石。潘常武、郭德鈴及陳春木(人稱化石爺爺)等人發現一些人類頭骨、臼齒化石。經林朝棨教授、日本鹿間時夫、下田信男等學者鑑定，證實為二萬至三萬年前人類化石。命名為「左鎮人」。

　　1999年，日本學者馬場悠男、大塚裕之在陳春木邀請下來台，從在高雄大崗山發現的化石中，帶回幾件頭骨和牙齒化石做鑑定。證實是距今十萬年至二十萬年前的「舊人」，是與舊石器時代的「尼安德塔人」同期。命名為「大崗山人」。

　　北京猿人雖號稱生活於五十萬年前的中國北方，但體型矮、腦容量小、壽命活不過十四年。人類學者都認為，非現代人始祖。

註證2

　　2001年4月底，國際海洋鑽探船「聯合果敢號」在台灣東北海域鑽探研究完成，公布結果：台灣東北海岸邊，海底有世界沉積速率最高的新砂土沉積物，厚達410公尺，與台灣山脈的砂土成分相同。證實是一萬二千年前台灣雪山山脈火山爆發，併發大地震、超級海嘯，台灣東部沿岸大範圍崩塌，沉入海底斷崖時的遺跡之一。裡面不知埋藏了多少台灣歷史文明。可惜因台灣東部沿岸是極深的海底斷崖，一時無能仔細探究。但在台東「長濱」地區考古發現，仍有五萬年前石器時代的文化遺址。

　　而台灣西部平原是經幾千年、幾萬年沖積形成。人類遺跡層層堆積，新的掩蓋舊的；再經地震、海嘯作用，新舊翻雜。2007年，台南下

營發現「西寮遺址」。考古挖掘時，看到遺址下面還有更驚人的層層新舊遺址。考古隊正興奮地要往下發掘時，2008年因政權再次更替，就以東西快速道路「必須」經過為理由，被迫終止，遺址毀棄。

註證3

　　2009年貢寮遺址的發現，證實為台灣四千多年前的大面積文明工業區。當時早已對外傳授天文、地理、航海、水利建設、捕魚等知識；輸出火藥原料、造紙、皮革、樟腦、農耕器具、金銀銅鐵製品、燒陶、加工服飾(貝錦服──鑲滿光澤貝殼小薄片的華麗服飾，正式場合及慶典時所穿)、製貝幣等等(當時台灣已有能力製造大型堅固的遠洋船艦，稱Marn-Gka。主要造船廠在今之台北萬華。清廷施琅侵台，澈底掃除台灣文明，Marn-Gka製造廠同時被毀棄，台灣人仍稱Marn-Gka廠區為Marn-Gka。Marn-Gka後來被寫作艋舺)。貢寮、鹽寮遺址出土數量龐大的木炭、煤炭、煤丁、焦炭(無煙煤)、白輕石、銀渣、銅渣、鐵渣、煉鐵高爐等。木炭是用來點燃煤炭；煤丁是煤炭中提煉出的最高級質料；將煤炭經純化處理，與煤丁壓碎充分混合，再經悶燒處理才能製成焦炭；焦炭做燃料才能產生煉鐵所需的高溫，並用來做為還原劑，其灰渣更可在熔爐上層用來吸附浮上的雜質，並阻止氧化，這是二次冶煉的高級煉鐵技術；白輕石是精煉金、銀、銅時所需的吸附劑；銀渣、銅渣、鐵渣就是精煉熔爐用過的殘質。林勝義、何顯榮兩位先生送到台大貴儀中心及美國邁阿密放射性碳14定年實驗室檢測，結果證實是公元前2440年(即四千四百五十年前)的台灣先進金屬工業遺址。世界上其他所知的最早煉鐵技術也不過二千八百年。這是世界上最早的工業園區。是人類文明史何等重大的發現啊！可惜被蔣幫在台壓霸集團及呆奴化的台灣假中國人，以新劃核四周邊設施和聯外道路為藉口(並不是非經此地不可)，又加以大肆破壞。否則必有更重大的發現，並將這台灣重要遺產保存。又是一樁台灣人的悲哀。世上有哪個正常的國家和民族，會放棄、毀壞自己珍貴的歷史呢？只有被澈底呆奴化而無法自覺的台灣了！

註證4

1999年，中國四川三星堆出土古文物(三千二百至三千三百年前)到台灣展覽。展出中所見寶貝、貝幣，正是台灣的龜甲螺——「子安貝」。其貝幣成串的加工模式，和台灣鹽寮遺址出土「織貝製造工場」中未加工及加工成串的台灣龜甲螺——「子安貝」一模一樣。中國並不出產龜甲螺——「子安貝」，中國才視為寶貝(中國也才在夏、商時期進口來製作貝幣。否則，只要到海邊撿貝殼，就人人發財了，貝幣如何能做爲穩定通貨？)。龜甲螺在台灣隨處可輕易找得到，台灣古「織貝製造工場」中未加工龜甲螺及加工貝幣必然是用來外銷。所以台灣古「織貝製造工場」除了織「貝錦服」，還做子安貝、貝幣外銷。鹽寮遺址出土貝類經台灣大學地質系做碳14年代測定(NTU-3249案報告書)，結果是3510±40年前，比中國三星堆文物早二百多年。

中國《書經》(又稱尚書、上書)〈禹貢篇〉(記載四千二百年前夏禹時代)：「厥貢島夷卉服，厥篚織貝，厥包橘柚，錫貢，沿於江海，達於淮泗。」島夷指海島國家的外國人；卉服就是錦服；篚是竹簍；織貝是鑲著光澤貝殼薄片的華服和布料(就是台灣鹽寮古「織貝製造工場」所見，世界僅有。是台灣族人正式場合及慶典時所穿的華麗服飾，至今仍可從一些舊照片中見到)。其意思是：「送來海島國家的外國錦服，織貝華服、布料一簍簍，橘柚一包包，運送者由海口沿長江而來，到達淮水、泗水。」對照同一時期之貢寮、鹽寮遺址的工業文明和織貝、貝幣製造工場；柑仔(橘子)、柚仔又是台灣特產。更證實台灣在四千二百年以前，即先進到在做工業、工藝產品和文物、農產品的外銷。對象包括中國。

註證5

簡明數字的使用和有效率的運算工具，是科學文明的基礎，更是公平交易之所需，所以阿拉伯數字很快在全世界通行。而「台灣數字」配

台灣數字(或稱台灣碼)

數值	0	1	2	3	4	5	6	7	8	9
台灣碼	○	一 或 丨	二 或 丨丨	三 或 丨丨丨	Ⅹ	8	亠	亠	亖	文

合「台灣算盤」，更具科學化。

　　台灣數字是一種可以神速心算的高邏輯數字，簡稱「台灣碼」(原數值1；2；3僅使用一；二；三，是短橫，每橫等寬；可寫爲 -、乙、3。被迫使用直式書寫的漢文後，爲免上下混淆，才加入丨；丨丨；丨丨丨並用。比中國人細心、懂變通多了吧！)。是六千年前配合台灣算籌(算盤)所發明的台灣數字，用於心算比阿拉伯數字高明太多了。台灣數字和台灣算盤都是由左向右，橫式排列。電子計算機發明前的通用算盤，其實正是台灣算盤。中國算盤是上兩珠下五珠，單做加減乘除就已礙手〔註證8末〕。今日的華人、假中國人，還是常將這種中國算盤，拿出來作商業和金融的圖騰。台灣算盤是上一珠下四珠，算法由左向右，手指運作方便，不但做加減乘除神速，更能有效運算平方、立方；開平方、開立方。高度科學化的台灣數字和台灣算盤於五百年前始傳入中國的廣東福建沿海，後來才開始由這一帶商家逐漸拿來使用，卻稱之爲「番仔碼」。即使在今天，還有不少七十歲以上台灣人對這些事清楚瞭解，也還會使用台灣數字。不過，以台灣被呆奴化的情況看來，再過幾年，等這批台灣老人仙逝，這些史實和珍貴遺產大概再不會有台灣人知道了，也真不會有人相信了！

註證6

　　台南海安宮至今仍保有清初「台灣郡侯蔣公去思碑記」。碑文記載「臺灣，荒服土地也。自鴻濛初啓，至今四千餘年，未歸版圖」。其言

「荒服」，是漢人自大心思，以未受漢人染指為「荒服」；「自鴻濛初啓，至今四千餘年」，是謂：他所看過台灣文明的自己歷史文字記載，至少就已四千餘年；既已占領，還說「未歸版圖」，是指台灣為敵境，當時是為了安全考量和掠奪資產而占據，非中國的一部分。

此碑係清廷第一任台灣知府蔣毓英調離時，令屬下所立。當時清康熙皇帝統治中國的策略，是一手給名利；一手持快劍，大興文字獄。若此文有不實或違逆誤導，必遭誅殺。所以蔣毓英敢說「台灣自己的文明歷史，有自己的文字記載，證實至少已四千餘年」，必然是根據台灣原有歷史文書而來，才有所本，才敢如此記述。

註證7

根據中國歷史記載，施琅帶兵入侵台灣，視台灣為敵境。為安全考量，限令台灣地區僅能從事農耕。嚴禁出海、礦冶、造磚瓦；以威脅加利誘，壓抑台灣原有的文化和工藝活動；全面摧毀台灣原有文書、紙業以及礦場、冶煉廠、磚窯等等工業設施，台灣農業以外的文明一時俱毀。甚至連竹子也禁止採伐、運送，因為怕竹子削尖可當武器。禁礦場、冶煉廠是怕製造兵器，至於農具或維修農具所需鐵料，則由官方統一自中國輸入，嚴密管制。禁磚是怕構築堅固的防衛工事。摧毀台灣原有文書、紙業、文化、工藝，一則是怕台灣人用華人不懂的語文連絡。二則是為加速漢化教學，以方便管控。同時更是要消滅讓漢人見了就因妒生恨的先進台灣文明。第一任台灣知府蔣毓英為執行對台漢化任務，開始引進契約華人工匠、執行強制漢化人員、農作物契作人員(贌商)〔註證16〕，也和駐守官兵一樣，是最多三年即遣返，竟然被說成引進華人移民。當時嚴禁漢人留住台灣，原在台漢人正在加速驅離，真是睜眼說瞎話。

由於連燒製磚瓦都被禁止，台灣又屬潮濕海洋氣候，颱風來襲時，雨水難免打入屋內，少數台灣族人暗地裡保留的原台灣文書常沾水而爛壞。直到1788年，清廷調來中國四省兵力才擊潰林爽文起義事件後，

清廷派台漢人滿官，懼怕台灣起義事件再生，遂奏請開放在台灣燒製磚瓦，以便在各地大量建築堅固的防衛城牆。自1683年施琅入侵台灣後，台灣民間有超過一百年的時間無磚瓦可用。有多少原台灣文物能被偷偷保全而留下？可想而知！

至於鐵和竹子的使用與買賣，則直到1874年沈葆楨建議取消對台灣的山、海禁令，才在隔年同時開放。1875年清光緒帝諭令內閣：「所有從前不准內地人民渡台各禁例，著悉與開禁。其販賣鐵、竹兩項，並著一律弛禁。」台灣族人足足有近兩百年的時間，連鐵器、竹子都不能製作，也不能使用。此時距1895年日本據台，僅二十年而已。

註證8

台灣有世界上最早的先進工業園區，加上至今仍被保存的高度科學化台灣數字和台灣算盤。有這麼進步的數理文明，還在做工業、工藝產品和文物的外銷，怎麼可能沒有文字做記錄和文書傳承呢？三百二十五年前蔣毓英的「台灣郡侯蔣公去思碑記」就說台灣自己的文明歷史記載已四千餘年，以現在來講，就是五千年了。剛好和貢寮、鹽寮遺址出土的遺物，可相互印證。本人在1950年代的末幾年，還見過一位台灣傳統工程師——姜林獅先生(他從未受過學校教育，只是一個台灣鄉間的傳統農夫，但工程學識豐富，全來自家庭代代相傳。他農閒時替人挖井、修井，建造或整修傳統工場、橋樑。台灣現有的素人房屋移動專家，都是他所傳授出來的，已到第三、四代。我還記得小時候聽他說過：挖井時，必須隨時保持井壁、井底溼潤，以利辨識有微量瓦斯溢出的小氣泡，可立即安全逃離；探修舊井時，怕有積留毒沼氣，則須先垂下一盞油燈或蠟燭，不論燈火熄滅或發生閃燃，都必須先以風鼓從井底抽氣，直到井底燈火不熄滅也不發生閃燃，才可下井。台灣現在卻還常見下井的人，因沼氣中毒或氣爆而受害死亡，真是另一種台灣人的悲哀。他畏避政治、從不談論政治，卻被中國蔣幫壓霸集團以「有反政府言論的人認識他」為罪名，關到火燒島——綠島。直到在火燒島感染了嚴重肺結

核，才被放回來。不過數年就去世了。)他所持有的數本台灣傳統工程書籍。雖然因為原台灣語文在清廷據台期間被查禁，已改用漢文記述，但這些書籍全使用台灣數字；圖解上所見的各式橫寫符號和文字，則是翻查各種典籍從未見過的。可見是原台灣文書的漢文譯本(台灣原有文書被查禁二百餘年)。可惜後來被他兒子當廢紙丟給資源回收商(可能畏懼再成禍根)，再也找不回來(他兒子現今還住在台南下營鄉間的祖地)！姜林獅先生曾說：「台灣文寫法有兩種，一種是大寫，用於政令文書、正式登錄姓名和碑、匾；另一種是小寫，用於一般記述和說明。他的台灣傳統工程書籍圖解上所見文字是小寫文。」

連雅堂的《雅堂文集》在「臺灣遊記書後」記載：「諸山名勝，皆『蝌蚪碑文』，莫可辨識。蝌蚪為大篆以前之書，豈三代之時華人已至臺？」連雅堂(連橫)當時急於當「假漢人」，故有此言。若他是「真台灣人」，應該是老實說：「原來中國夏朝『蝌蚪文』也是由台灣傳過去的。」因為他既知「蝌蚪為大篆以前之書」，必讀過中國《尚書》的〈禹貢篇〉，也知道當時中國是從台灣進口文明、物產。

日據時期在基隆社寮島發現的台灣文上古石碑及其他珍貴文物共數十件，今仍被收藏於日本京都帝室博物館(日本重視原台灣文物，並未如清廷和中國蔣幫壓霸集團般地加以惡意破壞、摧毀)，可以窺見其一斑。但歷經清廷施琅侵台後的大肆摧毀，僅有極少數的石碑及文物被台灣族人不經意的留存下來。時至今日，連台灣族人都以為台灣人自古無文字！

1959年9月1日，曾住於台北縣永和鎮的霍培華先生與朋友數人，共遊日月潭，發現數塊破舊石板被棄置於茅草屋旁，發覺是台灣古文物，便將兩片較大、較完整的石灰石版帶回，收藏於其住處。據說1966年時，日月潭的「臺灣特產店」販售山地文物時，曾有山地住民送來幾塊刻有彎曲文字的石版寄賣，因係冷貨(當時仍是蔣幫壓霸集團以恐怖手法高壓治台時期)，許久無人問津，後來該山地住民拿回去，從此就失去蹤影。

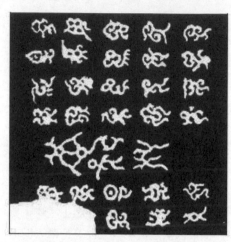

日月潭台灣古文石版拓文(是橫式書寫？
直式書寫？)

台南海安宮的「台灣郡
侯蔣公去思碑記」；連雅堂
的《雅堂文集》；姜林獅
先生所持有台灣傳統工程
書籍上的圖解；收藏於日本
京都帝室博物館的社寮台灣
上古石碑；日月潭台灣古文
石版，都證實台灣早在五千
年前即有很進步的文字、文
明，並向外傳授、輸出。

中國衡山禹王石碑已有
四千二百多年歷史，此碑是
出現在衡山的最高峰——岣
嶁山附近，因此被稱為「岣
嶁文」。

中國禹王石碑文和日月
潭台灣古文石版拓文是不是
很相似？是同一種文字，不
會有疑問的。

而此中國禹王石碑一看
即知，鑿刻者並無刻碑文的
經驗。因為雕刻前未做字的
位置劃分標示，所以字的間
距不等。為帝王服務尚且如
此，可見刻立碑文是中國在
夏禹以前從沒做過的事。只
是見到新奇事跡，用來留
傳。

中國禹王碑(是橫式或直式則未定論)

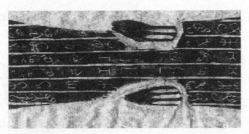

三星堆出土玉石板文(一看即知是橫式，由左向
右書寫)

　　中國四川三星堆出土古文物，三星堆文字自成一體，無論數量、書
寫方式均有多樣性。不少看起來應該是橫寫式。若以橫式看，其中有數
片玉石板文(上圖所示爲其中之一)，與姜林獅先生所持有的數本台灣傳
統工程書籍圖解上所見的各式橫寫符號和文字(小寫)，相同或相似。這
些三星堆玉石板刻文應該如《尚書‧禹貢篇》所記載一樣，是記述學自
台灣的珍貴數理或天文資料，所以才用玉石板刻記。

　　中國文字是由象形文字演進而來，最原始的是商朝甲骨文。然而，
比商朝甲骨文更早六百年，中國夏禹時期出土的最早石板、石碑上，見
到的卻是已很進步的「非原始象形文字」。晉書衛恆傳記述：「漢帝
時、魯恭王壞孔子宅，得尚書，時人不知復有古文，謂之蝌蚪文。」由
中國遠古傳說寫成的《新尚書》中，並未提到「文字的大革命」，且還
不知另有古文。這是歷史上罕見的大事，若有，不可能漏掉。而且，自
從中國自己發展象形文字後，蝌蚪文便完全消失，可見懂得繼續使用的
人，在中國不是一個都沒有，就是極少。何況就人類各種語文演化事實
來看，只能循序漸進，完全的逆轉是不可能的。反而中國《尚書‧禹貢
篇》有記載，當時是在輸入台灣的文明產物〔註證4〕。所以，夏禹時
期的「非原始象形文字」絕對是外來文，此外來文又已很進步。加上拿
台灣古文石版拓文和中國四川三星堆出土古文物、禹王石碑文相對照來
看，此「外來文」也應是來自台灣無誤，因為「外來文」之傳遞，都是
依商業和交通而擴散的。

　　數理文明的發展，必須以由左向右橫寫表達，才能做複雜的演繹、運算。中國既無簡明的數字，語文又是上下直寫、由右向左，何來精確的曆書？而且中國歷史並無天文、數理學術的記載，中國又沒像台灣有過文明、文化被全面摧毀之記錄。中國典籍記載，現在所見曆書，是由夏商曆書改進而來。中國是大陸型氣候，和台灣的亞熱帶海洋型氣候不同。台灣曆法中國當然可用，但節氣需做更動，才能適用。再由註證3、4、5看來，中國原始曆書應是來自台灣。

　　再看中國算盤，它是上兩珠下五珠，單做加減乘除就已礙手。顯然也是學自台灣算盤。中國傳統習慣由右向左，所以學不來由左向右的台灣算盤，為了留用這新奇的運算工具，不知怎麼的在上下各加了一珠(也許由右向左看時，有其特殊功用，不得而知)。

註證9

　　大家想想，蔣幫壓霸集團在台灣，鄙視、壓制台灣語文(台灣人被迫接受而後來形成的。現在的台灣語文，是由河洛語文、客家語文、部分被保留的原台灣族語、加上一些後來吸收的日語融合而成)，前後僅五十年。期間有意或無意的捨棄，就已造成台灣重新發展出的特有河洛、客家語文之兩百多年文書消失殆盡。清朝壓霸據台二百年的刻意破壞、壓制，台灣原語文的文書不被滅絕才怪！清初的施琅和二戰後的蔣幫壓霸集團，兩者入侵台灣所採用的策略與手段，是同樣壓霸、陰狠。不同的只是狀況心態上的差異。清廷施琅在中國是得意的勝利者，視台灣為敵境，懼而遠之；蔣幫壓霸集團是被追殺的流寇，則是視台灣為最後僅有的私人禁臠，在此作威作福。悲慘的台灣，竟在不到三百年的時間內，文明、文化被中國壓霸集團澈底消滅兩次。

　　荷蘭人侵台，是貪圖台灣的豐富物產，並不關心台灣文明和文化。對台灣族人的認知，都如瞎子摸象，且是隔著妒恨、奸狡的唐山走狗之髒手來摸。例如：荷蘭人牧師Georgius Candidus（其實當時他只曾任職新港社一年多，也僅聽說過附近另七個類似小社區而已）於1628年，

先以為「台灣族人沒有文書、曆法；不會算年齡，不知自己幾歲【*The Formosan Encounter,* Vol. I, p. 100】。」卻又說：「台灣族人每一社區都設有一些教師傳承文化【*The Formosan Encounter,* Vol. I, pp. 82, 83, 111】。每個台灣族人都知道自己是何年、何月、何日生；都知道自己幾歲時應該做什麼；也知道釀的酒是一年、五年、十年、二十年或三十年陳酒【*The Formosan Encounter,* Vol. I, pp. 91-133】。」豈不矛盾？

註證10

　　荷蘭人到中國前，因早先已到過南洋，經常與唐山移民商人交易，訓練有一批懂河洛語文的人員（*中國鄭和遠征西南洋，帶動了一批批以福建人為主的往西南洋經商、移民潮。台灣海峽的南北季節風，利於帆船南北航行，橫渡困難；加上海峽中有海象惡劣的海流(稱為黑水溝)，誤入的古代小型船隻屢遭吞沒。中國明朝東南沿海船家，出海時都會相互告誡，小心避免航向偏東。所以，到過台灣的人很少*）。荷蘭人入侵台灣前，又早到過中國南部沿海，懂河洛語文的荷蘭人更多、更流利了。荷蘭人入台時，兼通河洛語文及原台灣語的唐山人，順勢而成為荷台通譯。這些人因依附強權而得勢、得利。

　　根據荷蘭東印度公司留下的記載，據台期間，包括軍隊在內，最多時也僅二千八百名荷蘭人盤踞在台灣。當時台灣人口至少有六十萬人，漢人僅三千二百人。荷蘭人為掌控占領區(今之台南附近區域)，只好以利誘，招來所有在台華人任通譯、當走狗。1661年(荷蘭人在台最後一年)荷蘭東印度公司文稿有「利用華人招來二萬五千台灣壯丁為其服勞役」的記錄。後來卻被說成是二萬五千漢人壯丁。荷蘭據台期間的最後人口統計表中，台灣人接受登記的就確定有三十萬人，唐山人則僅三千二百人（*1633年荷蘭長官Hans Putmans的統計是維持在七百至八百人之間(唐山贌商隨押送商品來去)*【荷蘭東印度公司文件VOC. 1113, fol. 693】。1636年，荷蘭長官Van der Burg及Hans Putmans(退而未離)見糖和稻米銷往中國與日本有高利，遂於11月26日決定准許唐山商人赴台，以

和台灣族人契作的方式經營大面積蔗糖和稻米的產銷【*De Dagregisters Van Het Kasteel Zeelandia,*Vol. I, pp. 180, 193】，才有最後在1661年的達到三千二百人。這些契作賝商在契作農產品收成後，大多需隨船押送而離開台灣。【*Hoetink,* p. 377, by W. J. Cator 1917】）。當時交通不便，台灣族人對荷蘭人有戒心，荷蘭人又從未進入偏遠地區，所以當時平地台灣族人口至少有六十萬人。唐山人都是住在交通便利的人口密集地，為荷蘭人所用又有利可圖，所以漢人三千二百人的數字應是正確無疑。那麼，若有三千名唐山人被荷蘭人用為工頭，一名唐山人工頭可管領八至十名台灣勞役，所以這些數字都是吻合的。

　　荷蘭人在台期間，是以不平等貿易掠奪台灣物資，並無全面侵略台灣的意圖(也無人力。二千餘名人員，單要管理台南附近區域，就已感到吃力)。入台初期數年，不得不依賴兼通河洛語文及原台灣語的唐山人任通譯。在台唐山人為長保其中間人的地位，經常偽造台灣族人野蠻的假象。也都是帶領荷蘭人去看「與台灣社會脫節之人(因個性問題或其他因素)的居住地」。逼使荷蘭人不願或畏懼與台灣族人近距離接觸。後來，荷蘭人發現當時在台唐山人多數奸詐、狡猾、不倫、無紀，不能信賴，便主動派人學習台灣族人語言，直接和台灣族人溝通。這才發現，台灣族人原來是和善、禮義的高度文明民族。

　　荷蘭人在台灣時期文書有記述：

　　「親自深入台灣族人各社區探訪、學習台灣語言的Candidus牧師於1628年寫給荷蘭長官Nuijts報告書中說：『台灣人的高度文明令人深思……他們完全沒有身分高低之分，語言中也沒有所謂主人、僕人的詞彙。台灣人都按照他們的禮俗，每個人之間都互相非常禮貌與敬重。他們不會因一個人缺乏學術、威望、地位或財富，就對他不夠尊重；也不會因一個人擁有較高學術、威望、地位或財富，就對他特別卑躬屈膝。台灣人只有對年長者會特別尊敬。當群體聚會，有高齡長輩在時，年輕晚輩不會隨便發言。聚餐宴飲時，食物和飲料總是首先奉獻給年長者，其他則一視同仁。』」【*The Formosa Encounter,* Vol. I, p. 102】

「原來唐山人一直在背後找理由，藉以搧動這些輕易相信他們的台灣人來對抗我們。」【*De Dagregisters Van Het Kasteel Zeelandia, Vol. I, p. 230*】

「唐山人是狡猾的人種，他們灌輸我們種種不實印象，給我們各種錯誤意見，導致許多善良台灣人村落被摧毀，所以我們命令唐山人不准再進入台灣人村落。」【*De Dagregisters Van Het Kasteel Zeelandia, Vol. II, pp. 238- 240*】

「不准唐山人再進入台灣人的田野。」【*De Dagregisters Van Het Kasteel Zeelandia, Vol. II, p. 14*】

「當我們與台灣人有衝突或和外人作戰時，唐山人假意說要幫助我們，事實上都是陰謀詭詐，反而在背後傷害我們，所以要唐山人交出全部武器。」【*De Dagregisters Van Het Kasteel Zeelandia Vol. I, p. 161*】

「唐山人嗜賭。賭博為放蕩之事，滋生偷盜、淫亂，終致家破人亡。素來禁止，唐山人卻強求於新年前後十天，開放公開聚賭。」【*De Dagregisters Van Het Kasteel Zeelandia, Vol. I, p. 462*】）

「唐山人慣於偷盜，又不守紀律、無公德心、缺乏衛生觀念，管理他們實在令人頭痛。」【*De Dagregisters Van Het Kasteel Zeelandia, Vol. II, pp. 276, 410*】

註證11

關於鄭成功部隊的登陸地，現在所謂的學者專家，由於受先入為主(中國式錯誤教育)的框架意識所限制，一直相信就在今日所謂的鹿耳門(事實上，鄭成功侵台時經過的鹿耳門、進入的鹿耳海並不是這裡)一帶登陸。後來發現與諸多史料記載不符，又推測「可能是永康洲仔尾」。其實就現有的原始歷史資料，只要仔細比對，便知是在今日的下營登陸。

以下九點是大家認知的史實記載：

1.鄭成功戶官楊英《從征實錄》：「四月初一日天明，本藩至臺灣外沙線，各船絡繹俱至鹿耳門線外（北線(汕)尾）。此港甚淺(入海口)，沙壇重疊，大船俱無出入，故夷人不甚防備。本藩隨下小哨，由鹿耳門登岸，踏勘營地。午後，大型船齊進鹿耳門。先時此港(入海口)頗淺，是日水漲數尺，我舟極大者亦無航礙，概天意默助也。是晚，我舟齊到，泊禾寮港，登岸，紮營近街坊梨。……令陳澤鎮督虎衛將坐銃船札鹿耳門，牽制紅夷甲板船，並防北線(汕)尾。」楊英《從征實錄》和荷蘭文獻記載，鄭軍先等漲潮，艦隊才進入Lankjemuyse水道(鹿耳門)，登陸Smeerdorp。鄭成功只是派哨兵上去北線(汕)尾踏勘附近地形，並未真正登陸。

2.後來鄭成功下令在登岸處附近搭建媽祖廟，安奉先前設置在船上，士兵乞求保佑平安渡海的媽祖神像，供士兵膜拜。以安定軍心(鄭成功首次渡台的兵士，多數是福建沿海討海人或原是海盜，習慣上敬拜媽祖，乞求海上平安)，稱為「媽祖宮廟」。而部將們所膜拜的武運大神(玄天上帝神像)則早在登陸時，即先建草廟供奉。

3.鄭成功首次渡台即帶來四百艘船艦及二萬多名的官兵，必須有掩蔽絕佳的港灣提供良好蔽護。並得要分散紮營。否則，雖然已騙得台灣族人的協助，單飲水、糧食的供應就會立即出現問題。

4.《巴達維亞城日記》、《熱蘭遮城日誌》、《梅氏日記》及〈臺灣城決議錄〉等檔案的記載，在普羅民遮城和熱蘭遮城附近，只見到零星船艦，最多時也只看到幾十艘經鹿耳門，由北線(汕)尾一帶來挑釁。

5.《梅氏日記》(Philippus Daniel Meij van Meijensteen，《梅氏日記》作者。是十七世紀荷蘭聯合東印度公司派來台灣工作的土地測量師，在台灣居住長達十九年，精通河洛語文。1661年的4月30日，梅氏目睹鄭成功率大軍登陸台灣。5月4日，他帶著普羅民遮城地方長官的求和信去見鄭成功。兩天後，他又跟著普羅民遮城堡裡共二百七十多個荷蘭人一起步出城堡投降，成為鄭成功的俘虜。自此以後，一直到次年2

月搭船離開台灣爲止，梅氏被鄭成功留在身邊擔任翻譯，參與鄭、荷雙方的談判及測量土地。他對鄭成功部隊抵達台灣至荷蘭人離開台灣全程目睹，並寫進日記中)記載，在圍困普羅民遮城和熱蘭遮城的九個月期間，他們出城交涉或被俘虜時，見到的都只有幾百人、最多是一千餘人的鄭成功部隊。曾經聽說有過五千人在附近，但也止於聽說。

6. 《梅氏日記》記載，鄭成功軍隊全副武裝從新港車路越過高地，行軍而來。

7. 《梅氏日記》、《熱蘭遮城日誌》(Vol. IV, p. 416)記載，有三十名荷蘭人由蕭壠逃往普羅民遮城途中，被鄭軍俘虜。鄭成功派由其中蕭壠政務員Gillis Box的妻子，攜信要到普羅民遮城。

8. 《梅氏日記》p. 67記載，在1662年1月17日，鄭成功威脅，若Coyett長官再不出城投降，將要立即全面攻城時，鄭成功率領四百五十個士兵，經過狹陸去第二漁場。這四百五十個人是從麻豆後方的茅港尾田野的駐軍中，每十個人抽出一個人來的。

9. 《梅氏日記》p. 39記載，1661年5月5日，荷蘭使者梅氏晉見鄭成功時，見有十六位台灣族人分成兩列，是新港(新市)、蕭壠(佳里)、麻豆、哆廓(Dorcko，下營)、目加溜灣(善化)等各社的長老。他們是被脅迫或被騙來幫助鄭軍的。（此哆廓社是下營Dorcko，不是東山的哆囉嘓社Doroko，所有歷史學者都搞錯了。因爲根據荷蘭人記載，茅港尾是在哆廓社和麻豆社之間(《熱蘭遮城日誌》Vol. IV, pp. 61, 204【*The Formosan Encounter,* Vol. II, p. 247】)。梅氏被鄭成功指派測量土地時，《梅氏日記》p. 50亦記載，茅港尾是在哆廓Dorcko社和麻豆社的半途中央點。）

以上各點，下營全部符合。永康洲仔尾全部不符：

1. 禾寮港(Amsterdams Polder ofte Orakan禾寮港；蚵寮港)就在下營(Smeerdorp)，禾寮港地名今日還在。鄭、清時期稱下營爲「海墘營」，就在倒風內海(台灣族人稱鹿耳海)的東岸。Lankjemuyse水道即是鹿耳門。倒風內海在台江內海北端東邊，是內海中的內海，是龐大艦隊尋求蔽護的絕佳港灣，但此時大型船艦需等漲潮才能安全出入臨門海峽。

早在1623年4月，荷蘭人即利用此倒風內海（當時出入的隄門海口(鹿耳門)，航道還很深）做為遠東艦隊的保養、補給和人員休養、渡假之地，在Smeerdorp（即今日之下營。Smeerdorp荷語意思為Lubricating Village，按字面是指抹油、潤滑的保養處所，也就是指船隻和器材的修護、保養以及人員渡假、休養之地。Smeer荷語原意是動物脂肪炸出的油脂，古時是用來塗抹亮光、防鏽和軸承潤滑，引申為保養之意）建有小城堡（是下營哆廓(Dorcko)社族人助其建成。台灣族人稱紅毛厝，地名今日還在）。1622年7月11日，荷蘭人再度入侵澎湖，設立要塞、建築城堡。而於1623年4月起，澎湖駐軍和整個荷蘭艦隊的所需食物、飲水、薪柴等民生補給，則主要來自台灣Smeerdorp。傷病人員也送到台灣Smeerdorp治療、休養【The Formosan Encounter, Vol. I, pp. 2, 33, 38】。於是，Pieter de Carpentier 總督命令指揮官Reyersen在1623年10月25日到台灣倒風內海出口的南岸建築要塞（蕭壠社西北(今佳里)），加強保衛Lankjemuyse水道（鹿耳門，鹿耳海(又稱倒風內海)的西南側出口水道）【The Formosan Encounter, Vol. I, pp. 23-25】；【Dagh -Register Gehouden int Casteel Batavia, Vol. I, p. 30】。Lankjeeuw農場(番仔田在鄭氏集團侵台時，接收為王田；清廷據台時，稱為官田。是現在的台南市官田區，不過，台灣族人現在仍稱為番仔田或紅毛田)生產的農產品原是由麻豆港和茅港尾港經Lankjemuyse水道(鹿耳門)運出外銷，因而命名。Lankjeeuw和Lankjemuyse是荷蘭字彙隨語詞變化而已。禾寮港(有人寫為蚵寮港)就在Smeerdorp(鄭氏據台後稱海墘營)旁。Smeerdorp面對倒風內海(鹿耳海)，景色優美。這是荷蘭東印度公司首次在Formosa取得的土地，稱Amsterdams Polder。因主要做為渡假、休養和船艦、器材保養之地(下營Dorcko社人有優秀的造船製器工藝)，再命名為Smeerdorp。是唯一在Formosa以荷蘭語重新命名的地點。

　　荷蘭文獻對Smeerdorp的確切地點有以下記載：ZAAK van de GODSDIENT op he EYLAND JAVA(作者：François Valentijn)中的FORMOSA ofte TAYOUAN章節中指出：Mattauw een mylten ten Noorden van Soelang; Taflakan een myl beooften Matauw; Smeerdorp en Pau, dicht by een(蕭壠北邊方向是麻豆，麻豆往東是Taflakan，Smeerdorp和Pau很靠近Taflakan)。而The Formosan Encounter, Vol. I, p. 77指出：Sinckan is about one mijl(古荷蘭里程)away from our Fort──指Zeelandia。十七世紀中期Olfert Dapper著作的d'Eilanden Tayowan, Formosa篇p. 38記述：Smeerdorp, gelegen twee mijlen van Sakam(Smeerdorp is located two mijlen from Sackam)，二者說明由赤崁到Smeerdorp是到Sinckan兩倍多的距離。Smeerdorp又有禾寮港(在下營) 【《熱蘭遮城日誌》，Vol. IV, pp. 408, 613】。

鹿耳海荷蘭人稱Bay in Tayouan、Bay of Tayouan，意思是台灣(指台江內海一帶)之內的海灣(後稱倒風，可能是荷蘭語音Tayouan之誤讀)。1623年至1632年，荷蘭人和唐山人所謂的Tayouan(台灣)，並非單一地名，是指南起現今安平、北至鹽水的一片區域(荷蘭人稱為Tayouan，稱此地區住民為Tayouanners。荷蘭人稱全台灣為Formosa，稱全台灣住民為Formosans)【The Formosan Encounter, Vol. I, pp. 1-30, 37】。所有歷史學者卻都誤以為Bay in Tayouan、Bay of Tayouan是指後來重新命名為大員島之旁的海灣。荷蘭人記載【The Formosan Encounter, Vol. I】，Soulang(蕭壠)是在Bay of Tayouan出口的南岸【pp. 4, 24, 28】。1623年1月，荷蘭人就已稱鹿耳海為Bay in Tayouan、Bay of Tayouan【pp. 1, 24】。1624年時，Isle of Tayouan還是無名的無人荒島【p.78】(僅稱 the small isthmus of Tayouan, a sandbank lying off the coast of Formosa【p.31】)，荷蘭人予以強占(曾被驅趕)；赤崁是向新港人半騙半買來的，還強調是要建設新殖民地【pp. 39, 41, 42】。Bay of Tayouan明明就是倒風內海。

1624年，荷蘭放棄澎湖基地，人員和船艦全數撤回台灣倒風內海，並另外開始計劃在大員島構築更大、更堅固的城堡(後來稱熱蘭遮城)，以便把倒風內海東岸的Smeerdorp和北線(汕)尾的Tayouan Harbour(台灣港)【The Formosan Encounter, Vol. I, p. 13】主力遷去並擴充。而真正確定要開始執行是在1625年1月14日，此時才把Smeerdorp的castle命名為Fort Orangie，並將計劃中的新移居地取名Provintien。是至1626

年10月17日才命名大員的新建大城堡為Fort Zeelandia【Hollanders op Taiwan--Henny Savenije】。因為北線(汕)尾全是沙洲，不適合建築大城堡，而且當時倒風內海的入口已漸漸淤淺。退潮時，大型船隻並排出入或交會時，險象環生。1624年底起，荷蘭人就再稱此小島為台灣島(Isle of Tayouan)。後來，為與全台灣區別，才把台灣島的稱呼改寫為「大員」。

再往西的海上有北線(汕)尾，隔成台江內海的北半部。鄭、清官方地圖都標明北線(汕)尾是在倒風內海之外海。不知怎的，後來的學者竟把北線(汕)尾誤指到台江內海南半部外線的南線(汕)；更有人故意把台江內海誤指為僅是今日所謂的鹿耳門(其實是錯誤的)一地的附近區域而已（也許是受先入為主的「中國式錯誤教育框架意識」所誘導，既誤認了鹿耳門位置，就執意把南台江內海(潟湖)西方的南線(汕)指為北線(汕)尾）。當然，後來因隨時間泥沙淤積以及陸地上升，北線(汕)尾、北線(汕)、南線(汕)逐漸相連。(誤認鹿耳門位置始自錯誤百出的《台灣外記》)

楊英《從征實錄》記載「大型船齊進鹿耳門」，表示這鹿耳門非指地名，是指海峽。不知是有兩個鹿耳門地名(台南地區有相同地名的地方很多)，還是後人因台灣史實一直被忽視、篡改，不嚴謹的習性養成，也就隨便錯認地名位置，把鹿耳門誤植到現在的地點。因為北線(汕)尾是在倒風內海臨門海口之外，不是現在所謂鹿耳門的地方。且現在所謂鹿耳門的海域，當時尚未淤淺（現在所謂鹿耳門的海域是1823年才淤積泥沙(見姚瑩著《東槎紀略》)）。而因為倒風內海入口海峽(荷蘭人稱臨門，台灣族人稱鹿耳門)此時已淤淺，荷蘭人主力早就遷往大員島一帶三十多年。倒風內海入口海峽的荷蘭人要塞早廢棄，鄭成功船艦才能在漲潮後，輕鬆直入，未遭遇麻煩（《梅氏日記》p. 47說明：吳豪曾說，他曾經到過預計入侵台灣的航線，鹿耳門港道有荷蘭大炮防守。鄭成功抵台，發現並非如此，把他斬首(鹿耳門航道南邊的荷蘭堡壘、大炮已因荷蘭主力遷往赤崁、大員而廢棄，吳豪不知，但何(廷)斌清楚得很。何(廷)斌是剛畏罪叛逃不久的荷蘭走狗，他當然自信滿滿地帶領鄭成功和

大批船艦，不慌不忙地由鹿耳門進入鹿耳門海，駛向禾寮港)）。何況當
熱蘭遮城長官向巴達維亞總督求援時，巴達維亞總督認為，熱蘭遮城長
官只要派一些人員、船艦堵住隘門海口，即可困住鄭軍，所以未立即派
遣援軍。殊不知鄭軍是先由陸路去圍城，斷了熱蘭遮城的糧食補給。被
困數月後，熱蘭遮城長官不得不投降。

　　而且，對照荷蘭古地圖以及鄭、清地圖，於現在所謂鹿耳門的地
方，均未見有過鹿耳狀的內海。又楊英《從征實錄》記載「大型船齊進
鹿耳門」「並防北線(汕)尾(就在倒風內海隘門海峽之外)」。重修《台

荷蘭官員的
渡假別墅，
原1623年的
castle

── **Smeerdorp**
海墘營

鹽水港 ──
（月津港）

── 麻豆社

── 蕭壠社

四百年前
倒風港地
圖

1623年荷蘭人所建要塞
大員海灣

是倒風內海才對

1627年，西班牙菲律賓總督曾率領艦隊試圖攻擊荷蘭人的台灣據點，遇到暴
風雨而返航。這原是西班牙人1626年之前繪製的 By of Tayouan 地圖。18世
紀重繪時，因是依唐山人敘述所加註，誤以為Bay of Tayouan 緊臨後來的大
員島，就把附近聚落都向左邊方向錯置了。其實麻豆與茅港尾、鹽水合稱倒
風內海三大港。1626年以前大員島並無荷蘭人的要塞。當時熱蘭遮城才開始
興建，至1632年僅完成內城而已。因為當時倒風內海的入口漸淤淺，退潮時
大型船隻出入險象環生。圖中可看出隘門旁泥沙淤積，航道狹窄。但仍可見
保衛倒風內海入口的炮台。

光緒年間(1875年至1908年)繪製。是官方地圖,主要是在標示地方的相對位置。

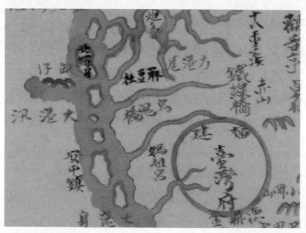

這是上圖的局部放大圖。請注意,北線尾是在麻豆社西北方外海。

灣府志》記載：「鹿耳門在台灣縣治西北，水程三十里，接壤北線(汕)尾。」足證當時所指的鹿耳門，正是倒風內海(鹿耳海)出入的隘口。

荷蘭早期南瀛附近的倒風內海古地圖(西班牙人1626年之前所繪製)，標有麻豆社、蕭壠社、Lankjeeuw農場(紅毛田、番仔田)。但因是依唐山人敘述所繪，把附近聚落都向左邊方向誤置了。西班牙人於1627年派艦隊試圖攻打荷蘭人時，大員島並無荷蘭人的城堡、要塞。熱蘭遮城才開始興建，至1632年僅完成內城而已。因為當時倒風內海的入口(真正的古時鹿耳門)已漸淤淺，退潮時大型船隻出入險象環生。圖中可看出隘門旁已泥沙淤積，航道狹窄。而且，大員附近的海灣並未見有如西班牙人和荷蘭人所描述的「the mouth of the bay of Tayouan」，所以此1626年以前所繪之古地圖，絕非大員附近的海灣。

而且，現在所謂鹿耳門的大員島附近海域，當時還是深水海域（現在所謂鹿耳門的海域是1823年才淤積泥沙(見姚瑩著《東槎紀略》)）。而由於更早的長期淤積泥沙及台灣陸地上升，1823年時，倒風內海(鹿耳海)早已成為殘留有大小池塘的實質內陸。

對照下頁三圖即可看出，左上圖正是倒風內海(台灣族人稱鹿耳海，荷蘭人稱Bay of Tayouan)。其出口台灣族人稱鹿耳門，荷蘭人稱Lankjemuyse水道。左中圖所加註「大員海灣」是錯的。左下圖可看出，當時大船已進不了鹿耳海(倒風內海)。

左上圖中間偏左，由東(上)往西(下)的River Soulang是古曾文溪(蕭壠溪)。其出口三角洲由於長期淤積泥沙及台灣陸地上升，陸地向西北延伸，將台江內海上下分成北及南(潟湖)兩個內海(對照左上圖和左下圖即可看出。左下圖加註台江內海處是原台江內海的南半部，即潟湖)。

2.下營上帝廟留有原始文獻記載，玄天上帝神像是鄭成功部將劉國軒將軍、洪旭副將軍、所屬參軍沈崇明、潘庚鍾、副參軍姜翠等所帶來，並於登陸後立即建草廟供奉。至於後來鄭成功為了安撫士兵，下令建廟供奉隨船帶來的媽祖神像，供士兵膜拜的「媽祖宮廟」，就在下營東南角的茅(方)港尾。當時鄭成功在右武衛營區的最初設帳地點還有標示，右武衛營區地名也還在。

此圖是1604年以前所繪

大員海灣
《錯誤標示》

此圖是1627年以前所繪

澎湖

此圖是鄭、清時期地圖

倒風內海於17世紀位在下營和學甲之間。古曾文溪（蕭壠溪）三角洲向西北延伸，將北台江內海與南台江內海（潟湖）分開。

3.當時下營禾寮港，港寬水深，腹地廣大。倒風內海又掩蔽良好。鄭成功的二萬五千名部隊登陸後，除了在下營紮營(鄭氏侵台之初，稱此村落駐軍為海墩營。後來鄭成功發現Formosa眞是個寶島，決心在Formosa自立稱王。不再，也不可能返回唐山了，就依其家鄉名，把海墩營村落改名為「下營」；把大員改稱安平)。駐軍處還有鄰近的中營、林鳳營、柳營(查畝營)。新營是鄭成功後來決心永久退避台灣，自立稱「東都王」時，再運來二萬名軍隊。舊營地飲水、糧食供應不足，才新增設的。永康洲仔尾從未有大型駐軍營地的記錄。鄭氏據台初期稱禾寮港旁的營地為海墩營，後再依定居之鄭氏部將的唐山家鄉名，改為「下營」，就如鄭成功用他的唐山家鄉名，把大員改稱安平。

4.普羅民遮城並無有效抵抗的武力。熱蘭遮城僅有一千人駐守，作戰兵力只有數百人。鄭成功並不擔心，但不願患難攻城。經九個月的漫長圍困熱蘭遮城荷蘭城堡，估計城堡內存糧應已用盡，才迫使投降。在此之前，四百艘主力艦隊都藏在掩蔽良好的登陸地所屬內海(倒風內海，台灣族人稱鹿耳海)，在赤崁那一帶當然看不

到。永康洲仔尾就在赤崁旁邊，無處掩蔽，荷蘭人又配備有望遠鏡，站在城牆上怎會沒看見？而海路船艦由倒風內海南下，當然經過鹿耳門、北線(汕)尾。

5.在普羅民遮城和熱蘭遮城附近，見到的都只有幾百人至一千餘人的鄭成功部隊。曾經聽說，最多有過五千人在附近。這是因為鄭成功只想逼荷蘭人投降。他帶來二萬五千名的官兵，是要侵略全台灣用的。在圍城同時，已有部分兵力向南北突進。其餘則還駐紮在海垹營、中營、林鳳營、柳營。

6.鄭成功軍隊全副武裝從新港車路越過高地，行軍而來。陸路由海垹營向赤崁進軍才經過新市一帶。由永康洲仔尾就緊接著赤崁，進軍赤崁怎麼會經過新市一帶呢？

7.由於鄭成功軍隊在下營登陸，荷蘭人才會由蕭壠逃往普羅民遮城。若鄭成功軍隊在永康洲仔尾登陸，這批荷蘭人應會往相反方向逃。

8.此四百五十個人是從茅港尾田野的駐軍中，每十個人抽出一個而來。表示該地駐軍有四千五百名士兵。而茅港尾旁的軍營就是中營，在下營區內。鄭成功初次登陸帶來二萬五千名的官兵，到普羅民遮城和熱蘭遮城圍城及往南、北突擊全台灣住民，各分派二至三千人，其餘留守海垹營、中營、林鳳營、柳營，作後續的占領和支援作戰用。則四個營區內各有四千多名士兵駐紮，這數字也是正確的。

9.新港、蕭壠、麻豆、哆廓、目加溜灣等各社都在海垹營周圍。

原始證據至此，鄭成功是從倒風內海東岸的禾寮港(下營Smeerdorp)登陸，還有何疑問？其實這是外族入侵台灣的歷史悲劇重演！唐山人當荷蘭人通譯有利可圖。當荷蘭長官走狗更是傲人肥缺，但須兼懂荷蘭和台灣住民的語言，必然師徒相傳。都明瞭倒風內海掩蔽良好、安全性高；腹地廣大、肥沃，物產豐富；周圍住民勤勞、和善；對待外來陌生人客氣、禮貌，下營Dorcko社人又有優秀的造船器工藝，是最理想的入侵處。1623年的Hongtsieusou(或寫為Hung Yu-yu)和1661年的何(廷)斌，當然都清楚。況且，荷蘭人主力已南遷普羅民遮城和熱蘭遮城，由倒風內海侵入，根本不費吹灰之力。而且，要去圍困普羅民遮城和熱蘭

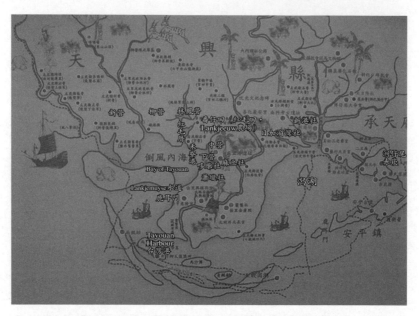

鄭、清時期台南區古地圖。繪製者延續荷蘭人俘虜梅氏的土地測量技術,較為精準。

遮城的距離又不遠。必然是何(廷)斌這老走狗的選擇。吳豪不知鹿耳門航道南邊的荷蘭堡壘、大炮已因荷蘭主力遷往赤崁、大員而廢棄,他曾警告鄭成功,預計入侵台灣的航線中,鹿耳門港道有荷蘭大炮防守。鄭成功抵台,發現並非如此,因而就把他斬首。何(廷)斌是剛畏罪叛逃不久的荷蘭走狗,當然很清楚,又自信。

　　台灣被忽視、偽造的史實不勝枚舉。此處特別詳述,是因為這些資料,曾試著拿去向自以為有台灣意識的政客、學者和教育、文化界人士解說。這等人自以為其地位超凡;其先入為主的知識神聖無比。除了中研院的翁佳音老師和南社社長鄭正煜老師之外,沒一個人肯看或聽,且無不嗤之以鼻。而其他學術豐富的所謂凡夫俗子,仔細看過之後,都感受震撼。驚訝自己過去的輕忽,並以蒙蔽自責。更驚覺自己原來並未完全免除「台灣受虐症候群」的毒害。

　　以上各種史實的原始記載，現在都還隨手可得。台灣聞達人士卻無人能有心去翻查、來面對。其原因在於根深柢固的中國蔣幫壓霸集團所加諸「標準教科書」教條心理。以前台灣歷史是被丟棄，再隨便偽造，然後加以鄙視。台灣聞達人士由於無能從「被洗腦」中醒覺，以前對台灣歷史是「得過且過」，遺毒留存到現在，成為「隨便過」。這是台灣人民被呆奴化的副作用之一。也是「台灣受虐症候群」在繼續延燒啊！

註證12

　　1684年，施琅在「諸羅減租賦疏」中謂：「自臣去歲奉旨蕩平偽藩，偽文武官員丁卒，與各省難民，相率還籍，近有其半。」是說：「占據台灣僅一年，就已驅逐一半在台漢人。」1688年，《華夷變態》也記載：「以前台灣人口甚為繁盛，漢人民、兵有數萬人，自隸清以後，居民年年返回泉州、漳州、廈門等地，現僅有數千漢人居住。」是說，1688年時僅剩數千唐山人在台灣(其中還包括了為執行對台漢化任務，所引進的三年一任的執行強制漢化人員、契約唐山人工匠以及官方因為中國需要而特准的短期贌商)。而清除漏網唐山人的工作仍在台灣持續進行著。

註證13

　　清廷第一任台灣知府蔣毓英在《台灣府志》描寫台灣：「人無貴賤，必華美其衣冠，色取極豔者，靴襪恥以布，履用錦，稍敝即棄之。下而肩輿隸卒，褲皆紗帛。」楊英《從征實錄》記載：何斌慫恿鄭成功入侵台灣，指陳台灣有「田園萬頃，沃野千里，餉稅數十萬，造船制器」。令鄭成功垂涎十尺。不但貪圖台灣的豐富物產，還覬覦台灣先進的造船和器具製造工業。可見台灣當時的進步、繁榮，漢人相見自慚，更是妒恨。漢人對台灣族人的妒恨，由下面的例子可深刻瞭解：

Georgius Candidus於1628年12月7日記載：當歐洲人還在用笨拙的大型鐮刀(Scythes)、中國人還在用笨拙的中型鐮刀（Sickles (Gke-Ah)）收割稻麥時，台灣族人早已普遍使用一類似小刀的便利工具（細齒刃的略彎小刀(草-Gke-Ah)），從稻穗下的莖收割稻子【*The Formosan Encounter,* Vol. I, p. 93】。

楊英在《從征實錄》也記載：鄭成功集團入侵台灣，除貪圖台灣豐富物產；還覬覦台灣的先進造船製器工藝。後來卻又說：「土民逐穗採拔，不識鉤鐮割穫之便。」其心狹、妒恨的嘴臉，一覽無遺。(楊英和Georgius Candidus描述的是相同地方)

註證14

雍正2年(1724年)〈藍鼎元(隨堂兄南澳總兵藍廷珍入台平定朱一貴起義事件)與吳觀察論治台事宜書〉說，「土番頑蠢無知；鳳山以下，諸羅以上多愚昧渾噩，有上古遺意。」(當時強制漢化工作，是由台南府城開始，向南、北逐漸進行)意思說：雖然已執行強制漢化四十年，鳳山以下，諸羅(嘉義)以上的台灣人，仍未改造完成，不知漢人文化，仍擁有台灣文明和台灣文化意識。

註證15

依鄭克塽降清降表記載，其戶籍登記為民者六萬，其餘六十五萬仍註明為番。鄭成功集團侵台時，帶來漢人三萬七千，病死及遭台灣人抵抗而被殺的有六千。降清時加上在台所生子孫，計四萬二千人。多出的一萬八千人，是原居台的三千二百名漢人及二十二年來其擁有的子女。然而根據清廷記載，總共將十多萬人驅逐出台灣。多了數萬人被驅離台灣，應該是清廷怕有漏網者，在「寧可錯殺一百，不能放過一個」的心態下，包括了一些在台灣入贅者的所有家族，只要聽懂一點漢人語言，就全被趕走。

蕭壠社、麻豆社的人物畫像。

註證16

公元1730年,亦即雍正8年,5月24日南澳總兵許良彬的奏摺說:
「台灣番社新舊歸化內附戶口,不下貳、參萬社,每社男婦老幼多至
壹、貳百人,少亦不外數十眾。」依此奏摺,光是已接受管轄的至少有
六十萬人,若連尚未接受管轄的,必定遠遠超過一百萬甚多。

註證17

乾隆21年(1756年)喀爾吉善奏摺稱台灣住有「土著流寓幷社番,男
女老少計660,147人」。土著指已被漢化的台灣人;流寓是受官方聘用
來台的漢人臨時人口;社番指接受管轄,但尚未完全漢化的台灣平地族
人(尚未受到管轄的平地族人則未計入,山地居民因封山令而被忽視)。
流寓是臨時人口,包括為執行對台漢化任務,所引進的三年一任的執行
強制漢化人員、契約唐山人工匠(皆任滿遣返);以及為生產特定農產品

供應中國而特許入台的短期農作物契作人員(贌商)。每時期為數不過數百人。

根據《台灣府志》記載，除了禁止派台華人官、兵、工匠、執行強制漢化人員、農作物契作人員在台娶妻，更於乾隆2年(1737年)頒布「戶律」(《台灣府志》)。連碰到台灣婦女之手，都要受嚴厲刑罰。

清廷據台，視台灣為敵境，台灣物資均由官營掌控。只有當中國需要某些特定農作物時，才會招募或特准一些農作物契作人員渡台，或主持僱用台灣族人耕種官田；或與台灣族人契約種植特定農作物(這些渡台唐山人稱為贌商)。每期僅三至五個月，農作物收成後，此契作人員皆須隨船押解農產品回唐山(這其實是延續自荷蘭人在台時期的做法【*De Dagregisters Van Het Kasteel Zeelandia,* Vol. I, pp. 193, 473】；【*Hoetink,* 1917, p. 377】。清廷長期禁止渡台人員攜眷，在論述攜眷利弊時，藍鼎元於〈經理臺灣疏〉(見《鹿洲奏疏》)中說：「凡民人欲赴臺耕種者，務必帶有眷口，方許給照載渡，編甲安插。」又說：「蓋民生各遂家室，則無輕棄走險之思。」廣東巡撫鄂爾達亦上奏：「若人人有家室之繫累，謀生念切，自然不暇為非。」此「赴臺耕種者」即是指「農作物契作人員」(贌商)，他們亦農亦商，非實際下田墾作者，農作物收成後須隨船押解回唐山。因為主張應攜眷者，皆謂可「無輕棄走險之思」、「不暇為非」，不是有助墾作。且須「編甲安插」，編甲是保甲制度，保甲內要相互監視，若有亂紀、棄逃之虞，需事先告密，否則事發後必連坐治罪。何況藍鼎元於〈經理臺灣疏〉中又說：「文武差役、誠實良民，必將赴臺何事，歸期何月，敘明照身票內，汛口掛號，報明駐廈同知、參將存案，回時報銷。倘有過期不還，移行臺地文武拘解回籍。」而且嚴密到：「再令有司著實舉行保甲，稽查防範。凡臺灣革逐過水之犯，務令原籍地方官收管安插，左右鄰具結看守。如有仍舊潛蹤渡臺，將原籍地方官參處，『本犯正法』，左右鄰嚴行連坐。庶奸民有所畏懼，而臺地可以漸清。」此「臺地可以漸清」意指：「不會有任何唐山人可能留居台灣」且「再犯即正法(處死)」。在這種情況下，怎麼可能會有任何唐山人能夠明目張膽地久留台灣開墾、耕作？可是，那些「中

國假學者」就是敢睜眼說瞎話，把負有短期任務渡台的唐山人，說成有數萬至十萬多中國漢人移民台灣。南澳總兵藍廷珍入台平定朱一貴起義事件時，有百餘官兵在阿里港(今屏東縣里港鄉)一帶被朱一貴部隊所殺，就地草草掩埋，竟也可說是屯墾未歸。完全無視於藍鼎元自己說的：「倘有過期不還，拘解回籍。」連荷蘭人在台期間，留台唐山人的人口數，也能由1633年的七百人與八百人之間(荷蘭人長官Hans Putmans調查所得)至1661年的三千二百人(荷蘭人在台最後一年的登記數字)硬說成數千人至數萬人。荷蘭人發現當時在台唐山人多數奸詐、狡猾、不倫、無紀，不能信賴，主動派人學習台灣族人語言後，逐漸擺脫對唐山人通譯的依賴。改聘這批唐山人為工頭，由他們管理聘用台灣人耕種的荷蘭田(荷蘭人所霸占的田地，專門生產外銷用的稻米和甘蔗砂糖。台灣人跟著唐山人稱荷蘭人為「紅毛番」，稱荷蘭田為「番仔田」。清、鄭侵台，接收荷蘭田，改稱王田、官田，台灣人仍稱之為「番仔田」)。荷蘭人學會台灣語言之前，是有從唐山招募數百名的工人來台灣工作。荷蘭人學會台灣語言之後，就拒絕了「在管理上時常令他們頭痛的唐山人」再東渡台灣。

註證18

1758年，「大清會典」戶口編審附註：「回、番、黎、猺、夷人等，久經向化者，皆按丁編入民數。」此番是指台灣平地族人(高山居民因封山令而被排除、忽視)。根據這個規定，被強制漢化後之台灣人，在戶政登記上，不再被記為「土番」或「社番」，而是全部登記為「民」。而在漢人滿官的眼裡，其實還是「番」。可是，在被蔣幫壓霸集團呆奴化後，多數台灣人不知道自己的歷史，到今天還以漢人自居。

註證19

嘉慶16年(1811)滿清文獻《福建通志台灣府》記載，「土著流寓民

戶」1,944,737人，光緒19年(1893年)為2,545,731人，1811年至1893年共八十二年，人口增加了六十萬，平均年成長率0.3%，在當時已是很低的自然人口成長率。更足證並無任何漢人移居台灣。

註證20

十九世紀，清朝國力衰微，世界列強以炮艦外交進逼中國，1840年代起也開始覬覦台灣豐富的物產。當時台灣物資都是清廷官營，英、美等國幾次嘗試向台灣通商失敗。1858年，英法聯軍逼清廷簽訂天津條約，台南大員(安平)首先對外開放通商，基隆、淡水、打狗(高雄)也陸續開放。並逐年被逼開放原官營的樟腦等各種物產，給英、美、法自由買賣。日本見各國在台灣得利，也想瓜分。1874年，藉口1871年五十四名琉球宮古島人遇海難，在南屏東登陸後逕行進入牡丹社區，與牡丹社山地族人起衝突，被牡丹社族人所殺，於1874年5月22日進犯南屏東。該年清廷派沈葆楨來台視察，見台灣已對外國人開放，洋人在台通商，獲取高利；而封鎖台灣的渡航禁令，現在卻只限制得了華人。沈葆楨遂奏請撤消對台灣的禁航令，同時廢止封山令及使用鐵器、竹子的禁令。1895年日本據台前，華人得以申請入出台灣經商、自由受聘民間工作，就僅二十年而已。

註證21

1661年起，清廷實施海禁：「由山東至廣西，劃海界遷民。築牆、立界石，派兵戍守。起界者殺無赦。」以防止偷渡。

註證22

蔣師轍於《台遊日記‧卷二》云：「海洋禁止偷渡諸制頗詳──海洋禁止偷渡，犯者照私渡關津，律杖八十，遞回原籍。人數至十名以上者，官役分別責罰。」又云：「再令有司著實舉行保甲(需相互告密，否

則連坐治罪)，稽查防範。」「台灣不准內地人偷渡。拏獲偷渡船隻，將船戶等分別治罪；文武官議處兵役治罪。」再云：「如有充作客頭，在沿海地方引誘偷渡之人，為首者充軍，為從者杖一百、徒三年。」「互保之船戶、歇寓知情容隱者、偷渡之人、文武失察者、沿海村鎮有引誘客民過台者等，均加以重處。」意思是：「查獲偷渡者時，所搭船隻沒收；偷渡者所經過港口的所有船戶、休息與住宿過的當地人、路經地區的所有文武官員，全要被施以重刑嚴處。」

註證23

鄭成功集團據台時，是由其部隊頭領，各自將所擄農奴、家丁強冠其姓；逼令隨河洛語系鄭成功集團部隊、家眷，說河洛語、行河洛習俗；隨客家語系鄭成功集團部隊、家眷，說客家語、行客家習俗。

清廷據台，在鄭成功集團據台時立下的基礎上，分別依原鄭氏集團河洛人部將轄區，派駐河洛人官吏，以河洛語系文書、信仰、生活習俗繼續加強漢化；在原鄭氏集團客家人部將轄區，派駐客家人官吏，以客家語系文書、信仰、生活習俗繼續加強漢化。已被漢化的台灣人，由被漢化當時、當地的派駐戶吏給漢姓、取漢名。再依姓氏分別立漢人祠堂，逼行漢人祭禮。

至今仍存在新竹縣竹北市新社里，掛有「采田福地」匾額的「七姓伯公廟」，是一較特殊的案例與證據。

此地附近居民祖先，當時是尚未被漢化的竹塹社道卡斯族人。1721年，被漢化為河洛語系的朱一貴和被漢化為客家語系的杜君英合作起兵，反抗清廷漢人滿官的壓霸統治(朱一貴事件)。在短短三個月時間，台灣革命軍即成功拿下全台灣。後因朱一貴和杜君英互爭王位(受漢化過程影響而轉性追求名利)，演變成河洛語系和客家語系互鬥。僅一個多月後，清廷派來一萬二千多人的部隊，船艦六百多艘，攜帶重武器，自大員(台南安平)登陸。已內亂的台灣革命軍很快被清軍擊潰，清廷又重新掌控全台。朱一貴事件期間，現今新社里附近地區，尚未被漢化的道卡

斯族人，拒與朱一貴、杜君英部隊合作，拒絕其進入該地區。清廷重新控制台灣後，也一直維持和平順從。

清廷重新統治全台後，得知此事，為強調「順我者昌」，援屏東六堆之例(六堆居民當時已被漢化成客家語系族群，原隨杜君英參加台灣革命軍。朱、杜反目後，又隨杜君英對抗朱一貴。清廷再次掌握台灣後，認為六堆居民對抗朱一貴，算是對朝廷有功，更為強調「順我者昌」，就給予豐厚獎賞，並封六堆居民為「義民」、建「忠義亭」表揚)，於1758年，清乾隆特賜今新社附近地區的道卡斯族人「錢、衛、廖、三、潘、黎、金」七姓；指示居民建「七姓伯公廟」，稱「采田福地」(「采」、「田」合為「番」字，是指尚未漢化)。二年後再頒「義勇可嘉」匾額掛上。強冠人姓，再逼令受壓迫者尊其為「伯公」，認他做祖，還註釋為番，真是可惡！台灣人本性謙虛、善良，不同意、不喜歡，但也忍了、認了。就做為祭祖、議事廳之用(其他先漢化再冠漢姓、取漢名的地區，則依所冠漢姓直接立漢姓宗祠給予使用)。

清廷政策，原是已漢化再冠漢姓、取漢名。此地區的道卡斯族人尚未被漢化，所以破例由乾隆賜姓，還註明是「番」。當時六堆居民已被客家語系漢化為民，所以封為「義民」。

「七姓伯公廟」更是台灣人被迫以河洛語系和客家語系分別漢化的明證。當時奉乾隆旨意前來賜姓、建「七姓伯公廟」的，是河洛人差官。所以「七姓伯公廟」就建成河洛語系習慣的形式，在神桌下供奉「虎爺」，不是客家語系應供奉的「龍神」。竹塹社地區一直是由客家語系地方官負責強制漢化工作，因而此區的道卡斯族人，後來都被強制漢化成客家語系。「采田福地」、「七姓伯公廟」的河洛語系形式，則因是滿清皇帝賜建，沒人敢更動，才一直維持到現在。時至今日，大多數人不知此原由，都還在奇怪：「為什麼客家語系所用的『七姓伯公廟』會有河洛語系的習俗形式？」

註證24

　　台灣人，不分山地部族或平地部族，除了祭祖，原本只敬拜賜予萬
物生長能量的「太陽神」，並不信仰代表心虛和自大的鬼神；也不祭拜
雕塑偶像。台灣人謙虛面對萬物，敬自然、順天地。對大自然負面現象
的火山爆發、地震、颱風等災害，則視為惡靈影響，敬畏以避。由於被
澈底強制漢化，後來才被迫遵行漢人民間信仰。

　　1661年底劉國軒帶軍登陸台南下營時，帶來一尊他們視為武運大神
的玄天上帝神像，在下營蓋廟供奉。這是唐山人在台灣設立的第一座神
廟(下營上帝廟)，是移植漢人民間信仰的開端。清廷據台，派台漢人官
員，畏懼台灣海峽風浪險惡，常隨攜媽祖神像，乞求保佑，有的到任後
建廟供奉。為執行對台漢化任務所引進的三年一聘契約華人工匠、執行
強制漢化人員，也會帶來各樣的民間信仰，成為強制、訓練、澈底漢化
台灣人工作的一部分。

註證25

　　1899年，德國傳教士、語言學者Wilhelm Schmidt；1975年，語
言學者施得樂(Richard Jr. Shutler，加拿大Simon Fraser University)、
馬爾克(Jeff Marck，澳洲)；1985年，布樂斯特博士(Robert Blust，夏
威夷大學)；1991年，澳洲國立大學考古學院院長貝爾伍德教授(Peter
Bellwood)；1995年，史搭羅斯塔博士(Stanley Starosta，夏威夷大學)；
2002年9月，法國國家科學研究中心語言學者沙噶特(Laurent Sagart)；
2009年，紐西蘭奧克蘭大學葛雷教授(Russell Gray)，均發表過相同研究
結果。從語言、語音演進模式證實，南島語族是在五千年前，由台灣向
菲律賓、夏威夷、復活節島、馬達加斯加島、紐西蘭擴散出去的。台灣
是南島語族的原鄉。日本學者承續日據時期在台的小川尚義之台灣南島
語言研究，發現日本語是南島語系和阿爾泰語系混合成的語言。

　　1998年，紐西蘭生物學家張伯斯教授(Geoffrey K. Chambers)；2002

年9月，挪威奧斯陸大學體質人類學學者韓集堡博士(Erika Hagelberg，他和Laurent Sagart，同時在台灣中央研究院舉行，以「南島語族起源」為主題的國際會議中發表)；2004年，台灣馬偕醫院林媽利教授，都發表過人類體質、DNA遺傳基因分析的研究報告。體質遺傳基因證據一致顯示，夏威夷人、菲律賓人、南太平洋波里尼西亞人、紐西蘭毛利人的祖先，都是五千年前以台灣為起點，遷移過去的。又以人類體質基因說明台灣是南島語族的原鄉。

台灣族人祖先的遷移，不外乎探險勘察、輸出文明物產、海上遇難漂流。或不得已滯留，或中意新天地而自願移居。這些人隨身攜帶資源不足，無法在他鄉延續台灣文明。只能就地取材，製作平日就會的用具。又僅以簡單符號記載日常所需事物。這些均與族群生活習慣緊密相關連。因此，上述地區所見古文物，和台灣古文物及山地住民被強制隔離後剩留的文物，有極多相似。

林媽利醫師等多人做過相同研究，台灣人民不論是河洛語系或客家語系幾乎全是南島語族DNA特徵，和中國漢人不相關。且河洛語系台灣人與客家語系台灣人在體質DNA上並無差異，只是因引進漢文化對象不同而語音、生活習慣有別而已，這和中國客家人與中國河洛人之間有體質基因差異是不同的。

無論是從語言、語音演進模式看，或是由遺傳基因證據顯示，各地學者都證實、同意台灣是南島語族的原鄉。這和五千年前的貢寮、鹽寮遺址發現，完全吻合〔註證3、4〕。加上當時台灣就已有能力製造大型堅固的遠洋船艦——Marn-Gka(艋舺)與高等運算能力〔註證5〕；又有對外輸出文明的證據。但是，大家看看，就是台灣這幾位蔣幫壓霸集團御用的「中國假學者」和台灣「呆奴化學者」，在無其他證據下，大力反對「台灣是南島語族原鄉的結論」。「中國假學者」就是要堅持他們偽造的地理歷史(台灣和台灣海峽是因東亞南北板塊相互推擠，而逐漸上浮的。台灣多地震，以及山地存在各種遠古海底生物化石可以佐證。台灣自古和中國無連結)，硬要將台灣連結在中國之下，任何有礙他們(硬將台灣連結在中國之下的歷史和地理謊言)之證據，在歇斯底里的心理病

態下，就是非全力消滅不可。台灣「被呆奴化學者」則不知是「呆奴至極」了，還是「假中國人」當上癮了，竟隨之起舞。這就和蔣幫壓霸集團御用的「中國假學者」以妒恨之心，長期偽造台灣歷史、毀貶台灣文明的情形一樣，台灣「被呆奴化學者」至今也是盲目地應聲附和。

最近更有一位陳叔倬先生，他還是國立自然科學博物館人類學組助理研究員，曾是史丹佛大學人類科學系博士(2008/12)；國立台灣大學醫事技術學系碩士(1996/6)；國立台灣大學醫事技術學系學士(1993/6)。他為了向中國交心(蔣幫壓霸集團不斷偽造台灣族人是邊疆次等漢人的假象，以便繼續呆奴化台灣人民，也替中國製造再次侵略台灣的藉口)，竟然把雲嘉南台灣族人當做漢人，再拿「因拒絕漢化而被歧視、被隔離達兩百多年的台灣族人——台南市東山區吉貝耍部落住的二百多名平埔西拉雅族人」的基因來和山地部落族人DNA檢體(陳叔倬並未說明，他所用的山地部落族人DNA檢體，是從哪個山地部落取得！)以及雲嘉南台灣族人做基因定型鑑定。還膽敢說：「吉貝耍平埔族基因與台灣人不同，與山地部落族人基因較相近，父系高達90%，母系為70%；而雲嘉南台灣族人血緣中混入平埔族基因，最高不會超過20%。」事實上，在台灣山地部落被強制孤離二百年之前，台灣山地和平地部落本就經常交流，台灣山地居民和平地居民本來就是幾十萬年的同源民族，只是家族群聚而在山地分成約十一個部落群；平地分成九個部落群，發現多數基因型相近有何奇怪？吉貝耍部落的西拉雅族人早期拒絕漢化，就被歧視；被驅趕至貧瘠偏僻處；與被迫漢化的台灣族人隔離。而被迫漢化的台灣平地九個部族，隨著同被漢化，各部落群自有傳統消失，各部落群分際打散。隨時間演進更是來往頻繁，九個部族基因交融。而台灣山地各部落被強制孤立、隔離達二百年，族群因無法與外界通婚而基因逐漸純化，族群也逐漸縮小。因類似情況較完整保留原西拉雅基因的吉貝耍部落族人與山地部落族人基因較相近，是理所當然的了，而吉貝耍部落族人和已有九個部族基因交融的被迫漢化雲嘉南西拉雅族人，在基因型不再完全相同有何奇怪？更何況，台灣山地族人有十一個部族，各部族又有數個至數十個部落，各山地部落被「封山令」分別強制孤立、隔離

達二百年，每一部落的基因各自逐漸純化，部落間的差異必已明顯加大。陳叔倬所謂的山地部落族人DNA檢體，是來自哪一個部族的哪一個部落？他故意不說明，更令人不得不懷疑，他是存心造假。憑著設定好的妄想，故意拿錯誤採樣基礎的不實主觀，藉以在分析上做假，用來誤導別人。還敢以學者之名將它公布，真是大膽。而似乎也未見有「真正的學者」就此對他提出嚴正的批判！

陳叔倬先生又大言不慚說：「依此，可推論台灣族人與福建、廣東原鄉漢人流的血沒有不一樣，這項結果並與中國學者做學術交流後確認。」這樣就確認台灣族人與中國福建、廣東漢人流的血沒有不一樣？還說與中國學者做學術交流後確認。中國學者何時到台灣做過台灣族人的基因定型研究了？由此更可見其居心的陰狠。何況中國福建、廣東原是越族居住地，中國福建、廣東居民在八百年後自然會帶有越族基因。越族和南島語族關係密切，上述台、外學者又早已推定「南島語族源自台灣」，若真在中國福建、廣東居民身上發現帶有一些台灣族人獨有的體質基因，也不足為奇！

人魔的出生與成長(1887-1921)

1887年10月31日，中國河南許州，鄭姓農家三子出生，鄭父叫他三發子。

1894年，河南飢荒

鄭父：「妻啊，我們已無存糧，久守下去，必將餓死，我們必須逃命。」

鄭妻：「我纏過小腳，三發子又年幼，如何挨過長途跋涉？你帶長子紹發與次子二發子先逃吧，我與三發子留下等救濟。」

於是鄭父帶兩個年長的兒子先走了，不久附近人家全要動身逃荒，且鄭父留下可填肚子的東西，也都吃光了，鄭家母子只好央求與鄰居隨行。後來落腳在佈施粥與餅的相國寺。

相國寺僧：「看妳會縫紉，我知有一蔣姓富商正在找合適的奶媽，妳可去問問，這是個機會。」

鄭母被帶來見蔣父時，蔣父見她長得漂亮，身材瘦長，但步態輕盈，顯得健壯，甚有好感，說：「妳既無家可歸，可在我家做奶媽，妳娘家姓王，我們就叫妳王媽。我有一子二女，妳替我照顧管教，但妳自己有一子，必須注意管教，免得孩子們吵架。」

王媽：「你肯收留我和兒子，我會盡心盡力的，我的兒子雖然脾氣不好，但我會注意管教的。」

王媽工作勤快，對蔣家孩子視如己出。

數年之後

蔣父：「王媽，我年事漸高，生念思鄉之情，想要變賣產業，返回我浙江奉化老家。多年來我感激妳照顧我，妳嫁我，跟我回禽孝村好嗎？」

王媽：「但我兒子呢？他是鄭家兒子。」

蔣父：「我就讓他姓蔣好了，他將成為我第二個兒子。三發子名字太土，就叫瑞泰吧，是祥瑞安泰之意。以後大家就叫妳蔣母了。」

成親後不久，就舉家回浙江奉化禽孝村。

1903年，禽孝村

蔣母：「瑞泰這孩子在學堂內、學堂外，時常結群鬧事，管教不聽，是否改個名字，希望新名字能帶來新性情。」

蔣父：「命理先生有二名字讓我們選，一是順泰，取和順之意；二是中正，取望他走正道之意。」

瑞泰：「我喜歡中正這名字。」他心想：「我有中正之

名，正好讓我有名正言順的表象，哈哈，這個好。」

1904年

蔣母：「這孩子十七歲了，有人來提親，我看上毛氏，也許讓他成了親，會收斂一點，好嗎？」

蔣父：「我沒意見，中正這孩子同意即可。」

蔣中正遂娶毛福梅爲妻。

1905年

毛伯伯：「瑞泰這孩子成天鬧事，欺壓善良。娶妻後亦惡行如故，將來怎麼了得？在這時局既喜歡打殺，何不去當軍人，也許還可殺出一條像樣的路來。」

蔣父：「這或許是條前途。」

毛伯伯：「我只是順口一說，別當眞。」

瑞泰(中正)：「帶兵殺敵，我喜歡。」

蔣父：「要就學最好的，就到日本唸士官學校吧！」

蔣母：「但那要花好多錢吧！」

蔣父：「沒關係的。」

蔣中正遂赴日，但被拒收。回中國後隔年入保定軍事學堂，因鬧事被退學，1907年再以保定軍事學堂學生名義，到日本申請留學，入東京士官預備學校受訓。在日本期間與戴季陶共馭一女(美智子)，也經由戴季陶認識一些旅日的中國革命人士。1910年，長子蔣經國出生，1911年回中國上海定居。

1911年，浙江禽孝村

蔣中正：「母親，我從日本回來了，現居上海，上海開銷大，妳須資助我在上海的生活。」

蔣母：「既已回來，理應找個工作，怎可留在上海玩樂？」

蔣中正：「母親，我在上海不是純玩樂。朝廷已有固定軍事制度，我在保定被退學過，難以軍官入伍，即使入伍，亦難有發展。而革命黨正在發展，能搶占的位子多得很，有朝一日，革命成功之後，機會就是我的，值得我冒這個險。而上海富商聚集，革命黨幾位精英亦在那裡，所以上海是我的機會所在。我想出人頭地，就必須先結交時人，尋求機會。沒足夠金錢如何交際？母親就我這個兒子了，難不成你要看我落魄？」

蔣中正遂取了足夠錢財回上海，先拜訪在日本由戴季陶介紹過的陳其美。

蔣中正：「其美兄，在日本時我即仰慕你，你是我心中的偶像，中國的希望就在你這種人身上。你還記得我，肯見我，真是我的榮幸。」

陳其美：「別這麼說，我只是有心的中國人之一，隨時歡迎你來坐，但我事忙，只要有空，很高興大家商討國事。」

這段時間蔣中正偶爾進出陳其美家，其餘時間則多流連妓院。

1911年9月，因見無投機機會，再赴日本，10月在日本聽聞中國武昌革命事成，急著趁亂殺出機會，又趕回上海，

帶回日本女子美智子，把她藏在上海，後來蔣中正由陳其美介紹，加入新編步兵團任士官長，因不滿官階不高，1912年即離職。後因再流連妓院而認識侍女姚怡琴，納爲妾，蔣中正將其改名爲姚怡誠。期間，蔣中正仍繼續在外尋花問柳。

　　1914年蔣中正央求陳其美收留他任侍從，後來在陳其美家，認識富商張靜江，繼而認識孫中山。1919年，更在張靜江家認識陳鳳(陳潔如)。爲附風雅，再自號介石。

　　1916年，蔣中正邀陳其美、張靜江爲結拜兄弟，一個是革命要員，一個是富商，正合他所需。

1921年，上海，李恬醫師診所

　　李醫師：「蔣先生，你得了稱爲梅毒的性病，必須注射606十次一個療程，才能痊癒。請記得：必須打完十次一個療程才可。」

張靜江寓所

　　蔣中正：「我看上陳鳳，請幫我做媒好嗎？」

　　張靜江：「你已有妻妾，又有小孩，怎能又想娶阿鳳？」

　　蔣中正：「您須可憐我，我原配係一糟糠，姚氏更見不得人。我希望能隨張兄與其美兄闖一番事業，須得有一賢內助，帶出去也得體面，阿鳳可彰顯我身分，她又懂中、英文，娶她是能與群雄並列的希望所需，拜託了。」

　　張靜江：「但阿鳳是好人家的好女兒，這我如何說得出口？」

　　蔣中正：「枉廢你是我結拜大哥，求你幫個忙也不肯，

若你堅持不肯幫忙，我人生已無望。不如我就在你面前自殺算了。」

張靜江：「唉，好啦，我去說吧！但說成之後，將來你可別負人。」

上海環龍路44號

蔣中正：「季陶兄，我要再結婚了，準備娶阿鳳，她年輕、漂亮，又有中、英文學養。我將來必定不擇手段要飛黃騰達，正需要這般的夫人襯托身分。現在毛、姚二人我有本事搞定。問題在美智子及二兒子緯國，解釋起來困難，我準備騙阿鳳說緯國是你留的種。」

戴季陶：「你亂來，在日本時我早把美智子讓斷給你了，從那時起我再與她無瓜葛，人是你後來藏在上海的，怎可再把我扯進去？」

蔣中正：「你別緊張，我只是要騙阿鳳說緯國原是你兒子，怕她向你問起，所以先通知你一聲。」

戴季陶：「你要我背這黑鍋？你太可惡了。」

蔣中正：「我只是要你在萬一陳鳳問起時，你不必承認也不必否認，不理她即可，我會告訴她，說出此祕密是很嚴重的，她會向你提問的可能性其實很低的。我現在先告訴你，只為預防萬一，況且美智子我也已處理掉，不會生枝節的。」

戴季陶：「若我不答應呢？」

蔣中正：「難道你不怕我們在日本的荒唐日子曝光嗎？」

戴季陶：「你在威脅我？」

蔣中正：「我是在求你。」

戴季陶：「你眞是可惡。」

李醫師診所

蔣中正：「李醫師，我病已好，這針打完我要結婚了。」

李醫師：「萬萬不可，你才打四針，這只是暫時進入潛伏期，現在停止治療，不但會復發，且會傳染給夫人的。」

蔣中正不予理會，堅持進行婚事，並將梅毒傳染給陳鳳，此後兩人皆因此不能生育。陳鳳婚後，蔣中正特將其改名爲陳潔如(蔣經國侵台後，到處擅改地名，除了自負的壓霸王者傲慢外，大概也有蔣中正的遺傳──喜歡自以爲是地改人名字)。

人魔的吸血壯大 (1921-1943)

1921年11月

蔣中正：「潔如，廖仲愷要到廣州與孫中山會合，他是孫中山手下第三號要人，僅排在汪精衛與胡漢民之後，我已求他帶我去。」

陳潔如：「到廣州有好機會嗎？」

蔣中正：「現在軍閥割據，但各軍閥組織不嚴密，又沒讓人信服的響亮口號，又無豐沛外援，孫中山有救國之口號裝飾，又有外援，投靠他勝算大。」

1921年12月

蔣中正：「廣州來對了，孫中山在廣州身邊無受過軍事訓練之人，我當然成了軍事顧問。我已踏出成功的第一步。再來就是解決陳烱明，取而代之。」

陳潔如：「爲何要先解決陳烱明呢？」

蔣中正：「他慓悍善戰，打退了陸榮廷，把孫中山迎回

廣州任大元帥，自己當了粵軍總司令，是華南最重要的軍事領袖，也是最受孫中山器重。有他在，我就沒機會了。」

陳潔如：「既然陳烱明最受孫中山器重，你如何能解決他？」

蔣中正：「我看到了陳烱明的弱點，他正直而易衝動，這種人只要對他耍一點陰險，他必落入陷阱。」

1922年，廣州大元帥府

蔣中正：「孫大元帥，我們已收復兩廣地區，陳烱明軍力強盛，是常勝將軍。此時是乘勝北伐的最好時機，機不可失。」

孫中山：「我也急著北伐，但陳烱明說，軍隊需要休養整編，再擴大招募，以及備妥北伐給養。」

蔣中正：「兩廣富饒，尤其廣東。陳烱明身兼兩廣總督，只要認真徵稅，不但給養無虞，還可補給他系的軍隊呢！除非他有私心，沒把您大元帥放在眼裡。」

孫中山：「不會的，陳烱明從漳州一路打來，克服廣州後，即時請我回廣州大元帥府坐鎮，他是粵軍總司令，許崇智是副司令，且財政給養是由廖仲愷負責的，必須由廖仲愷籌劃。」

蔣中正：「是的，但歲收還是得經由陳烱明的部屬執行，我只聽說，敗逃的軍隊有給養問題，勝利的軍隊哪會有給養的問題？如果孫大元帥准許，我可去瞭解一下情況，也許還可協助陳烱明提升效率。」

孫中山：「好吧，那就派你去看看能幫上什麼忙。」

粵軍總司令營區

蔣中正：「見到陳總司令太榮幸了，你能排除萬難克服廣東，真是令人敬佩，尤其對孫中山的忠心，更令我感動。」

陳烔明：「那裡，亂世之下，有志者理當盡力。孫先生是革命同志的眾望所歸，復國向心力的所在。」

蔣中正：「但他身邊的人似乎嫉妒你，並說你壞話，我真怕孫大元帥也對你產生疑慮。」

陳烔明：「怎麼會呢？」

蔣中正：「我此行來就是奉孫先生之命，要你立即準備北伐，並速交出給其他軍系的北伐軍費與給養。」

陳烔明：「他瘋了啊？我們才剛底定兩廣，一攻下城池立徵苛稅，那與強盜有何不同？何況我現在正忙於安定民心，傷兵需要醫療與安頓，再要北伐也須整編與招募新兵。何況軍隊作戰的給養問題，是須長遠不斷的，怎可一時殺雞取卵？」

蔣中正：「我也是這麼勸孫先生，但他不懂軍事，身旁又盡是一些嫉妒你的人，我真替你擔心。」

陳烔明：「請你回去稟告孫先生，請他不要急，給我一點時間，我會盡力準備的。」

蔣中正：「好的，我也是學過軍事的，我會幫你解釋。」

廣州大元帥府

蔣中正：「陳烔明說一切沒問題，就等大元帥您一聲令

下。」

　　孫中山：「那太好了。」

　　蔣中正：「但我聽說，陳烱明自負且跋扈，並沒有把您放在眼裡。」

　　孫中山：「不會吧，我看他一直很盡忠職守。」

　　蔣中正：「無風不起浪的，聽說的事放在心理較妥當，若將來有任何他不聽指揮的跡象，您可先削他兵權，甚至將他免職。」

　　孫中山：「不會到這種地步的。」

　　蔣中正：「預防勝於事後補救。」

桂林

　　蔣中正：「潔如，我們立即回上海。」

　　陳潔如：「為什麼？」

　　蔣中正：「經我連續挑撥，孫中山與陳烱明定會起不解的誤會，不久必定打起來。」

　　陳潔如：「你怎麼肯定打起來孫中山會占優勢？」

　　蔣中正：「陳烱明一向對孫中山忠心，將來陳烱明反而要揮軍打孫中山，他的部將會因震撼而遲疑。孫中山在珠江有七艘軍艦，陳烱明沒有，所以一開始孫中山容易脫逃。而陳烱明側翼有劉震寰的軍隊在那裡。劉震寰受過日本完整的軍事訓練。有忠貞不二的堅定信念，又與陳烱明無交情，見陳烱明倒戈，必會立即出擊。更重要的是，廣州有英國武力強大的軍艦，而英國一向維護孫中山的。妳還有疑問嗎？」

　　陳潔如：「那我們又為何要先回上海？」

蔣中正：「哈，妳就不懂深層戰略心理了，我們回上海後，我所埋的離間暗雷會一個接一個爆發，直到大事發生，我人在上海，有誰會想到是我一手造成的呢？哈！哈！」

1922月6月18日，上海

蔣中正：「陳烔明真的打起來了，我們再回廣州吧！」

陳潔如：「現在剛打起來，我們到廣州會安全嗎？」

蔣中正：「安啦，孫中山已逃上永豐艦，只要永豐艦不要接近珠江峽口，陳烔明那些陸上戰炮，傷不了珠江寬廣江面上的永豐艦。此時，我們坐小艇上永豐艦，孫中山定會有風雨故人來的感動，以後我在他心中的地位，就穩固了。」

陳潔如：「還是我老公厲害！」

孫中山與蔣中正等人由英國軍艦護送到香港，再轉回上海。

8月14日，上海

蔣中正：「南邊的仗就讓劉震寰、胡漢民、汪精衛他們去打了。我得趁此時大撈些金錢。請妳拜託妳的好姊妹逸民(張靜江夫人)，要她求她丈夫張靜江讓我跟他炒股票，先把股價壓低，我再大量買進，再由他抬高股價，我再賣出。這樣就能短期暴富。」

陳潔如：「我去央求她應該沒問題，但你為什麼要賺這種黑心錢？」

蔣中正：「財富與地位是相輔相成的，我將來的成就需要大量財富做後盾。對於財富與地位的追求，我是不擇手段

的。而我的財富與地位還不是妳的面子嗎？」

1923年，蔣中正得知蘇俄共黨有一套成功的手法，能嚴密控制軍隊與政治，更能掌控人民的思想，遂赴俄研訪。後來更送蔣經國赴俄求學。

1924年，蔣中正巴結劉震寰、胡漢民，向孫中山遊說，要大規模北伐須有足夠訓練有素的軍官，遂由孫中山下令成立黃埔軍校，由蔣中正任校長。

蔣中正：「我要成功了。」

陳潔如：「發生了什麼事？」

蔣中正：「孫中山已同意我成立黃埔軍校，由我任校長。」

陳潔如：「當校長就成功了嗎？」

蔣中正：「是的，黃埔軍校訓練出來的學生會派到各軍隊任職帶隊軍官，將來帶兵的都是我的學生，到時我不是掌握了生殺大權了嗎？哈！看還有誰能阻擋得了我？」

陳潔如：「但孫中山以下，依序有汪精衛、胡漢民、許崇智、廖仲愷、劉震寰、吳稚暉。這些人都是早期的革命黨人，都有熱烈的革命精神，對革命事業都有長期而獨特的貢獻。」

蔣中正：「你是不是要說，我一個新進黨員，到目前為止，對革命事業無任何貢獻，將來在黨與政方面，如何與他們相比？」

陳潔如：「我不是這個意思，但這也是個情況。」

蔣中正：「妳忘了我幹掉陳烱明的陰狠勁嗎？加上從蘇

俄共黨學來的黨政軍操控手法，安啦！妳等著看我如何把他們一個一個孤立再鏟除。」

1925年3月，孫中山病逝北京，蔣中正隨即向汪兆銘(精衛)輸誠，趕走劉震寰，再聯合廖仲愷及粵軍總司令許崇智，推倒代理大元帥胡漢民。廖仲愷遇刺身亡。由汪精衛任國民政府主席，汪精衛答應蔣中正，隔年讓他進入政府任委員。自此，蔣中正正式進入黨政高階，還任廣州防衛司令。

蔣中正：「我已經鬥垮胡漢民，將任國民政府委員。再來我要組織一個我自己的私人祕密衛隊，叫藍衣社，藍衣社將是我的衛士與間諜，要接受高度的專業訓練，他們將讓我知道黨政軍中無論敵友的祕密。並祕密逮捕、刺殺及鎮壓所有反對我的人與行動。」

陳潔如：「為何叫藍衣社？」

蔣中正：「日本有黑龍會，上海有三合會，但我較欣賞義大利墨索里尼的黑衫隊，所以我稱我的私人地下組織為藍衣社。」

陳潔如：「你如何能保證他們的忠心？」

蔣中正：「他們當然須精挑細選，再經嚴格訓練。只要不出差錯，每年有豐厚獎金，十年即可有衣食無缺的養老金。這種保障足可叫他們為我赴湯蹈火，何況還有『可以無法無天』的快感。」

1925年9月

蔣中正：「我不久將再拉下許崇智。」

陳潔如：「爲何再來先選擇許崇智？」

蔣中正：「妳所說過對革命有長期獨特貢獻的實力人物，我已鏟除陳炯明、廖仲愷、劉震寰。胡漢民已無勢力，現在就剩汪精衛、許崇智與吳稚暉，吳稚暉是老好人，無大志，可留著。許崇智是粤軍總司命，是我的頂頭上司，不先鏟除他，難以對付汪精衛。」

陳潔如：「但汪精衛是國民政府主席，他與許崇智是老戰友，汪精衛會准許你拉下他嗎？」

蔣中正：「我的私人特務已爲許崇智製作好罪證，指出他部下涉及刺廖案，另有他把持財政、剋扣軍餉的假罪證，況且廣州軍權在我手上，他能奈我何？」

於是蔣中正先誘殺許崇智的粤軍將領，再突襲許的營區，將許的部隊繳械，遞解許崇智到上海。

1925年9月13日，蔣中正在黃埔軍校演講：「共產黨是眞正的革命同志，反共產主義就是反三民主義。」這是爲了拉攏中國共產黨與乞求蘇俄支援他。

1926年3月

蔣中正：「我要對付汪精衛了。」

陳潔如：「爲何要在此時呢？」

蔣中正：「汪精衛可能已對我有戒心，海軍局的人似乎對我不友善，我必須拉倒汪精衛，才能順便控制軍艦。」

陳潔如：「但汪精衛還是國民政府主席呢！」

蔣中正：「那又怎樣？廣州軍權在我手上。」

1926年3月20日清晨

　　蔣中正悄悄宣布廣州戒嚴，隨即逮捕汪精衛，並接管中山艦。向國民政府委員會指控汪精衛控制軍艦，有不良意圖。廣州國民政府委員會懼於蔣中正的軍隊監視下，只能央求蔣中正不要殺他，讓汪精衛先至醫院休養，再轉往法國。

1926年5月

　　蔣中正：「潔如，現在廣州國民政府是我稱王了，什麼他們對革命事業都有長期而獨特的貢獻，三兩下還不是全被我驅逐了。哈！現在黨政軍大權全在我一手掌握了。」

　　陳潔如：「老公，你真厲害！」

　　1926年5月20日，上海《申報》：「目前廣州最熱門的遊戲，是把政府要員逐出政府。因為他們阻礙了蔣介石的野心與陰謀。現在蔣介石是黨政軍全部一手掌控了。」

1926年6月

　　蔣中正：「今晚孔夫人宋藹齡女士請吃飯，我們是客人之一。」

　　陳潔如：「每次有機會接觸孔宋家人，你似乎都特別興奮。」

　　蔣中正：「孔宋兩家都是大人物，以前我是以高攀心態接近他們。現在我已是稱霸廣州國民政府的人物，可用平坐姿態與他們拉感情了。」

　　陳潔如：「你既已稱霸國民政府，何須再與他們拉感情呢？」

蔣中正：「現在所謂國民政府是我們自封的，我的目標是真正的全中國之政府。孔宋兩家均是大財閥，孔祥熙與孫中山、宋子文又是連襟與妻舅。雖然孫中山不在了，但宋慶齡仍受尊崇。孫中山仍是塊可善加利用的好招牌，我必須把孫宋蔣三個姓氏連在一起，到時我就機會大大了。妳也知道，我向來只結交對我有用、可助我達成目標的朋友，一旦已無利用價值時，我會立即棄如敝屣。」

廣州，孔家

宋藹齡、宋美齡：「很高興又見到你，蔣先生真是年輕英雄，令人敬愛。」

蔣中正：「那裡、那裡，我才真的仰慕妳們姊妹，是世間少有的才華美女，氣質更是無人可比。」

1926年12月

蔣中正：「真可惡！太可惡了！」

陳潔如：「怎麼了？」

蔣中正：「那幾個被我拉倒、踢走的手下敗將，竟然還有力氣，拉了一些國民黨政府中央委員跑到漢口，悄悄地另組一個新的國民政府，把我排除在外，叫我不要再控制黨與政府。氣死我了。他們全不感恩我沒殺了他們。好，我絕不會再犯這樣的錯了，以後有誰擋我的路，我必趕盡殺絕，妳等著瞧好了。」

陳潔如：「你現在怎麼辦？」

蔣中正：「很顯然，這次蘇俄幫他們比幫我多。我現在要反俄排共，以他們漢口容共為由，打擊他們。再抬出孫

中山名號，我要尊他為國父。反正死人不會擋我的路。再宣
稱我是國父唯一正宗傳人，把漢口那些人，說成名不正言不
順。只有我才是嫡傳弟子。這樣至少可買到不少孫中山信徒
的心。」

　　於是蔣中正召開緊急會議，發表演說：「我心裡最在意
的，是把我們偉大的領袖孫中山先生尊為國父，孫先生為了
我們的國家，奉獻國民革命四十年，沒有任何其他人可以篡
奪這個榮譽。而我是他的學徒與傳人。中國以前已嘗試過立
憲政體，但證明是失敗的。我已決定將由黨來統治政府，再
由政府來管理人民。而中國國民黨是中國唯一政黨，其他別
無合法政黨。所以我們現在起要消滅共產黨以及其同路人。
漢口政府是偽政府。」

漢口國民政府

　　許崇智：「蔣介石一直違背孫中山先生的理想，卻又
宣稱他是孫中山的傳人，來麻醉別人。他陰狠狡猾，先結交
上位以拉抬自己，達到目的後，即一腳踢倒拉抬他的人。他
專制的野心，以槍桿子恫嚇國會，把國家當他的私人財產，
恣意殺人，隨意把官位與財物賜予向他稱臣的人，以買得對
他個人的忠誠。有這樣一個可怕的人物存在，中國如何了
得。」

　　眾人：「若要革命成功，必先要打倒蔣介石。」

　　胡漢民：「但我們大部分兵權已落入他手中，部將又受
他籠絡，目前我們能做的只有把黨政系統從他身邊移開。」

　　蔣介石占領江西、九江後，祕密邀約上海黑社會三大

流氓——杜月笙、黃金榮、張嘯林(蔣介石在上海吃喝玩樂時結交的)，到九江共商攻克上海前後之計劃，結論是：占領南京後，立刻開動南京市的造幣廠。上海地區可收買的，用銀彈攻勢，頑拒的由三大黑社會幫派，配合藍衣社暗殺之。

蔣介石：「潔如，我將來必成大業，雖然現在漢口政府排擠我，但我兵權在握，他們也奈何不了我的。成大業必須有大財力，雖將來在南京啟動造幣廠，但仍須財政部與銀行相助。故我已邀宋靄齡來密商，先挖漢口的財政部長宋子文過來，因事關機密，未成事前，妳先不要跟著。」

在停靠九江的中國銀行郵輪上

蔣中正：「孔夫人，妳接到我的邀請函，急速趕來，未停片刻，妳很聰明。我猜妳大略已知我的野心，而妳也有妳的企圖。此次會談應該會皆大歡喜。」

宋靄齡：「那就說說看！」

蔣中正：「我準備與妳妹妹美齡結婚。」

宋靄齡：「你真大膽而直接。」

蔣中正：「我們彼此瞭解，我不是什麼好人，妳也不是什麼慈善家，大家可以一拍即合，何必拐彎抹角呢？」

宋靄齡：「爽快，但你憑什麼那麼自信我們會答應呢？」

蔣中正：「先講我的需要吧！美齡也算年輕貌美，肉體上是可滿足我了。幾次見面後，我可感覺到她對我印象並不壞，也感覺得到，她亦是野心勃勃的人。」

宋靄齡：「算你識相。」

　　蔣中正：「而我現已兵權在握，而且鞏固。放眼中國境內，已無人可與我匹敵。我成大業只是時間問題。為了加速成就大業，我現在正需財務支援。妳丈夫孔祥熙先生與妳弟弟子文會是我的大幫手。」

　　宋靄齡：「你以為與我們攀親的價值僅如此嗎？」

　　蔣中正：「當然，我也知道，妳們以華人身分畢業於美國貴族大學，在美國除了財，應該也有不錯的政商關係。這也是我成大業後在國際上的一大助益。」

　　宋靄齡：「就這樣？」

　　蔣中正：「妳說呢？」

　　宋靄齡：「他們說得沒錯，你還只是個土霸，還需要我們的調教。」

　　蔣中正：「妳說什麼？」

　　宋靄齡：「先別不高興，先聽我們替你開第一堂課。大部分美國人是很有種族偏見的，看不起華人及異教徒。偏偏大多數華人，在美國人眼裡都是異教徒。而我們家族都早已信仰基督教，所以在美國社會較輕易被接受，連這個都不懂，難怪孫文會罵你『全不知世界大勢，不知未來之戰陣為何物』。」

　　蔣中正：「這樣呀！」

　　宋靄齡：「現在中國雖是落後國家，但地廣人多。世界列強各個虎視眈眈。你成就大業後，若沒個老大哥依靠，你認為能撐多久？最穩固的靠山，就是蘇俄與美國。蘇俄已看破你的腳手，只會支持共產黨。你只有美國可以依靠了。」

　　蔣中正：「我知道了，與妳們結親後，除了妳們原來在

美國的一點政商關係，以妳們基督徒的身分，還能較容易獲得美國人的認同。」

宋靄齡：「還算聰明嘛！在美國人眼中，我們宋家正是中國基督徒的代表。所以若談成，你也必須改信仰基督教。這全是為你著想。」

蔣中正：「這對我來講是小事一椿。」

宋靄齡：「這只是在中國要穩固成就霸業的第一招。其他的，以後再慢慢調教你。現在換談我方的好處與條件了。」

蔣中正：「當然！當然！」

宋靄齡：「我們調查過你了，你色性難改，永不滿足，品味似乎又不佳。」

蔣中正：「我會改的。」

宋靄齡：「我們不相信你自己會改，但我們也不太擔心這個。因為你的罩門被我們抓住了。你國際形象不佳，有一天你不聽話時，我們只要抽你後腳跟，你必倒無疑。」

蔣中正：「是！是！」

宋靄齡：「重要的是，你婚姻關係複雜。我們是注重面子的人，我們美齡可不願當個名不正言不順的蔣夫人。」

蔣中正：「這個容易，現在中國還沒有所謂『婚姻關係的法律』。我隨時可以宣稱那些女人不是我的妻子，或已不是我的妻子。」

宋靄齡：「我們可不是像陳潔如那麼好騙，談到陳潔如，她可是多年來，你自己長期以『蔣夫人』示眾的。」

蔣中正：「我可以讓她從這世界消失。」

宋靄齡：「你眞是莽蠻，難道不能做得漂亮一點？況且我們也不願意沾上血腥。」

蔣中正：「那妳有何好的建議？」

宋靄齡：「她不是懂點英語嗎？何不騙她去美國多讀點書。她上船後，再放出她不是你正式妻子的消息。等到了美國，騙她說，這只是爲了成就大業的權宜之計；先監視她，再威脅她說，若她亂講話，就斷了她的生活支援，她非就範不可。她的無聲無息，就等於默認了她不是你的正式妻子。」

蔣中正：「那就這麼說定了。」

宋靄齡：「等等，我們可是高尙人家，沒實質好處，就這樣輕易把美齡送過去給你啊？」

蔣中正：「哈，我是明白人，美齡對我有意思，還不是爲了有機會當中國第一夫人。妳丈夫孔祥熙想當行政院長，妳弟弟宋子文想繼續當財政部長，對不對？權與錢的結合是相輔相成。雖然我知道妳們弄權與錢的手段夠狠了，但沒問題，反正我一個人也沒能全部獨吞。還有其他條件嗎？」

宋靄齡：「我說過，我們是高尙人家，形式上，你還須到日本向我母親提親。」

蔣中正：「當然！當然！」

1927年4月初，蔣介石在上海血腥殘殺共產黨人及反對他的人。

1927年4月18日，蔣介石建立另一個南京政府。

1927年4月底

中國共產黨在漢口決意立即施行土地改革。武漢之國民政府之要員與軍官，又都擁有大批田產，不願接受損失，於是紛紛反共。蔣介石就順勢拉攏汪精衛、胡漢民回南京國民政府，武漢政府正式結束。蔣介石除了軍權，又再次掌握了黨、政。只是五個月後，汪精衛又被蔣介石趕走了，胡漢民則因不具威脅性，而幾次都被蔣介石當花瓶擺著。眞是可悲，僅兩年時間，歷史竟再重演一次，而且蔣介石設計他們的手法，還是兩次都相同，僅換了先後次序。此後汪精衛看透了蔣介石，不甘心革命心血爲蔣介石所奪占，一直伺機牽制他。而胡漢民則自覺無能與窩囊，愧對當年同志，至1936年抑鬱而死。

1927年，宋家看到蔣介石已確定占了上風，於是蔣介石與宋美齡於12月1日結婚。從此，中國進入了血腥屠殺與無忌貪腐的黑暗世界。檯面上，作威作福的是蔣、宋、孔、陳四大家族(陳是陳果夫、陳立夫兄弟，爲陳其美姪子，蔣介石混居上海時，在陳其美家認識而廝混一起)；檯面下，蹂躪燒殺的則是蔣介石的私人地下衛隊，與上海黑社會青幫頭子杜月笙的狼狽爲奸。

1928年2月2日，蔣介石取得北伐軍總司令頭銜，此時蔣介石自忖不可一世，老覺得家鄉禽孝村名稱不雅、小氣，配不上他的成就，逕自將禽孝村改名爲溪口鎭。

1928年5月

宋美齡：「日本已趁中國戰亂，以護僑爲名，出兵山

東，你看要如何應付？」

　　蔣中正：「我才不去惹日本人，中國這麼大，給他一小塊有何不可！我在意的是北方的張作霖。」

　　宋美齡：「張是東北土霸。列強各國對他的占領北京地區印象不佳，我可利用關係請列強公使團，勸逼他退回東北，我們即可接收他在北京附近的占領區。」

　　蔣中正：「妳真是我的福星。」

1928年10月

　　蔣中正：「親愛的美齡，妳就要實現第一夫人的願望了。」

　　宋美齡：「真的嗎？」

　　蔣中正：「張作霖被日本炸死後，他兒子張學良悲憤激動，我趁勢以國仇家恨、民族大義與他攀交情，還邀他任國民政府委員。張學良年輕直爽而無心機，會與我合作的。我還要與他結拜為兄弟。到時還有誰敢反對我，10月10日我就要宣布是國家領袖了。」

　　宋美齡：「太好了，我早知道你會成功的，但東北軍都是子弟兵，對張學良很忠心，將來要除掉他可能會有些困難。」

　　蔣中正：「我不擔心張學良，我說過，他年輕直爽而無心機，控制他是輕而易舉的事。」

1929年，南京

　　蔣中正：「我能令各軍閥臣服，除了顛覆和暗殺外，就是收買了。而且現在尚存的各角頭都是收買來的，要維持他

們繼續臣服的心，非有源源不斷的財源不可。」

宋美齡：「你有何打算？」

蔣中正：「一般人民已經被我們剝削得差不多了，加上長期兵荒，生產下降。繼續課徵重稅，恐引起動亂，稅還是要繼續徵的。但最簡單快速地弄大錢的方法，就是種鴉片、賣鴉片。到時變成是別人要急著找錢了。這是我情他願的商業行為。」

宋美齡：「做這種缺德事好嗎？」

蔣中正：「我們做的缺德事還少嗎？況且種鴉片、賣鴉片只是目前幫我弄錢的手段，我們自己又不會去吸鴉片。我還有其他算計哩！」

1931年12月

蔣中正：「氣死我了，那些老鬼竟然以我『跋扈、專制、不抗日、賣鴉片』為罪名，聯合起來要我下台。」只怪我手腳慢了些，早一步讓他們都吸上鴉片就好了。」

宋美齡：「現在怎麼辦？」

蔣中正：「現在要全部綁架他們已來不及，我暫時得把國民政府主席位置讓出來，但他們得意不會太久的。我還是軍事委員會委員長，黨軍我完全穩固掌控，比他們能左右的軍力強太多了。加上他們要抵抗日軍，必會再折損。我又不給他們軍費，妳等著瞧，看他們能撐多久。」

宋美齡：「但這段時間，我們也有軍需花費，怎麼辦？難道要食老本啊？」

蔣中正：「這事早計劃好了，在我控制地區，鴉片原

料的種植已快達耕地的20%。除了中國境內販賣外,杜月笙已安排董海翁(宋子文的保鑣)專責利用外交途徑之便,走私美國。安啦!我們的老本會有增無減的。」

宋美齡:「你的人若也染上毒癮怎麼辦?」

蔣中正:「放心,我的親信我會嚴加警告,並嚴密監視。但不包括東北軍的將領。東北軍有特殊不移的忠誠傳統,最好連張學良也讓他染上毒癮,那我更輕易可操控東北軍了。」

1935年12月,西安「停止內戰,全面抗日會議」。西安地區是張學良的東北軍所駐守。

楊虎城:「蔣介石,當別人在抗日時,你一直專心內鬥自家人,你的居心大家一清二楚。」

蔣介石:「你自己抗日無能,還敢怪我。我是軍事委員會委員長,你們都必須聽從我指揮,你要抗日,我讓你抗日,對你還不好嗎?不順從我的,我當然先鏟除,軍事委員長我當假的呀?這是我要先安內的道理,懂了嗎?」

楊虎城:「你私心自用,不顧國家安危,我現在就可請大家決議,摘除你軍事委員長的職銜。」

蔣中正:「你敢嗎?你能嗎?」

張學良:「大家好好談,火氣不要那麼大。」

蔣中正:「你們在鬥爭我啊?我才不陪你們玩,我走了。」

楊虎城:「學良兄,讓他走好了,你留下來,大家再討論。我們尊重你,請你評評理。」

張學良：「他是我拜把兄弟，先讓我勸勸他。」

不久士兵來報，楊虎城帶來的軍隊正向蔣介石所住行館開去。張學良立即帶兵前往解救，並電告蔣夫人宋美齡西安事情。

張學良：「大哥，這裡是我東北軍駐守地，我保護得了你，但你只顧壯大自己，旁觀其他軍系與日軍作戰，再以軍事委員長姿態居功，是有點過分。前些日子，西安的青年學生還向我示威請願呢！」

蔣中正：「對於那些青年，除了用槍打，沒其他辦法的。」

張學良：「何必做得這麼殘忍呢？」

蔣中正：「你也不聽話了？」

宋美齡帶戴笠與一小隊蔣介石私人衛隊，趕赴西安接蔣介石。張學良親自護送蔣介石至機場。

蔣中正：「戴笠，把張學良押起來，飛機起飛前槍斃了他。」

宋美齡：「等等！現在各路軍頭都在西安，此事前因後果大家都看在眼裡，多虧張學良念你與他是拜把兄弟，救了你的命，你在此殺了他，以後還有誰敢跟著你？」

蔣中正：「但張學良已略知我的算計，不會如以前般受我擺弄了。」

宋美齡：「就把他押上飛機，帶回南京，軟禁起來，他與外界連繫都須經過我們。別人知道你們是拜把兄弟，你還能以他名義掌控東北軍。豈不兩全其美？」

　　1937年，整整在蘇俄十三年，當時二十七歲的蔣經國，帶著妻子芬娜與兒子愛倫回中國。

　　蔣中正：「你不是寫文章、又登報，罵我是最大反革命份子，恨不得要殺我嗎？混帳東西。」

　　蔣經國：「我以前單純，我錯了，我想通了，父親，請你原諒我。來，愛倫(蔣孝文)叫阿公。」

　　回中國後，蔣經國首次奉派贛南、贛州府，見一高級談話所，與保鑣曹崧走了進去。

　　掌櫃：「二位要幾兩，先付款再入室。」

　　蔣經國：「談話要怎麼以兩計算啊？」

　　掌櫃：「二位是外地來的吧，我們開的是鴉片煙館。」

　　蔣經國：「你竟然公開賣鴉片煙？」

　　掌櫃：「你喝醉了還是有毛病啊？」

　　曹崧：「公子，你看那裡掛著『特種商品公賣處』發的牌照，蔣委員長下令發的，需要繳重稅的，當然是公開賣的。」

　　蔣經國：「有這種事啊！」

　　1937年11月，日軍占領中國上海，12月占領中國南京，中國國民政府移往重慶，蔣介石帶著一幫他選定的所謂黨代表，選他為中國國民黨總裁，先掌握黨機器。

　　1939年，蔣經國年二十九歲，正式由蔣介石指令任贛南的行政區專員，兼保安司令。早一步先到贛州安排的舊識徐君虎，對著年輕的蔣經國說：「老弟啊，為趕快當上這個專員，你搞了一點陰謀吧！」

蔣經國：「你是說我設計趕走劉已達專員，取而代之嗎？真是笑話！堂堂我蔣經國要他離任，只要我老頭子一句話，就可直接調走他，我還用得著什麼陰謀、陽謀嗎？」

徐君虎：「是的！是的！」

蔣經國：「請你找找看，有沒有教人怎樣當寨主、怎樣做國王之類的指導書籍或文件作參考？」

不知是從小耳濡目染，或來自遺傳，二十九歲的蔣經國就已顯露要當王稱霸的蠻橫個性，也學會恩威並用的哲學。

蔣經國：「寬嚴相濟、一張一弛，乃文王武帝之道也，我就是當今的文王武帝。」

於是蔣經國也要有征服眾多女人的雄性表現，以彰顯霸氣。

蔣經國帶著妻芬娜、子愛倫到任贛州不久即看見章亞若。雄性動物荷爾蒙就開始分泌。

蔣經國：「這位優雅秀氣、舉止大方的小姐是誰？」

祕書高理文：「抗敵動員委員會祕書章亞若小姐。」

蔣經國：「章亞若，好動聽的名字，這位小姐生機盎然，秀外慧中。既像無邪純情的少女，又似韻味成熟的少婦，端莊卻有不失浪漫的氣息。真乃眾裡尋她千百度，驀然回首，那人正在燈火闌珊處……」

高理文：「章亞若小姐十五歲即嫁給她表哥，不久便成寡婦。紅顏薄命。這個能歌善舞、詩詞文章都精的美人兒，很快又被裹脅到了陸軍後備軍第六師的司令部，成了郭師長的三姨太太。是老爺的豆腐──碰不得。」

蔣經國：「郭師長？是復興社在江西的大頭目，那個武

夫郭禮伯？真是豈有此理！牛糞也配插鮮花？」

於是蔣經國即常叫章亞若到抗敵委員會幽會，後又安排她到赤珠嶺青年幹訓班。

王昇是蔣經國麾下一個善觀上司氣色的三青團幹部，察覺蔣經國與章亞若的關係以後，這位以後青雲直上的龍南人，心領神會。他向蔣經國提了一個正中下懷的建議。

王昇：「報告專員，你要做專員，又要管安全，又要在青幹班訓練我們，太辛苦了。專員您需要一位能幹的助手，幫您處理一些事情，並照料您的日常生活，您看怎麼樣？」

蔣經國：「你說的極是，你有適合人選嗎？」

王昇：「我們專員公署就有個女中精英，就是品貌雙全的章亞若小姐。無論文章詩詞、書畫彈唱，都很出色。愛美好潔，又是烹調洗理的高手，是幫您處理文書、料理生活的最好人選。」

蔣經國：「那好，就請她來試做看看吧！」

雙方都在演戲，心照不宣。演得那般認真，旁人聽來，滴水不漏。從此章亞若與蔣經國公開出雙入對，章亞若遂給了蔣經國一段不羨仙的日子。王昇也從此在蔣經國心中有了不滅的功勞。

一天，蔣經國兒子愛倫(蔣孝文)去辦公室找父親時，撞見了兩人正在溫存，回去後告訴母親芬娜。當蔣介石得知此情時，立即命令蔣經國速到重慶面見。此時章亞若已懷有雙胞胎。蔣經國在臨去重慶前，已知老頭子召見的原由，將章亞若先祕密送至桂林。

重慶

蔣中正：「你這混蛋，這種事也幹得出來。」

蔣經國：「不過是藏個女人罷了，有這麼嚴重嗎？」

蔣中正：「我也喜歡私藏女人，我藏的不是歡場女子，就是單身人家。但你藏的是從第六師師長郭禮伯那裡搶來的女人。這件事不澈底解決，以後在你周遭，凡是有家室的男人，必人人自危，那你還做得了什麼大事。」

蔣經國：「可是她已懷了我的骨肉。」

蔣中正：「那就等孩子生下後，再把她解決，孩子就由王昇從旁關切、照顧。」

蔣經國：「父親，不可以！」

蔣中正：「沒什麼不可以的，我不能讓這件事壞了我對你的期待。」

1941年12月8日，日本突襲珍珠港，太平洋戰爭爆發，美英正式對日宣戰。

重慶

宋美齡：「介石，美日打起來了，你趕快正式宣布對日作戰吧！」

蔣中正：「何必呢？」

宋美齡：「美國人知道中國對日作戰不力，尤其你的軍隊一直未與日軍正面衝突過。所以美國的援助一直不如人意。現在美日打起來，美國會以為需要中國幫助牽制日軍。你以中國軍事委員會委員長身分，率先對外正式大聲向日宣戰，可要求盟軍承認你是盟軍中國戰區最高統帥，你的國際

地位立即提升。遲了，此頭銜榮耀有被其他軍頭搶走的危險。最重要的是，既然正式對日宣戰，只要持續要求，美國援助更可源源不斷，豈不美妙。」

蔣中正：「我越來越愛妳了，明日我就對日宣戰。但仗還是讓各軍頭去打，我喊爽就好。」

宋美齡：「還有呢！等美日打得火熱，我們再要求英美同時放棄在中國的治外法權，英美都是民主國家，又忙於打仗，肯定會同意的。到時你再向全中國吹噓我們廢除不平等條約的功勞，你我名聲可就震天了。」

宋美齡：「哥，美國已對日宣戰，你可利用基督教管道，向美國國務院報告。就說日本有強大軍力駐在中國，中國雖不能戰勝日軍，但由於中國的抵抗，使日本大量軍力陷在中國。如果美國再援助中國大量物資、軍需與武器，日軍在中國必應付不暇，無法抽調軍力增援太平洋戰區，還可能由太平洋戰區分調軍力入中國戰區。而中國戰區最強大的軍力就是蔣委員長所轄。蔣介石已正式對日宣戰，增援蔣介石必對美國最有利。」

宋子文：「妹妹，妳太聰明了，到時美援就大量落入我們的私人口袋了。」

1943年5月

蔣中正：「林森已累病了。各小軍頭與日軍打來打去，也折損得差不多了；戴笠、毛人鳳的軍統局、陳立夫的中統局等特務，已深入各黨政軍；美國援助的軍需我們獨吞；我賣鴉片的錢也賺飽了；現在加上騙得美國相助。今天我的話

就是聖旨了。6月1日，我就要宣布代理國民政府主席，妳就要恢復中國第一夫人的地位了。」

宋美齡：「只是代理啊！」

蔣中正：「一步一步來嘛，林森不會再活多久的，總要做得像是名正言順。10月10日，我必順利正式登基。」

此時，美國海軍司令雷希將軍，向美國總統提出警告。

雷希說：「蔣介石的野心是要在中國稱霸，全心用在清除異己。美國援助雖源源不斷，但多被蔣介石留做壯大自己用，並無心對日作戰。蔣介石可能隨時停止對日戰爭。如果中國全面停止對日作戰，則麥克阿瑟將軍和尼米茲將軍在太平洋的戰事，將更加困危。」

於是美國總統羅斯福，急電英國首相邱吉爾。

羅斯福：「邱吉爾兄，11月預訂的開羅會談，我準備邀中國的蔣介石一起來。我知道你會反對，你一直看不起他，視他如土匪。但我需要他在中國真正用心牽制日軍。針對他好大喜功的個性，讓他參與開羅會談，討論中國戰區問題，應能提高他對抵抗日軍的興趣。當然，我們倆人還是可以在開羅另外闢室，商討即將在德黑蘭與蘇俄史達林會議的準備事項。」

嗜血餓虎初聞肥羊：
台灣報告書(1943)

1943年10月

　　蔣中正：「美齡，我不但再當上國民政府主席，更將在下月赴開羅與美國總統羅斯福、英國首相邱吉爾平起平坐。而我不懂英語，妳跟我一起去，順便分享這份榮耀吧！」

　　宋美齡：「我想得更多哩！」

　　蔣中正：「妳說說看。」

　　宋美齡：「記得我去年底赴美醫療，順便運用關係在今年2月份會見了羅斯福總統及拜訪了參眾兩院一事嗎？當時我無意間得知了美國對台灣的情搜報告。」

　　蔣中正：「台灣有什麼好談的，中國夠大了，我對台灣沒興趣。」

　　宋美齡：「等我講完，你的興趣會不一樣的。」

　　蔣中正：「好，妳繼續講。」

　　宋美齡：「台灣雖然面積不大，但土地肥沃，人民勤奮。金、鋁、煤礦產豐富；山區林木密布，都是高級木材。

日本幾十年來，在台灣努力建設，東西兩邊各有南北向的鐵路主幹貫穿；阿里山的高山運木材鐵路，是世界少有；小火車網狀密布，更是世界第一；全台灣廣設飛機場；基隆、高雄更是國際型深水港；水利建設更完善；都市都有自來水及下水道。有現代化的化學工廠、水泥工廠、藥品廠、化學肥料廠、紡織工廠、造紙廠、機械工具廠、造船廠、煉油廠、陶瓷廠、玻璃廠、火柴廠、酒廠、樟腦廠、現代化的石油工業、精鹽廠；製糖廠與發電廠更是林立。另醫療進步，醫學研究更是先進……」

蔣中正：「停！停！眞有那麼神奇？」

宋美齡：「這裡有些數據你聽聽看。每年台灣砂糖產量，超過140萬公噸、白米產量160萬公噸、高級紙張產量是5萬公噸、汽油1億加侖、台灣鳳梨更是供應全世界。」

蔣中正：「好了！好了！妳會不會膨風過度呢？」

宋美齡：「這可不是日本人說的，是美國調查得到的數據。確實數量必然超過此數。」

蔣中正：「那台灣豈不是遠東糧倉了？」

宋美齡：「哈！美國的台灣報告，正是以『遠東糧倉』爲標題。還誇台灣是『金銀島』哩！要不要聽聽金、銅、鋁、煤及高級木材的產量，還有日本在台灣儲藏的大量戰備物資？」

蔣中正：「夠了！夠了！我懂了。」

宋美齡：「眞懂了？」

蔣中正：「當然，我的國際知識是比不上妳的，但謀略可不比妳差。中國境內已被我們壓榨得一點不剩，數十年戰

亂使生產力降到最低點，各軍頭又未眞的完全對我臣服。現在財富的希望與後勤支援的來源，看來應可寄望於台灣。而以美國的財力與軍力來看，日本在太平洋的戰爭維持不了多久的。我可藉此次開羅會議，除了請求物資與武器的供應，更可提出要脅，若他們肯答應在太平洋戰事結束後，把台灣給我，我將眞心牽制在中國的日軍。這合乎美國人的利益，反正台灣本來就是日本的。把台灣給了我，我尊他爲老大哥，美國還可以繼續得到台灣在地理位置上爲他所用。美國會答應的。」

宋美齡：「嗯，不錯嘛！我當初選擇你眞沒做錯。」

蔣中正：「我還得趕快找人，來瞭解一下陌生的台灣才好。」

於是，蔣介石透過王雲五、胡適等人，找尋中國境內對台有瞭解的老學者；宋子文找外國有關台灣的人文、歷史、地理之文件，做成《台灣報告書》。

《台灣報告書》

台灣位於福建東方的太平洋邊緣，是西太平洋海運的中繼站。各族群部落散居台灣有記錄的已四千年以上。高山部族人口數較少，約有十族，生活形態以打獵爲主；農作爲輔。平地部族人口數較多，分爲九族。平地各部族來往較頻繁，語言、文字也可溝通，但語音仍有一些差異，文化雷同又各自帶有一些獨特色彩。台灣的土地並不大，平地九部族卻能維持四千多年的群聚多樣性。這在世界其他地方是少有的情形。若在世界上其他地方的人類，早就因貪念和壓霸心

態而發生侵略、併吞的戰爭。台灣各部族間雖偶有爭執，卻能長久維持和平，未見霸權現象。簡直是人間樂土、世外桃源。因為台灣人性格謙虛又善良；親愛且溫和；勤奮、互助、節儉而又有與天地共榮的信仰。台灣人可貴的人性情操，還可由「台灣四千多年前即有世界最早的煉鐵工業和非常科學化的台灣數字與算盤，卻未見浮華傲人的大型歷史遺跡。」得印證。因為所有所謂「偉大的歷史建物」，都是由殘暴和貪得無厭的心態，不斷地向其他族群侵略、併吞，建立霸權，再奴役其人民，搜括其財物，才得以建成。都是醜陋罪惡的成果。中國的長城、宏奢皇陵；埃及的金字塔；印度的泰姬瑪哈陵；柬埔寨的吳哥窟；各國的傲人宮殿、神廟，等等皆是。在台灣卻未見任何丁點這類痕跡，更足見台灣人靈性的可貴。

　　Dai-Wan一詞，原是台灣人對外來客招呼、問好、歡迎的禮貌用語。初到台灣的中國福建河洛語漢人，聽到的第一句話，就是台灣人用台灣語Dai-Wan的熱情問候；初到之地是台南安平，他們就稱台南安平為大員(Dai-Wan)。後來到台灣各地的人，都同樣聽到台灣語Dai-Wan的招呼、問好聲，也就以Dai-Wan稱呼台灣這塊土地。為與大員(台南)這地方區別，就把台灣全島的稱呼寫為「台灣」。河洛語發音，「大員」、「台灣」都是Dai-Wan。

　　漢人移居台灣，明朝以前極少，明朝末葉才稍多。因當時明代朝綱鬆弛，福建又屬偏遠地區。官吏貪腐又與土豪勾結，善良百姓屢受欺壓。有反抗意圖或顯露不滿之人，必遭追殺。不甘坐以待斃之人，遂選擇冒死強渡險惡的黑水溝(現

台灣海峽中，海象惡劣的狹長海流)。成功渡過海峽者即得新生。
有膽量且能渡海求新生者皆爲男丁，具冒險精神、勤奮而不
向環境低頭的個性，多努力開墾而有成，受台灣平地住民(稱
平埔族)的肯定者，得以入贅爲婿，繁衍後代。遂有「台灣有
唐山公、無唐山嬤」之語。此期間，也有不少惡質罪犯逃亡
至台灣，以偷、搶、拐、騙肆虐。台灣這人間樂土上，首度
被人類的邪惡面所汙染。

　　早期到過台灣之人，都來自福建地區。而福建居民有
一些原爲唐朝、宋朝中原百姓。爲逃避中原戰禍遷移而來，
有河洛語系漢人較早，客家語系較晚。河洛語系占地較廣。
這些人稱其在福建區域居住地爲唐山，以示不忘原是唐朝之
人。所以，台灣居民就稱中國爲唐山。後來，遷往其他海外
地區的福建、兩廣中國人，也開始稱其中國祖地爲唐山。台
灣人民則泛稱中國人爲唐山人。這些逃到台灣的唐山人總計
有三千二百人，雖有少數分散各地，仍以台南一地較多。然
而，這些漢人在鄭成功集團向清廷投降後，已入贅者連帶整
個家族，全數被清軍趕回中國。所以台灣人根本沒有一點漢
人血緣。當時清廷派來統治台灣的官吏之認知是，接受漢化
的爲民，不接受漢化的爲番。這可由平地台灣人民多爲隱藏
性雙眼皮，或稱內雙眼皮，少單眼皮或真正外雙眼皮看得
出。由於漢人的強勢文化，平埔族文化就逐漸衰微。但台灣
人民生活習慣中，仍可見不少平埔族文化痕跡留傳，先生嬤
即是台灣傳統女醫；而在被迫漢化過程中仍得以保存至今，
並被學傳至中國南部沿海地區的台灣數字和台灣算盤，更足
證台灣的亙古文明。台灣人，現在不論是河洛語系或客家語

系，雖有漢人文化，是一個獨特的族群。

依據1650年代，荷蘭人據台時做過的台灣人類學調查，當時交通不便，對荷蘭人又有戒心，至荷末的1661年即已調查出九族台灣平埔族：噶瑪蘭族、凱達格蘭族、道卡斯族、巴則海族、巴瀑拉族、巴布薩族、洪雅族、西拉雅族、馬卡道族，計一百九十三個部落，調查得出就已有六十五萬人。實際數字應在七十萬左右。在台之漢人則因均定居交通較便利之地，較有正確數字，爲數僅三千二百人。

善良的台灣人都會定期敬拜地基主。因爲台灣人認爲，此地原來定有先人打過獵、走過、休息過，甚至住過、開墾過，他們雖未宣稱擁有，但本人總是後到，要開墾或據爲己有，道理上應先得這些先人的允許才是。但這些先人應已不在人世，或不知在何處，就統稱這些先人爲地基主。在敬拜自己祖先之餘，須記得也定期敬拜地基主，以示做人懂得感恩的道理，並代代相傳。即使土地是後來從別人手中買得，也必須不忘感恩原來在此活動、開墾過的先人。在強行漢化過程中被迫接受王權式神明「土地公」習俗時，台灣人仍能留傳敬拜地基主這純粹表達對先人感恩的謙恭禮儀。

台灣首度有外族入侵，始於1620年荷蘭人到澎湖。荷蘭與西班牙、葡萄牙等國，因造有大而堅固的船隻，適於長時之海上航行。早數度航經台灣，驚嘆台灣之肥美，而以美麗之島(Formosa)名之。

1623年，荷蘭放棄澎湖基地，轉入台灣台南地區；西班牙人則於1626年在北台灣設立堡壘與傳道所。

1642年荷蘭人在台灣北部趕走西班牙人後，荷蘭人在台

灣專利橫行達二十年。

　　荷蘭人侵台灣時，因早先已訓練有一批懂些漢語文的人員。此時兼通漢語及台灣平埔族語的少數早年冒險移居台灣漢人，順勢而成為荷台通譯。這些人因依附強權而得勢、得利。

　　荷蘭人入侵台灣期間，正值中國明末衰敗，遂有海盜父子鄭芝龍、鄭福松(七歲時又名森)在中國南部沿海坐大。1644年清軍滅明，明朝宗室福王藉用鄭芝龍海盜勢力，在南京自稱帝。一年後即被清軍擊潰。1645年鄭芝龍之子鄭福松又在福州立傀儡唐王為帝。鄭福松脅迫傀儡唐王賜其姓朱，並改名為成功，自稱朱成功。妄想由海盜變身以繼承明室。後來見野心無望，改以入侵台灣，建立東都王國霸權，以為已成功自立為王，才又自稱鄭成功。

　　海盜時期的鄭氏集團即與東來的荷蘭人有接觸，並有互不侵犯協議。鄭成功藉傀儡明帝企圖漂白後，轉型為亦盜亦商集團。和荷蘭人的接觸更多了，對台灣有些瞭解。鄭成功得知台灣土地肥沃，民眾生活安康，還有不少可開墾土地。而占領台灣的荷蘭人並無強大駐軍。當時正值鄭成功被清廷追逼，難以招架。於是接受右武衛軍師劉國軒的建議，決定入侵較易得手的台灣，取代荷蘭人，據台稱王。

　　1661年，鄭氏據台，帶來漢人軍民三萬七千人，建立東都王國，自稱東都王。由於台灣高山險阻，鄭氏集團不願因入險而帶來損傷。遂放過山地部落，僅占領易掌控、又獲利高的平埔族所在平地和丘陵地。鄭氏集團占領台灣後，掠奪台灣優渥資源，官兵生活富裕而安樂。遂逐漸疏於軍備。

二十三年後，其孫子鄭克塽年幼，對於來犯清軍已無力抵抗，遂受招降。

鄭成功集團軍民(東都王國)據台期間，使用優勢武力在各地強占良田、房舍；強擄台灣平地住民爲農奴、家丁。強迫農奴、家丁說漢語；學漢文；取漢名、更依其主改冠漢姓；並遵行其習俗和宗教活動。未受鄭成功集團軍民控制的台灣平地住民，被迫遷避至偏遠貧瘠之地，但仍時常受鄭成功集團軍民的劫掠。台灣住民忍無可忍，乃多次起而反抗。

鄭成功集團軍民(東都王國，後稱東寧王國)據台期間的壓霸行徑，是台灣人民被奴化洗腦的開端。荷蘭人據台期間，是以不平等貿易掠奪台灣物資，也有試圖傳教同化的行爲。但荷蘭人並無摧毀台灣人固有文化及歷史之意圖，也未壓霸到想奴化台灣人的身、心、靈；還用羅馬字母拼音，來學習台灣語言。

清廷追剿鄭成功集團，是擔心其在台灣壯大後，可能帶來威脅。且滿族屬內陸民族，無海權觀念。當時滿清康熙皇帝，不願侵占台灣，但執意將在台漢人全數趕回中國，一個不留，就是要免除後顧之憂。

鄭氏集團入台，帶來漢人三萬七千，病死六千。鄭氏的東寧王國(鄭成功兒子鄭經繼位後，改名東寧王國)被消滅後，清國政府命令漢人回籍。將鄭氏集團帶來的軍民和所生子孫，計四萬二千名趕回中國。病死在台灣者的墳墓，也全都遷回中國。連與鄭氏集團無關的原先住台漢人，也全數趕出台灣，一個不留。根據記載，總共將十多萬人驅逐出台灣。然而，荷蘭人在鄭氏集團入台前所做人口調查，顯示原在台漢人僅

三千餘人。多了數萬人被趕走，應該是包括了一些在台灣入贅者的所有家族。所以現在受日本統治的台灣人民，是一漢化了，卻沒有一點點漢人血緣的特殊民族。

　　清廷消滅據台的鄭氏東寧王國、清除在台漢人後，滿清康熙皇帝本欲立即撤兵。但施琅上奏「台灣棄留疏」，主張需在台灣留下可有效掌控的駐軍和官吏來占領。理由有二：一，可防止漢人再偷渡到台灣；也避免荷蘭人再占據台灣。不論何者在台灣壯大，都可能為將來留下禍根。二，台灣土地肥沃、人性勤勞、物產豐富，尤其米和蔗糖、樟腦、鹿皮產量大，足可便宜供應中國民生所需。滿清康熙皇帝最後採納施琅建議，占領台灣。

　　此後清政府禁止漢人再移居台灣。派來的治台官吏，最長任職三年即遣回中國；不能帶眷上任；亦不准在台灣娶妻，以防止留下漢人後代；另駐有陸、海軍萬餘人，也是每三年調換新部隊來駐守。這是為避免漢人久居而有機會偷偷和台灣人民來往。光緒年間才稍微解禁。鄭氏集團原視台灣為殖民地；清國更視台灣為敵境。

　　清國視台灣為可有可無的邊陲。從未正眼視之。任由督吏胡亂行事。但台灣人本性善良而勤奮，又農耕收成不錯，雖受剝削與欺壓，仍能勉強生存，繁衍子孫。

　　清朝據台，派來占領的都是降清原明朝官吏。接收了鄭氏集團在台灣全部的地籍圖冊、人口登錄、資產記載以及管訓台灣人民的高壓策略。不但承襲鄭氏集團的政策，更嚴厲執行。清廷施琅侵台時，視台灣為敵境。見台灣文明比中國進步，台灣人文明昌盛、豐衣足食，更懷妒恨之心。下令

台灣人僅能從事農耕，澈底摧毀工業、工藝、文化設施；滅絕所有歷史文書，並加速漢化改造，使得台灣文明一下子倒退五千年。首先下了嚴酷刑罰的封山令。不願因為進入高山而付出涉險的代價，遂要狠將台灣山地各族孤立在高山各個局限區內，每一個部族都被隔離，令其自生自滅。在原鄭氏集團河洛人部將轄區，派駐河洛人官吏；在原鄭氏集團客家人部將轄區，派駐客家人官吏。分別依河洛習俗、客家習俗繼續加強漢化，以利管控。將接受漢化者列為「民」，未接受漢化者列為「番」而加以歧視。列為番者不被承認擁有資產的權利，可隨時將其向偏遠、貧瘠區域驅逐。列為民者，可登記住宅、耕地，人身也受到較多保障。如此加速台灣人接受漢化的意願。但直到清朝末年，仍有不少民族自尊心較強，堅持台灣傳統文化的台灣人，寧被視為番而不移。然而，因受到歧視，生活條件差，台灣文化不但無法發展，更逐年凋落。

台灣這塊土地上的人民，原本謙虛又善良；親愛且溫和；勤奮節儉而樂與天地共榮。台灣人普遍具有優秀的智慧和高超的人性修養，所以能維持數千年的族群多樣性，和諧共存。

台灣在四千多年前即有(是世界上最早的)煉鐵工業、台灣數字、台灣算盤，可見早有優質文明和高度智慧。只是台灣人崇尚自然、重人倫、敬天地、樂與天地共榮，和諧分享是台灣人的信念，戒慎爭鬥，不重視功利文明。這本是好事，更是世外樂土的條件。但是，當有外來的功利主義民族入侵時，缺乏足夠的裝備和有效的戰略、戰術經驗去抵抗，註定

成了劣勢。

簡明數字的使用和有效率的運算工具，是科學文明的基礎，更是公平交易之所需，所以阿拉伯數字很快在全世界通行。而「台灣數字」配合「台灣算盤」更科學化。中國算盤為上二珠、下五珠，並不合演算原理。台灣算盤為上一珠、下四珠，是完全合乎數學邏輯的排列，加減乘除迅速，還可輕易算出平方、立方、開平方、開立方，尤其台灣數字更配合「台灣算盤」形式，用於心算時輕易而神速。台灣數字又稱台灣碼(寫法見下面表一)。鄭成功集團降清，被趕回中國時，將「台灣數字」、「台灣算盤」傳入福建和廣東沿海。由於「台灣數字」運算上優於阿拉伯數字，至今仍在福建、廣東沿海廣為使用，中國人卻以自大心態稱之為番仔碼。中國南部沿海，商業、貿易發達，商人也逐漸棄中國算盤而改用「台灣算盤」。所以現在中國南部沿海省份所用的新式算盤是「台灣算盤」。

台灣人在被迫漢化過程中，台灣文明幾乎被消滅殆盡。「台灣數字」和「台灣算盤」因其重要性，乃得以被保留。

台灣數字是一種可以神速心算的高邏輯數字，簡稱「台灣碼」(原數值1；2；3僅使用一；二；三，是短橫，每橫等寬；可寫

表一　台灣數字碼(或稱台灣碼)

數值	0	1	2	3	4	5	6	7	8	9
台灣碼	○	一 或 丨	二 或 丨丨	三 或 丨丨丨	✕	8	亠	亠	亖	文

爲ˋ、z、3。被迫使用直式書寫的漢文後，爲免上下混淆，才加入丨；
丨丨；川並用。比中國人細心、懂變通多了)。是六千年前配合台灣
算籌(算盤)所發明的台灣數字，用於心算比阿拉伯數字高明太
多了。

　　清國據台前幾年，發現台灣雖然已歷經二十幾年的被
強制漢化，但仍保有不少台灣自己的歷史記載和傳說。爲安
全統治，漢人滿官執意澈底消滅台灣人保留的台灣意識。遂
建議在台灣開放科舉考試，錄用少數台灣人爲官。以富貴機
會吸引台灣人專心研讀中國典籍，傳誦中國史蹟。使台灣自
己的歷史意識逐漸淡化而消失。於是，清康熙二十六年(1687
年)，台灣開科考試。此後的台灣人被漢化得更澈底了。不
過，今日仍可見到不少原台灣傳統。例如：輕便的台灣牛
車；平日穿的兩縛衫、兩縛褲；先生嬤(即台灣傳統女醫)；敬
拜「地基主」；在「大寒」當日整修先人墳墓；行結婚儀禮
時，以母舅爲尊，須請坐大位；新人、新墳於新年陪墓。

　　台灣人原本謙虛、好客又善良，所以外族入侵初期，都
盛情接待。入侵的外族露出壓霸面目、做出暴行時，才起而
抵抗。但台灣人原本信仰和諧分享，戒愼爭鬥，不重視功利
文明，因而缺乏足夠的裝備和有效的戰略、戰術經驗，抗戰
註定處於劣勢，無法成功。荷蘭人、鄭成功集團、滿清的入
侵，情形都是如此。

　　荷蘭人據台期間，是以不平等貿易掠奪台灣物資，並
未壓霸到想奴化台灣人的身、心、靈，所以台灣人對抗荷蘭
人的衝突，規模都較小。僅1635年與1636年的「麻豆事件」
和「蕭壠事件」死傷較多。鄭成功集團是海盜起家，侵占台

灣時，殘暴地橫行霸道，台灣人不時群起奮力抵抗。1661年的大肚社之役；1670年的沙轆社之役；1682年的竹塹社之役和新港社之役都是較大的戰役。清朝占領台灣時期，以安全掌控爲目的，任由派台漢人滿官貪瀆、施暴。台灣人更是反抗、起義不斷。遂有「三年一小反，五年一大反」之說。當中，1721年的朱一貴起義、1786年的林爽文起義、1862年的戴潮春起義，是三個大規模起義事件。三次都幾乎收復全台灣。最後還是因爲清廷由中國調來大批精銳部隊，才以失敗收場。

鄭、清侵台時，澈底摧毀工業、工藝、文化設施；滅絕所有歷史文書，強制漢化，台灣原有的語言、文字隨著逐漸消失。而原以台灣平埔族語言發音的地名則有不少予以保留，僅有一些新開發地點以漢文命名。最重要的，台灣至今仍保有比阿拉伯數字更合乎數學計算規則的台灣數字碼。一些較根深的平埔族傳統至今可見。平埔族人因漢化，且改漢姓、取漢名，連宗教信仰也幾乎全部移植。

由於台灣人原本善良、勤奮，漢化後更是上進。滿清統治台灣後，雖有禁止漢人入台，但仍准許短期受聘來台的人，旅台工作。漢化的平埔族賢達，連年集資聘請中國最好的漢文教師與工匠，來台傳授漢文文化和工藝，稱之爲唐山師。漢文教育、文化和工藝遂在台灣興盛。由於漢文文化和工藝的興盛，更使台灣平埔族全面漢化的速度加快。依清廷據台官吏的認知，已漢化者爲民，未漢化者爲番。清廷戶籍記載，1684年鄭氏軍民被迫回到中國而移交滿清時，已漢化的台灣平埔族住民有30,229人，至1730年已有約60萬人，

1756年之實際登錄人數是660,147人，至1811年已達1,944,737人，至割讓給日本前兩年的1893年更達2,545,731人。滿清政府此數目報告皆為漢化的台灣原住民，可見當時台灣平埔族原住民幾乎都已全部漢化。因為在1896年時，日本費盡心力在台灣做嚴密的戶口普查，依台灣人民的語音在戶籍上分類。將說河洛語的歸為「福」，將說客家語的歸為「廣」(日本人誤以為客家語是廣東話)。所得人口數為2,571,004人。三年僅增加人口25,273人，除了一些新被查出的偏僻人口，就只是人口自然增加數了。可見光緒年間雖有對台解禁，由於長期斷隔，以及人文已有差異，並無新漢人移居台灣。

現今台灣平地住民中，在本質上全是漢化的平地原住民之後裔。所以現在的台灣，一個漢人也沒有。但由於台灣原有文明被鄭、清澈底摧毀、禁絕，台灣平地住民不得不接受漢文化。漢文化卻在台灣文風鼎盛，並藉由台灣平地住民而得以完整保存。這是非常奇特的現象。

在未有漢人羅漢腳零星移入前，台灣住民自成一種心靈文明，和諧進取、重人倫、敬天地、親自然，重視精神文明而輕物質文明。但是台灣族人仍確是有優質文明的民族，可以「台灣四千多年前即有煉鐵工業」以及「台灣數字」佐證。

而台灣山地各部落被強制孤立、隔離二百年，族群因無法與外界通婚而基因逐漸純化，族群也逐漸縮小。其原來的文化和文明則逐漸退化。

日本因重視西太平洋防線的完整，看重台灣的地理位置，與海上交通中繼站的重要地位。中國清廷則視台灣為敵

境，從未正眼看過台灣。在1895年中日甲午戰爭，中國戰敗求和，當日本提出要中國割讓台灣的要求時，中國清廷遂毫不遲疑地答應。

由於清國統治期間，嚴格管制中國人進出台灣，反使得台灣住民在早期漢化後，保有較完整的漢文文化而不受中國數百年來各地文化變遷的汙染。台灣文風興盛，生活幽雅而樸實，敬天地而能與萬物和協共榮。和現在的中國文化及生活習性有很大的差異。台灣人民稱華人為唐山人，更稱呼那些缺德的華人為阿山仔。

日本據台後，全力經營台灣；修築綿密的鐵、公路網；建造高雄、基隆深水港口，及各地飛機場；普查登錄戶籍；廣設公立學校，推廣教育；重新精準測量地籍；普及現代化醫療衛生院所；發展現代化工業；開闢水庫與灌溉渠道、自來水與下水道設施；開發礦產。種種建設台灣的作為，當然也是為了日本的長遠利益，但也確實為台灣的進步貢獻良多。現在的台灣，又見工業發達、經濟繁榮、生活康樂。

1943年11月26日，開羅

邱吉爾：「老羅，你真要讓這中國土霸予取予求？」

羅斯福：「老邱，戰事正熾熱，先不必反駁他。在開羅只是個會談而已，又不是要簽定條約。不具約束力的。況且他說的是戰事結束以後的事，到時再看看。過幾天離開之前，讓他說說自爽的話何妨？反正台灣現在是日本的。」

在這段時間裡，蔣介石把持的中國國民黨政府所通令使用的流通紙幣是法幣，由於物質缺乏，蔣介石、宋美齡、宋

子文、孔祥熙、陳果夫、陳立夫等人竟商議出一個下三爛的辦法：徵稅時，徵實物解繳中央，中央再印製大量法幣分配給地方。造成法幣貶值，通貨膨脹嚴重，地方拿了錢，根本買不到東西。民間物質缺乏，生活更是困苦了。這便製造了共產黨在鄉間坐大的溫床。到此時，共產黨軍隊的勢力，已到了蔣介石無法應付的程度。

1945年8月14日，重慶

宋美齡：「日本向盟軍投降了。雖然各地軍頭對我們很是不滿，但在中國的國民政府還是我們把持，日本政府應該不會正式向中國投降。但是，在中國的日本軍隊總得繳械吧！所謂盟軍是以美軍為主，正規美軍並未登陸中國。而我們是美國在中國的主要支持對象。況且在中國境內，日本軍隊遭遇到的主要作戰對象是共產黨軍隊與各地小軍閥。讓日本軍隊有過較大創傷的也是他們，我們中國國民黨軍隊從未與日本軍隊有過嚴重的廝殺，算是中國對日本敵意最輕的一方了。即使日本軍隊自己選擇繳械的對象，應該也會選擇我們。所以在中國的日本軍隊向我們投降繳械，已是必然的情勢。在國際上也是以我們為代表中國，所以你還是能以抗日英雄自居，勝利光環我們先搶來戴上。現在中國已民不聊生，更要趕快向美國要求由我們占領台灣。我們得盡快搜刮台灣。富饒的台灣，正好可填補我們物質上的缺口，更可滿足我們財富的需求。」

蔣中正：「哈！這次妳慢了一拍，我早準備好了。」

宋美齡：「準備好了？」

　　蔣中正：「8月9日美國在長崎與廣島投下原子彈後，其威力造成全面性的毀滅，我就知道戰爭要結束了。早已在安排占領並剝削、榨取台灣的事情。」

　　宋美齡：「你怎麼安排的？」

　　蔣中正：「我找了陳儀為主官，嚴家淦、黃朝琴、連震東為輔，這是有效搜刮台灣的最佳組合。」

　　宋美齡：「為何是陳儀？」

　　蔣中正：「他在1934年到1942年在福建省主席任內，在福建境內有系統的大肆搜刮、榨取財物，手段夠狠毒，對反抗的人施以虐刑或殺害，還能維持福建地區恐怖下的安定。他的情婦是日本女子，與福建沿岸日本海軍代表保持友善關係。他掩護走私，抽取暴利，讓日本人開發礦產、管理港埠。很多人痛恨他卻奈何不了他，足見他在這方面是有一套的。」

　　宋美齡：「你也整不了他嗎？」

　　蔣中正：「哈！他正是我派去這麼做的！他敢這麼做的後台就是我，他雖中飽私囊，還是有足額財富解繳上來，這些情形，宋子文與孔祥熙都清楚的。厲害的是，當日軍進逼福州時，陳儀還能請日軍等他搬運他的財物離開，再進城。陳儀回到重慶時，我還升任他當行政院祕書長哩！」

　　宋美齡：「嗯！那他確是壓榨台灣的不二人選，那嚴家淦呢？」

　　蔣中正：「陳儀在福建的財政助理，就是嚴家淦。陳儀在福建榨取時，全賴他的『財政管理才能』。要迅速有效剝削、榨乾台灣，當然也要嚴家淦輔佐陳儀才行。」

　　宋美齡：「我明白了，那黃朝琴與連震東呢？需要他們的巧妙之處又是如何？」

　　蔣中正：「黃朝琴是台灣台南的土豪世家子弟，有點小聰明。是有奶便是娘的那一種人，年輕時即羨慕日本統治者的地位，而舉家遷居日本。張學良、張國威訪日時即由黃朝琴任翻譯。因台籍印記無法完全抹去，沒能做成完全的日本人。遂於1922年到中國探路，自稱福建人。見中國時局亂，到中國能出頭機會大。自忖是外來人口，而中國人中留學日本的人多，但兼具留學美國的人極少，就先赴美留學。

　　1927年回到上海定居，挾其家產，結交政商。此後所到之處，皆在每個地方大興土木，建豪宅誇人。

　　1930年得兼通美、日語之利，任中國外交部科員。善於奉承上意，1931年即升任荐任三級科長，親近陳友仁。後曾任駐舊金山總領事。他總是自稱中國人——福建人，從未以台灣人示人。」

　　宋美齡：「你肯定他會對我們忠心嗎？」

　　蔣中正：「我已縝密調查過他的生活與人格特質，只要我們把持中央政府，大權在握，他絕對是條忠狗。1942年我把他調回中國，一直任職於外交部情報司，先任情報司副司長，因周旋於高官和外國使節之間，表現令我滿意，曾入中央訓練團高級班受訓。1943年兼任調查統計局(地下情報局)委員，在陳儀手下工作。對上級忠心，對工作狠勁夠。而連震東和黃朝琴正是同類型的人。」

　　宋美齡：「嗯！忠狗的人格特質；瞭解台灣，又不承認是台灣人；受日本教育；熟悉日本社會。黃朝琴與連震東真

是不二人選。」

　　蔣中正：「當然囉！有了他們四個人，要把台灣榨得一滴不剩，就不是什麼難事了。」

1945年8月16日，重慶

　　宋子文：「介石啊！我聽說美國已答應你暫時接收越南和台灣。又聽美齡說，你安排了適當人選去接收。」

　　蔣中正：「是啊！哥。」

　　宋子文：「但接收工作複雜，須安排大批人員，也要事先講習，總要一些時日。日本既已投降，美國必會立即代表盟軍進入台灣，做占領的宣示。我是行政院長，我認爲，我必須派些行政人員進入，免得失了先機。」

　　蔣中正：「我當然知道，我已吩咐我的私人地下特務組織──藍衣社、調統局，派他們的人與首批美軍將在9月1日一同進入台灣。」

　　宋子文：「但他們都是軍職系統，要做行政觀察，還是要有文職人員才好。」

　　蔣中正：「要派到台灣暫時接收的文職人員也已準備好，會由第二梯次美軍飛機送到台北。你若有興趣，可派你的人去接收越南。」

　　宋子文：「越南戰前是法國殖民地，法國在越南並無建設，算是落後地區，由軍職人員暫時接管即可。台灣是文明進步地區，工商業又發達，需要較多文職人員參與接管才好。」

　　蔣中正：「好吧！你認爲需要的話，你就派幾個人同

去。」

　　宋子文：「好！」

　　蔣中正心想：「你貪得無饜的宋子文，心裡在打什麼歪主意我還不知道啊？有我的私人特務在，才不會讓你做得太過分。」

第5章

侵入台灣，欺、壓、搬、偷、搶、殺(1945)

1945年8月底，重慶

蔣中正召見陳儀、嚴家淦、黃朝琴、連震東(連戰的父親，連勝文之祖父)。

蔣中正：「你們四人可知此次去接收台灣的任務何等重大？」

陳儀：「報告主席，我們知道。」

蔣中正：「知道就好，現在中國長期戰亂，生產力低，各種物質缺乏，加上法幣通貨膨脹到快成廢紙了。已到了活不下去的情況。而確實情報告訴我們，台灣富庶，礦產豐足，加上日本在台灣儲有大量戰備物資。現在台灣是挽救我們在中國之政權的唯一希望了。」

陳儀：「我們一定不負使命。為了中國，一定儘速榨乾台灣、吸乾台灣。問題是我們初到台灣，環境陌生。一時要如何施展，可能需費些功夫。」

蔣中正：「這就是我們要借重黃朝琴調查委員的地方。

黃委員，你在台灣長大，對台灣比任何人熟悉。又與日本人溝通良好，陳儀祕書長的工作全靠你和連震東領路了。」

陳儀：「那我此行以何頭銜辦事？」

蔣中正：「就稱陳儀『長官』。」

陳儀：「就叫做『長官』？」

蔣中正：「對，就叫『長官』。若叫『某某長』，那就只是行政領導的頭銜，行事會有牽絆。我給你尚方寶劍——台灣占領區的長官，不分什麼行政、立法、司法、軍事的，無論遇到什麼事，你都是長官。只要你一聲令下，長官的命令絕無商量餘地。」

陳儀：「那太棒了。」

蔣中正：「當初你在福建的頭銜只是行政首長，就把福建搜刮得一乾二淨。我就是看準你的狠勁，這次才再重用你到台灣。到台灣，你是太上皇的「長官」，加上在福建時你的財政得力助手——嚴家淦繼續輔助，必能合作無間，事半功倍。」

陳儀：「到台灣又有黃朝琴、連震東領路，要榨光台灣就如探囊取物了！」

蔣中正：「全靠你了！」

陳儀：「報告主席，若有遇阻礙，主席有無指導原則？」

蔣中正：「我說過了，長官就是太上皇的意思，我們殺過的人早已血流成河，難道你還會手軟？不過也不要做得太難看，會有一些盟軍人員在的。只要安分而順從的，不一定非要趕盡殺絕不可。能達目的最重要。」

陳、嚴、黃、連：「我們知道了。」

1945年9月1日，美國代表與美軍工作隊已先到台灣。

1945年9月2日，土居拜訪美軍顧問團。

土居：「我們有看管一批金條，部分是台灣的儲備金；部分是要送到菲律賓的軍餉，還沒運出，戰爭就結束了。所以全都還留在台灣。總督安藤將軍發現到台灣的中國人中，表面上說是陳儀要來主持接收，但現在檯面下已有蔣中正的私人地下工作藍衣社、調統局以及宋子文的代表等在較勁搶奪。這批黃金數量太大了，若交給他們，我們日本人恐被捲入爭端。」

美軍顧問團：「你的意思是？」

土居：「我們日方為保險起見，希望先移交給美方。這批金條每條都有個別番號，個別分批包好。希望在多人見證下移交給美軍軍官。由你們開出點交收據，證明我們全交出去了。」

於是美軍點收後再轉交給中國賈軍官，轉交時再經過一次檢查無誤。後來這批黃金不見了。陳儀還為此提出控訴。美軍顧問團重啟調查時，該一負責將那些金條從一個中國總部送到另一總部的美國軍官已調到上海，並在上海退伍而離開中國。(被收買封口了？)只從隨行護送的軍人，查出下列對話：

「我是中國海軍雷司令官。」

「我認得你，你不是宋子文在上海的代表李祖一(音譯)嗎？」

「你認得我最好。」

「我是特派員姓張。」

「我是特派員姓黃。」

「你們不是戴笠的助手嗎？」

「認得我們就好。」

這批黃金最後除了運給蔣介石，到底有多少入了宋子文的私人口袋，就無人知道了。

1945年10月5日

黃朝琴率先搭機經上海加油，而到台北已是下午六時，同機的還有李萬居與林忠。同行另一架飛機則載有葛敬恩中將及美國軍官組成的顧問團，共一百人左右。日本人台北市長土居及各幹部均到機場迎接，全是黃朝琴舊識。黃朝琴自稱「闊別重逢，喜從天降」。

一行人立即從機場驅車到江山樓大酒家，接受歡宴。

土居：「江山樓是全台灣最大的豪華酒家，上桌的是全台最好的酒菜，侍女則全是江山樓的大名牌美女。謹獻上對黃兄歡迎的最大誠意，敬請享用。」

黃朝琴：「哈！你太客氣了，還記得我的一點嗜好！」

1945年10月6日，接收會議——台北市役所(即台北市政府)

黃朝琴：「土居先生，本人是代表中國接收台灣的先遣人員，從現在起我才是台北市長，我有話就直說了：你們日本已無條件投降，台灣現在開始即由我們中國接收。你們日本人從現在起，必須完全配合我的要求。我們有得自麥克阿瑟將軍來自日本國內的消息，相信你們也已知道，日本國內

一片殘破，因民生物資全數送往前線儲備，日本國內的食衣住行全悲慘到不忍卒睹的窘境。我現在是台北市長，陳儀長官抵達前，我兼代台灣行政長官。三十多萬名日本人留著，供我使用，協助我掌握全台。你們則可暫免回日本過那悲慘的日子。」

土居：「可以，但希望中國人能儘快進入狀況，日本國內的殘破情況我們瞭解。也正因為瞭解，日本國內正需要全力重建，再怎麼辛苦，我們日本人還是希望能儘快回國奉獻心力，搶救自己的國家、重建家園。」

葛敬恩：「你們日本人須繼續你們原來治理台灣的工作，等我們軍警與行政人員全數到位後，再看情況讓你們回日本。」

土居：「你們為何不先用熟悉台灣行政工作的台灣人啊？台灣人勤奮踏實，教育與訓練良好，秩序井然。我們的台灣人副手，效率極佳。你們文字又相通，可減少對我們日本人的依賴，又可提高辦事效率。」

葛敬恩：「你要搞清楚狀況，我們奉蔣主席之命來接收台灣，並不把台灣視為中國領土，是『敵境』，是中國的戰利品。台灣人不是中國人，沒資格與中國人相提並論。我們是來接收戰利品的，人與地並不是我們要的。」

黃朝琴：「老實告訴你，土居：我們中國並不是來接收台灣為中國的一部分，我們是奉蔣主席之命來占領台灣的。我們有時會說台灣為中國的一省，只是對內為了暫時安撫台灣人民，對外為了免去美國的干涉。我任台北市長只是兼任，我的職銜是外交部委員。我來台灣是屬外交工作。即

是到了國外的意思。我現在真正的頭銜是『中國外交部駐台灣特派員』。知道了嗎？所以為了宣示中國是台灣主人的印象，即日起要通令全台灣各都市街道名稱，全改為以中正、中山、民族、民權、民生及中國各地名為路、街之名稱。尤其台北市，一定要在陳儀長官抵達台北前，更改完成。你必須確實配合，以便在陳儀長官到達時，第一眼即看出我的辦事效率與忠誠。」

土居：「這樣啊！那可否在你們搜刮完後，把你們不要的台灣再賤賣給我們日本？我們日本人可是視台灣的人與地為寶藏呢！」

葛敬恩：「這以後再說吧！現在你們就把我們吩咐的事辦好即可。」

1945年10月8日

黃朝琴：「這些我列在單子上的房子要快速移交給我。」

土居：「哇！這些都是台北地區最豪華的住宅。你不愧是台灣通。這六棟是日本官舍，我可立即移交給黃先生。但其他的都是台灣人私有財產，我可沒權移交。」

黃朝琴：「笑話，現在整個台灣已是中國人所有。陳儀長官抵台前，我黃某就是臨時長官，抗拒的台灣人就趕出去、抓起來。這些房子除了我喜歡的我要外，還要留一些給即將到來的長官。」

於是黃朝琴占據了數棟台北地區的大宅園子。

1945年10月15日

美國第七艦隊的船隻運送首批中國正規軍隊第62師與70師總數超過一萬二千人到基隆港和高雄港。中國部隊拒絕上岸。

美國軍官：「你們為什麼不上岸？」

中國軍官：「這裡是日本占領區。」

美國軍官：「但他們已投降了。」

中國軍官：「但我們從未見過日本軍人真的投降，我們還是會怕。」

美國軍官：「是日本天皇下令所有日本軍隊投降的。你們還怕什麼？」

中國軍官：「不行，你們美軍先派先遣部隊上岸，若真的沒戰鬥事件，我們才敢上岸。」

美國軍官：「我真被你們氣死了。」

最後中國部隊跟蹌上岸、衣衫不整、汙穢又毫無紀律。連面對手無寸鐵的台灣百姓，都是靠槍桿子壯膽。登陸台灣更需靠美軍在前頭擋著才敢前進。台灣民眾看了真是驚訝不已。

隨70師軍隊來台的作家張拓蕪，踏上台灣後為所見大吃一驚。張拓蕪說：「台灣在日本統治之下，其最大的成就是夜不閉戶良好治安，以飼養的家禽來說，居民都是一籠籠、一簍簍放在自家門戶外，和腳踏車一樣從來不加鎖的，也從來沒有遺失過。然而自從這個中國黨軍進駐以後，雞籠、鴨簍以及腳踏車什麼的，便時常無故失蹤。」

　　第二批被蔣中正派來占領台灣的中國黨軍憲兵第四團團長高維民也大嘆：「二十五日正式接收台灣以前，我以便裝到台北各地走過，發現這個地方秩序井然，現象真好。並從新職人士中得知『夜不閉戶，路不拾遺』。商店訂價後不作興討價還價，店東可說是童叟無欺，對每個人都很和藹、誠實。風氣太好了，我非常感動。但是來台灣的軍隊實在太糟，軍隊在基隆未下船前，雖有零星上岸，披著毯子，拖著草鞋，隨便在船邊大小便者，而因範圍小，影響不大。正式下船時，雖然整隊而行，其服裝破爛，不堪入目。看在一些夾道的人群眼中，頓使台灣民眾無限失望。這些軍隊於十月二十五日開始接收之日放出來以後，問題多了。當時台灣民眾普遍都騎腳踏車，譬如到郵局辦事，都把車停在郵局前面的車架裡，那些士兵一見沒鎖，也沒人看管，騎了就走。那時候沒鐵門，也沒有圍牆，只是用幾塊石頭，圍成院子種些花草，也有少數士兵一看屋裡沒人，跑進去拿東西，這在過去的台灣，是從來沒有的。還有，中國軍隊不守秩序、不守法。他們習慣地坐車不買票。搭火車不走正門，從柵欄上就跳進去；上車也不走車門，從車窗就跳進跳出。當時只有一家中國口味的大餐館——蓬萊閣，該軍一少校參謀吃飯時，對女服務生動手動腳，惹起反感，竟開槍示威。」

　　1945年10月24日，陳儀、嚴家淦、連震東及宋子文的業務代理坐美國飛機抵達台灣台北。黃朝琴安排了盛大的歡迎場面，包括成千兒童在大太陽下站了好幾個鐘頭。

10月25日早晨，受降典禮前

嚴家淦：「長官，你在笑什麼？」

陳儀：「你知道嗎？真是諷刺。1935年，約十年前，也是在這裡，我來台灣幫日本人慶祝日本擁有台灣四十週年時，我還在此對台灣人民發表過演說哩！」

嚴家淦：「你當時說什麼？」

陳儀：「我當時很羨慕台灣人能當日本國民，我主要是向台灣恭喜，恭喜台灣人幸運地成了日本國民。」

嚴家淦：「現在你要對台灣人說什麼？」

陳儀：「我真想消遣台灣人說：台灣人，你們真不幸做了日本國民，今天才會不幸到落在我手裡。」

嚴家淦：「長官真要這麼說？」

陳儀：「不會啦，這次任務重要，心裡話可得憋著。當然要先誇說強盛的中國打敗日本。再為台灣光復、台灣人得救了而歡呼。來麻醉台灣人民。」

受降典禮後不久，日本台灣總督安藤被以戰犯之名押送上海，最後安藤在獄中自殺。

1945年10月25日下午，台北市政府(今行政院院址)

陳尚文：「黃市長，謝謝你的提拔，我才能來台北當警察局長這肥缺。真想不到台灣竟這麼富足、康樂！」

黃朝琴：「以前我們在中國外交部時，就合作愉快。現在有好的，我當然不會忘了你。」

1945年11月1日，長官公署

陳儀召開軍憲警會議。

陳儀：「這段時間大家吃喝玩樂夠了，現在打起精神來執行任務。依照蔣主席的交代，第一階段是將日本儲備的軍用品與日用品搬光，運往中國。為了這項任務，軍、憲、警必須通力合作，有任何人妨礙搬運效率，須立即呈報，嚴懲不貸。」

警備總司令柯遠芬：「長官，士官兵因在中國沒見過這麼富足的社會，早已在街面及村莊又偷又搶。管或是不管？」

陳儀：「反正台灣不是我們的家，我們也無意久留，只要不鬧成大事件，可以睜一隻眼，閉一隻眼。這樣警士官兵可得到滿足，我們也可以少發點薪餉。」

嚴家淦：「我已清查各銀行，發現各銀行有很多日本政府存款，日本人真是頑固式守法，分文未動過。9月份時，戴笠手下先來過，已從台灣銀行領了二十萬美金不知去向，但他們總是粗人，他們領走的僅是人民的公共基金，他們並未查知日本政府在台灣的儲備金。我們可以先領出一部分來向民間購買物資，以加速運出台灣豐富的物產。」

陳儀：「不是一部分，要全數領出，全數投入採購物資。」

嚴家淦：「那會造成通貨膨脹，嚴重物價上漲。且須留些要發給軍警與行政人員的薪餉。」

陳儀：「沒問題，現在用的是日幣，日幣用完，我們就自己印台幣。需要多少就印多少。等台灣被我們挖空、榨

乾、吸光而造成混亂時，我們就走掉了。你們應該也知道，現在中國已民不聊生，急需台灣這些物資。若我們搜括的速度慢了，蔣主席在中國更會岌岌可危。另外，你必須督促金、鋁、銅、煤等礦產加速開採，務必在台灣被我們搞成人間煉獄前，得到最大的收穫量。」

嚴家淦：「是！」

1945年11月初，台北市政府(1945年11月1日，台北市政府遷往建成國民小學辦公，原址供長官公署使用)

楊鵬：「黃市長，你要救我！」

黃朝琴：「楊院長，你是高等法院院長，掌握著別人的生殺大權，還需要我救你啊？我有沒有聽錯？」

楊鵬：「黃市長，你別消遣我了。法院的法官要怎麼判，還不都是要依你們的指示才可。」

黃朝琴：「到底怎麼了？」

楊鵬：「前些日子，我見高等法院內有不少高級桌椅、沙發與立鐘，甚是喜歡，我就搬了回家。這事傳到了吳檢察官那裡，他竟跑來要我分一部分給他。我不答應，就吵了起來。現在竟以偷竊公家財物罪起訴我。黃市長，你評評理：大家千里來到台北，不都是因為聽說台灣肥美嗎？好東西當然大家搶著搬，先搶到的先贏，不都是這樣嗎？他搶慢了，搶輸了，竟然要賴，竟然因此起訴我！黃市長一定要救我，我會忠心聽你使喚的。」

黃朝琴：「你本來就是必須聽我使喚的。」

楊鵬：「我說錯了，我一定為你赴湯蹈火。」

黃朝琴：「我會救你的。他太白目了，還是你機靈，你知道見不到陳儀長官，懂得來求我。其實，只要吳檢察官來求我，我隨便可撥幾樣好傢俱給他。我早來幾日，倉庫裡多的是。」

楊鵬：「他就是白目，可是他已起訴我了！」

黃朝琴：「我現在就叫警察局陳尚文局長，派人去把他抓起來。若他無悔意，就繼續關著，永遠不得釋放。你安心地回去吧！」

楊鵬：「謝謝黃市長！」

1945年11月中旬，行政長官公署

嚴家淦：「報告長官，有一大批日本儲備的金條，在美軍轉交給先遣的中國軍官後，接收的中國軍官連同金條同時離開台灣，到現在無法查知是哪一派系帶走的。另外，我由台灣各地糖廠的紀錄，及基隆、高雄兩港口的進出報表查到，早在我們抵台之前，宋子文派來的人，已搶運達60萬噸的蔗糖到香港的私人倉庫，那是全台灣百分之九十的儲備量啊！」

陳儀：「他搬走就搬走了，他是老頭子(蔣中正)的大舅子，還是別提了的好。日本人在台灣的財富，有幾十億美元的價值呢！老頭子不會在意給宋子文那些的。我們別多事。你傳令下去，蔗糖與白米都必須大量生產，並管制配售。上海與南京正大缺貨呢！」

「還有，金、鋁、煤等礦也需徵調台灣苦力全力開採，煉油廠要每天二十四小時全力生產，僅儲備量搬光還是不夠

中國消耗的。至於民生用品方面，食鹽、火柴、酒、樟腦、紙、醫療用品與嗎啡，除留一部分我們在台灣配給用，全數搬光。」

　　嚴家淦：「報告長官，火柴不可搬光，我們在台灣的搜刮工作至少要延續一兩年以上，這段時間，非必要，不要引發大動亂。沒火柴就沒法煮飯吃。讓台灣人吃不飽沒關係，但沒人願意坐著等餓死的。應先留下一些火柴，讓台灣人民在新的產量出來以前，省著用。」

　　陳儀：「現在火柴存量有多少？」

　　嚴家淦：「三百五十萬箱。」

　　陳儀：「那就留一千四百箱給台灣人用，並公布須省著用，得用半年。」

　　嚴家淦：「知道了！」

　　陳儀：「最重要的是，黃金和煤炭務必全面的、儘速的開採，這兩樣都是蔣主席特別叮嚀的。務必督促在最短時間內，達到最大開採量。全數運到中國給蔣主席。」

1945年12月10日

　　黃朝琴市長：「祕書，前美國領事館旁的那幢大洋房我喜歡，你去告訴那家人立即搬出，傢俱設備必須留下。」

　　祕書回報：「市長，那主人是位台灣婦女，卻很強硬。」

　　黃朝琴：「你沒告訴她是黃市長要的？」

　　祕書：「有啊！可是，看不出她竟有膽拒絕！」

　　黃朝琴：「看來是知識份子，就以她和日本人通敵的罪

名把她逮捕了。」

隔日

祕書：「報告市長，美軍顧問團的聯絡組軍官來訪。」

黃朝琴：「快請進來。」

黃朝琴：「大駕光臨，請問有何貴幹？」

美軍軍官：「是這樣的，昨日有位被捕的婦女，她自戰前即因鄰居的關係，與美國領事館人員有來往，現在我顧問團裡還有不少人與她熟識。她因與美國人有來往，在戰時即被日本人視爲監視對象。但昨日被捕時的罪名卻是與日本通敵。這可就是怪事一椿了。跟日本人最熟的不就是黃市長你自己嗎？」

黃朝琴：「啊！大概又是手下工作的人出了錯，才會誤會，我先鄭重道歉。以後我會吩咐下去，把美軍顧問團認識的台灣人，列出一張所謂的良民名冊，來加以保護。」

1945年12月15日，台北，長官公署

黃朝琴：「報告長官，在日據時期，台灣人的知識份子即曾與日本總督協商成立各級議會。由台灣人民選出代表，監督日本政府，提出民眾心聲，已歷經十年以上。雖然日本官員並不一定真的聽取意見，但總有一個讓台灣民眾發聲的管道。現在台灣各地仕紳，以林獻堂爲首，已在強力陳情，要恢復各級議會制度，請求執行法律，維持社會秩序。」

陳儀：「你的意思是，要我也讓台灣人民成立議會來監督我？」

　　黃朝琴：「不，怎能讓台灣人來監督我們呢？但各級議會是可以讓他們成立的。他們開會時，只要中、低階官員去報告即可，在台灣參議會，長官是蒞臨致詞，是去指導的。」

　　陳儀：「那也徒增麻煩，對我們掌控台灣的工作有何好處？」

　　黃朝琴：「單就我從日本看到的經驗看來，好處可多著呢！」

　　陳儀：「說說看！」

　　黃朝琴：「首先，要設立競選公職人員檢覈制度，有意參選者，先繳交詳細履歷，繳交檢覈費。這樣，我們很容易就有了各地台灣民眾帶頭者的名冊了。中國官員有審查權，且多了一條收取好處的通路。」

　　陳儀：「看來不錯！」

　　黃朝琴：「還有呢！競選時，他們會張貼選舉海報、拜票、演講。我們可以藉此瞭解那些人在想什麼。然後，落選者就加以分化；當選者則集中在議會，管控方便。反正他們在議會，也有如狗吠火車，對中國官員不會有任何影響的。太過分者，又可來個殺一儆百。」

1945年12月16日，長官公署

　　柯遠芬(警備總司令兼長官公署祕書長)：「議會制度在我們中國從無經驗，我認為不妥。」

　　陳儀：「經黃朝琴說明，應該有益無害，何況還可藉此向國際宣傳，尤其是美國，他們不是最喜歡議會形式的民主

嗎？我們就表演給他們看。或許可提高我們中國已破損的形象，又可藉此更輕鬆地掌握台灣民間意見的帶頭者。」

柯遠芬：「若眞要做，我們也必須有人混進議會，要完全由我們的人掌控才安心。」

陳儀：「家淦，你有何意見？」

嚴家淦：「黃朝琴既然在台灣經歷過議會制度的生活，就由他帶頭，再找些與他同質性的人一起進入各級議會。台灣參議院議長就由他去當。民主選舉我們沒經驗，但用些手段我們是很熟練的。一面賄賂，一面威脅、恐嚇，再加上操縱票箱，我們的人要進入議會沒問題的。選議長時也得隨我們的意。」

1945年12月26日，行政長官宣布設立「人民意見聽取機構」的計畫。

1945年12月底，警備司令部

張上校：「柯司令，這是我們老大戴笠的手諭。」

柯遠芬：「我早接到指令，但你們不是早就到了嗎？」

張上校：「我和黃中校早在9月就到了，但我們的系統與你們不同。我們是在檯面下工作，得與地方流氓掛勾，所以費點時間。直到12月，才與叫「虎鬚」的流氓頭子套好交情，談妥利益分配。之後，我們藍衣社、調統局才有較多人進入台灣，所以現在才開始深入各地行動。」

柯遠芬：「你們有不被逮捕的特權，但請勿妨礙我們檯面上的工作。而早在9月份，我們來到台灣之前，你們單從台灣銀行就領走了二十萬美金。」

張上校：「我們的工作除了探查情報、監視台灣人民、刺殺反抗份子外，還負有供應我們在中國地下特務系統所需資金的責任。我們會有分寸的。僅搶劫民間倉庫與商店，不會與陳儀系統衝突的。但請確實通令全台軍警。請務必辨認我們的身分，以避免大家互有傷害。」

柯遠芬：「軍警系統早有接獲指示。」

張上校：「請再確實頒布通知至最基層軍警，本地黑社會流氓頭子——虎鬚是我們合作利用的對象，遇到他的手下，亦不可逮捕。必須先通知我們處理。」

柯遠芬：「知道了。」

1946年1月

台灣高等法院檢察總長：「據呈報，近日有多位法院官員，任意沒收台灣人民私人財產，看起來就像強盜。希望以後各位看上民間財物時，先來我這裡蓋法院大印，便能派軍警隨同去沒收，這樣較好看一點。當然，蓋了印，就必須分我一份。」

台灣人民陳順益(音譯)：「我要報案，我們紡織廠老闆被有關單位傳去問話兩天了，長官硬塞來的人事副理——姚中程(音譯)——在一天之內強制領走了工廠的全部存款，害得工廠付不出原料款與薪水。」

檢察官：「你又不是老闆，你報什麼案？」

陳順益：「老闆被不知名的政府單位傳去，還沒回來，發生這麼重大的事件，紡織廠可能要倒了。一些老員工遂推我出來報案。看能否挽救紡織廠，以保住全體員工的工作飯

碗。」

檢察官：「姚中程是剛被派去監視你們工廠的中國人，你怎麼會知道是他領走了錢，又讓他逃走了。來人啊！把陳順益關起來。」

陳順益：「冤枉啊！大人！很多人都看到姚中程撬開老闆抽屜，拿走存款簿與印章啊！」

檢察官：「但只有你來報案啊！所以我按你個『行政責任失職』罪名。不過，只要你家人拿足夠的錢來贖你，你還是可以回去的。」

1946年2月1日

幾個中國警察，沒買票闖進一家擁擠的戲院。不知是太好看而興奮，或是不合他們胃口而不高興，竟在戲院內開槍掃射看戲的民眾。事後從容不迫地含笑而去。有人問起，警方只說：「可能戲院內有嫌疑犯吧！」

1946年2月17日，台北市政府

黃朝琴：「尚文啊！景美有個富有人家，幾天前我到過他家。他家裡有不少我喜歡的名貴古董與傢俱，我曾說了『我喜歡』，他竟沒說要送我！你派一個中隊的警察，去幫我全部搬來。屋主姓名、地址與古董傢俱名單在此。」

陳尚文(台北市警察局長)：「沒問題！」

夜晚時，三十幾名台北市警察闖進。

警察：「我們奉命進行檢查。」

屋主：「既然是檢查，為何你們要搬走財物？」

警察：「要搬走才能詳細檢查。」

這時部分家人從後門逃走，大喊：「有賊！」、「有強盜！」，鄰居聽了，有的拿著扁擔、鋤頭趕來，有的向當地警所報告。一時警笛大作，驚動了附近駐軍，中國軍隊用卡車載著士兵與機關槍要來鎮壓。三方人馬就在黑夜裡互相開火射擊。黃朝琴的警局人馬吃了虧，還派兩個人逃回台北求援。直到黎明來臨，這場可笑又可悲，自己人三面混戰的鬧劇，才揭露出真相。

1946年2月18日

高雄市警察局長在街上買金飾。

警察局長：「這個我喜歡，這是一百元，我跟你買了。」

店家：「不行啦，這個值八千元，我便宜賣你，算你七千五。沒賺了。」

局長：「你知道我是誰嗎？我是高雄市警察局長，我來你這裡買東西，是你的榮幸。懂嗎？」

店家：「對不起，我不知局長大駕光臨。小民免費奉送局長，聊表敬意。」

局長：「你以為站在你面前的是小兵啊？你還沒有資格送我東西！」

局長拿出槍來，開了三槍，丟下一百元，拿著東西走了。

以上僅是當時的中國官員，每天在台灣發生的無數事件中的小例子。小兵欺壓民眾，強搶財物、壓霸燒殺的情形，

更是司空見慣。

1946年2月19日，台北，長官公署

　　陳儀：「黃市長，我聽取你的建議。所以你可開始籌備開辦各級議會。台灣參議會成立後，議長就由你來當。所以我先讓你免兼台北市長。2月21日即由財政部駐台灣特派員游彌堅兼任台北市長(游彌堅、連震東、連戰父子都如同黃朝琴般的半山仔)。游特派員你熟識的。」

　　黃朝琴：「報告長官，我這個兼台北市長做得很好。我可以繼續兼做台北市長的。」

　　陳儀：「你別緊張，你這個外交部駐台灣特派員，是我掌控台灣的最重要左右手。台北市長雖然重要，但總是地方官。將來你要掌理台灣參議會的工作更是重要。」

　　黃朝琴：「好吧！」

　　台灣參議會參議員是由各縣市參議員選出。黃朝琴登記爲中國福建省人。他在台灣出生，世居台灣。他在台灣住到二十二歲。因想當日本人，才移居日本，到了日本發覺當不了完全的日本人，才又跑到中國，僞裝成福建人。黃朝琴並未在中國福建生活過。回到台灣，卻還自視爲中國人。堅持自己是中國人，假裝出生地是福建。他不要被視爲台灣人，因台灣是被統治者；黃朝琴要當統治者的一份子。

　　首次當選的台灣參議員有三十人：黃朝琴、李萬居、吳鴻森、殷占魁、劉闊才、洪約白、馬有岳、李崇禮、林日高、劉明朝、林獻堂、陳按察、劉傳來、韓石泉、林壁輝、

李友三、高恭、林爲恭、洪火煉、丁瑞彬、楊陶、顏欽賢、蘇維梁、鄭品聰、郭國基、黃純青、陳守石、林連宗、劉兼善、王添丁。其中部分爲眞正台灣民間意見領導人的士紳；部分則是經中國長官公署強力運作而進入的半山仔。黃朝琴與李萬居就成了當然的議長與副議長。並派連震東爲祕書長，以便能確實掌控台灣參議會。他們對外(尤其美國)宣稱是台灣人，以博取有台灣人參政的國際假象；在台灣面對台灣人時，他們則自認爲是高傲的中國人。

　　1946年5月1日，台灣參議會在台北正式召開，陳儀提任黃朝琴爲議長。陳儀致詞：「台灣能被中國拯救，全因爲有中國國父孫中山這位民主的燈塔，及偉大的國家領袖蔣中正，台灣人必須感謝，並尊敬所有來台灣解救台灣同胞的中國人。」

　　當時由於台灣的儲備糧食、工業原料與民生用品已大部分被搬運到中國，台灣物資缺乏，民眾生活已到了前所未有的困境。加上放任搶劫與欺壓，軍警更濫殺民眾。民眾怨聲四起，只是面對軍警槍彈的威脅，民眾不敢公開抱怨。現在陳儀長官既然表示，台灣參議會是「聽取人民意見的機構」，於是在首日會議，即多人紛紛指出中國官員的貪贓枉法與官兵肆無忌憚的劫掠財物，惡行更甚於清朝入侵台灣之時。這些發言，讓在場中國官員感到憤怒。當天早上，教育處長范壽康被指出拿了整筆教育費用，運到上海做私人投資事業，使得學校教育陷於停擺時，范壽康惱羞成怒，立即離開大會。並在當天下午，立即在青年團集會時發表演說。

　　教育處長范壽康說：「台灣人是奴役化了，對中國人不

夠尊敬，是低等民族。」

當台灣參議員指出：各種軍隊濫用權力、劫奪財物的事件時，警備司令柯遠芬當場發飆。

柯遠芬說：「你們台灣人要瞭解，中國軍隊是向來不需遵守法律與社會秩序的，也不必忍受任何有關軍紀與軍隊行為的批評。因為這些是民眾所不能干涉的。任何對軍官或士兵的意見，都必須以書面提出，並簽名。任意公開批評軍官或士兵的行為者，必須自負其後果的！」

長官公署，台北

連震東：「報告長官，台灣參議會整天都在說我們的不是，參議會簡直成了『可以批評中國人』、『發洩不滿』而不用怕的地方了。我看應該考慮把參議會關了！」

陳儀：「除非不得已，不好關掉參議會。我已經向美國發出『已成立台灣參議會』的消息。也已報告過蔣主席，參議會是讓我們看起來不會太惡質霸道的表面漂亮化裝。」

嚴家淦：「長官說得是，但也不能讓這種使我們有失面子的事情繼續下去。因為參議院的發言內容總會洩露出來的。」

陳儀：「你以為我會怕嗎？」

嚴家淦：「是這樣的，台灣安定而容易生活的消息傳回中國後，已有大批中國平民湧來台灣，當然有成千上萬的江湖郎中、騙子，為投機而來。但也有不少學者與開明人士，這些人正好填補了一些文職缺額，他們有一些人，早看不慣我們中國國民黨人在中國的作為，在台灣看到我們變本加厲

的做法，更心存憤慨。在某些私下場合，已出現同情台灣人、替台灣人說話的論調。台灣參議會的成立，剛平和了這些人的不滿。若現在放任參議會一一揭我們的瘡疤，這些冥頑的中國人，可能會因發現更多真相而作怪的。」

陳儀：「誰敢作怪，我就抓起來，把他丟回中國！」

嚴家淦：「但這裡還有不少需要維持效率的行政工作，缺不了他們。況且，若要對付自己中國人，會有失我們自己的顏面。我們不是告訴台灣人民，要他們尊敬所有中國人嗎？中國人在台灣所做的都是對的。現在對付這些人，等於在告訴台灣人，中國人也是有不對的。在心理學上，我們中國人的特權意識會被打折的。何況維持較好看的平靜假象，對我們仍是有利的。」

陳儀：「那該怎麼辦？」

嚴家淦：「其實簡單，長官只要指示黃朝琴，叫他不能再讓參議會混亂下去。就說你要限期看到參議會的好成績。由連震東協助他，警備司令柯遠芬的勢力給他依靠，他會辦得好的。」

陳儀：「就這麼辦！」

台灣參議會，台北，第二次會議開始前

黃朝琴：「各位參議員同仁，由於第一次會議出現混亂現象，造成各方不滿。本來長官答應成立參議會，是希望促進和諧的。想不到反而因參議會，而更形與中國官員對立。結果只引來憤怒，各位同仁也沒得到任何好處，或達成任何目的。」

「爲了促進和諧，主管參議會的參議會祕書長連震東先生與長官公署民政處周處長一鶚先生研擬出一套議事規定。請大家務必遵守，以免自誤又誤人。現在請連震東祕書長爲大家說明。」

連震東：「每次開會之前，先舉行座談會。座談會是祕密性質，除了官員與參議員外，禁止任何外人旁聽。參議員可暢所欲言。再由列席官員針對發言解釋，哪些是可商量、可參考、可在議會中提出的；哪些是不可行、有辱官署、在會議中提出會有危險的。」

黃朝琴：「然後，我主持會議時，爲了維持議場秩序，並使每位參議員同仁均有發言機會，每人限定只能發言一次。一次是五分鐘爲限。內容則限定在前一天座談會時，官員判定是可商量、可參考、可在會議中提出的內容。違反這項協議者，會被指爲造反的證據而被逮捕的。」

有半數參議員紛紛抗議：「你當什麼議長，竟然獨裁到做這種決定，分明是把我們當猴子耍！難道台灣民眾在你眼裡，眞那麼不值？你可別忘了，你自己是一個假中國人！」

黃朝琴：「就這樣決定了，望勿自誤。散會！」

事後黃朝琴自己談到此事，說：「當時雖然多人對我指責、謾罵，但我職責所在，嚴格執行，絲毫不爲所動，堅持到底。及至後來有王添丁參議員，不顧我的規定與警告，因言論被指爲造反的證據而被逮捕，是爲一點不幸。但我建立了參議會議事規範，使以後議事和諧、順利，是有深遠的影響。」看來黃朝琴還自鳴得意呢！

　　中國國民黨人私下談及台灣人民時，均以黃朝琴和連震東爲例，罵台灣人爲「有奶便是娘」的賤骨頭。其實大多數台灣人民都是勤奮而不忘本，能逆中求生而堅持人格。如黃朝琴、連震東般之人，以前有，現在有，將來還是會有，但畢竟是少數。更有不少如廖文奎、廖文毅兄弟者，爲了維護台灣人之尊嚴，而放棄榮華富貴，率先犧牲奉獻。

　　廖氏兄弟與黃朝琴、連震東正好形成強烈對比。廖氏兄弟是台灣中南部富有地主家庭子弟。兩兄弟在1920年代即到美國求學，都有美國知名大學的博士學位。哥哥廖文奎，威斯康辛大學碩士，芝加哥大學政治學博士；弟弟廖文毅，密西根大學碩士，俄亥俄州立大學化工學博士。兄弟倆均立志爲「台灣脫離日本統治」而努力。學成後，弟弟廖文毅回台灣任化學工程師，一面在台灣內部爭取改革；哥哥廖文奎選擇赴上海、南京學術界工作，一面從外尋求解放台灣。由於廖文奎曾在中國爲中國政府做過事，他瞭解中國共產黨與蔣幫集團的殘暴與腐敗。知道台灣若落入二者之手的後果，他們兄弟當初的信念是：台灣若不能獨立自主，先行自治也行。

　　及至1945年台灣被盟軍交給蔣介石時，廖氏兄弟也無奈地接受事實，他們知道：台灣歷經日本五十年的建設，加上台灣人的勤奮、上進、守秩序，只要能自治，不需幾年，台灣即能富強、康樂，進而與先進國家並駕齊驅，可以成爲中國改革的範本。於是，兩兄弟拿出家庭的財富，獻身於台灣政治教育運動。廖文奎繼續留在上海演講、寫作。見中國的「第三黨派」多是良心中國人，同樣反對中國國民黨與共產

黨的殘暴與腐敗，希望能解救中國。所以廖文奎與中國「第三黨派」協商，努力使蔣幫勢力快點退出南京政府，以免太遲而無力號召中國全國反共。同時期，廖文毅先被任命爲台北市公共汽車管理處的處長。但他見奉命接收台灣的蔣幫團隊，如此殘暴、腐敗，肆無忌憚的搜括，全不顧台灣人的死活。提出建言時，只得來更深的打壓。他不願當一個剝削台灣的幫凶，很快辭去職位。

廖氏兄弟都明白表示：爲了尋求台灣人民將來自由發展的權利，每個受過教育的台灣領袖，都必須有承受「個人生命、財產將遭受嚴重殘害與損失」的決心。

由於廖文毅的不合作態度表達無遺，在競選台灣的國民大會代表時，開票結果，雖然廖文毅當選，蔣幫集團竟以「選票字跡不完整」爲由，宣布廖文毅當選無效。

1947年，228事件發生後，在3月中旬，廖文毅逃抵香港。

1948年，228事件一週年前夕，廖文奎在上海突遭逮捕，囚禁於吳淞警備總部，罪名是與共產黨合作、參與反抗。因爲大家都知道廖文奎是反共人士，與他接觸過的中國人中，也只有「第三黨」是批評蔣幫的民主人士，所以美國方面立即請上海市長吳國楨注意此事。吳國楨便力勸警備總部釋放已監禁百日的廖文奎。出獄後廖文奎便前往香港。此時廖氏兄弟才警覺，要與中國——尤其蔣幫集團——說道理是沒用的，台灣只能自求多福了。他們的生命是保住了，但家產丟了，又連帶使得在台灣的家族陷於危境之中。他們則只能亡命海外。

　　由於香港的英國政府禁止任何政治活動，又易遭受蔣介石藍衣社的追殺，廖氏兄弟派一群年輕人到日本集會、遊行、向聯合國申訴。主張：

1. 台灣人民僅為少數漢人與台灣原住民平埔族的混血後裔(受連橫偽造《台灣通史》影響所產生的誤會)。中國從未視台灣人民為中國人。台灣應如韓國受國際的同等待遇。

2. 聯合國應調查1945年後，台灣被殘暴壓榨及台灣人民被凌虐的真相。

3. 在日據五十年後，被日本宣布放棄的台灣，在國際會議上應有自己的代表參加。台灣不該被當作是一個不動產來處理，不應該以要把它給誰就誰來處理。

　　1948年，廖氏兄弟組織「台灣再解放同盟」，同盟裡因謝雪紅一派的親共產黨想法，與廖氏兄弟不合，同盟不久即瓦解，全部人員離開香港，轉往日本。

　　由於廖文毅的奔走，當時菲律賓駐東京大使Bernarbe Africa博士深受感動，建議台灣問題應由台灣公民投票方式解決。他說：

　　「人民附屬於土地而為財產之一部分，是過去帝王思想的說法。事實上，人民才是重要的，土地是人民所有、所用。所以要把整個台灣當作財產般，為了條件交換，由一個國家轉給另一個國家，那是不公平的。沒有任何人有這個權利。」

　　由於台灣參議會成了陳儀長官的廢棄花瓶，中國軍警更繼續無惡不作。台灣很快被掏空了。更慘的是：所有工廠都

由陳儀帶來的蔣幫集團接收，他們全無管理工廠的概念，竟然連工廠設備與機器也拿去當廢鐵賣，使生產停頓。例如：原來台灣紙廠每年可生產紙張4萬公噸至5萬公噸。而台灣一年僅消費2,400公噸紙張，至1946年6月台灣就已出現缺紙現象。鐵路的開關設備與銅線，竟被成群結隊的軍隊拆走，挪作他用，使得鐵路運輸經常停擺。

陳儀看情形要他在台灣再榨出油水已困難。1946年4月即書呈蔣介石：「台灣的財富已被我們搜括空了，是否擇期離開台灣？」

蔣介石回答：「我有藍衣社、調統局回報，現在台灣人民的生活還是比中國境內好得太多了。你就令台灣財政處加速印製台幣，持續拿來購買民間財物，以支援黨軍在中國的所需。當台幣多到買不到東西時，我再透過中國的美軍顧問團，向聯合國及美國請求救濟台灣，救濟品你留一部分在台灣用外，其餘全轉運到我這裡來。你繼續留在台灣，中國還需要你。」此時蔣幫集團也正是在中國大量印製法幣之時，造成可怕的通貨膨脹。

1946年5月份起，新印製的台幣大量流出，再由於物資多數被買走、運出，造成物價飛漲。

糧食指數原來是100，1945年11月已是3,323，到1947年1月已漲到13,612。

建築木材則從949漲到13,612。

肥料價格指數原為139，到1947年1月卻漲到37,560。

政府控制的電力，則早在1945年11月至1946年3月即漲

了三十二倍。陳儀的解釋是，中國普遍無電可用，台灣人民
要享用電力，當然須付出較高代價。台灣民眾自那時起，即
少有人付得起電費，只好用油燈、蠟燭。至1947年1月，連
油燈、蠟燭也難得使用了。

1947年初，台灣人民已瀕臨餓死邊緣，又無路可逃。所
謂「狗急跳牆」，沒人願意坐著等死的，反正等下去必死，
那麼起來一搏，雖是九死一生，也得試試看。因為雖然得生
機會不大，但總是有一線希望。積憤已久，只是缺個引爆點
而已。

1947年2月27日下午，台北市圓環附近，靠近延平北路
的一顆榕樹下，一位叫林江邁的婦人，帶著兩個小孩及一些
銅板在賣香煙。幾個自稱專賣局的中國官員出現，以無照賣
煙為由，搶了那些香煙與銅錢。失去這些香煙與銅錢，等於
要了林江邁的命一樣，因為那些是她全家生活的依靠，是她
僅有的財物。林江邁抓住一個專賣局人員不放，並大喊「救
命啊！」，引起民眾圍觀。該官員用槍柄將婦人打倒在地。
這種暴行引起更多民眾圍住這幾個中國官員。因理屈而害怕
的中國官員，竟胡亂開槍殺出去，逃往鄰近警察局躲藏。民
眾則跟到警局，警局前的人越聚越多。幾名被槍打傷的民
眾，自行離去或被友人抬走，現場留下的是一個個被槍打死
的觀眾，及已奄奄一息的賣煙婦人林江邁。後來證實林江邁
當時所賣的香煙，是已經過海關打稅的進口香煙，並無違法
之處，中國官員純是藉詞搶奪。

警察局官警見民眾太多，也不敢出來，遂召來憲兵驅散

民眾，讓中國官員離開。此事件在當晚即到處傳開了。

1947年2月28日，有兩千多人自動聚集台北市圓環，排隊走向專賣局，要求查辦搶奪與殺人的中國官員。卻見專賣局門禁森嚴，無人理會。昨天剛死了人，此時城裡另一個地方，又發生中國官員凌虐兩個賣香煙小孩的事情，消息傳來，更激怒群眾，這群被激怒的民眾就放火燒了倉庫。此時一個憲兵舉槍，要射殺一位想拍照的聯合國官員與一位口袋露出有香煙的民眾，卻被旁邊民眾抓住，痛打一頓，該憲兵下跪求饒後才得以逃去。

群眾轉往長官公署請願，卻被機槍掃射，民眾死傷數十人，引發更大的憤怒。民眾強入廣播電台，利用廣播說明事件發生經過，號召台灣人民起來抗暴。

陳儀見事態嚴重，召來黃朝琴。

陳儀說：「這種官員搶幾條香煙與幾個銅錢的事，如在中國發生，根本是司空見慣的小事，不痛不癢。台灣人民竟然這麼激動。你去安撫民眾，勸他們冷靜，不要再亂才好。」

黃朝琴、李萬居、連震東趕到中山堂要安撫民眾代表。這三人站在台上說：

「專賣局官員亂開槍是不對，但你們又燒倉庫、又打人也不對，大家先回去，等待公平處理。」

群眾大罵：「你們三人是半山仔，是中國人養的狗，就只會倚靠中國人來欺壓台灣人民。好膽你們就下來過台灣人民的生活看看！」

黃朝琴、李萬居、連震東三人只能倉皇逃避。

此後，台灣人民久積的怨氣，一下子爆發出來。某些激動的民眾，見到沒帶槍枝的中國人就罵或打。軍隊則坐軍車、帶著機槍，沿街巡邏，見有聚集的群眾即開槍，民眾死傷無數。陳儀竟於3日1日下午五點廣播說：「專賣局事件已與民眾和解，沒事了。現在作亂的人都是叛亂份子。一般人民有任何意見，可透過處理委員會來告訴我。」

在此同時軍隊士兵卻繼續在路上射擊兩人以上的所謂「群眾」。有幾個外地來台北的學生，到鐵路局詢問鐵路何時可恢復行駛，他們急著回家。鐵路局長的私人衛兵竟也因為是兩人以上，而開槍射殺他們。又有兩名路人上前欲看個清楚，也被射殺。此時，聽了陳儀的廣播，又聽見鐵路局槍聲的民眾，聚集在稍遠處的北門交叉路口，議論紛紛。鐵路局竟召來軍車，用機關槍對該群民眾掃射。當場死亡的就有二十五人以上，一百多人重傷。醫師在治療傷者時發現，軍方所用的是對付恐怖份子用的特殊子彈，打到人後會爆開或膨脹，以便一槍致命。當時竟拿來對付空手的台灣民眾。被激怒的民眾越來越多。此時在台灣的中國軍隊人數已超過三萬人，但分散各地。現在台北駐軍是還可應付，但因恐怖氣氛與宣布戒嚴，民間車輛已停駛，市場交易停擺，糧荒會接踵而來。不安的心態恐會激起更多的抗暴勇氣。陳儀開始擔心自身的安危，擔心台北駐軍可能很快應付不了增多的抗暴民眾，於是下令調動南部的軍隊北上。

一方面為了爭取軍隊北上的時間，一方面為了掌握所有敢反抗的台灣人民代表的名單，及他們對中國政府敵視態度的程度。於是，3月2日陳儀要民間組成處理委員會，任何團

體代表均可參加，陳述處理事件的意見。但陳儀低估了台灣人民辦事的效率。中南部軍隊北上的消息很快傳到北部，新竹郊區的鐵軌與公路已被破壞，以阻止中南部軍隊，使其無法立即到達台北。

在台北沒軍警持槍保護的中國人，已不敢出門。事件詳情很快傳遍全台灣，各地民眾都有同樣積壓已久的怒氣。如再發生類似受無理欺壓的事情，立即爆發反抗。與台北相同的情形不斷在台灣各地發生。更使中南部軍隊無法有效支援台北。

3月2日，財政處長嚴家淦人在台中，因交通受阻，又見街上憤怒的民眾聚集，嚇得避居台灣參議員林獻堂家(即現在有名的二級古蹟，台中林家古厝)。

此時，陳儀非常清楚，若沒有大量軍隊，他的政府根本沒有一點力量。若在這一天再有任何挑戰，台北聚集的民眾會比街面上巡邏的軍隊更有威力。在路上的軍警可能會被分批消滅。

於是陳儀長官與警備司令柯遠芬將軍同意：由台灣青年學生組成「忠義服務隊」，負責維持社會秩序。因為台灣民眾已完全不相信軍警，由台灣青年學生負責維持秩序，較能獲得台灣民眾的信任。但事後的演變，也以該「忠義服務隊」成員的命運最為悲慘。

「忠義服務隊」成員雖是青年學生，但立即向蔣幫集團展示了高超的辦事效率，台北秩序很快恢復。陳儀與柯遠芬見到了台灣青年的決心與勇氣，及所展現的做事效率。喜憂參半。喜的是，社會秩序已恢復，他們中國人不必再擔心受

怕；憂的是，這時台灣人民如果真想把陳儀、柯遠芬等蔣幫集團趕出台灣，台灣人民這時是一下子就可以辦到的。可是此時的台灣人民所要求的只是——要公平對待、維護好社會秩序，並期待能自治。別無其他願望。

此時陳儀與柯遠芬已向蔣中正報告台灣現況，並請求指示。蔣中正回電：「堅守崗位，大量援軍數日內可到。」

1947年3月4日，台中市、嘉義市也已全部由台灣人民接管社會秩序的維護。但仍有武裝部隊在市區內開槍射擊的事件。其他台灣各地，因中國國民黨軍隊軍紀散漫，真正受到威脅時並無戰鬥意志，多自動繳械、投降。尤其東海岸地區少有流血事件。此時期山地青年也紛紛協助台灣人民接管全台。

蔣渭川創辦的青年聯盟剛成立不久(蔣渭川是蔣渭水之弟。蔣渭水生前在台灣推動爭取台灣自治運動，1930年代死於日本監獄)。3月5日蔣渭川向中國廣播：

「因賣香煙而有死傷的事情，僅是228事件的導火線。真正的原因是一年多來對中國國民黨政權的無法無天之強烈不滿與痛恨。加上台灣人民已漸漸活不下去，忍耐已到了隨時爆裂的臨界點，才在此時爆開。而台灣人民近年來，在日本統治下，也擁有了地方自治的民主形態生活，整整有十年了。這是中國人所沒有的，所不知道的。我們只求改革官僚的腐敗，重建台灣的生活秩序。我們希望這個訴求，能以和平方式達到。重振工業，增加生產，恢復最基本的生活條件。」

這期間有件事必須一提，中部地區有一個叫謝雪紅的女

子，她有親共產黨傾向。但台灣人民一直以來，生性勤奮，教養良好，完全無共產黨思想存在的空間。謝雪紅一直只能生活在鄉間，並無人注意到她。228事件的爆發，讓她以為，趁此危機，她有從事活動的機會。其實她只吸收了幾名暴民為徒，趁此事件作亂，並無造成任何的影響。然而因她的做法囂張，很快受到注目。在蔣幫重軍登台後，她的黨徒很快被殺光。謝雪紅也如當時的中國國民黨、共產黨帶頭者一般，一見危險，她早一步逃之夭夭。蔣幫集團卻常以謝雪紅為例，向美國與國際宣傳，他們是如何在台灣掃平共產黨的作亂。

眞正的慘劇發生在台中與嘉義。當時在高雄一支唯一的善戰部隊，由凶殘著稱的彭孟緝指揮，開到嘉義與台中，持續開槍掃射，鎮壓空手民眾。當時台中與嘉義市區較小而集中，軍隊可迅速進入，突擊後快速離開。走避不及的民眾，成了滿布街道的屍體。

陳儀再接到蔣中正通知，大批配備美國軍援之最新重裝備武器的軍隊，保證在3月8日抵達台灣。這批重武器是美國為援助中國國民黨軍隊用來對付中國共產黨的，現在用來對付台灣平民，綽綽有餘。

於是陳儀與柯遠芬一面命令全台灣中國國民黨軍隊，這幾天全留在軍營內，加緊訓練。準備在重武器掃蕩過後，清理殘餘的漏網者。另一方面，為拖延時間，及鬆懈台灣人民的防備心。陳儀與柯遠芬笑臉向處理委員會說：「我們已命令軍警與士兵，禁止攜帶槍械外出。所以維持秩序的青年團員，也沒有持武器的必要。從現在開始，任何人都可以具

名提出重建台灣的意見。愈快愈好，因我們需要時間整理建言，統一於3月10日接受公開討論，並予答覆。」

於是陳儀與柯遠芬，輕鬆地就掌握了一份對他們有意見者的名單。但是，陳儀仍感嘆地說：「想不到台灣人民竟然有此潛能，能赤手空拳扳倒中國的武裝統治。中國人民若有此種力量，中國國民黨政府在中國早被人民推倒了。幸運的是，台灣人民真是善良。台灣人有怒氣，卻無恨意。否則我們早死無葬身之地了。」

其實此時已有台灣業餘無線電玩家，接收到中國福建沿海的消息說：全新裝備重武器的龐大軍隊，已在沿海集結，登船向東出發，可能發往台灣。當消息傳向處理委員會的民間代表時，由於陳儀與柯遠芬早已笑臉掩飾，並未引起憂慮，仍然滿心期待可能即將到來的改革與重建。

3月8日星期六中午，第四憲兵團張武佐還在處理委員會發表催眠台灣民眾的演說。

張武佐說：「本人特別報告，有關台灣行政改革之要求是正當的。中國政府絕不會派遣更多軍隊來台。本人懇求台灣人民與我們繼續合作，維持秩序，切勿激怒政府。本人以生命保證，中國政府絕不會再對台灣採取任何軍事行動。」

當日下午，即有中國軍艦進入基隆港。港口岸上的駐軍接到訊號，即開始以機槍射擊港口碼頭可見到的任何人，並掃蕩附近街道，直到碼頭與附近街道，除了屍體外，無任何會動的生物，才讓首批二千名憲兵登陸基隆。再由這批憲兵控制整個基隆市，讓後面帶著重武器的八千名中國國民黨軍隊安全上岸。由於事先無預警，基隆市民不知事先走避，以

致當場橫屍遍地。同時間在高雄，則有三千名同樣配帶重武器的中國國民黨軍隊，在高雄港登陸。這僅是蔣中正派來台灣鎮壓的軍隊之一小部分而已。在他們認為已安全控制基隆與高雄之後，勢力非常強大的數倍重武裝部隊，緊接登陸；更多蔣幫黨軍繼續在中國沿海集合，開往台灣的基隆與高雄兩港，總數在五萬以上。

蔣中正的中國國民黨黨軍，在中國面對共產黨的部隊時，不敢正面作戰，只有不斷撤逃。當聽說要來傳說中的寶島，而要對付的只是一般民眾，大家忽然精神抖擻，且殺氣騰騰。當夜晚來臨時，蔣幫黨軍的重裝卡車從基隆開進台北市，路上遇到有人即開槍射殺，路上遇到障礙即開炮摧毀。整夜砰砰的步槍聲和噠噠的機槍聲，響徹市區。但這還只是表示他們已到台灣的咳嗽聲而已。

1947年3月9日才是他們正式開始發威的日子。那個星期日的早晨，陳儀、柯遠芬露出了凶狠而恐怖的奸笑；蔣幫黨軍帶著美國援助的最新重裝武器，開始了對台灣全島人民，為期一週的赤裸裸恐怖攻擊。這一星期內，台灣是全世界上前所未有的人間地獄。

蔣幫的中國黨軍接到的指示是：兩人以上即是集會群眾，看到群眾集會立即射殺。

3月10日台灣警備司令部發表公告：

「非中國政府召開的集會一律禁止；除中國政府所屬的《新生報》外，一切報章、雜誌一律關閉，禁止出刊。」於是《民報》印刷廠於3月11日、12日被襲擊、搗毀至完全成廢墟。

　　由於攜帶美援最新重武器的蔣幫黨軍已登陸台灣，且是由蔣中正親自指揮的將官所率領。陳儀、柯遠芬及他們的嘍囉們突然勇氣大增，也開始大肆報復個痛快。加倍重演陳儀當年「平定福建」的模式。

　　蔣中正則發表廣播：

　　「台灣同胞們，本人再度宣布戒嚴令，宣布戒嚴，乃為保護大多數島上的善良同胞。聽信惡人的謠言，不聽從政府的，即是險惡叛徒。惡徒我一定趕盡殺絕。不少善良的台灣人民，如林獻堂者，冒著危險保護中國朋友，我們更會善加保護。」

　　蔣中正在南京紀念週會中談話：

　　「台灣原來公共秩序良好，人民守法，對政府支持。然一些過去參加過日本軍的台灣人及共產黨徒，乘政府管理香煙攤販發生糾紛之際，煽動群眾、製造暴動。昨日(3月9日)更發生了攻擊政府機構的暴行。因此我派遣強勢的軍隊前去鎮壓，相信不久即可恢復正常狀況。

　　本人希望每位台灣人都能完全認清他對中國的責任，並嚴守紀律。希望每位台灣人民，都能儘早安居樂業，從事生產、建設。唯有如此，台灣人民才能清償台灣人民所欠負中國，過去五十年來為光復台灣所做的諸多犧牲及艱苦。」

　　這篇講話充分顯示出蔣中正的壓霸心態，及不把他人看在眼裡的狂妄。蔣中正僅在開頭承認台灣人民原本是勤奮、守法的民族，再來都是瞎話。蔣中正把228事件歸罪於台灣人日本軍伕與共產黨徒的煽動。其實當時每個人都知道，台灣人當過日本軍伕的，各地都有。由於戰爭的傷害，回台

後，身心都在休養與療傷，這段時日，根本都退休在家；至於共產黨，台灣人民連聽都很少聽過。眞正有共產黨傾向的僅中部地區的一名女子，叫謝雪紅。她確實在228事件發生後，曾有趁機興風作浪的舉動，但也僅帶著少數幾個人鬧事而已，並無留下任何痕跡。可笑的蔣中正竟拿無辜的人與僅有的一個共產黨徒，來掩蓋他在台灣的暴虐無道所引起的反彈。更可笑的是，蔣中正竟然把他在全台灣開始展開大屠殺的日子──1947年3月9日──說成是台灣民眾攻擊政府機構的日子。其實早在3月5日起，由於青年學生的「忠義服務隊」出面維持秩序，整個台灣已恢復平靜。學校已復課、鐵公路恢復行駛、商店也已開門做生意。更囂張的是，蔣中正竟然在屠殺台灣人民達到高潮時，還在廣播中大聲咆哮：

「對善良民眾政府會加以保護，而不順從政府的任何人，我必定趕盡殺絕。」

在世上，除了瘋狂的殺人魔外，有哪一個軍隊或政府的領導人會向人民說出，要對民眾「趕盡殺絕」的話！

更可惡的是，蔣中正竟然說：

「台灣被中國送給日本五十年，是台灣人民欠負中國人的。台灣人民必須將這債償清給中國人。」還印成傳單空投台灣各地。這是什麼心態？完全食台灣人夠夠！

在隨後連續一星期的全台大屠殺中，命運最悲慘的算是「忠義服務隊」的青年學生。「忠義服務隊」是陳儀與柯遠芬在228事件發生後，爲保護文職中國人，接受事件處理委員會建議而組成，來維持台灣秩序的成員當時都自認爲是中立的。當帶著重武器的蔣幫中國黨軍展開全台掃蕩後，竟視

這些青年學生，以及3月8日以前有提出施政意見的人為眼中釘。他們認為，事件期間敢挺身而出做事的人，即是將來可能的危險份子，必須趕盡殺絕。所以蔣幫軍警就帶著忠義服務隊的名冊，合併這些青年學生的教師，逐一追殺。若一時找不到某一個青年學生隊員，則他的同學或親友就被押為人質，他不自動出面，人質就被用以替死。

　　1947年3月8日蔣幫中國黨軍登陸台灣後，台灣的淒慘狀況，罄竹難書。以下僅敘述一些當時在台灣的外國人，將親眼所見做下的記述。

　　在基隆的外商：「1947年3月8日下午，碼頭附近突然槍聲大作。隨著槍聲之密集擴大，射擊已深入市區道路。」

　　美國駐台大使館副領事George Kerr：「3月8日晚上，我與朋友在吃過飯後，正在討論來自基隆的消息，及其隱含的恐怖意象。突然間，附近槍聲炮聲大作，機槍從行進中的卡車向黑暗中任意發射。子彈越過門窗，打穿牆壁，在黑暗中的巷子奔竄。」

　　「3月9日清晨，趁著街道上槍聲稍微停息的短暫空檔，我們跑到附近的馬偕醫院。在那裡遇見了美國新聞處長及他的妻兒，和一些外國僑民。原來大家都認為，馬偕醫院的佈道處所有厚實高牆，或可免遭街上亂飛的子彈打到。」

　　「從高處窗戶，我們看見一個無辜的台灣民眾在路上被刺刀戳殺；有另一個人被搶劫、殺害又被踐踏。」

　　「有一個士兵從某人家搶走一個女人，該家有一男人追趕出來，我們也看見他被當場射殺了。」

「醫院的加拿大護士赫曼遜小姐，由兩位台灣護士與三位助手陪同，大膽地跑到街上抬回一位嚴重的傷者，卻引來蔣幫中國黨軍攻擊這所加拿大傳教團所屬的醫院。」

「3月9日，整個陰森的星期日，無數的傷患被送進這個傳教團醫療所，有些是被射殺了，有些是被砍得不成人形。」

「一位有名的台灣女教師，在返家途中被人從背後射殺，當她躺在街上時，又遭搶劫，久後才有人把她抬到附近的醫院。更多的屍體則遍布街道，無人聞問。」

「夜晚時間，槍聲繼續不斷。尤其在擁擠的萬華一帶，槍聲特別密集。」

「一個少年在街上飛快的騎著腳踏車趕回家，他被槍彈從腳踏車上打了下來，被迫伸出手來受砍，蔣幫中國黨軍搶走腳踏車，留下那孩子獨自躺在街上流血。」

「士兵沿街敲打關閉的門戶，打死前來開門的人。士兵入屋後的情形看不到，但可想而知。」

「228事件協助處理委員會主席王添燈被捕後，於3月13日被處死。」

「228事件協助處理委員會的所有相關人士、律師、醫師、商人，全被視為潛在的民間領導人，被廣泛搜查。他們個個沒有逃生技能與經驗，一大部分人慘遭殺害。」

「美國哥倫比亞大學畢業的銀行業台灣人陳炘正生病住院，被從病床上拖出砍死。」

「《民生報》主編林茂生，也是哥大畢業生，半夜被從床上拖走，從此下落不明，連屍體都沒找到。」

「一連好幾天，大量屍體被沖進基隆港，塞滿了港口，原來是很多台灣人在海邊被處死，屍體就隨便丟入海中。」

聯合國救濟總署醫師Hirschy說：「我開車進入台北，看到一個受傷的台灣人，在路邊求救。雖然有規定，我們車子不准在中途停車，但我還是要助手停車，試著請求中國軍警，讓我送該名傷者去醫院就醫。中國軍警拒絕了，並說自會有人將他送醫。在六小時之後，我回程經過原地，見那台灣人還躺在那裡，已經死了。」

「一個台灣人檢察官，在中國人剛抵台灣時，在台中曾試圖以謀殺罪起訴一批中國警察，這批警察後來被放走。3月8日，這些中國警察聽聞蔣幫重武裝軍隊登台，當天立即前去殺了這位台灣人檢察官。法院內還有一位台灣人法官，也被拖出去殺害。」

英國領事：「一位唸中學的學生與另兩位同學在淡水的領事館庭園附近時，被遊蕩的士兵射擊，該學生當場死亡，兩位同學重傷。死亡學生的父親叫他另外一個較年長的兒子去收屍時，這個兒子也被拘捕。該父親付了三千元給蔣幫黨軍後，屍體和年長的兒子才得以領回。」

聯合國救濟總署的主任醫官：「士兵晚上闖入一個人家中，搶去金錢、手錶和金戒指，再從背後開槍射他。第二天早上，他家人見他未死，抬他到加拿大教會所屬醫院求治時，他的家人又在醫院門口被射殺。」

「有個人在回家路上，碰到一群士兵，士兵叫他舉起雙手搜身，因沒找到值錢的東西，就用槍上刺刀刺他的腿。當他倒下時，這群蔣幫中國士兵又命令他站起來。他當然站不

起來，就又對著他的頭開了一槍。」

「宜蘭一所由聯合國救濟總署所重建的醫院院長，是一位台灣人外科醫師。228事件發生時，宜蘭中國人市長、官員、軍警全因害怕民眾報復而走避山區營地。無人維持公務秩序。市民公推他出來接手指揮、調解社區公民委員會。當重武裝蔣幫中國黨軍進入宜蘭地區後，這些中國人從山裡營區跑回來。於是那位醫院院長、另一位醫師、五位委員會同事及一百多名曾接受調解的無辜普通民眾，全部都被處死。」

一位紐西蘭女子叫Louise Tonsett，是聯合國善後救濟總署會計。她說：

「我3月11日星期二才抵達台北，先到辦公室，再到馬偕醫院，無論走到哪裡，聽到的、看到的都是：掠奪財物、槍擊、謀殺和強姦的事實。」

「四個台灣青年人被雙手反綁，脖子被銳利的鐵絲穿過綑住，四人再被繩子連綁在一起，被用刺刀頂著，驅向基隆河堤。進行槍殺後，屍體直接被踢下基隆河。」

在南台灣情況更慘，因為生性殘暴的彭孟緝，正是南部警備司令。彭孟緝素以殺人、凌虐犯人為樂，私下大家稱他為高雄屠夫。紐西蘭人Allen Shacketon說：「當屠殺最激烈時，我到高雄的警備司令部，要去拜會彭孟緝司令，希望能緩和最殘暴的殺戮行為。在司令部裡，我認出一個台灣朋友，他是一個仁慈的台灣人。228事件初期，他費盡心力防止台灣人與中國人發生衝突，全力保護善良的中國人。當帶著重武器的蔣幫中國黨軍在高雄上岸後，他卻被彭孟緝以判

徒罪名拘押，只因彭孟緝看出他在台灣人民心中的可能影響力。我和我的翻譯員，當場看到他被殘酷地綑綁，再被銳利的鐵絲穿過脖子扭住，使他的頭向後斜挺成痛苦的角度，彭孟緝的衛兵再用刺刀刺入他的身體，他的身體頓時扭曲成令人看了難受得想吐的姿態。」

以上只是當時偶爾被外國人看到而記錄下來的零星個案而已。數日過後，當台灣各地的聯合國救濟總署人員、傳教士、外國商人與領事館人員聚集一堂，談論、比較他們在3月9日後一週，所見台灣各地的情況時，大家發現：全台各地發生的事，均大同小異。令他們目瞪口呆。不敢相信他們所見的人間慘境，竟真的在台灣真實上演。

其實在當時，許多逃難來台的非蔣幫集團中國人，目睹這種殘忍的行為，都非常驚駭。一位非常激動的良心中國人告訴美國駐台大使館領事George Kerr說：「我在1937年目睹日本人所做的所謂『南京大屠殺』。但是，與台灣此次發生的慘況相比較，那真是小巫見大巫。況且南京事件乃是一個戰爭的產物，是戰爭下激怒出的迸發情事。而台灣這裡，卻是一個由蔣幫集團的中國國民黨政權，加諸於他們對國際宣稱是自己人民的台灣民眾，所做的殘酷暴行。」

美國領事George Kerr說：「陳儀與蔣中正事後聲稱，228事件當時有三十名至一百名中國人被殺害，但據我所調查，那些人是遭受毆打，但並未受重傷。」

「這段時間台灣人民被殺害的真正人數，因為難以估算，永遠不會得到正確的數字。但單就官方依照名單逮捕後殺害的，就在五千多人。在街上亂槍打死的，加上搶劫時殺

死的，應該是爲逮捕後殺害人數的好幾倍之多。所以總數不會少於數萬人。」

當時蔣幫壓霸集團爲掩飾其惡質殘暴，官方記載台灣人民被殺害的人數都胡亂陳述。有楊亮功的一百九十人；白崇禧的一千八百六十人；台灣警備總司令部的三千二百人；保安司令部的六千三百人；民政廳長蔣渭川《228事件報告書》的一萬七千至一萬八千人。但是，《228事件報告書》的一萬七千多人，還只是3月大屠殺時按照名單捕殺的人數。大批蔣幫中國黨軍登陸台灣後，肆虐全台時，枉死於其槍炮下的台灣民眾根本不計其數。蔣幫行政院於1960年就曾下令註銷十二萬多「有籍無人」的戶籍。所以大家想想，當時台灣民眾到底被屠殺了多少人？

從此以後，只要是蔣幫集團認爲是「討厭份子」，都會被冠上「牽涉228事件叛亂」之罪名，而不需調查證據，直接押送惡名昭彰的火燒島監獄(火燒島後稱綠島)。而善良中國人的「討厭份子」則冠上「與共產黨通氣」之罪名，也遣送火燒島監獄。根據中國蔣幫集團的說法，火燒島是特別用來禁錮可能會尋求外力支援及調停的「通匪叛徒」之特別監獄。

蔣幫集團的搜捕名單中，仍有一些較機靈，且有外國背景的人能設法藏匿，再逃往香港、日本。其中包括台灣唯一有共產黨傾向的謝雪紅，她先逃往香港，再到中國加入中國共產黨。

228事件協助處理委員會裡的人員，不是被殺害就是被

捕。但有兩人例外，那就是黃朝琴和連震東。原來他們是陳儀埋在處理委員會的兩顆暗棋，藉以隨時掌控委員會的詳情。事件過後，黃朝琴大收漁利，除了繼續任議會議長外，還被論功行賞，被賞以「第一商業銀行」董事長寶座；蔣介石則賞以「中國國民黨中央委員」高位。從此他成了職業的「台灣人民代表」。面對外國人士時，黃朝琴自稱是台灣人，所有訪台的外國個人與團體都聽過他的演說，說台灣人民如何的效忠、臣服中國蔣幫集團，並獲得照顧，228事件僅是少數幾個台灣暴民的惡行。當他面對台灣人民時，他就自稱是中國人而不是台灣人。還數度以中國人登記參選參議員。直到蔣介石不得不逃亡到台灣，想要永久居留時，基於考慮要利用他長期奴化台灣人民，才由蔣經國把他打回台灣人的原形。

連震東也是成了職業的「台灣人民代表」。面對外國人士時，也自稱是台灣人，當他面對台灣人民時，他就自稱是中國人而不是台灣人。事件過後，連震東被賞任中國國民黨臺灣省黨部執行委員兼總務處長。隔年再被賜任第一屆國大代表，後再兼任行政長官公署土地處處長，得以巧取、豪奪土地漁利(連震東隨陳儀來台時任台北縣長，後又任土地處處長，連續劫收、強占基隆、桃園縣等大面積土地，吞為己有)。再任中國國民黨中央改造委員，為十六名委員中唯一的所謂「台灣籍人士」。其實，連震東於1929年畢業於日本慶應大學，回到台灣欲加入《民報》，但由於其父連橫曾發表「鴉片有益無害」的蝕國謬論、媚日、好漁色雛妓，還自誇傲人，而遭拒絕。連震東遂加入日系的《昭和新報》，但幾經獻媚，仍得

不到重用。再於1931年前往中國，由張繼介紹，轉而投靠中國國民黨。後來才與黃朝琴帶領蔣幫集團侵台。因協助鎮壓台灣人民有功，而名利雙收，更讓其子孫得以躋身中國壓霸集團。

1947年3月17日美國駐台灣大使館副領事喬治‧柯爾奉召至南京報告228事件至今的台灣狀況。不知是南京大使館人員與蔣幫集團勾結，受其催眠，還是真的遲鈍到不可救藥。發生了一段令柯爾好氣又好笑的對話。

美國駐南京大使館武官：「既然蔣介石軍隊已到台灣，我們大概無須考慮撤僑了吧！」

柯爾：「正好相反，正因為蔣介石軍隊已到台灣，我們才考慮撤僑的。我們在台灣儘量保持中立，也偶爾幫助一下台灣民眾。228事件開始時，也有一些台灣民眾，考慮我們在混亂中的安全，主動協助我們。現在蔣幫的重裝備已到達台灣，各國僑民才感到擔心、害怕，因為中國國民黨黨軍肆無忌憚，似乎不受任何約束，拿著槍炮隨意開火。各國僑民即使相信不會受到正面襲擊，也害怕被流彈所害。」

武官：「該島不是有一大片區域被共產黨占據了嗎？難道日本投降後，蔣介石真的有能力趕走共產黨了？」

柯爾：「台灣沒有共產黨。整個南京美國大使館大概都被蔣介石拿海南島的情形給矇騙了。海南島才有共產黨。」

武官：「海南島？中國沿岸到底有幾個主要島嶼？」

柯爾：「中國沿岸只有一個較大島嶼，那是海南島，在廣西外海。」

　　武官：「那台灣呢？」

　　柯爾：「台灣是在太平洋上西邊，日本琉球南方，菲律賓北方。雖然有一段時間被清朝占領過，但從不屬於中國。」

　　武官：「那怎會變成再由蔣介石去占領呢？」

　　柯爾：「那是因為美國希望蔣介石能在日本投降後，確實對付中國共產黨，在蔣介石、宋美齡要脅下，羅斯福總統私下准許的。」

　　武官：「那台灣就如夏威夷一樣，是美國原先占有的了？」

　　柯爾：「也不是，美國從未占有過台灣。」

　　武官：「那美國怎麼會有資格把台灣給蔣介石去占領呢？」

　　柯爾：「因為台灣自古即是國際孤兒，台灣僅在1661年由鄭成功成立過東都王國，曾經算是一個國家外，從未有屬國家的宣示，台灣都只是被占領地。而東都王國也僅存在二十三年。既然被各國認定是孤兒地，也不是美國所有，反正美國也沒損失，就把台灣給了蔣介石去占領。」

　　武官：「台灣自古即是國際孤兒？怎麼說？」

　　柯爾：「台灣自古即是多種族部落共同生活的地方，各部落從未聯合成立一個國家。四百年前才有少數漢人因逃難而到台灣。台灣人民本質上並無侵略性，所以各聚落雖有小衝突，並無大的併吞性戰爭。直到1623年荷蘭人入侵南台灣；1626年西班牙人入侵北台灣才開始有外來政權。1642年，荷蘭人趕走北台灣的西班牙人，台灣正式成為荷蘭人專

利，但荷蘭人也僅控制台灣的小部分肥沃地區。

1661年，漢人鄭成功，因被清廷追殺，轉進台灣，趕走荷蘭人，成立東都王國。東都王國雖算是一個國家，但也是一個外來政權。僅二十三年後，又爲清國攻占，遭受清國統治。1895年中日甲午戰爭，清國戰敗，台灣又因清國割讓，而改由日本統治。所以台灣自古以來，即是在外來侵略者之間，被搶來搶去。一直在受壓迫的情況下存活，台灣人從未受到過平等的國民待遇。如果東都王國算是半個自主政府。那也僅二十三年。你說台灣不是國際孤兒是什麼？」

武官：「我還是不懂，我接到的報告書裡，明明顯示台灣有一大片地區，自從戰爭期間就被共產黨占據。」

柯爾：「就在蔣介石派陳儀到台灣，無情地大肆搜刮的同時，就已有聯合國救濟總署的工作人員在台灣各地工作。而我本人早在1945年之前，即已走遍台灣每一個地方，從未見過一個共產黨員。我再說一遍，有共產黨的是海南島不是台灣。你到底認爲我會騙你，還是蔣介石會騙你？」

那位任美國大使館武官的將軍，經過一段長久的沉默和冷淡的凝視，沒再說過一句話，靜靜地走回他的辦公室。那位美國將軍眞的被蔣介石把台灣與海南島搞混了。

柯爾心想：「要是回到台灣後，我們在台灣被蔣幫的中國黨軍宰割，那位將軍很可能會把救援我們的飛機，派往海南島去。」想到這裡，柯爾從內心深處，起了個大大的寒顫，久久不退。

1947年3月17日，蔣介石命令他的國防部長白崇禧將軍

抵達台灣視察掃蕩成效。白崇禧抵達台北立刻發表演說：
「台灣人民要感恩蔣主席對台灣人民的愛護，應該繼續維持
台灣人民守法的美德。」又說：「台灣人民是一群深受日本
遺毒的卑賤百姓，所以不能體會受中國統治的幸福。」真是
傲慢狂妄至極。

3月29日白崇禧發表廣播。他說：「228事件至今，中國
軍人傷亡有四百四十人，而台灣人民與中國人平民之傷亡，
加起來只有一千八百六十人。」完全臉不紅氣不喘。

他認為，228事件的原因有三：

1.日本人把台灣人民教育成仇視中國人。

事實是：由於日本人建設台灣的影響，使得台灣人民普
遍誤以為「受外來政權統治」是暫時可以忍受的。

2.台灣內部有經日本訓練而成為侵略中國工具的賤民存
在。

事實是：日本徵調不少台灣兵員赴南洋作戰，卻從未徵
調台灣兵員赴中國與蔣幫的中國黨軍作戰，僅有少數曾在中
國東北駐紮過。反而是陳儀在台灣強徵不少台灣兵員到中國
抵抗共產黨。

3.由於台灣「不可避免的」經濟衰退與失業問題。

事實是：蔣幫集團在台灣劫掠物資、拆賣工廠設備及無
限制地印製台幣，使得物資糧食缺乏、生產下降、物價飛漲
數百倍，人民無法維持生活。

他說近因有四：

1.與現行專賣制度及經濟衰退有關。

　　事實是：陳儀的經濟政策是爲了方便蔣幫集團貪汙與搜括而設定。

　　2.大多數的台灣人民因能力不夠而被摒棄於公職之外。

　　事實是：台灣人民普遍教育良好，守秩序，勤奮而高效率。陳儀及其嘍囉，一方面爲了怕顯露自己的無能而不敢用台灣人民；另一方面也因爲他們的任務是搜括台灣，而不是有效治理台灣，故而沒有用台灣人民任公職的必要。

　　3.極少數腐敗無能的中國官員來到台灣。

　　事實是：當時奉派來台的中國官員，主要任務是搜括與劫掠，所以多數不是暴虐、貪腐成性，就是無知無能。

　　4.由於共產黨徒的存在。

　　事實是：台灣根本沒有共產黨存在的主觀與可觀條件。唯一與共產黨傾向有關的人，就是謝雪紅了。

　　白崇禧完成了他的「粉飾局面」任務後，即刻飛回中國。

　　此時有不少聯合國及美國的官員向美國及聯合國回報台灣的眞實慘況。但由於聯合國是由美國當老大，而美國急於鞏固西太平洋的海上長城防禦線。從日本、琉球、台灣到菲律賓不能有缺口。雖明知中國蔣幫集團的無能、凶殘與霸道，但蔣介石一直以美國爲依靠，不會也無力背叛美國。若台灣易主，美國無法完全確定能再輕易掌握台灣爲其所用。爲了不讓美國的全球布局，增添任何可能的變數；也爲了籠絡蔣介石去對付中國共產黨。美國決策者仍堅持放任蔣介石，只要求蔣介石要知所節制，並說會因而考慮一筆新的

五億元援助。

　　另外，在中國的中國國民黨內，更有些人感覺蔣幫集團在台灣高舉中國政府旗幟的無法無天行為，有失他們的顏面。加上蔣幫集團在台灣的搜括，並沒讓他們分到好處。於是中國國民黨中央委員會於3月22日決議，要求將陳儀撤職。蔣介石基於其他派系的不滿與美國的要求，才答應考慮撤換陳儀。但陳儀一直是他的忠心走狗，一直全聽他的命令行事，總得有個能保住陳儀顏面的說法才好。

　　當消息從中國傳來時，陳儀還說：「我和蔣主席都是浙江人，早年在日本同一軍事學校受訓，也都有日本情婦，且同樣與上海黑社會流氓有深交。我對他忠心不二。早在1927年，我就為他賣命，一方面為了他出賣我的同僚孫傳芳，讓蔣介石不遭抵抗就能進入上海後門的浙江省，另一方面替他先巴結好上海黑社會流氓頭子們，才能裡應外合地使蔣介石順利進入上海，攫取他所需的財物。1934年到1942年更是我替他在福建大肆搜括，以供應他養兵與買通支持者之所需，今日在台灣大肆榨取也全是遵從他的命令行事，蔣介石怎麼可能棄我於不顧呢？」

　　當蔣介石向陳儀解釋「不得不」的情況後，陳儀為了保留他的面子，先於3月28日提出辭台灣行政長官一職。而蔣介石也等到3月31日才正式批准。藉以表示：陳儀並不是被革職的，而是蔣主席在勉為其難的情況下，接受這項辭呈的。

　　蔣介石特別答應陳儀可以在離職後，繼續留在台灣一個月，讓陳儀有充裕時間，清理許多舊帳，讓陳儀及其嘍囉

們有時間賣掉細軟以外帶不走的財物，換成黃金，捲款回上海。

陳儀對蔣介石而言，是他的一大功臣與心腹。所以陳儀回南京後即被蔣介石任命爲中國國民黨政府的資深顧問。不久再被任命爲浙江省省主席。浙江是富裕地區，在蔣介石眼中更有特殊地位。浙江是蔣介石與陳儀的共同家鄉，是一塊眞正的家族領土，當然要託給眞正的心腹──陳儀。

由魏道明繼任陳儀爲台灣行政公署長官後，起初大家希望他會有較好的作爲。想不到魏道明卻帶來宋子文的更多手下。原來，蔣介石在吃完大魚大肉之後，不忘把殘羹留給他大舅子，讓宋子文繼續吸乾。於是黃金、煤繼續全力開採；減少插秧種稻的農田，以便種植更多製糖甘蔗。因爲黃金可以自己收藏並存放外國銀行，煤與糖可以輕易出售國外，錢再落入私人口袋。

1945年蔣幫接管台灣前，台灣糧食及工業產品，每年輸出超過五千萬美元。然而到1948年，經合法公開輸出台灣的貨物竟然不到一百萬美元。其餘全部是蔣幫集團偷運出去的。

魏道明在台灣任行政長官十八個月又二週。陳儀離台之時，其嘍囉全隨之撤走，唯獨讓財政處長嚴家淦與半山仔黃朝琴、連震東留下。這是蔣介石特別安排的。用黃朝琴、連震東的好處就不用再說了。嚴家淦是幕後師爺型的人物，他個性溫文，很會看準主人的心眼，適當地出點子。主事的是長官，直接使壞的是手下，他很少強出頭，所以樹敵很少。這種人是野心家的寶貝。

　　魏道明的祕書長是徐道鄰，徐道鄰曾是蔣介石的祕書，是在德國求學的法律專家。此次奉蔣介石之命來台，一方面監視魏道明，一方面協助魏道明。他漂亮地任用七位台灣人當新花瓶，這七位台灣人都任廳長，而都有一位中國人當副廳長。副廳長才是有實權的人，廳裡是聽副廳長指揮的。廳裡每個人都知道，請示決策時，需呈給副廳長，廳長只是蓋章用的名譽職銜。

　　經過1947年的3月大屠殺，有義氣的台灣知識份子，入獄的去了火燒島；被捕殺的死了；逃往國外的逃了；可以收買的則被買去當花瓶。剩下的台灣人民，不管願意與否，只能當順民。

　　由於此時的台灣已被搜括得差不多了，但第二批來到的蔣幫集團人員，包括宋子文的手下，需要更嚴密、殘酷的壓榨，才能再在台灣榨出油水，於是台灣民眾進入了更暗無天日的生活。

　　更糟的是蔣幫人員無限制地印製台幣，用以搜刮僅剩的財物，由於財物逐漸缺乏，後來物價每日以倍數高升。到1948年底，有台幣也難以買到東西了。

覺性和尚的覺悟(1947)

　　1947年末中國國民黨軍隊在各戰區被共軍吃掉一百多萬人馬。蔣介石命蔣經國組「戡建大隊」，要肅清後方。卻一敗塗地，戡建大隊全成了中國國民黨黨軍的殉葬品。蔣經國遂到西湖散心。見一「雲林禪寺」，走了進去。

　　和尚：「施主前來燒香嗎？」

　　蔣經國：「不，我隨便看看。」「貴寺怎麼叫『雲林禪寺』？」

　　和尚：「本寺原名『靈隱寺』。如今寺門上的『雲林禪寺』是清朝康熙皇帝來此誤題的，而保留至今。」

　　蔣經國：「我明白了，以前因為他是皇帝，沒人敢指正，現時則是將錯就錯。這種事我懂。」

　　和尚：「施主說的極是。」

　　來到大雄寶殿，昏黃青燈下，蔣經國見一臉色蒼白，雙目緊閉的清癯和尚，盤膝在蒲團上坐禪，儼然是一尊古樸石雕樣。

　　蔣經國雙手叉腰，仔細端詳這位彷彿已圓寂的僧人，突然叫到：「曹依平」，這位坐禪僧人，置若罔聞，絲毫不動。

　　蔣經國火了：「曹依平！你聽不出是我的聲音嗎？」

　　和尚仍閉著雙眼，緩道：「曹依平已逝去有年，貧僧乃『覺性和尚』也。」

　　蔣經國：「睜開你的狗眼，看看我是誰？」

　　覺性和尚：「阿彌陀佛！罪過！罪過！」這和尚緩緩睜開了雙眼。「啊！是蔣專員，在下覺性向專員叩拜了。」

　　蔣經國：「對！就是我。告訴我，你是怎麼當了和尚的？」

　　覺性和尚：「貧僧既已放下屠刀，專員施主何必重提往事，再亂我靜心呢？」

　　蔣經國：「不要說這些，不要考驗我的耐性。告訴我，你怎麼會進了寺廟？」

　　覺性和尚：「西子湖乃供閒人浪蕩之處。專員竟有心情來此遊樂，莫非專員病了？」

　　蔣經國：「不是病了，是心境不好，在此閒住些日子，就算是養性吧！」

　　覺性和尚：「尋靜心愈煩，熬夜火更重。入夜了，專員還是回去就寢的好。」

　　蔣經國覺得受到怠慢，手一揮：

　　「你不信我會拆了你的寺廟，散了你的骨頭？」

　　蔣經國就要發作時，驀然抬頭，只見高大的釋迦佛正眈眈地俯視著他，這才心虛，轉念一想，曹依平既已放空入佛

門，就不必太與他計較吧！吸了一口氣，說道：

「今日在此見到你，應該是一個因緣。我曾做過許多錯事，藉此機會，靜靜回憶，於你於我，均不無裨益吧？」

見蔣經國顯出誠意，覺性和向遂緩緩道來：

「我讀書不是很多，少年習武，偶然由俞濟時長官收入行伍。後來又奉命由重慶到贛南，承專員之命，率軍隊開赴對日前線。到了才知，無論中國國民黨軍隊上司，還是共軍首腦，皆無心抗日。都寄望將來美蘇兩國必打敗日本，盡等坐享其成。整天大喊抗日、抗日，不料前線竟天天比賽誰退得快。也是以後我才知道，原來所有行動命令，都來自你們高層。要大家喊抗日的，是你們；要大家讓路給日軍的，也是你們。所以我是三十歲以後才懂事的。」

「所謂八年抗戰，我所看到的部隊，都是聞風就逃。所幸日本真如大家所料，被美國打敗了。人民才要歡慶可以開始重建家園。不料，大家又為爭地皮、搶果實而大打出手。在所謂對敵抗日時，士兵義憤填膺，要上戰場，長官卻命令強制退卻，以保實力；今日內戰，士兵心想，本應兄弟和談，長官卻用機槍押著士兵衝鋒廝殺。」

「石家莊戰役，我成了共軍俘虜。見中國國民黨軍隊貧、富皆劫；而共軍劫富濟貧。就脫了中國國民黨軍服，換上共軍服裝，乒乒乓乓打了三個月。又發現國共兩軍是一丘之貉。共軍是劫富濟貧，但把有錢人的財物搶來分給工農人民，是利用工農人民所起的感恩心理，叫他們上戰場，去殺另一邊穿不同軍服的工農人民。於是工農人民受人擺佈，互相殘殺。成千上萬的人繼續不斷枉死野外，無人收屍。」

曹依平哭著，繼續說：

「你不是堅持要我告訴你，我爲何成了僧人嗎？我這就告訴你：中國人，可悲、可恥、可惡的中國人。在日本敵人面前爭相逃竄，在手足兄弟面前互相姦淫、燒殺的中國人。於是我丟下槍枝，脫了戰衣，入了這座古刹。我還是人，我不再是中國人，我不再是曹依平，而是僧人覺性。南無阿彌陀佛。」

蔣經國氣呼呼的走了幾步後說：

「好，你說的好！你今天有膽，還給我上了一課。」

覺性和尚：「阿彌陀佛！你命令我說的，僧人又不敢誑語。我削髮入寺，原是爲了逃避精神折磨。但是，當我念經學法後，如今我坐禪面壁，卻是在追求精神價值了。正如弘一法師所說：悲歡交集，華枝春滿，天心月圓矣。」

蔣經國：「算你厲害。」

覺性和尚：「世事猶如飄飄浮雲。阿彌陀佛！專員，皈依佛祖吧！」

蔣經國：「曹依平，我看你是共產黨派來統戰我的？」

覺性和尚：「哈哈哈！原來專員也神經衰弱了，草木皆兵呢！歸去來兮……寓形於內復幾時，曷不委心任去留，胡爲呼遑遑欲何之？」

毀滅前的瘋狂在中國，瘋狂後的猙獰向台灣

(1947-1949)

　　就在前後兩批蔣幫集團份子在台灣肆無忌憚地摧殘台灣人民、掠奪台灣財物、把台灣搞得暗無天日的同時，在中國，蔣宋孔陳四大家族，則因天上掉下來的所謂「對日戰爭勝利」沖昏了頭，變得更狂妄無道。更大量狂印法幣，發行量從1945年9月的1萬億，到1948年8月升到2,966萬億。使幣值剩原來的三千分之一。加上四大家族醉心榨取財物到美洲置產與打擊共產黨，無心戰後復建。中國生產力非但未恢復反而在戰後更每況愈下，物資更加缺乏，於是物價指數從1945年的1上升到1948年的13,681，比法幣貶值高出五倍。於是法幣已成沒人要的廢紙。

　　與中國國民黨蔣介石有勾結的官商，卻繼續進口汽車、冰箱、香水、尼龍絲襪，極盡奢華。於是不滿蔣介石的官僚、軍頭與活不下去的百姓，紛紛投向有蘇俄援助的共產黨，共產黨所到之處肯與當地民眾一起吃飯，獲得占領區民眾的普遍支持。讓蔣介石陷入空前的困境。1948年

5月20日蔣介石還狂妄地將南京中國國民黨政府改制，將蔣主席的頭銜改爲他認爲較好聽的蔣總統，讓宋美齡終於達成了被稱爲總統夫人的結婚願望。

當時中國行政院院長翁文灝不得不向美國通報：

「在不久的將來，中國就會面臨覆滅。」

於是蔣介石與蔣經國順勢決定選擇用一種新的貨幣來代替法幣，就是金圓券。由於蔣幫集團的貪腐與無能依舊，金圓券自1948年8月19日的起用，至1948年11月金圓券發行不到三個月，已註定重蹈失敗覆轍，因見共產黨繼續坐大，蔣幫集團竟以大量印製金圓券來收購民間黃金、白銀以便做逃亡海外準備。

此時美軍軍事顧問團團長戴維伯將軍向華盛頓報告說：

「中國國民黨軍隊武器精良、彈藥充足，卻到處敗北。是因爲指揮錯誤與道德敗壞，毫無戰鬥意志，整個黨與軍隊，到處是平庸的高階軍官，只會到處貪汙、詐欺與壓榨百姓。」

同樣在1948年11月，共產黨開始向上海、南京逼近時，一些顯赫的富商與政要，早攜家眷、帶財寶逃亡海外，其中有王雲五、李石曾、宋子文、孔祥熙各家。單單一個月內就有三萬一千人進入基隆港與台北機場，由中國逃到台灣。

1948年11月以後，再多的金圓券也買不到黃金、白銀了。1949年1月，金圓券連米麥也買不到了，完全已是廢紙。這種人間煉獄，蔣介石家族竟能在中國與台灣兩地同時打造出來。

就在1948年11月初，蔣介石知道他在中國能立足的日子

不多了，他開始後悔派陳儀去刮光台灣，又派魏道明帶宋子文的人去吸了個乾淨。蔣介石覺得既然他在中國大勢已去，開始思考他自己的退路，召來陳誠。

蔣中正：「陳誠啊！我們是老戰友了，今天只有我們兩人，就講些心裡話吧！」

陳誠：「是的，總統。」

蔣中正：「照目前情勢看來，我們是大勢已去，沒有任何希望了。」

陳誠：「那是因為……」

蔣中正：「不要討論原因了，那已沒用。我也沒心情想那個了。你有沒有想過，不久之後我們在中國將無立足之地，要怎麼辦呢？」

陳誠：「報告總統，我受總統一手提拔、照顧，我必忠心不二，死而後已。」

蔣中正：「不用講肉麻而不實際的話，我們一生耀武揚威，不可一世。怎能甘心坐以待斃。」

陳誠：「請恕屬下無能。」

蔣中正：「你怎麼會是無能呢？你強硬豪勇，所以我才會找你談內心話！」

陳誠：「承總統抬愛。」

蔣中正：「相信你也不願逃往美國，雖然很多人已逃亡美國或即將逃亡美國。但是到了美國，雖然我們有幾世花不完的財富，但那將是只有富貴而無榮華的日子。我是絕不甘心就這樣過日子的。我當然要富貴的物質生活，更要榮耀的精神華麗。」

陳誠：「總統的任何決定，都是陳誠的唯一心願。」

蔣中正：「我知道有一個讓我們還能『夜郎自大』的寶地。」

陳誠：「哦？」

蔣中正：「那寶地是台灣，雖然表面上台灣已被我們掏空，但台灣土地肥沃；人民勤奮、善良；生產力強；黃金與煤礦豐富，加上日本五十年的建設，教育發達；水利交通設施完善；像密網般的大小鐵路更是世上僅有；處處有現代化工業，可謂寶島。有了台灣人的供養，那才叫『失之東隅，收之桑榆』。」

陳誠：「但那些設施，三年多來不是大部分被荒廢了嗎？」

蔣中正：「那是因為當初我們並不準備留用台灣，所以才指示陳儀與魏道明去搜括，令他們不必用心在復建所導致。」

陳誠：「但在中國，並沒有台灣那些現代化的水利、交通與工業，也沒有那樣的維護與管理人才。要恢復生產力會有困難。」

蔣中正：「根據傳回來的情報顯示，日本曾在台灣廣訓台灣人才，這些現代化設施，台灣人都能瞭若指掌。三年多來我們是無心在復建台灣，另一方面也不願用台灣的人才，甚至故意殘害台灣人才，因為用了他們，就顯得我們中國人的無知無能，那多沒面子。」

陳誠：「那您現在的意思是……」

蔣中正：「好在我還沒將台灣當用過的垃圾丟掉，以台

灣人民的認眞、勤奮天性及良好的教育訓練，只要在各項生產事業上晉用台灣人才，應可很快恢復到被我們接收前的生產力。加上那是他們自己的家園，他們會更賣力的。」

陳誠：「總統的意思是要退居台灣囉！」

蔣中正：「是的，那是我們最後的寶島。所以我要你去取代魏道明。原先我是準備把台灣用完即丟的，派陳儀是去把台灣『吸光』；再派魏道明去把台灣『榨乾』，本來連殘渣都不留下的。現在情勢變了，派你去，除了更嚴密的控制台灣人民外，也要從事一些復建工作，因爲以後台灣就是我們的長期私有財產了。先前派陳儀、魏道明去吸光、去榨乾；現在要你去監控、去復建，全是我下的命令，也都是憑藉美國援助來的槍炮爲武力後盾。哈！眞是矛盾又諷刺的年代！」

陳誠：「但是，台灣從來就不屬於中國，清朝雖占領過台灣，也只是把台灣當作勢力範圍侵占，視台灣爲敵境。連殖民地都不算是，而且又已賣讓給了日本。何況依據中華民國憲法，中國只有二十九省，是自命爲包括了新疆、圖博(西藏)、滿洲，但並沒把台灣算在內。現在我們要宣布永久占領台灣，單依據中國憲法就不合法了。而且，台灣人民會答應嗎？世界各國會允許嗎？」

蔣中正：「台灣人民多已漢化，當初派陳儀去搜括台灣時，就是以『我們是中央老祖宗，台灣人民是邊疆次等華人』的姿態欺壓他們的，早把台灣人民打壓得乖乖的，也把他們騙得昏昏沉沉的，你再帶大批軍隊去加強鎮壓，沒問題的。至於國際上嘛，美國爲了圍堵共產勢力，早默許我們占

領台灣，不會再變卦的。現在會關心台灣的，只有英國和日本了，英國是反對的，日本也不同意，但現在美國是國際上的老大哥，英國是其親密盟友，英國不會堅持反抗美國的；日本則是戰敗國，更沒力量反對到底了。所以你大可放心。」

陳誠：「但是，我們想『重新立足台灣』談何容易啊？台灣已一片凋零，且台灣人民不會記取教訓嗎？會那麼容易屈服嗎？」

蔣中正：「這個容易。當初我們是直接由日本人手中接收台灣的，連武器都全接收過來了。台灣人民根本沒有任何武器，用槍炮押著，怕死的會聽話，不聽話的就殺了。加上經國在蘇俄那麼多年，他從蘇俄共產黨學了一套改造人格、奴化人性的技巧。經國很精明，還青出於藍更勝於藍呢！你即刻準備移居到我將來的私人桃花源吧！出發前，經國會先傳授你第一期需要的手段。你們到了台灣，再隨時保持聯繫。等我正式抵達時，會展開第二期的整頓。相信很快就會有我的私人寶島了。要記住，我們是一去不回頭，也不能回頭了。所有家當記得要帶齊全。」

陳誠：「是的，總統。但按照您的算計，是要把整個蔣幫集團移到台灣？」

蔣中正：「是的！」

陳誠：「但那是非常龐大的運輸，我們又沒海軍，怎麼過去啊？以前過去的幾萬人軍隊，都是靠美國海軍運送到台灣的。現在美國應已瞭解我們這邊的情況，美國還願意幫我們運送這麼龐大的人員、武器和家私到台灣去嗎？」

蔣中正：「哈！我改信基督教是改對了，樣樣皆得利。美國眞是我的救世主。半年前我派陳立夫，以參加『道德重整會議』名義到美國。說服了美國國會，於7月16日通過了：把總數一百三十一艘的美國海軍軍艦轉讓給中國，協助中國建立海軍。現已在移交並訓練我方人員，並逐步落在我手中，正好派上用場。台灣又是海島國家，若無海軍，沒法鞏固內外安全。美國沒料到，又一次名爲援助中國，實則全贊助我個人了。這些軍艦更是如及時雨地救了我！」

陳誠：「那太好了，我立刻回去準備。」

第二天

蔣中正：「很可惜，若不是共產黨作梗，我這個皇帝型總統早做穩了，還想永傳子孫呢！」

蔣經國：「人算是不如天算。但是，就如『失之東隅』，福禍最終是難以定論的。」

蔣中正：「我知道你的意思。我正準備『收之桑榆』。我們手上還有不少黨職親信與軍隊，他們應該也不願意跟共產黨過日子，我要帶他們到台灣去。台灣範圍不太大，操控容易；台灣生產力又超強；又可不必與無海、空軍的共產黨周旋。我們還能輕鬆地過帝王癮。另一方面，我們已經把中國搞成一團爛泥。現在共產黨占去，其實也是一項大負擔。萬一共產黨搞砸了，到時我們也樂得在美國幫助下，回去撿便宜。要是共產黨僥倖有成，我們在台灣這寶島安逸地受台灣人民供養，也樂不思蜀。眞是兩全其美，太棒了！」

蔣經國：「但台灣不是早已被您派人去搜括、摧毀殆盡

了嗎？現在到台灣還能享有好日子嗎？」

　　蔣中正：「我的情資清楚顯示：台灣戶籍資料完整；交通設施完善；鐵公路與電話、電報、電力線路密度都是世界居首。台灣土地肥沃，人民善良而勤奮，只要讓他們自己去復建，應可很快恢復原有的功能。而現在李宗仁想在中國當的將是空殼子總統，軍隊仍大部分聽我指揮，靠我給養；政府的儲備局也在我手中。從台灣搜括來的黃金還留有一些。我們帶回台灣足可先撐一段日子。接下來的日子，美國也不可能不繼續援助在台灣的我們。」

　　蔣經國：「父親這麼肯定？」

　　蔣中正：「我們在中國這樣惡搞胡搞，美國為了對抗他視為仇敵的共產黨，還不是照樣不斷地援助我們。到台灣後，美國見我們真正在整軍與復建，更不會棄我們不顧的。況且，以台灣的地理位置，美國會讓自己在西太平洋的防線開個洞嗎？」

　　蔣經國：「但當初給陳儀他們的指示是：不管用任何手段，盡情把台灣搜括殆盡。陳儀他們也確實燒殺、搶擄樣樣來。台灣到處積怒、受害已深。加上美國及聯合國人員看在眼裡。本來我們是要置台灣於死地的，可以不理會這些。但是現在又要去長治台灣，那如何了得？」

　　蔣中正：「台灣人沒武器，現在八萬軍隊就已把台灣人民壓得死死的。我再把百萬軍隊帶去，誰敢不聽話？再把之前在台灣的殘暴行為，全推給陳儀去負責，以杜眾口。這樣就可以了。」

　　蔣經國：「陳儀那麼忠心，那麼聽話，實在有點可惜。

但非常時刻，也只好拿他墊背了。」

　　蔣中正：「陳儀本來也不是什麼好東西。且他已過夠了作威作福的日子。也值了！『兔死走狗烹』是自古即有的教訓。」

　　蔣經國：「也只好這樣了。但我們必須及早把台灣準備妥當，時間不多了。」

　　蔣中正：「我知道，所以我昨日已交代陳誠，要他即刻準備去接替魏道明掌管台灣。做為我們前去避居的準備。以你的精明，我可完全信任你的能力。但你羽毛未豐，翅膀未硬，現在還是在幕後掌控為宜。你趕快瞭解一下台灣情況，擬定對策，協助陳誠扭轉台灣的現況，打造台灣成為我們『私人寶地』。記住，以我們在中國造成的後果看來，很快的，中國就再也沒有我們立足的地方了，而且永遠也沒有我們立足的地方了。絕對不要忘了這句話：永遠別想再立足中國的可能性！」

　　蔣經國：「知道了！」

三日後，南京

　　蔣經國：「陳叔叔，家當都準備得差不多了吧？」

　　陳誠：「快了！」

　　蔣經國：「陳叔叔一到台灣，即要展現你一向的強硬作風。不論對軍隊、中國人或台灣人民，讓他們的第一印象就是『別想輕舉妄動』。尤其對軍隊與中國人。我們的軍隊一向在中國散漫慣了，雖然中國共產黨沒有海軍與空軍，暫時奈何不了台灣；美國為了西太平洋──北自日本，南至菲律

賓——的完整防線，也不得不力挺我們，但我們還是不能鬆懈。台灣是我們最後的福地，要是再丟了，那是真的死無葬身之地了。我們不能冒任何一點點的危險。另外，最近風聲正緊，加上陳儀那幫人自台灣回來以後，不少中國人聽說了台灣有多先進、台灣人有多良善的消息，每天約有五千中國人湧入台灣。這批人有些是騙子、有些是投機客、也有不少學者與民主派人士，他們不易受教。對付「非我族類」(指非蔣幫集團)，必須與壓制台灣人民一樣，可能更需一點手段。台灣人民歷經1947年的3月大屠殺，已呈現一種恐怖氣氛下的安定。絕不容許所謂『民主派中國人』有機可乘，去打破這種安定。」

　　陳誠：「但美國似乎已看破我們的腳手，美國不會乾脆把台灣弄成美國屬地或由國際託管嗎？」

　　蔣經國：「不會的，美國知道我們在國際上除了美國外，已無其他依靠，美國穩當我們的老大哥。美國雖不滿意我們，但對我們仍沒什麼不放心的。美國不會找自己的麻煩來治理台灣，只要我們嚴密掌控好台灣，美國要用機場就能用機場，要用海港就能用海港，他們才樂呢！」

　　陳誠：「另外，每日約五千中國人湧入台灣，那還得了，台灣不是很快就擠爆了。」

　　蔣經國：「所以你上任後，要開始確實管控海港、海岸。以防止共產黨滲透為名，將未事先批准的人，一律趕回海上。」

　　陳誠：「已經在台灣的中國人怎麼處理？」

　　蔣經國：「之前到的就只好安置，從今以後，中國人

想到台灣都必須先經我們的批准。不是我們自己人，一律不准。陳叔叔到任時，我會跟過去。從那時起，台灣就是我們的禁臠了，是我們的私人桃花源。」

陳誠：「已經失修的工業生產設備怎麼辦？是不是要請日本技師來處理？但這種恐怖中的安定，日本技師願意來嗎？而我們自己人並沒有這個能力！」

蔣經國：「我的方法很輕鬆，名義上喊出好聽的『三七五減租』與『耕者有其田』。」

陳誠：「地主與佃農對分收成的制度是在中國，聽說台灣地主所得早低於收成的37.5%。」

蔣經國：「所以我說喊好聽的。但有一個玄機——就是與三七五減租掛勾的耕者有其田口號。若地主在以前和工業生產有關係的，我們就逼他定時放出一部分土地給佃農，我們再以廢棄、失修工廠的股份補償他。佃農會高興，而地主則會不甘心可以賺錢的工廠擺廢，必定會費盡心力找人整修復工。他們台灣人民本來就有經營工廠與會社(公司)的熟練技師與經驗，必能很快達到、並超越我們接收台灣前的水準。此時政府又可以有稅收。而我們可以利用技巧入股，由他們替我們賺錢。不順從的，就製造違法理由，或以資金調度的障礙讓他倒閉，我們再接手。反抗的，就以造反意圖之罪名拘捕。經過幾個殺一儆百的例子後，全部台灣有財力、有地位的經營者就會乖乖與我們合作了。」

陳誠：「萬一有些地主經營這些公司、工廠不善而虧損或倒閉了呢？」

蔣經國：「那就算他們倒霉，管他的呢！」

　　陳誠：「貨幣政策呢？由於陳儀、魏道明的濫印台幣，現在台灣的交易混亂，已經有如中國。」

　　蔣經國：「當初陳儀來台時大量印製台幣，是依我父親指示，是爲了搜括台灣的大量物資。後來魏道明來台時，爲了有效鎮壓、防止另一個228事件出現，帶來了不少人員，爲了收買他們的忠心，就讓他們運來大量在中國已成廢紙的法幣，讓他們在台灣換成有用的台幣使用，以收買他們來台灣爲我們效命的意願與忠心，以致情況就更惡化了。」

　　陳誠：「那怎麼辦？」

　　蔣經國：「在中國是因無力回天造成的，在台灣則是原先錯誤的想法故意製造出來的。不過，我們也可利用這個錯誤來個『歪打正著』。」

　　陳誠：「怎麼說？」

　　蔣經國：「既然已因無可救藥的通貨膨脹，造成全台灣人的深受其害。我們來個貨幣改革，必然沒人大力反對。」

　　陳誠：「可別又步入法幣換金圓券的後塵，你父親可有鄭重交代，這次到台灣是要建立永久的私人桃花源。而我們還得靠有生產力的台灣人民供養的。」

　　蔣經國：「不會的，在中國的金圓券失敗，原因有三：一是中國幅員廣，控制不易；二是人民早就喪失對我們的信心；三是有宋子文、孔祥熙他們搞鬼。現在台灣區域不會太廣；雖然社會有恐怖氣氛，但安定而有秩序；重要的是孔、宋家族已捲款逃往美國，不會出來搞鬼了。屆時百萬大軍已來到台灣，一個人拿著槍押著五個赤手空拳的台灣人民，還怕壓不住嗎？」

陳誠：「那你有何妙招來做？」

蔣經國：「我已想好要發行新台幣，在發行新台幣前，會需要肯定順從或依附我們的更多大量人員移到台灣為我們所用。現在金圓券又重蹈法幣覆轍，已近如廢紙，再過一陣子，必人人丟棄。同樣地，為了收買他們來台灣的意願與忠心，你上任初期，要准他們從中國帶金圓券來台灣，可換成有用的台幣。」

陳誠：「那台幣不就很快要成廢紙了？」

蔣經國：「對！但等我們的人員全部到齊，就立即發行新台幣，金圓券就不准再換成新台幣了。而四萬元舊台幣，僅能換一元新台幣。」

陳誠：「四萬元換一元？會有人出來換嗎？」

蔣經國：「會的，因為四萬元舊台幣買不到一粒雞蛋，而一元新台幣卻可買一大隻雞呢！」

陳誠：「可是現在台灣物資缺乏，民眾已習於以物易物。一元新台幣真能在台灣買到一大隻雞嗎？」

蔣經國：「初期新台幣發行量少，舊台幣不會回收太快。先由政府庫存的糧食與日用品拿出來賣，只收新台幣，所以一定可以維持一段時間。由於這些是民眾急需的物資，必會搶著要。等民眾習慣於珍惜新台幣，新台幣就可成功發行了。」

陳誠：「那你說的『歪打正著』呢？」

蔣經國：「藉由原物料的管制與外幣兌換率的控制，加上工廠、公司資本額的重新登記，工廠、公司必得向銀行融資新台幣，以應付交易所需。而銀行是我們的，我們先裝出

寬大為懷的姿態，到時所有的工廠、公司就不得不順從我們的擺佈了。」

陳誠：「怎麼說？」

蔣經國：「哈！簡單，不聽話的就無預警的抽回借款，工廠、公司必無法立即償還，我們銀行就立即接收工廠、公司。完全合他們所常講的『法』。」

陳誠：「這個厲害！」

蔣經國：「無毒不丈夫嘛！」

1948年11月26日，在中國國民黨南京政府僅當了六個月行政院長的翁文灝，見已完全絕望，趕緊辭職離去。宋美齡知大勢已去，先保住老本要緊。於是攜帶大批黃金、珠寶逃往美國，並在美國與中南美洲大量置產。宋美齡眞是精明狡猾。

宋美齡：「老公，我應先帶大批黃金、珠寶到美國去比較妥當。」

蔣中正：「我都還沒完全放棄呢，妳就急著想逃？」

宋美齡：「不是啦！你沒聽說過狡兔要有三窟嗎？我先把足夠的財富搬到美國，你在這裡繼續奮鬥，我認為你不會失敗的，這樣做只是為了多一層保險。何況有我在美國，更方便為你尋求美國的繼續後援。」

蔣中正：「那妳就去吧！反正我也攔不住妳！」

宋美齡：「老公，不要這麼說，我還不是都為了你！」

宋美齡心裡想的是：「你繼續掙扎吧！僥倖你能復活，我再回來撿現成。你死翹翹，那我就與我兄弟姊妹及情人在

美國過另一種樂消遙。」

　　兩天後，11月28日宋美齡就搭美國飛機走了。

　　這時，即使長期親蔣介石的美國魏德邁將軍，也感嘆地說：「蔣家及其寵親，在美國有高達十五億美元的財產。」

　　而宋美齡此時心裡所想的美國情人是「威爾基」。早在1942年8月26日，他代表美國羅斯福總統到重慶訪問時，即藉著蔣介石不懂英文，宋美齡就當著蔣介石的面與威爾基調情。9月30日，在給威爾基的盛大歡迎晚宴中，宋美齡與威爾基竟大膽地中途雙雙離去，奔向當地宋美齡所辦的婦幼醫院頂樓密窩，幽會至凌晨四點多才回去。蔣中正大怒，但基於他正須仰賴美國的捐助，而宋美齡正是他的主要溝通媒介，不得不忍下了烏龜氣。

　　當年威爾基回美國後，由於那夜雲雨激情實在難忘，特請羅斯福總統專函邀請宋美齡訪美。當年11月宋美齡終於又祕密飛美，與情人威爾基一解「撩人綺思」。

　　1948年底的此時，宋美齡無法肯定蔣中正能否成功復建台灣，自然要帶著財富先走為上策，又能再會情郎。

　　其實，宋美齡生性情慾氾濫，廣為人知的情郎就另有劉紀文(劉兆銘)，宋美齡大學時即與之私下定情，後來在中國時，劉紀文也曾在國民政府任職高官。據說宋美齡為他生下一女，為了嫁給蔣中正，託由孔祥熙夫婦撫養，名孔令俊，是有名的孔二小姐。孔令俊長得一點也不像孔祥熙夫婦，確像極了宋美齡與劉紀文。宋美齡自己曾說：「令俊天生豪放，很像我。」宋美齡不能公開認女，就以乾女兒稱之。

可能由於複雜的親子關係，產生心理障礙，孔令俊自幼即留男髮、穿男裝、又愛口叼雪茄，一付霸氣男人的形象。宋美齡一直帶她在身邊，溺愛有加，凡事替她撐著。孔令俊自小養成橫行霸道的習性，任意罵人、打人，甚至任意開槍殺人，無人不懼怕她。她還學人娶三妻四妾的，並改名孔令偉，命令別人稱她二先生，不准叫她二小姐。

陳誠於1948年12月29日正式就任台灣省主席，蔣經國隨之來台，職稱是「台灣省中國國民黨中央黨部主任」，任務是在幕後操控一切，管理內部安全。蔣經國並開始掠奪台灣財產到他的中國國民黨名下。

蔣經國：「陳叔叔，現在我們的中國國民黨已占有的財產，不論是政府的或是台灣人民的，全登記在中國國民黨名下，繼續在各地成立黨部時，再繼續占有並登記。以後利用我的手法，從台灣人民事業設計來的產業，也儘量登記到中國國民黨名下。還要挪出一部分到國外，做為發展組織與宣傳用，但要登記私人名下。」

陳誠：「我們中國國民黨需要的經費，一向就從政府撥款取用。黨庫、國庫有差別嗎？何況早在陳儀來台灣接收時，就已將大部分從日本接收來的財產，登記在中國國民黨名下。有必要再擴大黨的財產與事業嗎？」

蔣經國：「要的，中國國民黨的開銷當然是由政府撥用而來。但我們的黨，除了要顯得勢大，還要充分的財大。如此更能吸引某些利大於義的台灣人民，心生欽羨，心生欽羨的台灣人民就能為我們所利用。何況又可以不讓人一眼就把

我們黨政不分看得清清楚楚。做個樣子，有好無壞。」

陳誠：「這個沒問題。但挪到國外的財產，一定要登記私人名義嗎？」

蔣經國：「登記私人名下才安穩，因為當今外國是注重人權的，會保障私人財產。但別國政黨的財產就難講了。尤其是在國際上名聲不佳的中國國民黨，就更難有確實保障了。當然，選的人要忠心，有過貢獻或純粹自己人。」

陳誠：「有過貢獻或自己人就永遠可靠嗎？」

蔣經國：「會不可靠嗎？難道不怕我派人去追殺啊？安啦！」

陳誠：「我們不是要把台灣打造成一個在台灣能長治、而我們自己能久安的寶島嗎？不是要與中國劃清界線了嗎？怎麼還樣樣加個台灣省？再加個中國呢？」

蔣經國：「這有多層奧妙在裡頭！」

陳誠：「怎麼說呢？」

蔣經國：「首先，要記得我們來台灣是要打造一個我們能久安，在台灣能長治的私人桃花源。請注意這個長治久安與私人的性質，我們來台灣是個統治集團，但不要像日本一般，總是自己掛個外來政權的招牌。外來統治者怎能名正言順呢？名不正、言不順怎能長治？日本在建設台灣五十年後，還是得把台灣讓給我們，這就是最好的教訓。我學到了。一定要弄得有『名正言順』的解釋，台灣人民對我們的供養才能穩定而更持久。」

陳誠：「那跟任何名稱都加個中國、加個台灣省，有何關係？」

蔣經國：「那是爲了要騙台灣人民，說台灣是屬於中國的一省，所以台灣當然受中國統治。而我們是中國的統治者，連帶統治台灣就是當然的了。於是我們統治台灣就合法了。」

陳誠：「但我們現在連中國的統治者都不是，且將成中國逃犯。照你的邏輯，就算是不合法統治台灣了？」

蔣經國：「傻瓜！我們當然會說：中國因爲內戰關係，我父親爲奸人所害，才會暫時下台。而我們避來台灣的一切行動與作爲，還是以中國合法政府之名義運作，等我們搞定了台灣，就說合法政府已暫時遷到台灣，我父親再出面自稱復職，就任中華民國總統。那時就是名義上的中國統治者了。再假稱內戰還在持續，中國共產黨只是一小撮叛亂團體，暫時占據中國大部分地區而已。我們在準備隨時反攻。也因爲強調是內戰狀態，所以軍事高壓統治是不得已的，是合理的；中央政府與國會也因而不可改選。至於我們不但將被中國合法政府趕下台，事實上是中國的叛亂團體一事，台灣有誰瞭解？反正我們現在用槍炮控制台灣，武力是維護政權的力量，現在更代表政權。」

陳誠：「別忘了，現在已有不少中國的學者與民主派人士在台灣，騙得了台灣人，但騙不了那批中國人的。」

蔣經國：「那是另一層次的奧妙。我會再施展各種計謀，讓中國人與台灣人都有中國人來台灣是君臨天下的深刻印象，那就是：中國是大的，是主要的；台灣是小的，是邊陲的；中國是中央，台灣是地方；中國人是貴族，是當然的統治者；台灣人是次級的，是當然的被統治者。台灣人民要

出頭唯有攀附中國人。大部分的中國人因洩氣、自卑久了，現在逃到台灣，一定樂於接受我們替他們偽造尊貴的地位而自爽。所以一定大都傾向支持我們，接受我們的保護。」

陳誠：「怎樣的神奇計謀，能讓洩氣的中國人與已有良好教養的眾多台灣人民，全都有中國人來台灣是『君臨天下』的深刻印象呢？」

蔣經國：「這個容易，因為台灣人民數百年來都是在被統治狀態，事態久了總會有些習慣的。只要再施點技巧，就能讓多數台灣人民不會想到要翻身，即使有些人有想到要翻身，也會很困難。」

陳誠：「施用哪些技巧呢？」

蔣經國：「從政治、文化、語言、教育等各方面一起下手。以後我一件一件施展時，你會明白的。」

陳誠：「別忘了那些所謂的『民主人士』中國人，他們應該也有不少人逃到了台灣。以他們在中國時的情形看來，他們慣於強出頭，常玩弄他們所謂的『為正義發聲』。一定會為台灣人民抱不平。到那時候，吹破了咱歟的雞胿，那可能會有連鎖反應的大麻煩。」

蔣經國：「所以一定要嚴密監控那批中國人，對付他們不能手軟，要比對付台灣人民更強硬才行！」

陳誠：「你不是說：樣樣名稱上加個台灣省再加個中國，是有多層奧妙在，還有嗎？」

蔣經國：「當然還有許多，較重要的是軍隊。武力是維護政權的力量。但我們自己的部隊士兵，很多都是隨手抓來的，是平庸之人，雖然可受指揮，但難免有思鄉情節。樣樣

留個中國之名，可以爲他們留個『不久的將來，我們會帶他們回家鄉』的希望，這可以安定軍心。而這裡面還有一個隱藏的奧妙在。」

陳誠：「隱藏的奧妙？」

蔣經國：「是的，你也明白，我們自己的軍隊訓練不夠、軍紀散漫、戰果難看。眞正訓練有素、戰鬥力強的政府軍，是孫立人將軍自己的直屬部隊。所以爲了使在台灣的安全更有保障起見，必須設法把孫立人和他的部隊移防台灣。爲了能讓孫立人和他的直屬部隊一起忠心地移防台灣，就不能給他感覺到我們有『營造私人桃花源』的長久偏安打算。所以更要咬定台灣是中國的一省，我們就是中華民國政府，隨時都在準備打倒共產黨，打回中國。」

陳誠：「你眞是深謀遠慮！但你不擔心時間久了，孫立人會看破我們的腳手？」

蔣經國：「以我父親的個性，不會等到那個時候的。我會及早表現給我父親看，製造個理由，抓了孫立人，同時吃了他的直屬部隊，留給自己用。你忘了嗎？當年張學良還是我父親的結拜兄弟呢！當我父親發覺張學良有不滿時，立刻抓了他，控制他，還吞下他的東北軍。」

陳誠：「眞是虎父無犬子！」

蔣經國：「現在重要的是：你要立即替我父親在台北打造個清幽居所，再派人到全台灣各個高雅勝地，都弄個幽靜別館，讓我父親閒來想散個心時，可以去停留，也營造出『君臨天下』的氣勢。這定可討他歡心。當然，每處都要先讓我檢視認可。」

蔣經國做了一些安排後，又飛回南京。

陳誠與蔣經國為了嚴密保障他們所謂的「私人寶島」能久安，以殘忍及澈底的手段，來執行他們所謂的「安全問題」。僅在1949年一年之中就再逮捕了一萬多人。這一萬多人中有台灣人民，也有不少中國難民。這些人都被嚴刑拷問，後來不是被處死，就是被長期監禁。陳誠自己就曾說過：「我有次坐車從街上經過，看見一位差勁的士兵，我立刻拔出手槍，當場把他槍殺了。」在在顯示彼等邪惡與殘暴的本質。

蔣經國與陳誠管控台灣的原則是：「寧可錯殺一百，絕不能放過一個。」

就以1949年台灣大學與師範大學的事件為例：學生因故與警察衝突，已經過調停而解決。當時人在南京的陳誠，在返回台灣後竟下令說：「這些流氓學生，必須嚴屬懲罪。」於是4月6日半夜，武裝士兵包圍台灣大學與師範大學宿舍。台灣大學有二十五名學生被捕；師範大學有三十名學生被捕。次日，大約有三百名師範大學學生再被前去的警總祕密警察逮捕。師範大學更被命令停課，學校重新改組。

由於蔣中正的中國國民黨政府所管控的中國所剩地區，已成人間煉獄，百姓箭頭直指蔣中正、蔣經國父子。一些中國清明人士，壯膽出聲叫蔣中正下台，有人敢出聲了，一時間，呼應的人就四面八方出來了。

1949年1月20日蔣中正被轟下台，成了待罪平民，但他仍掌握黨機器與黨軍軍權，更重要的是掌握財庫，政府儲備

局全由他一人抓住不放。

蔣中正：「哈！我正在苦思以何藉口逃走，哪知那些老不死的，竟帶頭群起，高喊『蔣介石大罪人下台』。這等於幫了我個大忙，是拿台階來讓我下。眞是天助我也。」

蔣經國：「就是我前些日子說過的『失之東隅，收之桑榆』。失去大中國是很可惜，但不必太傷心的。也許對我們父子是福不是禍。只是李宗仁呢？您就準備讓他這樣平白占去您的寶座？您一點報復心也沒有？這不像父親您！」

蔣中正：「哈！逆我者死！你忘了？戴笠、毛人鳳的軍統局；陳立夫、陳果夫的中統局特務密布，以前鄧演達、楊杏佛、史量才、李公僕、聞一多等多人，我今天要他死，有哪一個活到第二天的？但李宗仁他那幫人有幾支槍桿子啊？共產黨很快就打過來了。逃得慢，他那幫人必死無疑。再說國庫的儲備局由我控制著，李宗仁即使跑得掉，能帶走多少財物？在國外又能過多久好日子？最讓我得意的是：李宗仁現在是中華民國名義上的總統，中華民國是在他手上滅亡的，我的罪名他都擔著了。我報復他幹什麼？我還要感謝他呢！」

蔣經國：「高招啊！」

蔣中正：「但楊虎城那幫人就不同了，不殺他們全家，難消我心頭之恨。尤其楊虎城這家，我連小孩都不會放過的，必要來個雞犬不留！」

蔣經國：「那我們就先回溪口老家一趟吧，老家總要安排一下的。」

蔣中正：「我也是這麼想。」

蔣經國：「回溪口還有個好處，那裡比較清靜，又是老家，心神會較舒坦。正好可細密地計畫如何能在台灣長久安居的細節。」

蔣中正：「對！對！那明天下台後，就立刻起程吧！」

就當蔣家父子在溪口安排蔣幫集團逃往台灣避居時。陳儀得知避往台灣的名單中沒有他，且蔣中正與蔣經國有意拿他擔起所有罪名，以粉飾蔣家的罪孽時，想起蔣中正的凶狠與蔣經國的奸詐，陳儀開始擔心：蔣中正會命令他的地下特務捉他去台灣當祭品。於是陳儀立即投向共產黨。陳儀的倒戈，更使蔣幫集團的敗逃，有如推骨牌，一洩不停。陳儀後來由蔣中正的地下特務綁架，押往台北後再處死。

由於認定台灣是蔣家最後唯一可去的寶地。1949年蔣家父子先乘「江靜輪」由海上到澎湖，5月26日再由澎湖搭飛機到高雄。他們父子還是得要看看被他們錯算而摧殘了四年的台灣，是否確實還有長期供養他們的條件？

他們一路由高雄勘查到台北，父子倆發現台灣在槍桿子嚴密控管下，呈現著恐怖的安定。恐怖的氣氛讓民眾小心如履薄冰。他們放心了。於是，為了安全撤退蔣幫集團的人員與軍隊到台灣，以安全鞏固自己的威權；也為了要讓共產黨丟面子，得要偷來中國古代皇宮的古董、珍玩；更為了早期的在台生活，也得要運回宋美齡拿剩的，前三年從台灣劫到中國的黃金。於是蔣家父子於1949年8月24日再從台北搭飛機到重慶，主持安排避居台灣細節的會議。

1949年，澎湖山東流亡學生慘案

1949年7月初澎湖防衛司令部司令李振清請示台灣行政長官陳誠：「屬下(李振清)直屬部隊與駐防澎湖之第39師師長韓鳳儀部隊，在退到澎湖前，失落不少兵員。有一山東流亡中學於6月25日抵達澎湖漁翁島，學生八千多人，屬下想要將這批學生徵來充軍，壯大軍力。但該山東流亡中學校長張敏之不願配合，阻礙執行。振清與韓師長均已準備好強行抓兵，請長官核示。」

陳誠答以：「吾黨占領台澎，實非有強大軍力不能確保安全地位。既是流亡學生，正好徵來壯大軍力。遇有阻礙、反抗者，就依慣例，一律以匪諜論處。放手去做。」

李振清獲得陳誠核可，不再遲疑。

1949年7月13日，李振清部隊押來這八千多山東流亡學生，集合在澎防司令部大操場，當場下令：「凡身高在這支步槍以上的學生，全數就地編入部隊。」

校長張敏之：「請李司令發點慈悲，旁邊有一百多位年幼體弱的學生，根本不合抓兵條件，請讓我帶他們回學校吧！」

李振清：「一個也不能走。陳誠長官已奉蔣公之令，於5月19日頒布戒嚴令，抗令者即以匪諜論處。」

張敏之：「匪諜？太不像話了！」

張敏之轉頭對這一百多名幼童說：「你們跟我回學校去！」

李振清：「開槍！」

頓時，集合場上血流成河，槍聲與學生的哀嚎聲如雷。

張敏之校長與不順從的部分未死師生，則押送台灣保安司令部。李振清的澎防部，要求已配合從軍的學生，在指控張敏之等人爲匪諜的文件上簽名。堅持不合作的學生，則被頭套麻袋，丢到海裡，活活淹死。

包括張敏之校長在內的七名教職員，被判定爲匪諜，於1949年底，在馬場町(今青年公園)堤防外被槍決。

(李登輝接任總統之後，推行台灣民主化與國家正常化，出身山東流亡學生的國防部長孫震、副部長王文燮、陸軍總司令李楨林等，試圖平反當年的校長張敏之等人，然因當時下令准予武力鎮壓的陳誠將軍之子——陳履安仍在高層位居要職，沒能平反成功。2007年民進黨執政中，決議平反冤死的張敏之等人。並由政府訂於2008年2月28日動土興建紀念碑。澎湖縣長王乾發爲中國國民黨之馬前卒，因爲是民進黨執政時提出，不願讓此事爲民進黨造勢，因而藉故阻擾，使本案再度成壓霸集團的犧牲品。)

1949年12月11日，一切最後細部工作都已完成，蔣家父子的飛機於下午二時從成都起飛，下午六時三十分飛抵台北。結束了蔣家父子在中國的最後一天。

1949年1月21日至1950年3月1日這段時間，世界各國對中華民國政府完全迷惑。他們不能理解：爲什麼一個被革職的罪犯蔣中正，卻仍實際操控官僚、軍隊的運作與指揮？而這個待罪平民，後來還可宣稱將總統李宗仁革職，又在1950年3月1日自行宣布，他又是中華民國總統了，並叫一些他自己養的同黨來背書，就宣稱是完成法定程序了。

1949年11月27日

台北美國新聞處每日新聞第140號，刊出美國《底特律自由報》一篇漢彌頓‧巴特拉評台灣戰略地位的重要性時說：「美國希望永久把台灣當作美國的前哨。這個希望變成美國對蔣幫集團蹂躪台灣的無限制容忍與姑息。如此不正當的作為，正把台灣及台灣民眾推入無盡的劫難裡。」

1950年1月4日

舊金山合眾社電訊報，引用前美國駐台北領事麥唐納先生的話指出：所謂的開羅宣言，只是三地領導人私下的談話，由採訪記者刊出發布，並未有結論，也未簽成道義上要遵守的國際條約。所以，當蔣幫集團在中國敗亡之時，得到消息的台灣人民開始期待：希望能經由四十八個戰勝國或聯合國的託管，將台灣從蔣幫集團的手中解救出來。但自從蔣家父子，把美國為援助中國成立海軍而送給中國的一百三十一艘軍艦據為己有，並藉以帶著百萬軍隊逃竄到台灣後，這一期待就落空了。

煉製「台灣受虐症候群」

陰狠！中國難民家奴化，台灣人民呆奴化

(1950-1968)

1949年底至1950年初，台北，蔣中正草山居所

蔣經國：「父親，現在該開始一步一步展開我們所說的『打造一個能長治台灣；我們能久安的私人世外桃源』之計畫了。是名符其實的私人世外桃源。因爲我們要把台灣與世隔絕，還把民眾做文化、人格與思想的改造。」

蔣中正：「說說看。」

蔣經國：「完整的做法包括各項策略，以後我會慢慢解說。但原則只有一個，就是以精練的厚黑學爲手段，奴化台灣人民的思想與人格，而我們就拿著槍桿子，以永遠的貴族自居。把每一個台灣人民都洗腦成專爲我們服務的呆奴。」

蔣中正：「要把台灣人呆奴化會那麼容易嗎？」

蔣經國：「要把人呆奴化當然不容易。但是，我們要把台灣人呆奴化就簡單多了。」

蔣中正：「怎麼說？」

蔣經國：「第一步的利器是，強灌輸台灣人民是邊疆華

人的錯誤印象，也就是讓全部台灣人民都以爲自己是邊疆漢
人。」

　　蔣中正：「可是，現在台灣的平地住民不論是河洛語系
或客家語系，根本都是台灣的平地原住民，只不過因爲台灣
原有文明被鄭、清澈底摧毀，被迫吸收了漢文化而已。因爲
漢化過程中被改了漢姓，取了漢名，也接受了傳統民俗和信
仰。台灣人都稱華人爲唐山人，可見大部分台灣民眾都知自
己非漢人。」

　　蔣經國：「就如父親您知道的，台灣平地住民都已漢
化，有了漢姓、取了漢名，說漢語、用漢文、有漢習俗與信
仰習慣，要騙他們說他們全是邊疆漢人就輕易多了。」

　　蔣中正：「說具體一點。」

　　蔣經國：「做法是從僞造歷史下手，由學校教育、政
治塑造、社會文宣的影響等三方面齊步進行。以目前我們有
百萬大軍鎮壓做後盾，這三方面我們都能完全掌控，操弄自
如。在台灣平地住民既有漢文化的基礎上，只要在歷史記載
上造假，在台灣強推漢姓族譜，要騙他們原是漢人並不難。
何況日本據台時，是依台灣人民的語音在戶籍上延續清廷
分類。將說河洛語的歸爲福，將說客家語的歸爲廣(日本人誤
以爲客家語是廣東話)。加上台灣有個無恥之徒──連橫(連震東
的父親)。連橫勾結漢人滿官，搜刮財利，橫行鄉里，漁色雛
妓，被台灣人民唾棄。他於是僞裝成假漢人。他爲了說服別
人認他是「高級假漢人」，用其妄想僞造了《台灣通史》一
書，編了一堆漢人移民台灣的謊言。連震東現今又充任我們
在台灣壓霸的走狗，連震東想成爲「高級」假中國人，自己

送來這本他父親僞造的《台灣通史》。雖然內容誤謬、矛盾百出，但我們正好可以輕鬆地拿來利用，做爲對台灣人民洗腦，加以呆奴化的主要工具之一。所以，要騙得台灣平地住民有次等邊疆華人的錯誤認知，是更加容易了。初期是會有人半信半疑。但由於台灣人民的可取得材料和資源，全在我們掌控之下，並禁絕一切原始歷史資訊，使成爲我們的一言堂。僞造歷史太容易了，要追查眞實歷史才是困難重重呢！等進入第二代，必然全部信以爲眞了。我們於是成就了改造歷史的偉大創舉。哈！」

蔣中正：「那台灣山地住民呢？山地台灣住民因爲高山阻隔，可是尚未漢化呢！」

蔣經國：「山地台灣住民僅區區數萬人，不必放在心上的。另外，我們再特別稱台灣山地住民爲山地同胞，更要簡稱爲原住民，此後不再提台灣平地住民的稱號，可進一步將台灣山地住民與平地住民加以分化。這時要將全體台灣人民呆奴化就容易多了。然後再照樣強迫山地住民改漢姓取漢名，哈！只要能持續百年，連台灣山地住民也自以爲是次等邊疆華人了。」

蔣中正：「把台灣族人全部洗腦成『次等邊疆華人』有那麼重要嗎？有那麼必要嗎？」

蔣經國：「當然重要，而且必要。父親您想想看，台灣是台灣族人的祖地，我們是侵略者。我們強占他們的土地，並且稱王。台灣族人當然不會同意，也不甘心。世界各國看在眼裡，更會鄙視我們的作爲。現在台灣族人被槍炮押著，不得不忍耐。但是，在台灣族人不甘心、世界各國鄙視的情

況下，我們如何能長治台灣？又如何能久安？要把台灣族人呆奴化也會困難重重。」

蔣中正：「那跟把台灣族人全部洗腦成『次等邊疆華人』有什麼關係？」

蔣經國：「關係才大著呢！就如房屋的地基一樣重要。」

蔣中正：「說說看。」

蔣經國：「等經過把台灣族人全部洗腦成『次等邊疆華人』後，台灣族人會誤以為自己早先也是客居台灣而已。我們自稱主人，就較容易被接受了。因為『客人上面有主人』好像是合理的事。」

蔣中正：「哈！哈！你真是陰狠。」

蔣經國：「不！是『聰明伶俐』才對。」

蔣中正：「哈！哈！是，是『聰明伶俐』。」

蔣經國：「所以，把台灣族人全部洗腦成『次等邊疆華人』，是在把台灣族人呆奴化的過程裡，非常重要的基礎工作。」

蔣中正：「但台灣人有句諺語『一樣米飼百樣人』。呆奴也會有百樣呆奴吧！」

蔣經國：「是的，但百樣呆奴都是呆奴。我們則把眾多呆奴分類，拉攏有侵略性的呆奴替我們管理溫和的呆奴及壓制有反抗性的呆奴。到時候，我們就可輕鬆而安全地過著前所未有的王者生活了。由於多數台灣人民勤奮又善良，易於管教；又物產豐富。在經我把他們呆奴化後，保證你會棄中國如敝屣，反而會慶幸早甩了中國那個爛包袱。」

　　蔣中正：「那要如何有效地呆奴化台灣人民呢？又要如何拉攏有侵略性的呆奴，而不會有安全上的疑慮呢？」

　　蔣經國：「做法須由學校教育、政治塑造、社會文宣的影響三方面齊步進行。首先要強制推行北平話的單一國語政策。」

　　蔣中正：「陳儀在台灣的時候，不是已經在推行了嗎？」

　　蔣經國：「陳儀只是推行，我們要嚴厲地執行。以免像其他正常地區一樣，我們這些外來移民要去學本地語言而本土化。我們要反其道而行，強迫占多數的本地人民，只能用外來語言，以強化我們這些外來移民比本地人民尊貴的印象。」

　　蔣中正：「但為什麼不就如其他國家一樣，把北平話定為國家通用語言之一，或是主要的國家通用語言，或稱之為華語？所謂國語，是指一個國家的國民所使用的所有各種語言，非指單一的某種語言。我聽宋美齡說過，現在已二十世紀，人類大都已開化，沒有國家會強制規定單一『國語』一詞。因為國語一詞非語言名稱，而且單一國語有壓霸的隱意，把某種單一語言定名為『國語』，即提升該語言為至高無上的地位，有霸主的意思。其他語言立即被貶為不雅、不正統。這不合理，也不應該。而因為語言、文字都是地區性長時間演進形成的。當不同地區交流頻繁時，語言自然會融合，會自然逐漸通用，也會逐漸有所改變。沒有好壞貴賤的語言，也沒有長久不變的語言文字。所以一般國家都訂有多種的國家通用語言與主要官方通用語言。環視全球，甚至連

共產國家，也未有國語的名稱。中國共產黨也不敢壓霸地規定國語，只是把北平官話定爲普通話。也就是：上海人仍講上海話，廣東人仍講廣東話。但遇到有不會講上海話或廣東話的，大家就說相互容易聽懂的普通話，這樣各地語言能夠受尊重地留存，而普通話的華語也可以廣被接受，不是很好嗎？連周恩來都說：『推廣普通話，是爲消除各地因語音不同的隔閡，而不是想要禁止或消滅某些種語言。各地語言是不能用行政命令來禁止的。只要是有人性的人，都會尊重不同的文化，尤其語言。所以，只會說普通話的人，也要用心學習不同語言區的當地語言，以示平等與尊重。』何況我們是少數的外來移民，以違反人性的手段，消滅當地固有語言，會不會太壓霸無道了？」

蔣經國：「宋美齡與周恩來都說得沒錯，但我們就是要提升北平話成至高無上的霸主地位，讓台灣的河洛語與客家話及原住民話慢慢貶爲不雅。何況河洛語與客家話本來就非台灣語文，原台灣語文早被鄭、清完全消滅掉了。這種用外來語言壓制原地語言的手法，是迫使台灣人民呆奴化的第一步。鄭、清時期也是這樣做的。爲了促進快速、有效地形成，必須嚴屬地強制執行。不說北平話的國語就是沒教養，就是犯罪。學生在學校每說一句河洛話、客家話或原住民語言就處罰一次。台灣人民普遍被我們四年來的剝削逼窮了，罰錢可能更有效。另外台灣人民普遍很注重子女教育，嚴屬的執行國語政策更是容易。剛開始可能多數人會不以爲然，因爲不論河洛語系或客家語系都有他們傳統的漢文教育。但只要我們嚴屬執行，很快的就會在台灣社會形成以北平話的

所謂唯一國語為主流。台灣人民的二次語言(原台灣語文已被鄭、清消滅過一次)，瞬間又變成非主流、用處少，不雅的印象就會形成。想想看，自己的母語一夕之間就變得登不上大雅之堂，怎麼會沒有自己也貶低了自己的感受呢？貶低了台灣人民，中國人不提自升。」

蔣中正：「但不是所有中國人都會講北平話的。」

蔣經國：「任何地區的外來移民，原本都必須學習當地語言的，以便學習認同當地，在當地生根。現在我們嚴厲推行北平話的國語政策，就是要防止中國移民認同台灣，中國移民不能認同台灣，當然要永遠站在我們蔣幫貴族這一邊了，且永遠會與台灣人民做區隔。世世代代永遠視台灣為異鄉，那麼這些中國移民就會缺乏安全感。為了有安全感與虛榮，他們只有盡力維護我們的貴族身分地位了。於是他們這些中國移民及其後代，會永遠成為我們的紅衛兵。共產黨擁有的是有形的紅衛兵，因為有形，會有消失的一天。我們在台灣的這群紅衛兵是心靈上的、是無形的，而且是全面性的。因為是無形，且是全面性的，可永不消滅。而強制說北平話的國語政策，對不會說北平話的中國人並無差別。因為學習現在的台灣語言或北平話都一樣要學。何況清朝即以北平話為官話，中國人即使不會講，多少都聽懂一點北平話的。老實講，其實北平話才真是不雅的語言。因為北平人不注重讀書，長期語言演化的結果，出現了許多有音無字的地方音，北平人就胡亂造字，且造得不像話。」

蔣中正：「真的啊？」

蔣經國：「就舉個簡單的例子：漢字本無『他』字。但

北平人已慣於說第三者為『他』音。北平人盲目而自大，就認為北平人才是人，別地方的人只勉強可稱為人。所以就創造『也是人』的他來用。這像話嗎？反而是河洛話與客家話較完整保留漢語形態，他們的語言都可用漢文書寫。但沒關係，在我們嚴厲執行北平話的國語政策以後，就沒人會注意到這個了。時間久了，尤其進入第二代，甚至第三代以後，已沒有人用河洛話或客家話寫過文章，自然就沒人懂得他們原來用的漢字怎麼寫了。這時，因為台灣人民全僅認得北平話使用的字，台灣人民自然會以為很多河洛話與客家話是沒有漢字可寫的。這時已不用我們費心去催眠台灣人民，台灣人民自己就有把自己催眠成次等文化的心理了。中國人自然升成是高等人，要坐享台灣人民努力工作的所成，就輕鬆多了。」

蔣中正：「等等，這裡面有一個問題。國語並非語言名稱。等全台灣的人都說國語，又被你將要的計謀弄成呆奴化時，就會有國際笑話了。」

蔣經國：「什麼國際笑話？」

蔣中正：「到時全台灣人民都會以為國語是語言名稱。你想想看：一個外國人到台灣時，當台灣人民問他：『請問你會不會說國語？』時，以美國人為例，他的國家通用語言是英語，無論他懂不懂北平話，他要回答『會』或『不會』都不對。那豈不笑破外國人肚皮了。」

蔣經國：「哈！這又是我的計謀中的另一層陰謀。正因為我早預知幾年後會有如此效果。所以屆時國際上必然感覺台灣人民的腦子不靈光，而一般人對腦子不靈光的人只會覺

得可笑或憐憫，很少會有尊重的。這時，國際人士既然也有一些不尊重台灣地區人民的心理，也就較難有指責我們『不尊重台灣地區人民』的可能了。當然，這台灣地區人民包括了：中國難民、河洛語系原住民、客家語系原住民以及各山地部落原住民。到時我們不是更能膽大妄爲嗎？」

蔣中正：「那我們也要來學好北平話了？我已到了這年紀，我可不學了！」

蔣經國：「那可不用！」

蔣中正：「可是我們講的是浙江地區的方言啊！」

蔣經國：「我會把我們，尤其父親您，塑造成神化偉人。台灣土地上的所有人，我要他們天天高唱『偉大的中華』及『蔣公，您是民族的救星，世界的偉人。我們敬愛您，我們崇拜您，我們永遠追隨您』。神化偉人當然不會說錯話。所以神化偉人說的，必然是應該說的北平話國語。神化偉人不是凡人，必然有異於凡人的口音。那是神的口音，是偉人的語調。凡人沒聽懂，是因爲沒用心聽，是沒有能享受偉人教誨的資質。是凡人自己的錯。在這種情形下，怎麼會有人質疑我們不說國語呢？」

蔣中正：「那些曾經歷我們所造災難的中國人呢？已經有不少人逃到台灣來了！」

蔣經國：「那些在中國曾經歷過我們所造災難的中國難民，在台灣也是要依附在我們的羽翼下，心理上，日子才會過得心安。當然會樂見有神化偉人可以依附，他們再怎麼生氣，即使千百個不願意，也不會出來挨臭的。再加上嚴厲的強制國語政策，中國難民更不會想到要學習台灣語言，台

灣人民又不可能立即學好北平話。語言的不通與異鄉的生疏，必會使這些中國難民遠離台灣人民而自成一聚落。我們再廣建宿舍，安置我們安插入政府機構與學校的人員，廣建有圍牆的軍眷社區。語言的隔閡、生活圈的不同、加上政府高級官員經由聽話的中國難民優先任用，考試錄用時也對台灣人民做歧視性的嚴厲限制，只要是聽話的中國人就有種種特權，另外製造中國移民自以為當然特權的狂妄性格，以及貶低台灣人民的文化與人格尊嚴。中國人與台灣人民必會壁壘分明。我們集團的人及那些中國難民，會永遠自視為中國人，而不能成為真正的台灣人民；台灣人民則永遠稱他們為外省人。這兩種身分稱呼的矛盾，會相互惡性循環。在這種情況下，很難有中國人願意替台灣人講話的。即使再過兩三代，這種深植中國人心中的隔膜，會使中國人難以在台灣生根固土，亦沒能真正融入台灣社會。」

蔣中正：「照理講，既是移民，都會自稱或被稱為某某裔當地人。如英裔美國人、愛爾蘭裔美國人、華裔印尼人。所以照理說，在台灣的中國人應自稱及被稱為華裔台灣人。」

蔣經國：「是的，所以我們才要經由層層區隔設計，加上永遠的反共抗俄、光復中國與解救中國同胞等表面口號持續催眠，使得在台灣的中國移民，有心虛與優越感的矛盾心理產生，沒能在台灣像正常移民般地落地生根。由於令人心虛的優越感，這些中國移民及其未來的後代，大多數會一直不能認同台灣，至少也會較緩認同台灣。又長久與中國斷絕，長期隔離所造成的差異，與反共教條的心靈烙印，再加

上習慣了台灣的安逸富足生活。必然難以再回去過中國社會的生活。由於我們周密而技巧地貶損台灣的語文與文化、抽掉台灣人民的理性思考能力，自然貶低身為台灣人民的人格尊嚴，此時更能促進中國人的虛偽優越感，中國移民更難認同台灣，更不會去想要融入台灣人民的社會了，自然就減少在台中國移民心目中會自認是華裔台灣人的可能了。不能認同台灣，又不願回去當個完全的中國人，其心靈扭曲的難過，可想而知。在台灣的中國移民，會形成接近躁鬱症的病態心理。尤其在面對某些精神清明的台灣人民時，這種躁鬱的病態心理會更爆發。在遇到『台灣呆奴』中有人因部分覺醒而抬頭時，更會『歇斯底里』地發作。您說，您還怕他們會戳穿我們的陰謀嗎？」

蔣中正：「是不錯！但是，把這些可憐又可悲的中國難民及其後代子孫，搞成如無根的浮萍，又設計成病態的躁鬱，會不會太殘忍了？」

蔣經國：「太殘忍？對他人仁慈才是對自己殘忍！中國人不是常說『無毒不丈夫』嗎？又難道他們留在中國生活會更好嗎？我們把他們留在台灣享福，算是夠仁慈了。何況這些中國難民，有不少在中國時，還是舉旗反對我們的人呢！我就是硬要使這群人，無奈地被轉化成我們的家奴。」

蔣中正：「那些頑固的所謂民主派中國人士呢？他們可不是那麼容易馴服的。」

蔣經國：「父親又忘了，我在蘇俄那麼多年，難道是白混了啊？三兩下我就能讓特務密布全台灣。不滿的，立即壓得死死的，壓不住的，就讓他消失！沒事的。」

蔣中正：「這只是從語言方面著手，那學校教育呢？」

蔣經國：「學校教育的操控，其實較簡單！」

蔣中正：「怎麼說？」

蔣經國：「教育體系全爲我們的中央政府所控制，教職員由我們考核，教材是我們設計的標準教科書，考試升學制度是我們訂的。所以學生自小就照著我們給的模式成長。哈！這完全是人種改造，而且是改造成呆奴。」

蔣中正：「你說得簡單，我卻聽得一團迷霧。你先從教職員說起吧！」

蔣經國：「現在台灣已被我們先前的剝削搞得生活非常困苦，物質缺乏。加上新台幣的改革控制在我們手中，台灣人民早已一窮二白，從事政府聘顧的工作成了最搶手的職業，又每個月有固定的糧食與日用品配給。不論中國來台難民或台灣人民，能在學校教書一定感恩又珍惜，更會深怕丟了這工作。何況在這個我們營造出的恐怖社會氣氛中，加上有地下特務人員滲入各級學校，我們要他們教的，一樣不能少；沒有要他們教的，一樣也不敢加進去。」

蔣中正：「標準教科書呢？」

蔣經國：「不論地理、歷史、音樂、文學、戲劇，全以大中國爲教材。歌頌中國的地大物博，誇大中國的美麗與高貴，強化中國人有偉大特質。台灣部分則僅做簡單點綴，且要刪除可振奮人心的台灣事蹟。台灣五千年的文明已幾乎被鄭、清滅絕，我們只需消除台灣人對抗鄭成功集團侵略的事蹟，再篡改台灣人抵抗清朝壓霸統治的史實，僞造『反清復明』的錯誤印象。甚至連台灣人民所生活的這塊土地上面

的生態、環境，都不讓他們有機會研究、介紹或談論。讓台灣人民誤以為自己的地理沒什麼可談，自己的歷史不值得一提，自己的土地也不覺得珍貴。」

蔣中正：「我知道，這可在台灣人民的心靈上烙下渺小與心虛的陰影，讓我們易於操控。好，妙招。」

蔣經國：「這只是打底而已，妙招在後頭呢！」

蔣中正：「什麼妙招呢？」

蔣經國：「在把台灣人民『呆奴化』的過程中，教師的效用占了百分之八十的重要性。學校教育是人的心靈成長過程中，最重要的階段，無論是把我們自己塑造成神化偉人，或要拔除台灣人民的理性邏輯思考能力，都需在學校教育中奠下磐石才穩固。教師必須完全依照標準教科書，不能有延伸討論的空間。」

蔣中正：「如果教師完全依照標準教科書教學，不能討論。那要教師做什麼？學生照著書背就可以了嘛！」

蔣經國：「讓我點出奧妙所在嘛！這些科目的教師只能完全依照標準教科書教，這叫規矩教學。而教師的作用，是在確保學生不會與標準教科書有不一樣的想法。學生對標準教科書是不能有任何疑問的。考試一律只能由標準教科書出題目，答案也一定有標準答案。好學生不可有『真的嗎？』、『這樣講對嗎？』的理性邏輯思考。所以在學校，學生要成績好，就必須死背完整教科書。要想升學，也必須比其他學生背得完整。死背書本是既辛苦又無趣的枯燥負擔。腦子靈活的學生在唸書時，一定會有聯想與質疑，對死背會更覺辛苦，不易堅持下去。那麼在這種設計下，腦子靈

活的學生，成績表現會反而不如頭腦單純的學生。在我們設計的教學與考試中，腦子靈活的人必先遭到淘汰。所以將來在歷經考試篩選出來的台灣人民，腦子靈活的人就會比較少了。也就少有人會想到我們的說詞是『真的嗎？』或是我們的做法是『合理的嗎？』。記得西方有位學者曾說過，『知識是理性思考的最大障礙』。其實他的說詞本身是不合邏輯的。事實是：『不完整的知識(才)是理性思考的最大障礙』。我們就是要在教育中，給予台灣人民『不完整的知識』，甚至是『錯誤的知識』。當台灣社會都是缺少理性思考的人，那整個台灣不是更容易操控了嗎？要把他弄成呆奴就不難了。」

蔣中正：「但總有些不乖乖聽話的、不乖乖背書的學生。這些書背不好的學生呢？」

蔣經國：「所有學生都要在學校受如軍中的生活訓練。中學、大學更要開軍訓課，並派軍訓教官去學校當教員。」

蔣中正：「你要『全民皆兵』啊？」

蔣經國：「不是，我要的是全民都習慣軍事戒嚴的生活。其實更重要的是：要藉著『士兵般的生活訓練』來加強把台灣人民呆奴化的效果。」

蔣中正：「怎麼說？」

蔣經國：「父親，為什麼士兵要經常出操，不斷的『立正』、『稍息』、『齊步走』、『向右轉』、『向左轉』、『立定』、『前進』、『交換腳步』？打仗時用得到嗎？」

蔣中正：「這是要士兵習慣於『接受團體命令，不准有例外』。」

蔣經國：「對！但更重要的是『一個命令』『一個動作』，不能遲疑，不能思考。士兵習慣了以後，只要一聽命令，士兵就會不經思考地照著命令動作。不然，若指揮官命令士兵衝鋒殺敵時，士兵先想到：『對方真是我們的敵人嗎？』、『這樣衝過去對嗎？』、『我可能會先被對方殺死嗎？』、『我這樣就死了，值得嗎？』……那還能作戰嗎？」

蔣中正：「所以你也要所有學生每天都操練『立正』、『稍息』、『齊步走』……。讓所有學生都習慣於不經思考，聽到口令就跟著做。所以不論書背得好的學生或不肯用心背書的學生，都會聽話，不懂得質疑與思考了。」

蔣經國：「是的，要把人呆奴化的最大阻礙，就是『理性的邏輯思考』；是會想到『為什麼？』、『合理嗎？』、『為什麼要這樣？』、『那樣做不是更好嗎？』。所以就是要台灣人民把不經思考的『一個口令一個動作』，變成『自然反應』。久不用思考，理性思考的能力自然會退化。只要台灣地區人民，不分中國難民與台灣人民，都欠缺理性分析的思考能力，那離呆奴化就不遠了。經過這層強化，才可萬無一失。」

蔣中正：「但是，你一下子就提了這麼多陰謀手段，要樣樣兼顧，會很辛苦的。」

蔣經國：「開頭是會有點辛苦，但是為了我們能久安，能長治台灣，是值得的。何況我們只需在初期費點心力，首批呆奴成形後，我們就可輕鬆了。到時只要偶爾監視一下，即可讓首批『勉強型呆奴』自己把他們的第二代教化成『穩

固型呆奴』；然後，第二代穩固型呆奴，自己就會把他們的
第三代教化成『自然型呆奴』。」

蔣中正：「我明白了，這一代的台灣人已有他們原本
的文化與精神文明在，我們需要較大力氣把他們塑造成『勉
強型呆奴』。等第二代台灣人民出來的時候，第二代台灣人
民還沒有台灣人民原本的文化與精神文明。再由第一代的
『勉強型呆奴』教師，自己訓練他們的第二代成爲『穩固型
呆奴』。等第三代台灣人民出生時，台灣人民原本的文化與
精神文明已經幾乎全部滅絕。當這些『穩固型呆奴』訓練出
他們自己的第三代時，這些第三代台灣人民就是『自然型呆
奴』了。自然型呆奴的台灣人民就萬劫不復了。」

蔣經國：「是的。另外，爲了強化這種呆奴塑成計劃，
從娛樂方面下手更有潛移默化的效果。」

蔣中正：「娛樂也有手段可耍啊？」

蔣經國：「娛樂手段的效果不會差於學校教育手段的。
且娛樂手段輕鬆，可影響台灣人民於不知不覺之中，效果可
能更顯著。」

蔣中正：「你預備怎麼操控娛樂？」

蔣經國：「表演事業納入新聞局管理。並由新聞局輔
導演員與歌星的培訓，全以中國人爲主，當然是用所謂的國
語。把平劇稱京劇，定爲國劇。歌曲全部歌頌偉大的中華及
效忠領袖。一般戲劇全部述說中國劇情與描寫蔣家黨軍的英
勇事蹟，特意不斷強調『忠君就是愛國』。製造仰慕中國與
效忠蔣家集團的正當性。」

蔣中正：「等等！黨軍的英勇事蹟？那豈不是讓那些非

我族類的中國難民有笑柄可譏了嗎？」

蔣經國：「那些知道內情的中國難民要譏笑，也只會笑在心裡。理由和前面所講的『神化偉人』的理由一樣。非我族類的中國難民在台灣已經夠心虛了。在心理學上來講，他們更需要英勇事蹟來撐起中國人自尊與強硬的僞裝。所以放心啦！」

蔣中正：「但是，一定會有頑固不化的人存在。」

蔣經國：「我說過了，壓不住的就抓。」

蔣中正：「好是好，但會不會做得太過火了？別忘了，台灣有一大群美軍顧問團在，我還不希望給他們留下太壞的印象。」

蔣經國：「您放心，我會留下一些台語娛樂當點綴。但要在不熱門時段；還要限制在微小量的比率；最簡陋的設備；最低的經濟條件；內容嚴格審查，以大眾化爲名，驅使成低俗。這樣還更能襯托中國的高貴呢！哈！」

蔣中正：「這點子不錯！演員與歌星由於曝光率高，又光鮮亮麗，很吸引人，容易引起盲目仰慕。娛樂事業能製造明星。一般不夠理性與較缺自信心之人，尤其年輕人，都有崇拜偶像的心理傾向，有名氣的明星、歌星都是中國人時，在這些仰慕的人之內心中，自然會暗藏下對中國人的崇拜效應。尤其經過先前呆奴化的調教，台灣人民大概都會欠缺種族自信心，更會喪失理性思考的能力。這種效應就更深入了。這種效應，對習於追星的年輕人，其影響更是厲害。」

蔣經國：「再加上由我們控制台灣現有語言、娛樂、文化於低俗，哈！台灣人民呆奴化的效果更加乘了。這時中國

人的優越感就出來了。」

蔣中正：「那些仇視我們、痛恨我們的中國難民，看到我們也提升了他們的優越感；再加上我們在政治上、教育上、職業上的給予優惠，這些中國難民必然逐漸淡化對我們的仇視與痛恨。時間久了，更會轉為感激。因為在我們的隔離設計下，這些中國難民及子孫，沒能真正落地生根，一定會保有流落他鄉的無根危機意識，一定會以為我們受到損害時，就是他們失去保護的主體，也一定以為會受連累而更慘。他們應該會自動一直愚忠下去的。」

蔣經國：「所以這批可憐的中國難民，到最後一定會變成我們最堅強的護衛，而永遠不會知道我們只是在利用他們，我們提升他們的優越感，只是我們的陰謀中不得不附帶的一種策略。其實我們對這些中國難民的監視；對付膽敢有不滿之人的手段，絕不會比對付台灣人民的殘酷無情來得輕鬆。因為我們要把這批中國難民訓練成家奴，家奴就圍繞在身邊，絕不能有任何一點疑慮才可。所以手段更要凶狠、嚴密。當然囉，能讓我們完全放心的中國難民，我們絕不吝於提攜。這就叫恩威並重。另外，為了強化這種心靈上的改造效應，除了嚴格管制報章、書籍等寫作出版品外，也必須管制歌曲。」

蔣中正：「連歌曲也要管制與審查啊？」

蔣經國：「對！所謂的國語歌曲與台灣歌曲都要管制，尤其台語歌曲要更嚴格管制。歌曲能流傳，除了旋律優美可感動人外，歌詞更具有能打動人心的意境，所以要特別小心。」

　　蔣中正：「但是，在我們高壓統治的恐怖氣氛下，台灣住民，包括中國難民與台灣人民，都難脫鬱悶的心情。讓他們偶爾疏鬆一下心情，不好嗎？有什麼不可呢？」

　　蔣經國：「當然不可！所有呆奴化的調教過程，都不能有鬆懈，才能快速、有效。何況歌曲不是抒發心情就是描寫意境，更要小心。因為藉由歌曲的流傳，可能引起共鳴效應及情感上的聯想。我要大量散播歌頌神化偉人及忠愛我們黨國之歌曲，就是利用這種效應。但必須預防『非此類歌曲』的可能反面影響，所以必須嚴格管制。台灣人民必須『甘於被奴化』，所以不能有哀怨抒情之曲詞流傳；台灣人民必須專注於『歌頌神化偉人』與『忠愛我們這個黨國的激情』，所以也不能有夾雜不同意境的歌唱。這類歌曲都必須嚴格查禁，才能鞏固『我們神偉、他們呆奴』的心靈改造效果。」

　　蔣中正：「那要查禁某些歌曲，總要有些理由當藉口吧？」

　　蔣經國：「是的，我已訂好要查禁的十大查禁要點。凡是內容、文字疑有：

　　一、偏離標準教條意識。

　　二、詞句頹喪。

　　三、與共黨統治的中國現行曲譜，有近似或抄襲之嫌。

　　四、內容怪誕。

　　五、意境穢淫。

　　六、曲詞狂蕩。

　　七、描述狠、暴、仇、鬥。

　　八、反映時代錯誤。

九、文詞粗鄙。

十、幽怨哀傷。

一律查禁。」

蔣中正：「但是，這些都是可由人爲主觀認定的。」

蔣經國：「對！這些都是表面上的藉口，當然要可以『自由主觀認定』才可。才可以達到『我們想禁哪些歌曲就禁哪些歌曲』的目的。我們總不能公開說『這些歌曲因抒發情感，或因描寫的意境，恐有礙歌頌我們神化偉人及忠愛我們黨國的奴化情操』而被禁吧！」

蔣中正：「看來你在這方面設想很周到，眞是百密而無一失。那現在是不是要叫我們所飼養的立法院和國民大會修改一下中華民國憲法，把台灣名正言順的納入中國領土範圍之內？」

蔣經國：「不需要！」

蔣中正：「爲什麼不需要？根據中華民國憲法規定，領土範圍是不包括台灣的，要納入台灣就是國家領土變更。要變更領土範圍，須經立法委員四分之三出席，出席委員四分之三決議，才能提交國民大會複決，再經國民大會代表三分之二出席，出席代表四分之三的同意，才能變更的。更何況我們在中國時，從未說過『台灣是中國的領土』這樣的話。反正來到台灣的立法委員和國民大會代表都是我們飼養的，通過這些程序何難之有？既然要壓霸台灣，就搞得像是名正言順似的，不是更漂亮嗎？」

蔣經國：「我認爲還是不要畫蛇添足的好，我們既已穩穩強占台灣，現在才公開修憲，把台灣納入中國領土，就

會留下紀錄，等於是在告訴台灣人民，承認我們是在侵略台灣。我們既然要把台灣人民呆奴化，就要把台灣人民呆奴化得更澈底。反正整個呆奴化教育都操在我們手中，就利用標準教科書，灌輸台灣早就被認定是中國的一部分之假象，不是更好嗎？」

蔣中正：「那中華民國憲法呢？你不是說『中華民國憲法也是要拿來欺壓台灣人民的工具』嗎？」

蔣經國：「是的，中華民國憲法正是欺壓台灣人民的重要工具之一。但是，整個呆奴化台灣人民的教育書籍和資料全由我們掌控，所謂的憲法與憲法的解釋全由我們御用的所謂學者編寫，就說『台灣從來就是中國的一部分，包括憲法也是這樣規定』。不待幾年，等台灣人民全被呆奴化之後，就不會有人去注意這些細節真相了。到時，若有一兩位漏網的清明人士，翻起這些舊帳，要說『台灣根本和中國無關，台灣人根本非中國人』，反而有更多台灣台奴，會群起圍攻他呢！哈！哈！」

蔣中正：「哇！你真的是百密而無一失！」

蔣經國：「那當然！我們的厚黑學可不是隨便玩玩的！是經過精練的！」

1949年底，早先逃往美國一年多的宋美齡，早把帶到美國的財富處理好了。該依美國法律登記的登記了，該隱藏的已隱藏好；美國情人威爾基又已明白表示「長相見不如偶爾懷念」。此時見蔣家父子在台灣的霸權已然穩固落實，必然很快會再復位登基。宋美齡向來是權慾勝過情慾的人，何

況情慾已不保，哪肯放過重做第一夫人的機會。而蔣中正仍須仰賴宋美齡在美國的管道，於是蔣宋一拍再合，宋美齡於1950年1月10日飛離紐約，經檀香山，於1月13日抵達台北。

1950年3月1日，蔣中正在自己帶來的所謂「國會」配合下，自己宣布復職，也就是又自行登基為總統了。

1950年3月13日，蔣中正在陽明山莊對著他自己帶來台灣的文武百官演講，講題是「復職的使命與目的」。

蔣中正說：「我們的中華民國到去年(1949年)終究隨中國的淪陷已滅亡了，我們今天都已成了亡國之民。」

草山居所

蔣經國：「父親大人，拜託您記得，絕不可再對外說出『中華民國已滅亡了，我們今天都已成了亡國之民』這樣的話來。」

蔣中正：「我是對我們自己帶來的文武百官說的，目的是要他們斷了退路，乖乖跟我在台灣。這也是事實，有什麼不對？」

蔣經國：「當然不對，而且大錯特錯！因為『亡國之民』必須『寄人籬下』，我們不是來請台灣收留，我們是來台灣『鳩占鵲巢』的。我們要把在台灣的中國人及其後代催眠成無根的浮萍，不能落地生根，永遠自外於台灣，只能永遠依附我們當家奴。又要把台灣人民呆奴化。這些都得依賴『中華民國』這個道具來施展。沒了『中華民國』這個道具，我們就成了赤裸裸的強盜，是名符其實的外來侵略者。則無論是騙取中國人當圈內家奴，或騙取台灣人民當外在呆

奴，都不易成功的；即使一時成功，也不會長久穩固的。擁有『中華民國』這個道具，就是我們的法寶，也是我們永久的護身符。」

蔣中正：「是喔，我一時說溜了嘴，現在怎麼辦？」

蔣經國：「只要以後別再說溜了嘴就好。他們剛逃到台灣這陌生地方來，還在忐忑階段，還回神不過來，只聽父親您說溜了嘴一次，不會有什麼印象與領會的。只要以後別再說溜了嘴就好。」

蔣中正：「再也不會了，我知道這嚴重性。」

蔣經國：「我們就是要自稱是全中華民國的中央政府、台灣只是地方政府，所以中央政府成員當然是按全中國人口或土地面積的比率來分配的。台灣所占比率當然接近於零了，不是嗎？以後『勉強型呆奴』形成後，找一兩個如黃朝琴、連震東等有奶便是娘的人，施捨個位置給他，那是寬大爲懷的德政了。等『穩固型呆奴』形成後，再多施捨幾個位置給他們，那是更多的高尚德政，呆奴們會更加歌功頌德了。而地方政府當然是永遠要受中央政府管轄，地方是不能對中央有意見的，而我們就是中央政府。」

蔣中正：「對了！各級政府的官員也如法泡製。爲了表示我們公正辦事，一律考試錄用。台灣人民錄取人數也照台灣在大中國所占的比率算。最妙的是：照我們設計的標準教科書與標準考試方法。因爲能錄取的台灣人民太少了，競爭激烈，只有大量死背書的人，才能在標準答案中獲得高分，才能錄取。能錄取的台灣人民，必然也是最會背標準教科書與標準答案的書奴，用之何妨？」

蔣經國：「哇！父親眞精明啊！」

蔣中正：「你這王八蛋，你消遣我啊？」

蔣經國：「不是！不是！父親別生氣！以中國人而言，父親是精明絕頂的。我之所以敢在父親面前侃侃而談，只是憑藉在蘇俄多年耳濡目染來的一點經驗，請父親指正而已。」

蔣中正：「繼續說吧！」

蔣經國：「由於我們的鎖國政策，限制了工、商的發展，台灣不會有足夠的私人大型企業。在台灣要能享有穩定而過得去的生活，就是進入政府公職或公家企業工作了。而按照我們的設計規定，留給在地台灣人民的職缺很少。台灣人民要脫離苦海，唯有靠拉關係、走後門；或者就只有從考試的激烈競爭中脫穎而出。這種把戲最少要維持數十年。到時候，大多數台灣人民就被我們塑造成了三類人之一：

第一類：是沉在社會底層的渾厚大眾。他們無競爭意願，或無競爭力。在我們的『文化教養』過程中，這些愚民大眾，最容易成爲我們這種神化偉人的忠實信徒。

第二類：是靠拉關係、走後門而得利者。這是輕鬆而便捷的出路。得意過一次，必定愛不釋手，就如吸鴉片上癮一樣，一定成爲不肯努力、又無是非觀念的人。在經過我們『把台灣人的良心腐蝕』(等一下會說明)之後，這類人就會成爲『第一類台灣人民』欽羨的對象——認爲他們是一群有辦法的能人異士。

第三類：在我們設計的書呆子標準教科書的標準教育與考試制度下，從激烈競爭的考試中脫穎而出的人，須以滿分

為目標，必定對所得分數，分分計較，更要注意別人所得分數。為了勝出，必須在所謂『有用的』單一衡量指標內，分數高出別人；非衡量指標的知識，當然棄之不顧。對分數錙銖必較，不是為了知識，只是為了表面上勝過別人。自然就會養成『時時想用力把別人比下去、壓下去』的性格。這類人長大後，不是成了利慾薰心的假中國人，就是成了只會努力背書的書呆子。」

這後兩類人到後來一定會成為「譏笑貧弱、崇拜強權」的性格。

蔣中正：「哇！這三類人在一起時，無意中不是就會互相踐踏了嗎？」

蔣經國：「正是！但是，在我們極權統治氣氛的壓制下，台灣人民的這種相互踐踏不會太失控的。而當世界民主潮流的影響下，國家社會不得不民主開放時，高壓氣氛漸鬆，這種台灣人民的互相踐踏就會失控。屆時已呆奴化的台灣人民，因已被教化成缺乏理性思考的心性，無法清理因果根源，必然有不少人會懷念起極權的高壓統治，懷念起奴化生活的安定。」

蔣中正：「所以當我們這些特權貴族，有一天不小心跌倒時，不只那些高侵略性的假中國人會撐著我們，大部分台灣呆奴還會過來扶我們一把呢！」

蔣經國：「正是如此！至於地方政府，則可逐步開放由地方自己選舉。」

蔣中正：「等等！民主選舉我們沒經驗，開放地方選舉妥當嗎？何況我們已帶來兩個專門裝飾給國際看的政治盆

栽——中國青年黨與民主社會黨。在中國時就是靠我施肥存活，雖然不是很漂亮，但不會動，所需肥料不多，擺著裝飾用剛好。何必再搞什麼地方選舉的麻煩事？」

蔣經國：「麻煩不大，但好處可多著呢！一來，可把我們的『改革誠意』裝得更像；二來，地方必須接受中央管控，這些小議員或小地方官一有任何出乎我們意料之外的事發生，立即以不服從中央、辦事不力、甚至有通匪嫌疑或思想有問題的罪名，將他革職，再派任代理；甚至送進監獄，或判他死刑。無須多慮的。況且我們還要藉由地方政府的逐步選舉，來腐蝕台灣人民的心靈呢！」

蔣中正：「地方選舉能腐蝕台灣人民的心靈嗎？」

蔣經國：「是的！經過陳儀、魏道明與陳誠這幾年來用『引蛇出洞』的手法，捕殺了眾多敢出頭的台灣人士。我們再持續掃蕩那些剩餘的台灣精英份子。正當的台灣精英已少，敢再想出頭的就更少了。我們就派人挑選地方上的惡勢力或偽君子，拉攏來由我們提名參選。沒我們提名而敢參選的人不多，再藉由參選資格審查、勸退，再買票賄選、操控票箱，這些地方惡勢力或偽君子必能當選。這些台灣人當選後地位暴升，必更猖狂。漸漸地，台灣人民心中會種下『無官不貪、無吏不汙』的印象。久了之後，『天下烏鴉一般黑』的互不信任心態就成了不破的真理，深烙每個台灣人民的心中。這時台灣人民『心中無英雄』的性格就塑造起來了。以後再有任何台灣的有識之士，想要以清廉、正義的形象招來民眾擁護，就難如登天了。沒有能被眾人追隨的正義英雄領軍，台灣人民還有什麼力量可言？我們就高枕無憂

了。」

蔣中正：「這招厲害！但如何能保證這些地方惡勢力與偽君子必能當選呢？」

蔣經國：「我有六大法寶：①買票、換票；②票箱裡事先埋伏選票；③代領投票；④故意製造對手選票為廢票；⑤故意唱錯票；⑥直接在圈票時加以威脅。沒問題的！再有疑慮，則換掉整個票箱。還會有什麼不放心的？」

蔣中正：「你有把握就好！」

蔣經國：「這裡面還埋有兩手暗招，那才叫厲害！」

蔣中正：「兩手暗招？」

蔣經國：「是的。首先，萬一不小心讓一兩位台灣的清明人士當選了，因為我們是中央集權加戒嚴。他們再怎麼努力奮鬥，我們也不讓他們替台灣人民爭取到任何公平的對待。台灣呆奴便會覺得清明人士更沒用。而依附我們而當選的惡勢力或偽君子，只要乖乖聽話，我們默許他們在不過分的範圍內貪汙、霸道。因為仗勢或買通都有效，自然會有不少想仰仗他們的呆民，他們在地方的聲勢會更壯大。當然，這些人有時會貪得無厭而搞得眾叛親離。只要真是聽話奴才，他在地方失勢後，我們替每個人都安排一個『還不錯』的官位去坐。則其他依附我們的人或想依附我們的人看在眼裡，會更放心讓我們差遣了，因為他們知道，我們是不會棄『聽話奴才』而不顧的。」

蔣中正：「那第二手暗招呢？」

蔣經國：「第二手暗招就是向民眾賄選、買票，名為走路工(資)。」

　　蔣中正：「你剛才講的，藉由操縱選舉與控制票箱，我們養的人選必能當選。還要花錢幹什麼？」

　　蔣經國：「用以更深化地腐蝕台灣基層人民的良心啊！以台灣人民的本性和傳統人格而言，他們勤奮工作、心地善良、堅守本分、黑白清楚、是非分明。這樣的人民原本是優秀而難得，但卻不利於我們外來的統治者。尤其黑白清楚、是非分明的心態，最易對外來統治者的正當性有質疑，是外來政權想要長久的最大障礙。為了我等外來的統治者能久安，除『呆奴化』的塑造外，也要將台灣人民心中在是與非的間隔帶模糊掉。意思是：經過設計的手法，先在台灣人民心中，強加入是與非難決斷的地帶。久了之後，『是非難斷』的感覺習慣了，就成了『是非不分』。一群是非不分的呆奴，又怎會質疑外來政權的正當與否呢？」

　　蔣中正：「理論是聽懂了，但實際操作呢？」

　　蔣經國：「原本是富裕、安康的台灣，幾年來被我們弄得現在連基本三餐都吃不飽了。在地方選舉時，由政府撥款給中國國民黨，中國國民黨再拿給所提名的候選人(反正這些錢也是來自台灣人的稅收)，我們的候選人再拿這些錢去賄賂人民，或送給生活用品。起初，多數台灣人民為維護人格，會拒絕。我們就教導候選人，向人民解釋：『這只是麻煩人民走路去投票的走路工資。你不接受，等於明白表示你不去投票給我，那就是擺明反對我了。』這樣一面利誘，一面威脅，先會有一些人受不了飢餓而勉強接受。一來，由於接受與不接受並不能改變選後的社會結果；二來，人性本來就有『群聚同化』效應。例如：在觀看喜劇時，只要適時放出

事先錄好的笑聲，原本不覺好笑的人，也會不自主的跟著想笑。所以當少數的人接受了小利，對大環境並未有影響，就會有人跟進。這會有傳染性，接受小利的人會越來越普遍；三來，社會中充滿恐怖氣氛的安定，很少人會願意因勸人堅持尊嚴而被列入黑名單。結果，「寧可餓死也不要接受利誘與威脅」的自我約束力就會逐漸薄弱。俗話說：久了成習慣；習慣成自然。勉強接受的人會越來越多，原先勉強接受的人會成為很自然地接受。這時台灣基層人民的良心，就被我們更深化地腐蝕了。」

蔣中正：「這樣深化腐蝕基層人民的良心，對我們有多大好處？」

蔣經國：「好處可大呢？經過我們在台灣的長期鎖國政策，台灣人民不准任意出國，外國人要進入台灣也須經我們篩選，台灣人民斷絕外來資訊，我們會有很長的一段時間可持續腐蝕台灣人民的良知。即使將來有一天我們擋不住世界潮流，台灣也不得不民主化了，一些低階層、無良好社會條件的台灣人民，已被貶成無力維護自尊的一群。在民主化的選舉中，對這些人賄選的有效性，會因而可持續一段較長時間。這種現象會令台灣人民的有識之士深覺痛心，有理想、有抱負的台灣人士會氣餒而灰心。加上呆奴化的效應不可能一夕之間消退殆盡。就算台灣全面民主化了，蔣家集團的子孫仍有較大的勝算。這樣一來，台灣人民內心的深暗處，普遍會有自覺卑賤、無力的陰影存在。加上前面所講過的大中國教育之潛移默化與天下烏鴉一般黑的心理效應，更會根深而擴大。到我們的後代子孫，即使出了不少無能又不知節

制、胡作非爲的紈褲子弟，而刺激一部分台灣人民的覺醒，甚至反抗，大部分的台灣人民，也會有一段很長的時間無法完全相信人間有眞理、公義存在。所以，在一段時間內，能得台灣人民信任的所謂覺醒人士必定不會太多的。」

蔣中正：「但時間久了呢？難保逐漸醒覺的人會漸漸多起來！」

蔣經國：「即使覺醒的人多了，也聚集起來而有點作爲，我們照樣能保有一段長時間的無憂特權。」

蔣中正：「不少台灣人民都部分覺醒了，懂得反抗了，還能長保特權？」

蔣經國：「是的，屆時這些部分覺醒的人，也只能醒覺一部分。因爲我們製造的台灣人自卑陰影，根深而廣大。一群有這種自卑陰影的人，即使因部分覺醒而聚集，仍然不能在短時間內完全清明覺醒，不完全清明覺醒的台灣人民，由於率先醒覺實在不容易，所以每個人都一定會自以爲只有他最清醒、最精明。所謂『不完整的知識是思考的最大障礙』。這些人在初期聚集而奮鬥時，因爲同仇敵愾的關係，會團結而有力，也可能有些成就。但有一點成就，這些人就會自亂陣腳。因爲半清明的人，在有點成就時，最容易得意忘形。這種人共患難容易，要同享成果就比較難。再因爲人人自以爲最清醒、最清明，就會有自大而互不信服的潛在心理。這種自大而互不信服的潛在心理，在他們稍有成就時，就難再有那種艱困時期的共患難精神。這時我們的子孫再紈褲無能，再不小心，在我們已長期把大部分台灣人民打入呆奴化深淵的台灣社會模式裡，要擊垮這些僅部分覺醒的人士

是輕而易舉的。順利時，更不用我們打擊，他們會自己互相拉垮。這樣的一群自以為覺醒的台灣人民，又怎麼會有足夠的力量在短期內將我們留給無能紈褲子孫的特權剝奪殆盡呢？何況民眾長期被我們塑造成的呆奴心性，不可能短期復原的，要恢復理性思考的能力，更是需要漫長時日。所以雖然再紈褲無能，再胡作非為，再不小心，要對付初覺醒的台灣人民，仍然是綽綽有餘的。」

蔣中正：「嗯！為了保證你所說的各種塑造呆奴手段能順利完成，要無限期的戒嚴。有不同意見的，就抓來移送軍法審判。再按個有助匪意識或有反叛意圖的罪名，長期監禁，關到他意志崩潰。殺一儆百之後，我們的計謀就再沒有阻礙了。」

蔣經國：「對！我們就拿反共抗俄、殺朱拔毛當口號，以還在戰爭狀態為藉口。看誰敢反對戒嚴？我們對美國還有利用價值，美國看在眼裡，也只能啞巴吃黃連。另外，還要完全掌控法院，把法院也做成是我家開的私人公司運作。」

蔣中正：「已經有戒嚴了，軍事法庭就是我們開的。哪還有必要去管到人民的司法系統？」

蔣經國：「當然要，人民的司法系統是溫和善良大眾的安全生活所依託，我們的完全掌控，更能顯示我們是台灣人民的完全主宰地位。平常法院須配合我們的作威作福，讓台灣人民又敬又畏，偶爾我們也能來個『人民攔路伸冤』的『包青天式』表演，更能彰顯『神化偉人』的姿態——平常怕得要命，偶爾又希望從我們這裡得到救贖，這不正是一般人敬拜神明的心態嗎？」

蔣中正：「要怎麼完全掌控法院呢？」

蔣經國：「早期司法官與檢察官當然全部用我們的人。人是我們任命的，當然必須以報效黨國，替黨國服務為工作職責。要不客氣地明白指出『法院是中國國民黨開的』，所以司法人員是我們的員工，員工不忠於顧主，就是叛變，那不是僅僅革職可了的事。還怕他們不乖乖的。」

蔣中正：「而在我們操控下的教育與社會現象裡，將來再經我們標準試題考試進來的新進司法官與檢察官，也必定是僅會背書而不懂理性思考的呆奴。這些書呆子式的呆奴，再經司法人員訓練班，調教一下『報效黨國栽培』的定念。進入司法體系後，耳濡目染的又都是報效黨國的規矩。久了成習慣，習慣久了會成自然，自然久了就根深柢固了。」

蔣經國：「無論是司法官或檢察官，歷經幾十年的為我們所御用。以報效黨國為名，就如我們所養的『家奴』，長期維護我們的利益，並將反對我們的人士，施加『背叛』的罪名。即使將來有一天，有稍微覺醒的人士意外地經由民主制度當政，這些法官與檢察官將仍是我們紈褲子孫的護身符。因為這些法官與檢察官，若不袒護我們子孫，等於否定我們的特權貴族身分。而否定我們，就等於承認先前幫我們『歪曲公理、陷害善良人士』是罪惡了。那些法官、檢察官過去的自己，不就成了幫凶、成了走狗？這種心靈的扭曲，他們受不了的。所以即使我們中國人貴族集團的子孫，再作惡、再無能，這張司法護身符仍不會那麼容易打破的。」

蔣中正：「可是如果是新進的司法人員呢？」

蔣經國：「父親別忘了，新進司法人員仍是在我們的

『呆奴模式』中成長的。他們會進司法體系，心靈不是單純就是接受這種根深柢固的司法習性。單純的易受同化；接受的更自然爲我們所用了。」

蔣中正：「若有一兩個固執之人，意外地進了司法體系呢？」

蔣經國：「父親想想看，若有1000cc.的黑墨汁，您將1cc.清水滴進去。結果如何？現在即可試試看！」

蔣中正：「哇！完全不見了，沒有任何痕跡可察覺。可以說是不存在，也可以說是被消滅了。」

蔣經國：「所以囉！」

蔣中正：「以後我們的子孫再怎麼紈褲無能，也可以輕易操控這些司法官與檢察官了。」

蔣經國：「這時法院不但是爲我們集團服務的，更因爲司法人員在替我們服務時，習慣了『隨意扭曲事實』，在辦理一般案件時，必也難除『隨意扭曲事實的習慣』。司法又是正義的最後防護線，司法人員必自爽於『扮演上帝，主宰眾生』的快感。當然除了我們做主子的有意見之外。屆時不論受委屈的想得救贖，或使壞的想脫罪，都會相信要得正義或要能逞強，都需走後門才容易達到目的。這時低侵略性台灣呆奴會有無力感；高侵略性的台灣呆奴更會緊抱中國人貴族的大腿不放。趨炎附勢的心理會在台灣社會變成常態。而法院既然是我們開的，它的後門自然也是我們開的。這個大家趨附的炎與勢，更是我們蔣家代表的集團了。因而『我們集團是當然貴族，其他是當然呆奴』就更穩固了。」

蔣中正：「但對於民主的時代潮流，我們是可以把它擋

慢，把它擋小，要把它全然擋掉不太可能吧？」

蔣經國：「我知道！但就如剛才說明過的，要把一杯黑墨汁變清澈，是不容易的。需要先換一個很大、很大的桶子裝，再倒入幾千杯、幾萬杯的清水進去，才可能見到清水的存在。而民主時代潮流早被我們擋慢了、擋小了。您說說看，要到何時這水才能清澈？」

蔣中正：「哇！你的心思眞是細膩啊！眞是高瞻遠矚啊！」

蔣經國：「所以法院不只這時是我們開的，至少五十年，甚至一百年都會是我們開的了。」

蔣中正：「前面所講的各項陰謀，都是要分清楚我們中國人與台灣人民才可。憑長相是可看出不同，再一開口，大家現在都能分辨。但時間久了，有沒有什麼辦法能保持涇渭分明而不會模糊掉呢？」

蔣經國：「這個我老早就想過了。戶籍登記都要註明祖籍。戶口名簿、身分證都要有祖籍登記。」

蔣中正：「就是分別註明中國人、台灣人了。」

蔣經國：「不，要註明是哪一祖籍。」

蔣中正：「何必那麼麻煩呢？」

蔣經國：「父親別忘了，我們爲能強化我們永久集權統治的藉口是：台灣是大中國裡的小台灣。台灣是中國的一小省而已，我們是代表大中國來統治小台灣的。台灣人民要在大中國政府裡說話，只能依照在大中國內的比率算份量。將祖籍分成四十多種，台灣僅是其中一種，更強化了台灣人民地位被漠視的正當性了。」

蔣中正：「哇！兒子你真是奸巧！」

蔣經國：「應該是聰明伶俐吧！」

蔣中正：「對！對！是聰明伶俐。」

蔣經國：「還要確定新的國旗與國歌。」

蔣中正：「國旗國歌本來就已經有了。」

蔣經國：「不要用原有的國歌與國旗。」

蔣中正：「先說國旗吧！」

蔣經國：「我知道中華民國已有普遍承認的國旗，是橫條紋由上而下，紅、黃、藍、白、黑五色的五色旗。那是孫中山在中華民國剛成立時，他任臨時大總統，於1912年2月15日在南京主持國家參議院會議時，一致通過的國旗。且1912年3月10日袁世凱在北京繼任臨時大總統後，4月2日政府遷往北平。更於5月14日在北平舉行國家參議會時，再次確定中華民國國旗為五色旗。但是，當初選用五色旗為中國國旗是意涵五族共和。我們這次來台灣並不是要與台灣人民共和，我們是外來政權，是來當霸主的貴族。怎可有共和的平等意思呢？」

蔣中正：「那你還要重新在台灣制定國旗？」

蔣經國：「不是，就用青天白日滿地紅旗當在台灣的中華民國國旗。」

蔣中正：「那不太好吧！你知道嗎？青天白日滿地紅旗是孫中山退居廣州時，於1924年1月24日成立黃埔軍官學校，5月份由我任校長，欲先強化中國國民黨軍力，再致力統一各地軍閥，於6月30日，討論製作一面軍旗，讓各地割據的軍隊順服後，或被征討後，統一懸掛的旗子。我當時說

服大家：既然是中國國民黨主事，再次革命，統一中國。那過程中所要用的統一軍旗，當然是要有以中國國民黨領導全中國的意涵。所以當時的中國國民黨中央執行委員會，全體同意我的意見，制定了青天白日滿地紅旗爲統一軍旗。其實當時我製作此軍旗的內心用意是，要僞裝『我是孫中山的最忠實信徒』來一步步掌控中國國民黨，再以黨來壓制廣大的血腥中國。」

　　蔣經國：「就因爲是這樣，我才一定要用青天白日滿地紅軍旗在台灣當國旗。它隱喻蔣家掌控中國國民黨，再由中國國民黨壓制台灣，而且不惜血腥踐踏台灣。望而生意。當然我們不必明說。但假國旗引發的印象，會替我們說話。而且是長時期、暗地裡深植的印象。」

　　蔣中正：「可是在三年前，我當國民政府主席時，就爲了強化我是代表全中國的意思，要我掌控的國民大會於1946年12月25日通過暫時停止懸掛國旗，改用『青天白日滿地紅旗』的中國國民黨軍旗，暫時取代五色旗。因爲那時候，全中國及各黨派、軍閥全都掛國旗──五色旗。我心裡想的是，原先我利用孫中山吞下中國國民黨，現在則要利用中國國民黨吞下全中國。當時就曾引起批評聲浪四起。其實，當年製作青天白日滿地紅旗時，即引起不少反彈。連當年孫中山的好友，人人尊敬的中國國學大師章太炎，在1936年去世前，也特別交待，他過世後只願以國旗『五色旗』覆蓋棺木，就因爲他見過青天白日滿地紅的軍旗，極爲不滿，致連『青天白日』的黨旗，他也不願接受。可見有不少清明中國人對『青天白日滿地紅』旗所隱含意思的厭惡。現在又要硬

稱『青天白日滿地紅』旗爲國旗，妥當嗎？」

蔣經國：「當然妥當！今日在台灣的中國人，大部分是我們的人，心理上自然不會反對有壓霸意謂的『青天白日滿地紅』軍旗。民主型的正派中國難民是也有不少來到台灣，但他們已遠離中國，印象中『五色』國旗僅代表中國。現在是逃難到台灣，這裡總是異鄉，心理上他們需要我們做依靠。我們的黨、政、軍又無他們置喙的餘地。且我們高舉『青天白日滿地紅』軍旗已久，當初陳儀來占領台灣時，即是帶來『青天白日滿地紅』軍旗。意識是，當時是中國國民黨占領台灣，與中國國家無關，所以在台灣搜括的財物、利益，全歸我們的中國國民黨。現在我們私自決定『青天白日滿地紅』旗爲在台灣的國旗，反正台灣人民也不知道『青天白日滿地紅』旗並非中華民國的國旗，不會引起多大注意的，因爲到處已掛習慣了。」

蔣中正：「好吧！那國歌呢？」

蔣經國：「當然也不能再用原來的國歌『卿雲歌』。『卿雲歌』是章太炎於1920年建議，在1922年由孫中山主持的國家參議會通過後，正式公布的國歌。但章太炎因不滿您的『青天白日滿地紅』軍旗有壓霸中國的意思，死時竟連黨旗也拒絕。若再用這國歌在台灣唱，台灣人民是不知道這段歷史，但一定會勾引中國難民想起章太炎。而章太炎最看不起您了，這是現在大家都知道的。所以絕不能再唱中華民國的國歌，中國人才會早日忘了章太炎，也才會快點忘了『章太炎最看不起蔣中正』這件事。」

蔣中正：「那你也是執意要以我選定的黨歌當在台灣的

國歌用了？」

蔣經國：「是的！當初您當黨的軍校校長時，堅持用孫中山在軍校的訓詞爲黨歌。還不是爲了您在黨的資歷不夠，又有多人對您不滿，所以您要僞裝成孫中山的最忠實信徒，自命是孫中山的嫡傳弟子，以便藉孫中山之名掌握黨機器？」

蔣中正：「是呀！連這個你也清楚？」

蔣經國：「當然囉！我是您的兒子嘛！所以，如同國旗一樣，現在也要用黨歌當做在台灣的中華民國國歌。在台中國難民中反對孫中山個人的不多吧？」

蔣中正：「是沒錯，但也如『青天白日滿地紅』旗一樣，當時在1937年6月3日，中國國民黨第5屆中央常務委員會第45次會議時，因中國國民黨已在大部分地區失去控制權。『卿雲歌』的國歌又爲其他地區普遍使用。爲了與他們區隔，所以決定中國國民黨只唱黨歌，不唱國歌。就和在1946年決定僅掛『青天白日滿地紅』旗相同的理由，我就是要利用中國國民黨稱霸全中國，所以要有『中國國民黨爲中國霸主』的意思。但那也只是中國國民黨一黨之私的主張，黨之外並無人認同。雖然只說是暫時不唱國歌，也遭到群起謾罵。世界上有哪一個國家是用黨歌爲國歌的？現在又要堅持用黨歌爲國歌，名不正言不順吧！」

蔣經國：「中國人剛到台灣不久，心理上尚未安定。是我們帶來的人，自然歡迎以黨凌駕台灣之上。非我族類的中國難民又能怎麼樣呢？」

蔣中正：「但黨歌是孫中山在黨內的訓詞。開題就是

『三民主義，吾黨所宗』，拿來當國歌說不過去吧！」

蔣經國：「就經由學校、各級政府單位與我們掌控的報紙，宣稱這裡的『黨』字是表示『大眾、全國人民』的意思。」

蔣中正：「『黨』是私，『大眾、人民』是公。這樣硬拗，說不通的。」

蔣經國：「我就是要硬拗到通。現在每個台灣人民當然都不會相信。但全台灣等於被我們用槍壓著，這種不信，台灣人民也只能存在心內，沒人敢用嘴說出來的。等過幾年，我的『呆奴化』手段一一上路，台灣人民就會勉強接受，勉強久了就成習慣，習慣久了就成自然。何懼之有！」

蔣中正：「既然你有信心，就去做吧！」

蔣經國：「其實，用黨歌當國歌，我有另一層詭計在裡頭的。」

蔣中正：「還有另一層詭計？」

蔣經國：「是啊！父親您想想看，我們中國國民黨在黨內集會時，不唱國歌，因為台灣沒有國歌。我們開會時，司儀都喊：「大會開始，唱黨歌。」而黨內以外任何集會，包括看戲、看電影，每個台灣住民都必須高唱我們的黨歌當國歌。中國國民黨人不得意快活才怪！非中國國民黨人不自卑到死才怪！這樣更能彰顯中國國民黨是尊榮貴族的正確性。高侵略性與中侵略性的台灣呆奴，更會迫不及待的擠到我們中國國民黨的腳下，自甘心靈墮落地來當個假中國人，沾一沾尊榮貴族的氣息。而我們又是尊榮貴族裡的最上層當然貴族。您說這妙不妙！」

蔣中正：「眞是妙！」

蔣經國：「再來就是利用司法、特務與間細，去深化台灣人民內心的恐懼與不安。」

蔣中正：「經過我們四年多來的壓榨與捕殺，台灣社會的恐怖氣氛還不夠嗎？」

蔣經國：「現在的恐怖氣氛是夠了，但人總是健忘的，若沒持續的深化，不會有持久效應。何況我們準備要做些假開明、假改革的措施，一般民眾會誤以爲我們眞的放手了而鬆懈。所以一定要持續的深化台灣人民內心的恐懼與不安，恐怖氣氛才能根深柢固。也才能配合呆奴化的設計，使得台灣人民產生『把我們奉爲神明』的心理效應──又敬又畏。那就是『對巨大力量的驚恐，又完全無力反抗，只能乞求憐憫，偶爾又想要奢求庇護』的心理。」

蔣中正：「那要如何深化台灣人民內心的恐懼與不安呢？」

蔣經國：「從間細、特務而司法，一條鞭加壓。以『爲匪宣傳、意圖叛亂或思想有問題』爲罪名，批評我們個人的，處死；批評時政的，長期監禁；討論時政的，就關到他怕了；旁聽的，也要以坐牢讓他不敢了。使得台灣人民終生不忘恐懼，並會告誡子女，不得有對當局不敬的言語；也不可旁聽對時政的討論，以保平安。這種恐懼心理與呆奴化過程是相輔相成的。」

蔣中正：「嗯！看來合乎邏輯。」

蔣經國：「這一套明的以黨控制政治、經濟、軍隊、司法、教育、娛樂、文化；暗的用特務滲透各階層，以強化安

全效果與敬畏心理，將台灣人民塑造成病態呆奴的手法，是全世界空前的高超謀略。萬無一失的。」

蔣中正：「病態呆奴？你稱它爲疾病？」

蔣經國：「是的，是我們特意製造出來的全新精神疾病。是前所未見的心靈疾病，我稱之爲『心理病群台灣症』。」

蔣中正：「爲何叫『心理病群』呢？」

蔣經國：「因爲我們的陰謀得逞後，台灣人民在各種領域的事情上，都會有各種病態的感覺與反應。甚至思考模式都是病態的，所以稱『心理病群』較合適。」

蔣中正：「既然你說它是一種病，你還說『萬無一失』？不怕它什麼時候痊癒了？」

蔣經國：「父親，您見過哪一種已經普遍存在的祭拜神明行爲或宗教信仰很快消失的？」

蔣中正：「這個跟即將發生的『心理病群台灣症』有何關係？」

蔣經國：「密不可分哩！」

蔣中正：「說說看！」

蔣經國：「父親您知道爲什麼人人大多有祭拜神明的行爲或信仰宗教嗎？」

蔣中正：「不是爲了精神上的慰藉與心靈上的寄託嗎？」

蔣經國：「那是表面上的說法，事實上因爲『人骨子裡都會心虛』。」

蔣中正：「心虛？」

　　蔣經國：「是的。人不論他多努力，多聰慧，對周遭環境與大自然都有很多他所不能完全理解與不能掌控的；也有很多期望是難以實現的。對不理解與不能掌控的事，就會引起擔心和害怕。怕不知何時，任何災變與不幸可能會降臨。於是就會希望有某個無形的『萬能力量』可依附、可得護佑。難以實現的期望，也會希望有個『萬能力量』可賜給或幫助完成。這就是祭拜神明與信仰宗教的原始衝動。」

　　蔣中正：「這和『心理病群台灣症』有何關連呢？」

　　蔣經國：「這是要造成台灣人病態心理的原動力啊！我們憑藉武力製造的全台恐怖氣氛，讓每個台灣人民每天擔驚、害怕，害怕任何不小心，隨時會有無妄之災降臨；另因日子難過，又希望能有意外的惠賜與好運，期待難得的較好生活。這種『內心恐懼，又不放棄期待』的心理，正是強化那驅使『崇拜神明、信仰宗教』的原動力。」

　　蔣中正：「那麼台灣人民就更虔誠地崇拜神明、信仰宗教了？」

　　蔣經國：「是的，但神明與宗教僅是慰藉成分居多。若有實質化的神明存在，台灣人民定會爭先敬拜。」

　　蔣中正：「實質神明？」

　　蔣經國：「想想看，是誰令他們感到畏懼，使他們生活在恐懼之中？」

　　蔣中正：「是我們！」

　　蔣經國：「誰是台灣萬能的主宰？只要偶發一點善心，願意伸手向某人一揮，那人就立刻能有較好日子過？」

　　蔣中正：「是我們！」

蔣經國：「那就對了，神明的必備條件我們都有了，而且是實質存在的。」

蔣中正：「我知道了，虛幻無形的神明人們都崇拜了，台灣人民哪會放著實質存在的神明而不敬拜有加呢？」

蔣經國：「我們再令台灣人民每天高唱『總統蔣公，您是民族的救星，世界的偉人，我們敬愛您，我們崇拜您』。『您我是台灣人民心目中的神明』便萬無一失的深烙台灣人民的呆奴化腦中了。」

蔣中正：「這招真毒，更狠。」

蔣經國：「對，還要在台灣各地普遍設立父親您的銅像。」

蔣中正：「等等！你這混蛋！我還沒死咧，你就要替我立像？」

蔣經國：「父親不要誤會，這是分身。您的分身無所不在，表示您的神威無所不在。要在每一個鄉、鎮、區；每一個學校、機關；每一個公園；每一個集會場所、重要路口，普遍設立您的大型銅像。一來隨時讓台灣住民景仰神威；二來隨時讓人望而生畏，意涵無所不在的監視，不可輕舉妄動。」

蔣中正：「這樣做好嗎？」

蔣經國：「當然好，這是加強把台灣人民呆奴化過程的一環，也是塑造成神化偉人所需要的強化劑。何況銅像堅固不壞，能長久留存，設立後可有持續鎮懾台灣人民心靈的效果。」

蔣中正：「看來不錯！」

　　蔣經國：「更要嚴密控制出版社與報社。書刊、報紙之出版一律事前審查才可出刊。政治、社會之消息只能刊出對中國國民黨政府與中國貴族的歌功頌德，稍有疑慮的即封殺出局。現有出版社與報社全由我們的人接收。開始時，記者、編輯全由我們的人或『假中國人』擔任。新進人員還是以『我們中國人貴族』爲主，當然也可錄用幾個台灣人民當點綴，但需經身家調查與書呆子式考試才可錄用。」

　　蔣中正：「書刊與報紙既是從事思想改造、呆奴化台灣人民的重要工具，怎可有非我族類存在？這我不放心！」

　　蔣經國：「父親多慮了，錄用幾個台灣人民可製造『我們心胸寬大，把他們也當人看』的假象，那時把『台灣人民呆奴化』的效果已顯現出來，再經身家調查與挑選，應無疑慮。何況在長期的控制之下，『對蔣家、中國貴族的歌功頌德』、『人民可使由之，不可使知之』、『人民是可欺騙的，可導引的』這些在媒體界已成根深柢固的信念。加上『呆奴化』的作用，這些歪理又接近事實。即使在人的方面出意外，少數幾個人不但起不了作用，更不是被淹滅，就是被同化。不但現在沒問題，即使長久後的將來，當世界潮流擋不住時，我們現在所掌控的媒體及所延伸的枝葉，仍可有一段很長時間，會自動替我們中國貴族的子孫當打手。繼續玩弄、蹂躪台灣人民的心靈。這樣，我們可以更輕鬆，效果也能更持久。」

　　蔣中正：「哇！那我們真的能安享台灣人民的供養至少五十年了。有再怎麼大的意外，我們的貴族子孫再怎麼紈褲無能，再怎麼胡作非爲，也可保有百年特權了。好！就按照

這個謀略，一步一步確實加強執行吧！」

蔣經國：「父親，為能有效管控，我要先在台灣成立國防部『總政戰部』，我要當主任。」

蔣中正：「我們剛到台灣，名義上我還是平民，而且是別人眼裡的罪犯。你不必急著坐上官位。等我一切安排妥當，什麼大官隨你挑。現在急著要個小主任做什麼？」

蔣經國：「以上所設計的，要打造台灣成為我們的私人樂園，把中國難民改造成『家奴』，把台灣人民改造成『外在呆奴』，過程中需要有『無後顧之憂』的絕對武力為憑藉，才能保證順利與效果。」

蔣中正：「在台灣的政府與軍隊都是我們一手掌控，你有什麼好疑慮的？」

蔣經國：「我知道，在台灣的軍隊都是我們帶來的，也是用我們前幾年從台灣搜括來的財物及向美國要來的援助所養的，可稱為蔣家軍。應該會效忠蔣家。但是，為了免除後顧之憂，『應該』是不夠的，我要的是『萬無一失』的『絕對』效忠。所以軍隊要有『明的』與『暗的』雙層監控才可放心。『暗的』細胞滲透我已在進行中，不必正式官位。但暗的僅能做報告或暗殺。而報告與暗殺都是事後算帳，沒法時時做預防性之公開控制與思想上、心理上的訓化。所以也要有蘇俄式的政治軍官深入軍隊各階層，做預防性之思想上的管控與心理上的訓化，才能『萬無一失』。所以必須要有『國防部總政戰部主任』的官位，我才能名正言順地將我的親信安插入軍中，稱之為『政治作戰工作軍官』。現在大批軍隊剛到台灣，整編與安頓都還在進行中，此時下手最容

易！」

蔣中正：「好吧！你就找個時間到國防部去，說是我講的即可。」

蔣經國：「等一兩年一切計謀施展開後，還要成立『中國青年軍』，對台灣呆奴則假稱『反共救國團』，簡稱『救國團』。」

蔣中正：「可不要重蹈在中國時的『青年團』覆轍！」

蔣經國：「不會的，在中國時『青年團』之所以出現失敗慘狀，主要是因為沒有呆奴效應的催化，有些人會心存質疑，心存質疑才會發覺真相。在台灣有呆奴效應催化，安全的。所有學生都是所謂『救國團』的中國青年軍成員。活動內容是軍事教條環境中的休閒娛樂。由於團體同化的心理作用，大部分青年學生會醞釀『與我們是一國』的靠邊心理。在『救國』名稱上更伴隨效忠的正當性，可讓學生莫名其妙地自以為：與我們同在是偉大的。」

蔣中正：「所以當我們繼續搜捕『我們認為有疑慮的人』時，這些青年學生因為『團體的排他性』，心理上很自然會將這些被我們捕殺的人歸入『救國者』以外的『反叛者』了。我們殘暴的高壓戒嚴統治，就被『呆奴式』的接受了。這招好！這個妙！」

蔣經國：「還要普遍吸收學生為中國國民黨黨員。」

蔣中正：「普遍吸收？那不是普遍把台灣呆奴拉進來成自己人了？」

蔣經國：「不是，是讓一些台灣呆奴『自以為』成了我們自己人。在台灣，我們當然永遠是正統的貴族中國人，但

也需要一些『假中國人』的台灣呆奴，替我們做『基層的』管理廣大台灣呆奴的工作。我們既然是少數貴族，就是主幹，主幹需要許多細枝來撐住樹葉。這樣主幹才能輕鬆地等待，細枝會自動把廣大、眾多的樹葉所製造的養份送來給主幹。這些『假中國人』台灣呆奴，就是細枝。」

蔣中正：「那要怎麼個普遍吸收法？」

蔣經國：「我會吩咐下去，學校師生一律填表加入中國國民黨。」

蔣中正：「強迫式的？」

蔣經國：「是半強迫式的！」

蔣中正：「怎麼個半強迫式？」

蔣經國：「其實我們也不需要全民皆黨員。吩咐下去時，一定有人爭先恐後地加入，有人無奈地加入，也會有人堅持不加入。這時我們就知道，可從那些台灣呆奴來挑選我們需要的細枝？」

蔣中正：「加入的黨員就一定是『可為我所用』的細枝材料嗎？」

蔣經國：「當然不是。加入久了之後，不適應的呆奴會逐漸淡出，而剩下的受『團體同化心理作用』的呆奴黨員，就會成為『假中國人』。這批假中國人會自以為是台灣人民中的貴族，會自己和一般台灣人民呆奴做區隔。這批假中國人又分成高侵略性假中國人、中侵略性假中國人和低侵略性假中國人。我們可分別把他們利用在不同用途。低侵略性的假中國人，可用來做『穩定的台灣人樣版』。因為侵略性低，會安靜地的把我們交辦的事情做好。而高侵略性的『假

中國人』，則在有意外狀況時，會比我們『正統中國貴族』更『中國人』。會替我們衝鋒陷陣，會替我們擋在前面當打手。」

蔣中正：「你能肯定？而且他們具『高侵略性』，不危險嗎？」

蔣經國：「我肯定，且保證安全。高侵略性的人，為了個人名利，親人、朋友都會出賣。但由於籍貫的烙印永遠洗刷不掉，所以會更努力表態以期望更像個中國人的貴族，黃朝琴和連震東就是最好的例子。而我們做主人的，已把他們提攜到站在廣大台灣人民之上的地位，他們會不屑於再與一般台灣人民為伍。更深怕露出一點平凡台灣人民的氣息被人聞到，以免他們偽裝為『中國人貴族』的完整性有破綻。所以在打壓一般台灣人民時，這些假中國人甚至會比我們更凶殘呢！再由於『祖籍台灣』的烙印永遠存在，自知永遠不可能是完全的『中國人貴族』，所以每天都在努力更接近為『中國人貴族』，但是永遠達不到是『中國人貴族』，所以會永遠在表現、在努力效忠我們。更由於這批『高侵略性的假中國人貴族』，已把自己嚴格地區隔於台灣人民之外，將來即使有部分台灣呆奴，由於我們紈褲無能子孫的失誤而有部分清醒，到時這批『假中國人貴族』已無退路，更會做困獸之鬥，會更凶殘地打擊那些覺醒的台灣人民，來護衛我們紈褲無能的中國貴族子孫。因為他們知道，他們已沒顏面回去當真台灣人，唯有維護住『真中國貴族』的地位，『假中國人貴族』的地位才保得住。讓一批假中國人貴族的台灣呆奴，持續替我們蹂躪眾多的台灣呆奴，我們才能輕鬆快活，

效果也才能持久。」

蔣中正：「哇！那我們眞是不只能安保至少五十年『有台灣呆奴供養、使喚的貴族』身分，子孫要享百年特權也應無慮了。」

蔣經國：「沒錯！現在我們有黃朝琴、連震東。將來把台灣人民呆奴化後，高侵略性的台灣呆奴會效法跟進。這種有奶便是娘的假中國人，更會源源不絕的。父親您想想看，在我們的剝削下，台灣人民難以溫飽，我們丟出一些得以溫飽的機會。以台灣人民善良又好客的本性，頭一、兩回必會相互謙讓。過了幾回，受讓者得溫飽了。當謙讓者即將餓死、凍死時，我們繼續丟出溫飽的機會時，這些謙讓者必會有人受不了挨餓、酷寒而放棄矜持，來跟著搶拾。既有人搶拾，在群體同化效應下，搶拾的人會越來越多。台灣人民謙讓、善良、好客與重視人格尊嚴的本性就會被我們所腐蝕。另外，由於我們是永遠的強權主宰，台灣人民哪有能力盤算明天？所以只能計較眼前，因爲他們的未來是無法自己把握的。當一個人只能計較眼前時，維護人格自尊的精神就會慢慢鬆散。這種生活過久了之後，勢難避免會養成短視近利的習慣，並且只得把人格尊嚴放於次要地位。當台灣人民進入我們所設計的『自然型呆奴』階段時，這種『短視近利與人格尊嚴不再重於生命』的習性，就會成形且根深了。」

蔣中正：「降低台灣人民善良、謙讓、好客與重視人格尊嚴的本性，對我們有何好處呢？」

蔣經國：「好處可大著呢！削減了台灣人民的善良、謙讓、好客與重視人格尊嚴的本性；同時消滅了台灣固有文

化；再製造中國人的貴族尊榮現象，以壓低台灣人民的自尊；加上種種、層層的管制，磨掉台灣人民『有所為，有所不為』的矜持氣節。台灣人民互相敬重與團結奉獻的精神就會大大式微。一個強權要管控一群缺乏『相互敬重與團結奉獻』的人民，豈不太輕易了。再加上本來我們將台灣人民推向『自然型呆奴』階段時，他們就難有『曾被呆奴化』的自覺。沒有自覺，台灣人民的精神與人格就更難以康復了。」

蔣中正：「但是，做任何事總難達十全十美，難免會有一些呆奴化不完全，甚或沒被呆奴化的漏網者存在。你自信他們也難以翻身嗎？」

蔣經國：「是的，在我們層層設計之下，能完全不被影響的畢竟只有極少數；改造得不完全的是會有一些。萬一因為我們的疏忽，加上世界潮流及時勢所趨動，這些人得以有機會躍上檯面。初期由於專注於困境中的奮鬥，會有忘我的精神。當小有成就時，由於沒有「被呆奴化人格改造」的自覺，我們長期埋下的『精神腐蝕』地雷就會引爆。就如我們中國俗話說的『共患難容易，同安樂多舛』。他們在困境中奮鬥所贖回的「相互敬重與團結奉獻」精神，就會再暗淡下來。多數人會自以為是了不起的功勞英雄；加上每個人都有被人格呆奴化過，更會相互看不起。這時不自亂陣腳才怪！還能成什麼大事啊？」

蔣中正：「但是，總會有少數沒被呆奴化，本性沒被腐蝕的漏網者吧？」

蔣經國：「既然是少數，必有無力感。況且在我們製造的巨大濁流中，不被淹沒才怪。還怕他能成什麼氣候？」

蔣中正：「有你辦事，我可以放心了。」

於是在1950年初，蔣經國隨即靠其父(雖然蔣中正表面上還是待罪平民)成立總政戰部，自任主任，以嚴密監控軍隊；除了他舊有的地下特務系統，更身兼國家安全局(當時對外隱名為總統府資料室)局長，掌控全部情治系統，包括警備總部。1950年7月更掌理中國國民黨中央改革委員會。從此，黨、政、軍全由蔣經國掌握生殺大權。全台灣進入了長達三十八年的另一個恐怖時期。

228後的3月大屠殺，以及隨之而來蔣幫集團對任何有礙眼或不順耳的台灣人民，所做的五十年恐怖統治與捕殺事件，罄竹難書。在此不再贅述。有意知道一點這些慘史者，可看邱國禎所著《近代台灣慘史檔案》(前衛出版社)。不過，《近代台灣慘史檔案》裡所記載的，也僅是發生在幾個當時較為知名台灣人士身上之事件，其他無辜受害的非檯面上人物，沒被記載者，不知凡幾。

1949年12月7日，中華民國總統李宗仁抵達美國華盛頓，尋求美國再援助中華民國政府(是真正的原中華民國政府，非在台灣的蔣幫所掛之羊頭假中華民國)的可能。一方面由於美國看清了過去任何援助均被蔣幫集團私人攔截去；另一方面也知道中華民國政府已到了神仙也難以起死回生的地步，並未立即同意。

此時李宗仁的直屬軍隊尚在南中國與共軍作戰，蔣中正卻發布消息說：李宗仁潛逃美國。不久共產黨就統一中國了。

　　蔣中正宣稱中華民國政府已遷到台北，卻由在中華民國政府已無任何官職、一個逃亡罪犯的他自己，於1949年12月21日任命陳誠爲行政院長。另任命前上海市長吳國楨繼陳誠之後任台灣省省主席。吳國楨畢業於美國普林斯頓大學，是一位眞正的民主自由主義學者，有完整的人格與卓著的行政經驗。他並非蔣幫集團的人。台灣的有識之士，開始慶幸，終於有一位可能會眞心誠意對待台灣人民的領導人。殊不知，蔣經國早已就位操控一切了，才找來吳國楨任省主席。其實蔣家父子找吳國楨任台灣省主席，是要做給美國人看的。蔣家父子清楚地知道，美國人早已看破蔣幫集團的腳手。爲了讓美國相信他們父子有在反省，眞的有誠意改革貪腐、暴虐的官僚，才請來爲人正直、做事認眞的吳國楨任省主席。並想藉此說服美國，希望能繼續獲得美國的大量援助。

　　此時，演戲天才蔣中正，竟然臉不紅、氣不喘的發表聲明說：蔣幫集團在中國還有一百萬堅強的攻擊部隊，在中國正在等待美援武器，隨時將向共黨攻擊。蔣幫黨羽更開始響亮地高唱：台灣是「自由中國」是「民主堡壘」。

　　1949年底與1950年初，美國已對蔣中正完全不抱任何希望，又見他把中國與台灣搞成人間地獄，遂停止對蔣幫集團的任何援助。有影響力的倫敦《經濟學人》(*The Economist*)週刊就在這時刊出評論：「台灣戰後地位問題從未在條約中被談過。開羅宣言只是當時三地領袖的談話記錄。即使戰後情況未有變化，也無國際條約的地位。何況現在羅斯福已非美國總統，而且中國地區情勢大變。到今天仍未有正式處理台

灣地位的條約，在與日本正式簽定解決台灣問題的條約前，現在應將台灣收歸聯軍暫管。」

可惜共產黨在韓國繼續挑釁，讓美國暫時不處理台灣問題。1950年6月25日共軍開入南韓，韓戰正式開打。蔣中正事實上是被毛澤東拯救了。因為此時美國杜魯門總統擔心台灣可能會落入中國毛共手中，於6月27日下令第七艦隊進入台灣海峽。但杜魯門仍說：「台灣未來地位的決定，要等到太平洋地區回復安寧，再由盟國與日本成立和約時決定，或交由聯合國考慮。」杜魯門並透過國務卿外交政策顧問聲明：「與日本正式在舊金山簽定第二次世界大戰戰後條約時，蔣中正集團將不被承認、不得參與。」

美國總統這種說詞，確實把蔣中正嚇出一身冷汗。因為他能占有台灣，全靠美國恩賜。今若美國棄他而去，他必地位不保。於是他提議派遣三萬他的黨軍赴韓國支援作戰，以示巴結。美國又不是傻瓜，怎會要這種素質低劣的軍隊到韓國當絆腳石。美國堅拒蔣中正的好意，使蔣中正惱羞成怒，威脅美國表示：他在台灣仍有一百多萬軍隊，若他在台灣難過，只會逼他來個玉石俱焚。美國衡量蔣中正已無退路，不想在這時出現個狗急跳牆的另一危機。加上蔣家父子這時已起用吳國楨任台灣省主席，留任孫立人為陸軍總司令，好像他們有反省、有在改革的誠意。只好再答應給蔣家源源不斷的軍、經援助。這次的答應，美國等於助蔣家父子一臂之力，將台灣這塊土地與人民推入更深一層的人間煉獄。

1950年6月7日上午，中央銀行總裁徐柏園求見蔣中正

蔣中正：「徐柏園，你有什麼重要事情一定要求晉見？」

徐柏園：「報告總統，因國庫儲備黃金已快用罄，特來報告。」

蔣中正：「去年中央銀行儲備局遷來時，從台灣搜括到中國的黃金，所剩餘的三百七十五萬兩不是有帶來嗎？怎麼那麼快用完了呢？」

徐柏園：「報告總統，您的手諭取走的就有一百四十八萬兩，所以央行實際支配的是二百二十七萬兩。每個月軍方領走的是十八萬兩，所以至5月底結算時就剩下五十四萬兩。已經查核多次無誤。故最多僅能維持至8月以前了。」

蔣中正：「知道了，你先回去吧！」

1950年6月7日下午

蔣中正：「央行徐柏園來報告，國庫儲備黃金只剩五十四萬兩，情況緊急。你說，怎麼辦？」

蔣經國：「父親放心，當初我們決定來台灣偏安稱王時，我早就有預見與安排。因為在中國時，我們做得過火，失算太多。尤其宋子文、孔祥熙貪得無饜，弄得兵敗如山倒時，我就預見美國可能會絕望地放棄我們。果然，在美國見到我們不把美國援助的一百三十一艘軍艦用來作戰，反而用來運送私人財物與黨軍逃來台灣，就於1949年8月發表對中白皮書，正式放棄支持我們，斷然停止援助了。」

蔣中正：「那糟了，近百萬軍隊與我們的人怎麼養活

啊？」

蔣經國：「父親先別著急，我早就算計好好的。」

蔣中正：「你早有算計？」

蔣經國：「是的，我早已指示陳誠預做準備了。早用挽救通貨膨脹之名，做幣制改革。台灣人民手中的舊台幣，四萬元僅能換一元新台幣。所以現在是通貨緊縮狀態。」

蔣中正：「四萬元換一元，那豈有不像在中國時引發大暴亂的道理？」

蔣經國：「沒事的，已經過了一年，在強力鎮壓與技巧安排下，進行得非常順利。台灣人民現在已經沒有足夠的錢買民生物資，所以相對之下顯得物資過剩。」

蔣中正：「那你的意思是，現在台灣反而是貨幣緊縮，所以可以多印鈔票來供養我們的人與整個軍隊。」

蔣經國：「是的，沒問題的！而且我已早一步宣布不准法幣或金圓券換新台幣了，不會有問題的。」

蔣中正：「但是，你別忘了在中國時，『法幣』與『金圓券』的兩次爛汙，毀了我們。」

蔣經國：「不會的，我學乖了。且這次在台灣沒有孔、宋兩家的火上添油。」

蔣中正：「鈔票繼續無止境的印下去，不重蹈覆轍才怪哩！」

蔣經國：「在台灣不會的。台灣人民現在已沒什麼錢買物資，各種民生必需品便宜得很。我們的家奴都已屯積了不少黃金，再經我的嚴厲警告，不會過分亂來的。加上台灣人民勤奮與善良的本性，在貧窮的情況下，會努力生產的。我

們只要慢慢加印新台幣，台灣人民的生產力，足夠供養我們的貴族集團及近百萬軍隊的。等美援再來，我們大家又可以快活地享受了。」

蔣中正：「你肯定美援會再來？」

蔣經國：「是的，美國現在會放棄我們，是因見到我們在中國無惡不作，弄得眾叛親離，完全失去民心，以為我們學不會在中國的教訓，在台灣必也撐不了多久，才會忍痛丟棄逃到台灣的我們。現在的台灣，我們有百萬人拿著槍來對付五百萬赤手空拳的台灣人民；加上有不少『假中國人』的台灣人當我們的馬前卒，哪有控制不了的道理。台灣地理位置在美國眼裡的重要性並沒改變，美國見我們在台灣掌權穩固，我們與台灣均可為他所用，美國會再回頭袒護我們的。我敢保證，我們可以長期在台灣為所欲為的。放心吧！」

蔣中正：「那就好。」

蔣經國：「但現在我們帶回台灣的中央銀行儲備黃金已用完之事，暫時絕對不能對外公開，尤其是對我們帶來台灣的中國貴族家奴。」

蔣中正：「為什麼呢？而且這種事不可能永遠不傳出去的。」

蔣經國：「雖然當初我們為了收買他們跟隨來台灣的忠心，讓他們從中國帶來已成廢紙的法幣與金圓券，再讓他們把這些廢紙換成台幣在台灣購買黃金，已讓他們賺飽了。但大家心知肚明，他們不會是想來台灣吃苦的，他們是看上在台灣能坐享其成才願意來的。若現在大家知道帶回台灣的儲備黃金已用完，他們不會擔心我們這個靠山不穩而思變

嗎？」

蔣中正：「但能瞞到什麼時候？」

蔣經國：「父親忘了台灣金、鋁、煤礦產豐富嗎？加緊開採，鋁、煤、高級檜木與生產蔗糖，用來外銷賺取外匯。生產的黃金就用來補上『儲備黃金』。」

蔣中正：「台灣金礦蘊藏有那麼多嗎？」

蔣經國：「父親以為當初在1945年，我們從台灣搬走的幾千萬兩黃金，是日本人從日本搬來台灣的啊？那些都是在台灣利用台灣人民挖出來的。現在我已嚴令加速開挖，很快不但可補足，還能有大量超越呢！屆時大家知道原來的儲備黃金用完時，已成過去式，有何關係呢？」

蔣中正：「好！真好！」

1951年8月

蔣經國：「糟了！美國為了保住它在西太平洋防線的完整，既然已答應繼續援助我們，鞏固我們在台灣的安全統治權，現在卻任由國際社會否定我們。」

蔣中正：「怎麼了？」

蔣經國：「二戰後戰勝國正式對日本的和談，就要在美國舊金山召開了，美國並未替我們爭取參加權。我們連旁聽的機會都沒有。」

蔣中正：「有什麼關係呢？反正美國已默許我們占領了台灣。參不參加正式對日本和談與簽定條約有那麼重要嗎？」

蔣經國：「當然很重要了。日本天皇雖宣布要日軍向盟

軍投降，但在和平條約未正式簽署前，都還算是戰爭期間，由軍事占領。和談條約簽定後，須結束軍事占領，各國才恢復正常國家狀態。現在對日本的戰後正式和談，沒有邀我們，甚至連旁聽的機會也沒有，等於否定我們是戰勝國，也否定了我們霸占台灣的合理與合法性。」

蔣中正：「事實上我們也沒有真的戰勝日本，講白一點，我們連和日本軍隊真正打過仗都沒有。在高喊抗日口號時期，其實我們的用心不是都在對付各地軍頭嗎？」

蔣經國：「是沒錯，但我們早就廣為宣傳『我們抗日戰爭勝利』，現在沒人要我們參加戰勝國的對日和談，我們的謊言不是『不攻自破』了嗎？」

蔣中正：「哈！哈！我們的謊言才多呢！有哪一個謊言被刺破時，我們不是隨便補一補，繼續堅持到底的？」

蔣經國：「是沒錯！但是，以前那些眾多謊言都是騙中國人的；來到台灣是騙台灣人的；偶爾雖也騙騙美國人，但是後來美國為了自己的私利，也都可大而化之。現在世界局勢漸趨安定，這個謊言是面對全世界的，是破定了，補不了的。」

蔣中正：「那怎麼辦？」

蔣經國：「好在我們早已執行嚴密的鎖國政策。在台灣，不論中國人與台灣人民，沒經允許是不能出境的，外國人要到台灣來，也須嚴格審核與監控。實情消息不容易進來的。等他們的正式和約簽定出來後，再講吧！」

1951年9月8日，二戰四十八個戰勝國與日本正式在美國

舊金山簽定戰後和約。條約中言明日本正式放棄對台灣的主
權，由於四十八個戰勝國赴會前已各自瞭解台灣歷史，知道
台灣數百年來一直被侵略蹂躪，要日本放棄對台灣的主權，
是要讓台灣復國。美國以外的四十七國都認爲，蔣幫集團與
其他中國難民一樣，都是逃難到台灣的難民。既然1945年時
是美國帶領蔣幫集團登陸台灣，美國就應該負起讓台灣復國
的責任。簽完舊金山合約後，四十七國即自覺任務完成。想
不到後來美國再因「圍堵共產主義」的私慾，出賣台灣，繼
續容留蔣幫集團霸占台灣。

1951年9月10日

蔣經國：「舊金山和約已簽定了，全文在此，請父親過
目。」

蔣中正：「完了！日本在舊金山和約中對各國宣布放棄
對台灣的主權，而不是割讓給美國。美國不是就沒有正當權
利把台灣給我們統治了嗎？那任何一個國家都可理直氣壯地
指責我們侵略台灣了。」

蔣經國：「表面上是這樣沒錯！但沒眞的那麼嚴重！
我原先擔心的是：在條約上會言明日本放棄對台灣的權利主
張，讓台灣恢復爲一個主權獨立的國家。結果並沒有出現這
樣的字眼，看來美國還是有在暗中挺住我們的。」

蔣中正：「日本已向國際言明『放棄對台灣的主權』，
意思即是，台灣今日起即是自由之身，台灣主權歸台灣自
主，還不嚴重？」

蔣經國：「父親您想想看，今日我們能強占台灣，還不

是有經過美國的默許。美國爲了自己的私利，定會繼續默許下去。包括日本及其他四十七國，現在都尊美國爲老大哥，以美國爲馬首是瞻。以美國的國力看來，將來亦是。只要我們小心不激怒美國，應該是安啦！」

蔣中正：「但是，這已明白指出：我們強占台灣是侵略行爲。還是會讓人睡不安眠。」

蔣經國：「父親還是夜夜安睡吧！哈！不是我自鳴得意。除了把台灣鎖國外，我早一步從學校教育、社會影響、政治制度、文化改造等各方面，把台灣人民『呆奴化』的用心，正在顯示我未雨綢繆的超人能力！」

蔣中正：「怎麼說？」

蔣經國：「鎖國政策使實情消息不易進來台灣。學校教育用的是標準教科書。先是不准列入舊金山合約這一段歷史。將來大學歷史系也許不得不提到，但僅准模糊帶過。在我們已造成的全台灣恐怖氣氛下，即使有人從漏網之處得知實情，說出來就是叛亂罪。看有誰敢講？而且報紙雜誌都是我們掌管的，安啦！」

蔣中正：「這又和『從教育、社會、政治、文化等多方面把台灣人民呆奴化』有何重要關連？」

蔣經國：「就長遠來講，這關係才大著呢！幾十年後，台灣人民不可能永遠看不到舊金山和約全文的。在台灣人民全體『呆奴化』由勉強型進入習慣型，再由習慣型進入『自然型呆奴』的階段，即使看到、聽到舊金山合約全文，呆奴化的頭腦必然一下子轉不過來，心靈上絕不會有任何一點震撼性影響的。所以安啦！」

蔣中正：「哇！經國你眞是有夠奸巧！厲害！」

蔣經國：「父親！不是奸巧，是聰明伶俐！您又忘了。」

蔣中正：「對，是聰明伶俐。」

舊金山條約在1952年生效。國際上自此認定：蔣中正集團是非法侵占台灣。這是國際上最後一次討論到台灣地位問題。意思是：四十八個戰勝國已認定蔣幫集團在台灣是非法政權、非法占領，但台灣人民你們自己解決吧，我們不幫你們了。可笑的是：四十八個戰勝國卻從此默認美國繼續援助蔣幫集團，讓蔣中正父子集團手持美國武器，繼續奴役台灣人民。

其實這也是無可奈何的事，因爲在民主國家裡，各國領袖都有任期制，他只是暫時替他的國家做事，對外時，必須以自己的國家利益考量，不能仁義爲懷，關心外國或援助外國也都是以潛在的國家利益爲出發點。不像蔣家父子是把土地與人民視爲私人財產，隨意操弄。

蔣中正事後爲感激美國前總統羅斯福在開羅一句應付他的話，使他今日有藉口占領台灣這個寶島，據爲己有。遂以羅斯福之名，命名一條當時台北最寬長的大道，稱之爲羅斯福路。另外，爲答謝麥克阿瑟將軍，於1950年向杜魯門總統力陳台灣地位的重要性，以及認爲養凶惡蠆狗來看守台灣，仍比較符合美國利益。蔣中正認爲麥克阿瑟此舉，有助杜魯門總統再繼續援助蔣幫集團的決定。後來更將一條新建的台北至基隆快速道路，命名爲麥克阿瑟公路。以示衷心感謝。

也向各國人士暗示，對蔣家友善，可在台灣留名立萬。

　　事實上，如果蔣中正要感謝，對象應是中國的毛澤東與美國的杜魯門總統。因為他們二人才是蔣中正的真正救命恩人。

　　蔣中正又猜對了美國心理。美國認為「打擊共產黨」及「安全地把台灣孤立起來」是符合美國利益的。美國不得不繼續援助蔣幫集團。蔣中正、蔣經國父子在台灣接收美國援助的新武器，實際用於鎮壓台灣人民及部分在台之中國難民。

　　這段時間，蘇俄代表經常在聯合國譏笑美國：「一批貪腐暴虐的逃犯與驚恐的難民，逃到台北去喧賓奪主，美國竟稱之為世界強國，並扶入聯合國安全理事會。真是要笑破人的肚皮了。」

　　1952年4月28日，蔣幫的所謂中華民國政府與日本在台北簽下和平條約。

　　由於日本與第二次世界大戰的盟國，均知道蔣宋家族在中國的強盜行為，各戰勝國(尤其英國)和日本原認為，日本應在舊金山和約之後與中國簽定戰後和平條約，以完全結束和中國的敵對狀態。但由於美國堅持其西太平洋圍堵共產政權的防線必須完整，全力阻撓日本與中國簽訂和平條約，並強迫日本與霸占台灣的所謂「中華民國政府」簽訂和約。由於日本仍在美軍的軍事占領、統治中，日本不得不聽從；英國也礙於美國面子而同意不再置喙。

　　在日本與蔣幫集團的所謂中華民國政府做簽約前談判

時，日本不願承認蔣幫集團在台灣的霸占政權，不願讓人有
「日本准許蔣幫政權強占台灣」的印象。所以在台北和約的
用字上，日本堅決不讓步。一方面由於蔣家父子急於在舊金
山和約生效之前，搶先與日本簽下和約；另一方面也由於蔣
幫集團呆奴化台灣人民的計劃已完成，且是在進行中，已較
不擔心露出「蔣幫集團偷盜台灣」的馬腳。遂於1952年4月
28日簽下日本所堅持的台北和約條文。

台北和約中清楚寫著：

「日本放棄在台灣、澎湖、西沙群島和南沙群島之主權」。意
思是：並不是要讓給蔣幫集團的所謂中華民國。

條約中更稱呼蔣幫集團在台灣的所謂中華民國為「在台
灣及澎湖之中華民國當局」。日本並不認為所謂的中華民國政府
在台灣是合法的國家政府。

對和約中有關與台灣之法律，也稱「中華民國在台灣及澎
湖所施行的法律」，而不直接稱「中華民國法律」。

蔣幫集團特別要求註明：中華民國包括台灣。但是，日
本和國際上均認為蔣幫集團之所謂「中華民國」，只是由蔣
幫集團與美國勾結而暫時強占台灣與澎湖之假招牌。日本當
然也不願意在和約文字上出現有「台灣屬於中華民國」之字
眼。最後妥協的條文是：

「中華民國之船舶『應認為』是包括依照中華民國在台灣及澎湖
所施行之法律規章所登記之船舶；中華民國之產品應認為是包括發源於
台灣及澎湖之一切產品。」

關於中華民國，更特別在和約中提到：「中華民國之一
方，應適用於現在中華民國政府『控制下』或將來在其控制下之全部領

土。」

　　和約中使用「應認為」、「控制下」的意思是：中華民國並不包括台灣與澎湖。只是在和約成立後，姑且對來自台灣與澎湖的船舶與產品，暫時權宜以「中華民國」加以認為之；對其控制的台灣領土，暫時姑且權宜適用之。和約語意已顯示：日本與世界各國並不同意蔣幫集團的強占台灣，所以到最後，日本就簽字了。

　　吳國楨上任主席後，他心裡十分明白，蔣中正既然在台灣得以「夜郎自大」後，將不會想要打回中國。事實上，蔣中正父子也無力反攻中國，因為蔣中正父子的能力要繼續保住台灣已夠困難了。吳國楨首先開始「減輕台灣民眾痛苦」的作為。因為吳國楨知道：中國難民在台灣的生活，需要台灣人民的全力支持。

　　吳國楨於1950年1月13日答應建立地方自治的政府。形式上，這將至少給台灣人民對地方的行政與警衛的管理權。這是228事件時，台灣人民衷心要求的。

　　吳國楨首先即在所謂的省政府二十三個委員裡，起用十七位台灣較有名望的人擔任。這十七人當中，更有幾位是在228事件時參與反抗，事後躲藏起來而逃過3月大屠殺的台灣人民。吳國楨的原意是：主張當地人必須在其政府有充分的發言權。

　　可是真正選舉時，吳國楨發現蔣經國控制的中國國民黨正嚴屬地指定候選人、限定投票者的資格、監視及操控選舉與開票的進行。

　　雖然吳國楨盡其可能地走向開明治理，同時要減少弊端。然而，一開始他便發現，他的每一措施都會遭受到蔣經國爪牙的干擾。蔣經國繼承他父親蔣中正的特務系統，並加以發揚光大。蔣經國的特務在台灣滲透了每一個行政與軍事單位，經常地搜查、恐嚇、逮捕，在台灣民眾間製造了極恐怖的氣氛。

　　蔣幫集團又是患有錢財飢渴症傳染病的一群，財政是他們眼中的命脈，必然要留用有替蔣幫搜刮財物經驗的嚴家淦(前三任台灣行政長官的共同掌櫃)來掌理財政部，更強迫吳國楨用任顯群繼任為財政處長，這樣蔣幫集團更能輕易地上下其手了。

　　(任顯群在陳儀時期是交通處長，有兩年是嚴家淦的同僚。任顯群與嚴家淦都是替蔣幫集團侵台搜刮的第一批人員，自然是有功在蔣家，是大紅人。但任顯群比嚴家淦不懂得收斂，自以為年輕有為，竟然爭奪起蔣經國看上的女人——戲子顧正秋。雖然蔣經國在蔣中正的阻止下，讓任顯群得逞。但任顯群沒有因「兔死狗烹」的陳儀而得戒心。竟然與顧正秋如膠似漆地公開出雙入對，蔣經國當然心裡不舒服。終於在1955年4月10日以「有包庇匪諜嫌疑」將任顯群從顧正秋的被窩裡抓走了。)

　　吳國楨對於這些蔣經國的心腹與滲透進來的爪牙，只有名義上的上級長官之名，並無實際管理、指揮的力量，更經常受到他們的干擾與牽制。

　　其實早在吳國楨上任不久，即因他的財政措施有礙「職業性台灣人」黃朝琴自己鋪好的財路，被黃朝琴狀告到蔣中正、蔣經國父子，硬要拉吳國楨下台。吳國楨在受到兩蔣責難時，硬把他的計劃書呈到蔣中正處。蔣中正知道他此時正

需要改善美國對他的印象，不得不繼續擺出改革姿態，只好暫時先安撫黃朝琴。

吳國楨信仰民主、正義、自由的思想是眾所皆知的。他也知道自己並不爲蔣家父子所喜歡，甚至是被敵視的。但是，吳國楨還是以極大的勇氣告訴蔣中正，他兒子極端背離民心，台灣滿布恐怖統治的氣氛。用祕密特務、政治軍官以及殘忍手段，迫使人民屈服於黨、政、軍之淫威下。

蔣中正、蔣經國自然大怒不已。美國於1953年3月1日既然已保證繼續支持蔣幫集團，並答應了源源不絕的援助。蔣經國認爲是吳國楨的死期到了。1953年4月3日，蔣經國派他的警總特務刺殺吳國楨，吳國楨幸運逃過。吳國楨立即經由駐台美軍顧問團，通知美國「他被蔣經國派人刺殺未遂的始末」，並自己提高警覺。蔣經國於是不得不取消第二次刺殺吳國楨的行動。蔣經國原先是準備先謀殺吳國楨，再推說吳國楨是被共產黨奸細或是台灣異議份子所殺。可除掉心頭之患；又可嫁禍共產黨及台灣人民，順便強化他繼續殘暴統治的必要性；又可繼續在美國面前假裝仍有改革誠意。一舉三得。現在吳國楨已警覺，只好硬著頭皮，在4月10日將吳國楨公開革職。

吳國楨被革職後，蔣經國假裝准許他離台赴美，但計劃在吳國楨趕往機場途中加以伏擊。此計劃被宋美齡獲悉，她立即警告蔣中正，如果這樣做，美國反應的強烈程度將無法預知，所引發的危機可能非蔣幫集團所能承受得起。吳國楨才得以活著安抵美國。但吳國楨夫婦還是被迫留下他們的兒子在台北當人質，以保證吳國楨在美國會閉嘴。

　　於是吳國楨夫婦就沉默地在美國伊利諾州的伊凡斯頓隱居，達十三個月之久。後來吳國楨在美國的一些朋友，得知他的兒子竟無限期被押在台北當人質，於是強力為此事奔走。吳國楨的這些朋友中，有些人當時已在美國政壇有不小影響力，最後才能讓蔣中正、蔣經國不得不放他的兒子離開台灣。

　　吳國楨在兒子安抵美國後，終於打破沉默。吳國楨說：「蔣經國正以民主制度之名，暗地執行他君王世襲之謀，他要繼承父位。蔣經國抄襲蘇俄共產黨模式，在軍中設入政工制度，牽制軍隊官兵士氣；在各機構與學校加入第二人事室，管制並確保對蔣家思想上的效忠。濫用祕密特務，只要聽聞一點不同意見，即殺一儆百，牽連無辜，製造恐怖氣氛，藉以攫取各方面的絕對服從。無論是台灣人民或是中、下層中國難民，皆無集會、出版、言論等自由。用祕密特務警察來保障他們所謂「自由中國」的台灣只有合他們意的正確輿論。吳國楨並寫信到台北的所謂國民大會，期望中國國民大會代表裡，若有人看見了他的信而覺醒。也許是能由台灣養足精力去救贖中國的最後唯一希望了。只是他不知道，在台北的所謂國民大會代表，已全是由蔣家父子收買來台灣的，這信當然立即交給蔣家父子。

　　吳國楨致所謂的中華民國國民大會全文：

　　　國民代表大會鈞鑒：楨遠在國外，忽聞電訊報導，對楨有攻擊之辭。楨對私人問題，事實具在，不願置辯。然而對於國家前途，在此頹危之際，自不能不有所

聲述。天下興亡匹夫有責；況楨受國家培植，何敢含默。楨棄官浮槎，原為政見之不同，隱忍十月，亦係企求當局之自悟。然而謠傳繁興，毀楨清白，含沙射影，來源有自。楨迫不得已，不得不稍有透露，藉以催促當局之反省。然而反不見諒，拒絕善意之批評；造成聲勢，逼楨不得不言。楨思若仍此含默，則對國家是不忠！是為怯懦！是為瘋狂！楨不願自絕於我國之政府，亦不願我國家之政府自絕於我國家之人民。故敢披肝瀝膽，痛切陳詞，為我國家最高權威之機構國民代表大會言之。

中國喪失，痛定思痛；凡我國人，莫不負責，台灣一隅之地，苟安終非長局；「漢賊不兩立，王業不偏安」。然圖恢復中國，必先取得下列條件：(一)台灣八百萬同胞之竭誠擁護；(二)海外一千三百萬僑胞之衷心悅服；及(三)各友邦，尤其是美國之有力及不斷的同情與援助。但若思取得此三項條件，則必須拋棄個人一人或一家之思想，完全接受國父遺教，實行真正民主政治，始能收其效而得其功。捨此以外，別無他途！

茲謹將我政府所採取之現行政策，與此原則違背之點，舉其大者，縷述如下：

一、一黨專政：楨本中國國民黨黨員，自問一行一為，從未有違背孫中山先生遺教之處。然就目前中國國民黨主政方式而言，則完全未照孫中山先生遺教而行。不獨係一黨專政；而且中國國民黨之經費，非由黨員之捐助，乃係政府，即國民之負擔。此種辦法，除共產

極權國家外，實為今古所無。且就黨內而言，亦係倣倣共產黨所謂「民主集權」制；所謂「民主」實係虛偽；所謂「集權」，卻是實在。凡民主政治之實施，最少須有兩大黨之存在，藉使在朝黨有所警惕，而在野黨有所展布。土耳其開國之時，克默爾自動成立兩黨，即係為此；是以土耳其政治能以改善，國基用以鞏固。中國國民黨目前所採取之方式，實係操縱把持，與基本民主政治不合。

二、軍隊之內有黨組織及政治部：國家軍隊，必須國家化；俾其不致只忠於一黨或忠於一人，造成封建及內亂之勢力，此乃天經地義，然而我們現時軍隊，不獨有中國國民黨黨部之祕密組織，且有政治部。所謂政治部係完全倣倣共產黨之政治指導員制度，軍中升降，不以成績才能為依歸，而以個人與政治部之關係為主。姑不言其制度之非是，即就士氣而言，亦受政治部摧殘殆盡。楨曾與軍中各方有識人員私人談話，上至將官，下至走卒，其對政治部的觀感，惡劣至無可復加之點。甚至有言：「一朝作戰，必須先殺政治部人員」者。以此檢閱實習於平時，或可欺人；以此恢復大陸於戰時，則竊不寒而慄。

三、特務橫行：楨承乏台政，三年有餘，幾無日不在與特務奮鬥之中。干涉選舉、擅捕人民、威脅敲詐、苦刑拷打，所在皆是。各國均有防諜之機構，在我與共匪鬥爭之際，自應注重其滲透工作，此不待言。但我們目下特務之橫蠻無理，唯我獨尊，藉其憑依，不知法

律為何物，使人民皆敢怒而不敢言。以此鞏固私人之地位或可，以此求民眾之衷心擁護反攻大陸，則戞戞其難矣！

四、人權之無保障：由於特務之橫行，台灣實已成為警察國家。人民權利，幾已剝削淨盡。楨在任內曾努力訓誡，捕人必須先有犯罪證據，搜查必須經過法律手續；但職權所限，無辜被捕被搜者，實不知有幾何人數。每念及此，輒為痛心！

五、言論之不自由：此不必由楨詳敘。諸公想亦知之而不敢言，報紙停刊，記者逮捕，事實具在！毋庸贅述。

六、思想控制：所謂反共救國青年團(實名是中國青年軍，偽稱救國團)之成立，實係模倣希特勒及共產黨之青年團，此機構究係出自中國國民黨或政府主持，楨至今愚不能明。其經費於楨在任時曾向省府需索，經楨拒絕。此後經費，究由何出，實可查究。自青年團(實名是中國青年軍，偽稱救國團)成立以後，動輒要求學校更換教員，壓迫學生，以此誘導青年，造成不良風氣，實將遺害無窮。

以上犖犖大者六端，楨不必言，諸公想亦知之。茲謹建議大會立即採取下列數項措施：

(一)組織委員會澈底查明中國國民黨經費來源，公布真相，並頒訂原則交由立法院議定「政黨法」保障各方反共人士均能在台公開成立政黨，批評政府。

(二)議決撤銷軍中之黨組織及政治部。至軍隊人員

反共意識之訓練，應由有國家思想者主持，不得由任何
一人或任何一黨包辦。

(三)頒訂原則交由立法院擬定「國家安全制度」之
法律，明白規定特務機關之權力，及其違背者罰則。在
此可以美國「聯邦調查局」制度為參考。對於主持此機
關之人選，更應慎重，不得由當局派其戚屬主持。

(四)組織委員會公開接受無辜被捕及非法受擾者親
友之控訴，並分別派員往各種公開或祕密監獄，及拘留
所內實地勘察。若此委員會果能成立，楨當就其所知，
供給材料。

(五)組織委員會澈底查明過去言論之何以不能自
由，例如某報之何以受令停刊，某記者之何以被捕，何
人下令，有何法律根據。對於過去之非法措施，應追究
其責任，藉以樹信於民，使言論自由得有保障。

(六)議決撤銷青年團(即中國青年軍、反共救國團)，並
不得再有變相之組織。

害不能除，利不能生，如果大會採納上項建議，楨
當對於當前政治，更有積極建述。

楨作上項建議非為個人著想。楨自問心淨如水，不
有任何政治企圖，楨亦非為私怨報復。楨已流亡異國，
自甘寂寞，又何恩怨可言。更非為故意顛覆某人，或某
派起念。楨孤拳寡手，何能顛覆？楨之所以為此，實為
國家前途著想。中國沉淪，四載有餘。四億五千萬同
胞之呼天喊地，何人忍聞！國際變幻，時不我與，又何
能苟安偏隅，閉門稱王！凡有血性之人士，在此瞻顧，

一旦不回中國，是一日無希望可言。耿耿此心，欲哭無淚。我人所寄念者在台灣，我人所默禱祈求者亦在台灣！台灣若長此獨行，不知自省，幡然改途，則將更使我人於絕望之餘更絕望耳！哀哉百姓，夫又何言！

　　大會為國家最高權威之機構。在此國家千鈞一髮之際，實應有所樹立，堅定人民對台灣之信心，鞏固反攻中國之地，奠定國家長治久安之政策，故敢披瀝，敬請大會討論，並將全文在台灣各報發表，為感為禱，此上。

　　國民代表大會

　　　　　　　　　　　　　　　　吳國楨　上
　　　　　　　　　　　　　　　　二月二十七日

　　這時蔣中正父子大怒，但是吳國楨人在美國已頗受矚目，不能派人將之誅殺。只得以自己養的台灣法院控告吳國楨「失職」、「叛國」，並知會美國說：吳國楨是逃犯。

　　吳國楨在美國伊凡斯頓公開答覆：「我不論被指控任何罪名，都願意自動接受美國法庭或國際法庭之審判。只要不是在蔣家父子所開的台灣法庭接受審判即可。」

　　由於美國正大量援助殘暴統治台灣的蔣幫政權，吳國楨為喚起美國人對台灣情況的真實瞭解，發表了他與蔣經國和「蔣經國的劊子手」彭孟緝交手的經驗。這篇文章於1954年6月29日刊在美國《觀察家雜誌》(*Look Magazine*)，題目是〈美國，你的金錢正用於在台灣建立一個由祕密警察控制的國家〉。但這時適值麥加錫時代，美國把西太平洋防線看得

比任何地方重要，不願冒任何此防線可能鬆動的危險。基於
美國安全利益的最高考量，吳國楨的呼籲終究被眾多美國政
客壓了下來。為了防堵共產黨，台灣人民是可以被美國犧牲
的。何況蔣家已偽裝成美國人所喜好的基督徒了。

　　這時蔣家父子早已視台灣為私人禁臠。早已開始鎖國
政策，嚴格禁止未經其同意的人進出台灣，外國人要進出台
灣也經嚴密篩選，記者更須受嚴密監控，以免台灣實情被洩
露出去。但仍有美國大使館與美軍顧問團人員曾談論台灣情
況，某些原本被使館人員與顧問團人員視為無關緊要的談
話，仍偶爾會傳回美國，並在美國刊出報導。其中一則是：
有些台灣有識之士曾說：「如果中國人在台灣有值得信任的
人，就只有吳國楨與孫立人了。」當然，這個消息立即經由
剪報方式傳回台灣給蔣經國。這消息更加速了蔣經國摘除孫
立人的決心。吳國楨與孫立人都是中國人官場中，少有的正
派人物，學術豐富，訓練有素。一個奉獻於行政，是最好行
政人才，一個專精於軍事，是中國軍隊最好的軍官。都不屬
於蔣幫集團；都不會同意蔣家把台灣打造成私人產業；二人
會被蔣家父子留用，都只是暫時被拿來騙使美國相信「蔣家
父子有改革的意思」。現在已趕走了吳國楨，蔣經國的地下
特務就轉向這位聲名顯赫的中國陸軍總司令孫立人。

　　現在發現台灣人也敬佩孫立人，更加速了蔣經國不顧一
切要拉下孫立人的行動。蔣家父子一刻也絕不容許台灣人民
有除了「蔣家父子」以外的敬佩對象。

　　孫立人因不知蔣家父子的惡毒私心，曾毫不顧忌地表
示：「台灣有的是優秀青年，中國政府應該較公平一點對待

台灣人民，搞好台灣。因為中國人在台灣是難民。中國難民政府想要光復中國，非要台灣人民的支持與幫助不可。」

孫立人是唯一能被美國信任的中國軍官，更是美軍顧問團眼中唯一真正有能力指揮作戰的中國軍官。這些加起來，在蔣經國眼中，確實是一個重大威脅。特別是蔣經國在政治與軍事均未有過參與工作的政績。純是靠其父蔭而出來竊政權、奪軍權。但在1953年時，他卻已在黨、政、軍都掌控重要地位，可輕易毀滅他所不喜歡的軍官與政府人員。他是祕密警察頭子，他的地下特務對付中國難民與台灣人民之陰狠，較之蔣中正的藍衣社、調統局有過之；他掌控青年團、退伍軍人協會(榮民退輔會)，又是軍隊總政戰部主任。這政戰部在軍中各階層都派有政治軍官和滲透細胞。從蔣經國的觀點而言，孫立人受美國方面欣賞，受台灣人民信賴，那他確是一個危險人物。

由於蔣經國的政工軍官嚴重干擾軍中的指揮與訓練作業，破壞軍紀和士氣。只要不得其歡心，就以思想不純正為由，任意批判官兵。一些真正曾在戰場上與共產黨軍隊正面廝殺的官兵，被這批他們稱之為「軍中太監」的蔣幫政工弄得動輒得咎，自然會心有不滿。蔣經國就利用埋伏軍中的細胞，煽動幾個年輕氣盛、曾受孫立人直屬帶領的軍官，慫恿他們應伺機請願才有改革希望。

1955年中，美國泰勒將軍來訪，蔣中正為他舉行軍事檢閱，幾個衝動型的年輕軍官突然向前請願。蔣中正抓住機會，當場將孫立人解職。指這幾個年輕軍官意圖叛變，而身為陸軍總司令的孫立人是負責人為由，將之禁錮。

　　蔣經國指定他的人審理此案，先指控孫立人「庇護共產黨員」、「意圖叛變」，想就此將孫立人槍決。但當請願事情發生時，美國泰勒將軍與藍欽大使都在場，看到的是「莽撞的請願」，並未見「反叛意圖」。且當時所屬軍中並無任何共產黨嫌疑人或事跡。槍決孫立人的意圖被勸阻，最後只得指控孫立人犯了「不可饒恕的失職之罪」，並表示寬大地讓他退休。蔣經國有了吳國楨的前車之鑑，不能殺孫立人，也不能讓他離開台灣。就令孫立人住到台中一間由官兵看守的房子，永不得走出該房子。

　　蔣經國：「報告父親總統大人，我已逮捕孫立人手下軍官兩百多人，其中數十人近日就要槍斃。」

　　蔣中正：「有必要為了拉下孫立人一個人而牽連這麼多人嗎？」

　　蔣經國：「他們都是跟隨孫立人多年，頗有袍澤感情。尤其歷經多年征戰，他們戰績顯著，足見訓練有素，紀律與忠心不容懷疑。眼見這樣正直無私之人都被我們糟蹋，必然多少會有疑懼與心存不滿。留下他們，難免有後顧之憂。何況製造出這些空缺，我正好可用來獎勵、提升我的人馬進去，更有殺一儆百的效果。」

　　蔣中正：「好吧！哪！未槍斃的這些軍官怎麼處理？」

　　蔣經國：「就關到大家把他們淡忘為止。到時物換星移，他們如尚未老死，放出來也無須多慮了。」

　　此後有人問起孫立人，美國大使藍欽就說：「孫立人隱居台中『栽種玫瑰』，不可以去打擾他的清靜。」

1953年，春

蔣經國：「父親，對於那些思想嫌疑犯，應該在他們人格上烙下永久的羞辱，使他們一輩子抬不起頭，以確保他們對我們永無威脅。」

蔣中正：「何必那麼費事？全部槍斃不就解決了？」

蔣經國：「那些人只是思想犯周圍的親友，或有疑慮之人，並不是真正的思想犯。真正的思想犯或政治犯當然早已槍斃。」

蔣中正：「那你要怎麼做？」

蔣經國：「就在他們手臂上刺上『反共抗俄』、『殺朱拔毛』的紋身，讓他們終生帶著走。」

蔣中正：「哈！真虧你想得出來，這是中國古老的人格虐刑。這個有趣！你就下令給警備總司令，叫他吩咐下去即可！」

於是警備總部下令，凡是政治嫌疑犯、思想嫌疑犯，一律必須「自願」在手臂刺上「反共抗俄」或「殺朱拔毛」的紋身。

楊俊隆是台灣中部人，1950年在台南工學院(今成功大學)讀書時，因參加「讀書會」被列入「思想有疑慮」之人，被判監禁十年，押送火燒島。1953年春，楊俊隆拒絕「自願」被紋身。基於讀書人的人格與氣節，在被警告「不自願被紋上『反共抗俄』，即是叛亂，就由徒刑改為死刑」的情形下，仍堅持寧死不受屈辱。楊俊隆終於1956年1月13日因堅持不屈從紋身而遭槍決，時年二十七歲。

同時間，同一原因寧死不屈而遭槍決的，包括中國難民與台灣民眾，多數是三十歲上下的年輕人。在火燒島有十四人，在新店安坑監獄有十五人。在不同監獄，不同時段，因拒絕「自願」紋身而被槍殺的，就不知多少了。由於上級要確定槍決無誤，槍決前與後，都須拍照送回總統府備查。每一張槍決前的照片，都顯露堅定無懼的面容。其中一位是新竹女中的客家語系女學生——傅如芝，被槍決時二十二歲，照片上看起來，這女子似凝視著這荒蕪的世界。到今日，看過這照片的人，無不感受到那種嘆息與堅忍雜陳的心靈震撼。

僅1950年至1957年，美國對在台蔣幫的援助就已達二十億美元，以人口比率來算，台灣接受美國援助的金額，遠超過任何國家。就蔣幫集團而言，已有了七個肥年。

對於美國這巨額的援助，蔣家當然要向美國提出宣傳數據，以表示美國對台灣的援助是有效率產生的，以博取美國繼續援助。當然就不提1945年蔣幫集團自日本手中接收台灣前，台灣在日本人建設下，原有的高農工產量。更不提蔣幫集團在台灣是不從事生產的一群，兩百萬的蔣幫集團人員與軍隊，全靠台灣人民的供養。

蔣家父子奸巧地拿出1949年至1957年台灣農工產量提升二至三倍的數字，來宣傳其復建成效。絕口不提1949年之前，台灣被他們摧殘至破敗的真相。例如：台灣蔗糖年產量，由被蔣幫集團接收前的140萬噸，降到被他們接收後的低於3萬噸。等蔣幫集團遁逃到台灣，非得靠台灣供養不

可時，在七年之間，依賴美國援助，自被他們摧毀後的微小產量中，僅提升二至三倍，農工產量僅達全盛時期的十分之一。竟然有臉沾沾自喜地拿出來自誇，還獻寶。更可惡的是，蔣幫政府利用掌控化學肥料的供應，不准私人買賣。農民需要化學肥料，僅能拿所生產的稻米至農會換取。這樣，蔣幫集團就可長期低價取得台灣生產的所有稻米。蔣幫集團人員也就能天天享受台灣的香噴噴米飯，還有剩餘，則高價出售來中飽私囊。而辛苦栽種稻米的農民，為了換取所需肥料，卻無米可煮，三餐只能吃長年貯存在倉庫裡發霉的番薯簽。

在這段時間裡，美國駐台大使藍欽，看到的是已被摧殘過的台灣人民。還是不得不在他的《使華》一書裡承認說：「和來到台灣的中國難民比較起來，台灣人民是體格更優秀的種族；受過更高的教育；也有更好的文化生活水準。」並說：「蔣中正自誇、並裝飾得像是普遍受人愛戴，實在令我難以置信。蔣中正最好先證明他能贏得真正的台灣民心。」

這段時間裡，蔣幫集團與統治中國的共產政權，雖然表面上互相叫罵，私下卻能暗通款曲。

蔣經國：「父親，現時於台灣打造我們私人桃花源的計劃，已沒問題了。我反而擔心起中國的老共了，萬一哪一天中國真的打過來，以現在我們的軍隊作戰能力，金門、媽祖等地，大概不用一天就會被中國吞掉了。既然台灣海峽有美國第七艦隊防守，我們在台灣可不用擔心。我看，不如將防守金門、媽祖的軍隊調回台灣。金門、媽祖等地沒留守的必要。」(媽祖地名又被蔣中正、蔣經國父子改成馬祖)

蔣中正：「經國啊，你是很精明奸巧，但某些方面的兵不厭詐，還是不夠老練。你以爲當初決定躲來台灣時，我沒有萬全準備啊？」

蔣經國：「什麼萬全準備啊？」

蔣中正：「我早已派人與朱、毛集團談好條件。就是：我退出中國，他們也放棄追殺我。雙方可以各自保持原有實力，不必再有損傷。」

蔣經國：「那也不必留著金門、媽祖等地啊！」

蔣中正：「那是後來我派馬鶴凌(馬英九之父)於1949年到香港，與毛澤東的代表——曹繫仁密談的結果。依約定，我們要留著金門、媽祖等地，雙方長期做個打來打去的樣子。目的是雙方都可維持尙在戰爭狀態的非常時期假象，以便雙方在各自的勢力範圍內，做爲執行特權的藉口。」

蔣經國：「父親，您眞是老謀深算！」

蔣中正：「行了，不用拍馬屁了。知道就好。馬鶴凌回來報告任務完成時，還特別提到，他的兒子馬英九就是在香港密談時出生的。馬鶴凌特別強調，他兒子的出生，帶給他密談順利的福氣，所以命名爲英九，英是表示在台灣必能高人一等地享受榮華，九是最大數，表示尊貴和永遠(在中國有暗示爲皇帝之意)。」

蔣經國：「您怎麼回答馬鶴凌？」

蔣中正：「再怎麼說，他都是立了大功，我就說『那是當然的』了。」

蔣幫集團告訴朱、毛中國：「整個中國全讓給你了，我天天叫罵『反共抗俄，收復河山』，說在備戰。一來是爲了

在台灣維持特權與高壓統治的藉口，二來是為了誘使美國不斷的投入援助。你們不必放在心上。」朱、毛中國則告訴蔣幫集團：「你們就安心在台灣做你們的寓公、土皇帝，我們天天叫罵『消滅蔣幫國特，打倒美帝』，也是一來為了在中國維持特權所需，二來為了誘使蘇俄繼續送來援助。大家就繼續把戲演下去吧！反正偶爾打死幾個士兵或百姓，那也是別人的孩子，無關緊要的。」

兩方更可笑地商量起來：為了能安全地長期演出，星期一、三、五就由中國向金門定時、定點地發炮；星期二、四、六就由金門向對岸定時、定點回打。還在台灣海峽畫下中線；你的船隻、飛機不要超越中線，我的船隻、飛機也絕不會跨過中線，以策安全。

在日本東京的台灣流亡人士，則稱金門、媽祖兩地為「蔣中正的金馬國立公園」，該公園每週演出六天，每天定時有打炮的馬戲表演，禮拜天還公休呢！蔣幫政府每年特許二千多位外國的訪客，由台北直飛金、馬，去觀看這世上獨有，由蔣、毛雙馬戲團的聯合公演，去看看這難得一見的炮戰表演。這段時間，還有蔣中正的愛徒——郝柏村參與演出，重要場次郝柏村還親自主持。

1950年以前，蔣幫集團在台灣的暴虐殘殺只針對台灣人民，恐怖氣氛只籠罩台灣人民。1950年蔣家父子正式在台灣立寨以後，暴虐殘殺的對象擴及了在台中國難民，在台中國難民開始苦嚐膽顫心驚的滋味。每次蔣經國的進一步高位掌權，都給中國難民加深一層恐懼。

當時的中國難民都瞭解，由於蔣幫集團對於台灣人民的

無情剝削與暴虐殘害，台灣人民對蔣幫集團除了畏懼，還潛伏部分敵意。雖然多數中國難民也是受害者，但由於蔣家父子的陰謀得逞，使得當時的中國人與台灣人民壁壘分明。

這種尷尬的情境將中國難民撕裂成四群：

一、是精明型：找到機會則攀附權貴，得以進入蔣幫集團，過著坐享特權的愜意生活。

二、是無奈型：不願或無法進入蔣幫特權集團，被夾在蔣幫集團與台灣人民中間。不願回中國；也不回不了中國。在台灣又落入蔣家所設計「無法生根立命」的陷阱中。無奈型的人數最多，多數最後也被調教成蔣家「家奴」，他們及其後代子孫最後陷入蔣家設計好的「躁鬱」病態心理。不願回中國，又不認同台灣。與「高侵略性假中國人」同樣地，在面對有部分覺醒的台灣呆奴時，更會盲目地出現「歇斯底里」的瘋狂，有如刺蝟，無法忍受任何抬頭的台灣人民。他們最是可悲，因爲就像是「被別人賣了，還在替別人數著出賣自己的錢」，做的都是傷害台灣人民，更傷害自己的愚行。

三、是老實型：他們到台灣並非自己所願，無背景又無優勢條件。蔣幫集團又不屑於讓老實型的低階中國難民依附他們。他們多數是工人與小販，整天忙於生計，雖然怨嘆蔣幫集團使得他們回不了家鄉，卻也多認命，反而較易融入台灣社會，安身立命，逐漸成爲華裔台灣人。

四、是民主型：這些人在中國就受良好教養，又多學有專精，且擇善固執。是難得的正派人士。卻是蔣幫集團背上的芒刺。蔣幫集團認爲，要將台灣人民成功呆奴化，必須先

拔除掉這些中國難民。因爲他們一定會看不慣蔣幫集團的做法，也會做所謂的「仗義執言」。蔣幫集團認爲：「呆奴化台灣人民」和「造神運動」若會有任何的不完美，一定是來自這批人的從中作梗。以後的日子裡，蔣家父子及其特務，一直小心檢視，一見這些芒刺的影子，立即摧毀。寧可錯殺一百，他們絕不放過一個。這些民主型正派中國難民的悲慘下場，如同台灣的有識之士，除了自身遭受殘害，由於被蔣幫集團印上黑記，更殃及親友與子孫，使受到長期監視與迫害。這些民主型正派中國難民及其子孫，後來確實有心落地生根，完全成爲台灣人民，卻常受「被蔣家父子設計成躁鬱症的在台中國人」之無情的謾罵與打擊。

1945年至1948年間，陳儀與魏道明是奉蔣中正父子之命劫擄台灣，屠殺任何可能有阻礙的台灣人民。1949年陳誠在台灣，則爲蔣家鋪陳私人的安樂王土，更要嚴厲掃除任何有疑慮的台灣住民。

1950年，蔣經國除了舊有的地下特務系統，更成立明的總政戰部來嚴控軍隊。再身兼國家安全局(當時對外隱名爲總統府資料室)局長，掌控全部情治系統，包括警備總部。因爲他要長治台灣，這時他要捕殺的對象就包括了所有他覺得有疑慮的中國人了。蔣經國對在台中國人的原則，就如對付台灣人民一樣，那就是「可錯殺一百個，絕不可放過任何一個」。

由於這種「可錯殺一百個，不可放過一個」的瘋狂政策，延伸出一種人與人之間的疏離。因爲在當時的台灣，要

陷害一個人太簡單了，只要檢舉他思想有問題，就一定讓他受害。台灣百姓的父母不但普遍告誡子女，不可談論社會或政治，更禁止子女聽人談論，以免受牽連。

1950年至1987年間，被蔣家特務系統監禁、殺害的人數無法正確統計，有人估計有數萬人，有人估計有數十萬人。由於台灣的有識之士在1945年至1949年已被捕殺得所剩無幾，台灣人民也已噤若寒蟬。1950年後，被蔣家特務系統捕殺的在台中國人不少，若以人口數的比率來算，這段時間被捕殺的中國人應該高於台灣人民。1950年的前數個月中，因為未向蔣經國輸誠而被審判、處死的人中，單單官階為中將的就有：新兵訓練司令、國防部次長、聯勤司令、第70師司令等人。

1954年，蔣經國自己就曾大言不慚地說：「我在過去三年半裡，平均每個月破獲了十三件『與匪諜有關』的案件。」也就是每年有一百五十六件，每件可牽連數人至數十人，偶爾甚至幾百人。

1954年初，蔣經國召見黃朝琴。

蔣經國：「朝琴啊，就要改選第二屆臨時省議會了，我看你就回台南縣鹽水鎮老家，以台灣人籍貫參選吧！」

黃朝琴：「報告主任長官，我是中國人，且一直是由台北市選出的中國人省議會議長。不應再回台南縣當台灣人民吧？」

蔣經國：「我知道，但是，你與連震東一直是我們政府向美國展示的台灣人民表率，所以裝樣子也就要裝得像一點！」

　　黃朝琴：「那可不可以先讓連震東恢復台灣人民身分？」

　　蔣經國：「我明白你的感受。連震東也確定是忠心的，我一樣也要重用他。但我更重視你爲自己人，是眞貴族中國人，連震東在我眼裡，才是假中國人。況且你一直是省議會議長，將來也會一直是議長，即使有人叫你台灣人，也是最高級的台灣人。當然，在我內心，你永遠是貴族中國人，不是台灣人。你大可放心。你只是職業上的台灣人。連震東及其子孫，則會是永遠的假中國人。懂了嗎？」

　　對於「被打回台灣人原形」，黃朝琴雖然深感委曲，但也不得不於1954年乖乖回台南縣鹽水鎮老家，首次以承認是台灣人民身分登記。於是，黃朝琴和連震東，就從此成爲「高侵略性假中國人的貪婪台灣呆奴」爭相效法與欲迎頭趕上的偶像，卻也是一些台灣清明人士吐痰的對象。

　　由於讓蔣幫集團認爲有高憂慮性的思想犯都處死了。低憂慮性思想患，及「爲了不漏放一個而要錯殺一百」所抓來的牽連者，則大都關到綠島。綠島原名是「火燒島」，聽其名就知是難以養生之地。蔣家父子選定火燒島監禁有思想疑慮的人，就如同美國舊金山灣早期的惡魔島，都是要將一批人與世隔絕。不同的是：惡魔島關的是「極凶之惡煞」；火燒島監禁的則是「可能說了或聽了蔣幫集團不喜歡的言語」。由於事件多、人數眾，只穿插幾件火燒島傳出的對話，粗瞭大概。

　　1954年，火燒島。表現良好者，每天有三十分鐘的放風

時間。

陳浙棟：「請問你是？」

姜林獅：「我是0812號，姜林獅。」

宋致遠：「我是0916號，宋致遠。」

陳浙棟：「我是0745號，陳浙棟。我看你好幾次了，你那麼瘦小，又溫文有禮，怎麼也被抓來關在這裡？」

姜林獅：「我家住台南附近，本來是農夫，身兼台灣傳統工程師，專精於橋樑、工廠等大型建築的設計與建造；以及大型建物的整棟遷移。幾年前，我一個朋友因被懷疑思想有問題，住家被警總特務包圍，我聽說朋友即將被抓走，此後再也不可能見到他了，遂趕往探視。就在朋友家門前看到層層包圍的士兵，我告訴士兵，我是他的朋友，請讓我見他最後一面。士兵往裡面通報後，再出來時就把我抓走了。我連那位朋友的最後一面都沒見到。」

宋致遠：「看你也是讀過書的，怎麼老實到這種程度？這種事人人避之唯恐不及，你怎麼還去探視？」

姜林獅：「我從不過問政治。別人談論政治時，我也絕不旁聽。想見老友最後一面乃人之常情。我從沒想到他們抓我做什麼？」

陳浙棟：「有『不正當思想』嫌疑的人，連他的朋友也會被抓，你不知道啊？」

姜林獅：「是有聽說過。但我是種田之餘才做工程，他有一塊田與我的田相鄰，耕作時會討論一些耕種心得或閒聊。我與他並非政治問題上的同好。」

宋致遠：「所以囉！別人不認為你是他的朋友，所以你

家本來沒被包圍，你人本來也不在逮捕名單上，是你自己前去承認是他的朋友，你不被抓才奇怪！」

　　陳淛棟：「這是我聽過最滑稽的事了。在這時候，竟然有人會自己跑去說『自己是思想嫌疑犯的朋友』！」

　　姜林獅：「好吧！我是傻。那我請問你們，你們聽起來、看起來都應該是中國人，也不像是會作惡的人，怎麼也被抓來了？」

　　陳淛棟：「我是得罪了人被抓來的。我在中國時有讀過書，所以被派到小學當教師，也負有通報異常狀況的責任。同校另有一位與我身分相同的中國人教師，姓霍。照規定，學生每講一句台語被聽到是要罰一角錢。但一、二年級的小學生根本還不會講北平話的所謂國語，學生和學生之間，不夾著幾句台語，根本沒法交談。霍老師卻專注於一、二年級小學生的交談，常常有小學生一天就被他罰了好幾角錢，甚至有被罰一、兩塊錢的。我常常勸他說：台灣人民本來生活就窮苦了，你這樣罰錢，不是讓他們的家長更活不下去了嗎？何不改打手心或屁股？每講一句台語就打一下。強迫說北平話的效果應該是一樣的！霍老師卻仍堅持繼續罰錢。有一次，我聽說一位學生，因一個星期內被罰了兩塊錢，使得全家有半個月連甘薯簽都沒得吃，三餐全靠鄰居施捨度日。我氣不過，就和他吵了起來。霍老師就向上報告說：我同情台灣人民，妨礙政令執行。所以我就被抓來了。」

　　姜林獅：「哇！陳老師，您真是好人！」

　　宋致遠：「好人？好人不長命。你沒聽說過啊？」

　　姜林獅：「不，陳老師會長命百歲的！」

　　宋致遠：「在火燒島長命百歲？0745號跟你有仇啊？」

　　姜林獅：「不！不！請您不要生氣、不要誤會，我不是這個意思！」

　　宋致遠：「別緊張，0812號。我知道你不是這個意思。我只是尋你個無奈的開心！」

　　姜林獅：「謝謝您！但您又是爲什麼被抓來火燒島的？」

　　宋致遠：「我是上海人。」

　　陳浙棟：「0916號老家還是上海名門之後呢！」

　　宋致遠：「0745號，這個不要再講了，好嗎？」

　　陳浙棟：「好啦！」

　　宋致遠：「蔣家集團撤逃來台灣時，我剛從日本留學回來，被叔叔一起帶到台灣，以躲避共產黨。我在日本學的是化學工程。他們見我學歷上有工程二字，以爲是和機械有關，就派我到鐵路局嘉義段任機工段長。當時有位組長也是中國人，常常要台灣員工在上班時間請他喝酒，我屢勸不聽，被我記了『缺點一次』。他就此懷恨在心。就在兩年前的10月30日，我又見一位台灣員工於上班時間替那位組長買來酒菜，請他吃喝。我罵道：『你們的一次疏忽，可害死多少人命？損失多少國家財產？你們不知道嗎？』便把酒收到我辦公室，請他們下班時再來拿回去。他向在司法院任職的姨丈告狀，就以『我不准他慶祝蔣總統誕辰』，對『蔣中正不敬』的罪名把我抓來了。其實隔天才是蔣總統生日。老實講，即使當天是蔣總統生日，上班時間喝酒，也會被我制止的。所以沒什麼差別啦，認了！」

姜林獅：「哇！您也是一個好人！」

宋致遠：「拜託你，0812號，請不要在這火燒島上又說出『你會長命百歲』的話。我們誰也不知道誰能活著離開火燒島，但相信你也不願在火燒島長命百歲吧！若不能離開這裡，早點死了，也許是種福氣呢！」

姜林獅：「我知道了，對不起！」

1955年

蔣經國：「父親，現在是開放出國留學的時候了。」

蔣中正：「怎麼了，幾年前你不是才說要把台灣鎖國。不准台灣地區人民有與外國民主潮流有任何接觸的機會嗎？」

蔣經國：「是的，還是要繼續把台灣鎖國。要開放的只是大學畢業以上的公費留學，是要經過考試與篩選的。當然是先選我們自己人的子女才放心。」

蔣中正：「一定要開放出國留學嗎？」

蔣經國：「是的。因為，雖然大多數台灣人民高知識份子被我們殺的殺、關的關，但仍有不少『早屈服』的台灣知識份子在。他們的學養普遍比我們高很多。這是呆奴化過程的一個小牽絆。所以還是要提升一些台灣現時的知識教育水準，以更深層的壓制他們在暗地裡取笑中國人的心思。」

蔣中正：「那一定要選中國人出國留學了。」

蔣經國：「也不一定。初期當然是先選中國人或假中國人出國留學。以後還是得逐漸開放一般台灣人民出國留學的，畢竟台灣人民素質很好。其實歷經十年的恐怖壓制與呆

奴化教育，台灣人民的勉強型呆奴化已逐漸形成。再過幾年，習慣型呆奴也即將順利產生。讓一些較優秀的台灣學子出國留學就可以比較放心。我主要是希望能挑選一些人爲我們所用。」

蔣中正：「你是說幾年以後，也要選一些台灣呆奴子弟出國留學？」

蔣經國：「是的！」

蔣中正：「你不怕他們在國外受民主潮流的影響而覺醒？出國留學一定是要到先進國家，修習較進步的科學與知識。而先進國家都已民主化，出國的台灣呆奴必然有些會受到刺激，而有不同程度的覺醒。這些人回台灣後，可能會是我們安享貴族階級的隱憂。」

蔣經國：「這點我早有考慮到。當有台灣人民出國留學時，我們要從大專的知識青年黨部，挑選可靠的自己人，也隨同出國到各校留學。以獎學金名義給予豐厚的生活費，隨時監視台灣人民在留學時期內的言行，隨時回報。有疑慮的就不讓他回台灣。可以繼續保持呆奴心性狀態的，才讓他回台灣爲我們所用。」

蔣中正：「我們挑選的人就一定能通過留學考試嗎？而且那麼容易讓外國知名大學接受嗎？」

蔣經國：「我會爲這批自己人另闢管道出國去留學。而外國大學現行入學制度都是經申請與審核。我們可幫他們弄到最好的台灣學界推薦函，再請美國政府助一臂之力。美國政府是現代化民主國家，絕不會想到有這一層詭計在。沒問題的！」

　　蔣中正：「如果他們程度跟不上而不能繼續留在該大學
呢？」

　　蔣經國：「美國大學並無限制修業年限，我們當然提供
自己的職業學生豐富的金錢，有優渥的生活，多讀幾年都沒
問題。」

　　蔣中正：「如果實在不行，被退學了呢？」

　　蔣經國：「一個學校不只派去一個，何況年年會補進
呢！」

　　蔣中正：「嗯！似乎可行。」

　　蔣幫集團占領台灣時，即已有一些台灣人士因求學或經
商而旅居海外。1947年3月大屠殺之後，有更多台灣人士逃
往海外。此時，流亡海外的台灣人士，大多定居日本。其中
台灣耆老林獻堂是一特例。林獻堂在1947年3月初在台中老
家掩護過嚴家淦，所以能在3月大屠殺中倖存。且在3月大屠
殺之後，可自願流亡日本。林獻堂在日本統治台灣的末期，
曾以極大的勇氣，出錢出力，為台灣人民向日本政府爭取受
尊重的地位。林獻堂曾被日警打過，被日本政府監禁過，他
無所懼。在歷經一年多的蔣幫集團恐怖統治及1947年3月的
大屠殺後，林獻堂才真正驚嚇過度。時任台灣參議員的他，
提出自願流亡日本，老死日本。

　　逃到香港的廖氏兄弟，哥哥廖文奎1950年死在香港，
廖文毅則在1950年5月自香港轉抵日本橫濱。他在日本時，
赴日本各大城市演講，重申：並無任何國際條約有過決定台
灣地位。他引述艾登(Antony Eden)的話：「蔣家父子之強占

台灣，只是經由自私的美國羅斯福總統與麥克阿瑟將軍的默許。並無任何正當性。」而在1951年盟國對日本最後合約的舊金山條約中，更明定：日本放棄對台灣的主權，台灣轉由四十八個簽約的戰勝國(並不包括中國或蔣幫集團)共管，以等待最後解決。台灣問題就此擱置至今。蔣幫集團之所以能在台灣這個國際孤兒上繼續占地爲王，只因美國堅持他的西太平洋防線不能有缺口的疑慮。不管台灣是被殺人狂或吃人魔占據，只要這個殺人狂或吃人魔沒有背叛美國的疑慮即可。而其他國家也因台灣對其無利害影響，不願因替台灣講話而去惹惱美國。才使得台灣成爲戰後的國際犧牲品。

廖文毅「蔣家父子之強占台灣，只是經由自私的美國羅斯福總統與麥克阿瑟將軍的默許，並無任何正當性」的事實陳述，迅速傳給在台灣的蔣家父子。自然引起蔣家怒氣，狀告當時仍軍事統治日本的麥克阿瑟將軍，說：「廖文毅此舉不但羞辱蔣家，且忤逆了美國及麥克阿瑟個人。」廖文毅就在一次安排好對東京記者協會演講的前一天，突然在東京遭美國憲兵逮捕，並二十四小時內即由美國軍事法庭做出叛決：預定監禁六個月後，驅逐回台灣。當時已有不少美國傑出人士在日本。這些美國人士認爲：「麥克阿瑟未免太霸道了，且驅逐廖文毅回台灣，與判他死刑有何差別？只會讓他死前再受一次嚴刑凌遲」。經過一段時間與麥克阿瑟的激辯，廖文毅後來才得以被釋放，並獲准在日本繼續居留。

蔣家父子並未就此忘了廖文毅。1963年時，廖文毅因與其他友人意見不和，又堅持己見。逐漸與年輕一代旅日台灣人疏離。1964年蔣家派特務告知廖文毅：蔣家歡迎廖文毅回

台灣，並可在蔣家政府任高職以享晚年。當然需排除糖業與電力公司，因爲這兩項高利事業已由宋子文系統染指，蔣家不能將之割捨。廖文毅並未接受誘惑。

於是，在1965年2月，蔣家父子以涉嫌叛亂罪名逮捕廖文毅弟媳與姪子，弟媳被判十五年徒刑，姪子死刑。蔣家特務再通知廖文毅，若他願回台公開支持蔣家，兩人皆可除罪獲釋。也許年紀大了，已無鬥志，不願再背害死弟媳與姪子的責難。在未事先與同僚商量下，廖文毅於5月14日飛到台北，受蔣經國的摸頭。在日、加、美等地的台灣同鄉，開會討論廖文毅變節一事。沒人願意責備廖文毅企圖拯救弟媳與姪子的行爲。

更有樂觀的台灣同鄉相信，廖文毅應該是「入虎穴欲擒虎子」。蔣經國並非不曉得有此一可能性。於是，就在廖文毅回到台灣後的數日，蔣家特務除了嚴密跟監廖文毅外，更做了全台灣空前未有的搜捕，以斷除任何隨著廖文毅蠢動的一切可能。

此後，由於台灣留學生以在美國居多，台灣人民在海外爲民主奮鬥的重心，漸漸由日本移往美國。當然，日本仍留有史明、許世楷等一群人，繼續爲挽救台灣而努力。

1959年

蔣中正：「我兩屆總統任期將滿，是不是通知一下那些我們養的所謂國民大會代表，來個『總統無任期限制』的修憲。讓我名正言順地當個以總統爲名的皇帝，也早早立下你是太子的印象。」

蔣經國：「不必啦！」

蔣中正：「你說什麼？我當初退居台灣，就是要坐享皇帝之實，怎可說『不必』？」

蔣經國：「父親，您誤會了。我的意思是：不必麻煩，不必做得這麼難看。我們『把中國人躁鬱化；把台灣人呆奴化』的成果已經有了。我只要派個親信出去耳語一下『總統二屆任期將到』，自然會有不少中國人家奴與高侵略性假中國人的台灣呆奴，會群起討論，結論必然是『中華民國非要有您這位民族救星、世界偉人當救世主不可』，先形成單一輿論。我們養的國民大會再回應輿論呼喚，做出戡亂時期的非常憲法條文，規定總統無任期限制。再由全民懇求，恭請您勉為其難地接受。您要先拒絕一下，再無可奈何地接受。那不是更有面子？那些餘存之所謂民主型、頑固的正派中國難民，也要讓他們無計可施，無言以對。」

蔣中正：「只是用戡亂時期憲法條文啊？」

蔣經國：「父親您是不是昨天沒睡飽，一下子領會不過來？我們在台灣壓霸橫行，就是以『我們是中華民國的中央政府，中華民國永遠是在反共抗俄的戰爭時期』為藉口。共黨中國會永遠存在；蘇俄也不會憑空消失。所以，中華民國會永遠是戰爭狀態的戡亂時期，您當然是永遠以總統為名的皇帝了。」

蔣中正：「嗯！有你辦事，我真是放心。」

1960年，一切就如蔣家父子的算計，在台灣順利進行。

這時，在台南附近的鄉村裡，有五個1951年出生的小

孩，已是國民小學三年級。曾阿淡、曾吉木、洪阿土、洪全示、李繼宗，課後農閒時常爲玩伴。相同的是：五人都是鄉村窮苦人家的孩子，父母都省吃儉用，就是要讓孩子讀書，學習知識與做人。但也不會寄望孩子名列前茅，或飛黃騰達，所以這五個孩子都能輕鬆的學習。課後農閒時，又經常討論功課與師長的訓示。懂得質疑，又能提出不同見解；也能接受合理的不同解答；有機會在田野中領略大自然的和諧與挑戰。所以他們能在蔣幫政權設下的定型化環境中，規矩成長，又幸運地不被呆奴化定型。他們算是這時代的台灣裡，少數「保有台灣原民人格與認知」者之一。

不同的是，曾阿淡、曾吉木、洪阿土、洪全示都是傳統台灣農家的子弟。李繼宗的父親是來自廣西的中國移民，早年蔣幫軍隊經過他家鄉時，被抓入軍伍的。1945年隨軍隊來到台灣之後，李先生看見蔣幫集團尤甚於在中國時的壓霸與無人道，自覺亦有罪孽，遂於1947年的全台大屠殺時，故意槍枝走火，擊碎左腳掌而獲准退伍。因緣來到這鄉村賣煎包與蔥油餅度日，與鄉民相處和樂。因勤勞守份，得以與蔡家寡母的二女兒結婚。蔡家寡母無子，李先生並未入贅，仍以蔡家爲家，奉養蔡母。鄉民敬重他，叫他「老李」。

李繼宗：「喂，我爸要我告訴你們：請你們不要叫我『唐山囝仔』。我是台灣囝仔。」

洪全示：「你爸爸不是唐山人嗎？」

李繼宗：「我爸爸說：他不再是唐山人，他以前是從廣西來的無奈中國人，但已斷了回鄉路。他不是蔣家的家奴，

他是難民；是移民。現在他的家在台灣，他是台灣人了，他現在是華裔台灣人，台灣人民的苦就是他的苦，台灣人民的福就是他的福。請大家不要再叫他『唐山仔』，也不要跟著『別人』叫他『外省的』，請大家叫他台灣人或華裔台灣人。」

從此以後，在這個鄉里，沒有人再叫過李繼宗「唐山囝仔」，也沒有人再叫過老李「唐山仔」或「外省的」。

1961年7月15日下午，學校放暑假，又值農忙剛結束，這五個小孩相招到鄉北大圳戲水。

李繼宗：「喂，我告訴你們一件事，你們不可跟別人講哦，我爸爸說：『講出去會殺頭的』。」

洪阿土：「會殺頭的事你爸爸也會講給你聽？我才不信。」

李繼宗：「我爸爸說：我已漸懂事，他要我先學會認識事實與眞理。他說：一般正常人講的話，應該大多是事實。但有時基於無奈或存有自私目的，人就會睜眼說瞎話。有時候，即使身旁每個人都在講的，也不一定是事實；即使身旁每個人都相信的，也不一定是眞理。聽人說了一件事，正確的心態，應該是記得『有此一說』，不必完全相信，也不必完全不信。事實與眞理，應該靠自己小心判斷，仔細求證。」

曾吉木：「說這樣的話，應該是會被罵或被打手心，不會被殺頭吧？」

李繼宗：「我爸爸說『講出去會被殺頭』的事不是這

些，這些是在講那件『會被殺頭的事』之前說的。」

洪全示：「那到底什麼事『講出去會被殺頭』？」

李繼宗：「你們四個要先發誓『絕不對別人說』，我才要講。」

阿淡、吉木、全示、阿土齊聲說：「我發誓。」

李繼宗：「好，我告訴你們，我爸爸說：台灣被一群壞人控制，社會與學校都受他們擺佈，是為滿足他們的不良野心為目的來設計的。」

洪全示：「我聽得不是很懂。但我知道，這樣講可能會被殺頭。」

李繼宗：「我爸爸還說：『這群不良野心的壞人，在台灣所宣稱的中華民國中央政府，並不是原來在中國的合法中華民國政府，他們是被中國的中華民國政府所趕走的。大家在台灣所唱的中華民國國歌是假的，所升的中華民國國旗也是假的。是在台灣那群有不良野心的壞人，為了自私的陰謀所假造的。』」

洪阿土：「真的嗎？你爸爸怎麼知道的？」

李繼宗：「我爸爸說：真正的中華民國國旗是五色旗，他在中國從小看到大；真正的中華民國國歌是卿雲歌，他在中國從小聽到大，他怎麼會不知道？」

曾阿淡：「那就真的奇怪了！不過我可以肯定，若在外頭跟別人這樣講，一定會被殺頭的。」

李繼宗：「你們都有發過誓，絕不可講出去的。」

阿淡、吉木、全示、阿土：「我們有十個膽子也不敢講出去。」

　　洪阿土：「不過，我奇怪的是：這種眞會被殺頭的事，你爸爸怎麼敢對你說？」

　　李繼宗：「我爸爸說：他是不願當那群壞人的家奴與幫凶，才跑到這純樸的鄉里生活。爲了不讓我長大以後，跟別人一樣成爲台灣呆奴，他冒著生命危險也要讓我知道眞相。」

　　曾吉木：「但是，你爸爸不擔心你，也許有一天你在外說溜了嘴而被殺頭嗎？」

　　李繼宗：「我爸爸說：爲了不讓我被教訓成呆奴，他不得不冒這個危險。」

　　曾阿淡：「但是，你爸爸說的話，你完全聽懂了嗎？」

　　李繼宗：「是沒完全明白啦！但我爸爸說：沒關係的，現在我只要結實地記在心裡就好，我長大以後就會完全明白的。」

　　1950年至1987年間，被蔣家特務捕殺的無數中國難民中，多數在國際無知名度，在台親友又多被牽連，少有引起注意。較特殊的是雷震一案。雷震是《自由中國》半月刊發行人，是民主型的來台正派中國人。《自由中國》半月刊發行之初，因「自由中國」四字得蔣經國歡心，特許成立。後來蔣經國發現該刊竟然強調「公正法治與清白選舉」的重要性；並批評蔣家父子由政府挖錢供中國國民黨揮霍，說「國庫不應該是中國國民黨的私囊」。另於1960年召集了七位中國移民與十三位台灣人民成立一個「改善選舉座談會」，還聯合請願。蔣經國認爲這是多人共舉同一政見，與政黨沒兩

樣，已違反戒嚴法。於是將雷震與另三名同事逮捕。原本四人均要被處死，但雷震先生本人聞名國外，在美國亦有一些朋友，美國關注案情，雷震本人才免除一死，被判十年監禁。以當時雷震的年紀，等於終生監禁了。

前美國副領事喬治‧柯爾就說：「一些聞名國外，或在美國有朋友的人，如吳國楨、孫立人、雷震因會受到美國關注，且蔣家父子還須仰賴美國援助，蔣經國的手段會稍微收斂。其他眾多較不聞名之人，其命運可就悽慘了。」

雷震被捕之時，有一位勇敢(蔣幫集團認為是不知死活)的台灣青年人蘇東啓，挺身爲這位中國正派移民發動簽名請願。表示：雷震等人所言所爲，並非錯誤或違法，只是不合時宜，呈請對雷震等人做寬大處分。由於蘇東啓出身雲林縣望族，又不顧中國國民黨的反對，屢次參選議員，早已受蔣幫特務視爲眼中釘。他時年三十九歲，育有五個孩子。其實，雷震當時已國際知名，又有一些美國人朋友，美國早已關注。蘇東啓之仗義執言相救，僅爲蘇東啓自己招來橫禍而已。

1961年9月19日，蔣家特務於深夜二時闖入蘇宅，將蘇東啓逮捕，立即押往台北。蘇夫人則先押往地方警察局，再轉押台北，以便分開拷刑逼供。蔣家特務在蘇家搜出的東西有：幾本過期的《自由中國》半月刊、一本《中央公論》、六冊日文的《讀者文摘》。這些就是蘇東啓夫婦的全部犯罪證據。

有了犯罪證據，蔣家特務還要犯罪自白。於是對蘇氏夫婦持續數月的酷刑拷問。一來爲了要取到能使蔣家父子得意

的犯罪自白，二來要台灣人民藉以更深入的明白，讓蔣幫集團產生疑慮的痛苦後果。蘇氏夫婦被捕的結果，是遺留了四個無人照顧的幼兒。蘇夫人被捕時則帶著還在餵奶的嬰兒。由於恐怖的刑求，加上因營養不良而虛弱纏病。蘇夫人在近於精神錯亂下，被逼在控告她丈夫叛亂罪的自白書上簽名。在無法取得蘇東啓本人自白認罪的簽名情況下，取得了蘇夫人指控丈夫的簽名，對於蔣幫特務而言，也算完成任務了。遂放了蘇夫人與她的嬰兒。

可惜，因崩潰的精神尚未完全恢復，蘇夫人並未有足夠的清醒以時時記得保持沉默。以致又因偶爾談到被捕後遭受折磨的過程，而再被捕，再被折磨一次。如此，前後共被捕、放三次。最後蔣幫特務不再相信她會保持沉默，乾脆也將她判刑監禁。

就因為蘇夫人三次被捕、放的過程中，未能時時記得保持沉默。使得這段時間裡，除了蔣幫特務與間細外，凡走過她家的，一律遭到逮捕，以根絕任何民眾因蘇家夫婦事件而引起騷亂的任何可能。

蘇東啓於1962年5月18日接受最後審判，判處死刑。後因蘇東啓的一個沉默而未出頭的友人，在僥倖漏網之後，仍冒死透過美國使館，告知雷震的美國朋友，說明事情主角雷震被判十年監禁；而一個善良台灣青年，僅因替雷震求情，竟將要被處死。於是蘇東啓才受到關注，最後改以無期徒刑執行。

蘇東啓之案例，只是蔣經國的台灣警備總部及其他特務單位，想警告所有台灣人民，不得不順從中國黨、政、軍，

否則將受到痛苦刑罰或處死的眾多案例之一。要一一陳述，是罄竹難書的。

1962年，台灣電視台開播，蔣幫集團又多了一個煉製「蔣幫中國人貴族化、台灣呆奴化」的工具。所有節目全然朝著蔣家父子設計的軌道進行。各類節目不論戲劇、歌唱、綜藝或時事報導，全用於誇大宣傳中國的壯觀美麗、景仰中國文化的高尚、崇拜中國帝王的普天下莫非王土、頌揚蔣家父子的神化偉人。名為台灣電視台，卻無介紹台灣地理、文化的節目，更無台灣語言的娛樂節目，沒有台灣語言的空間。後來偶爾雖然加入短暫的台灣語言節目點綴，也僅是用最低的製作費，內容禁止對台灣歷史與文化的描述。並篡改台灣族人抵抗清朝侵略統治的史實，偽造「反清復明」的錯誤印象。有了電視，更方便了蔣幫集團「把自己貴族化、把其他中國人躁鬱化、把台灣人民呆奴化」的陰謀。

1963年

蔣中正：「經國啊！為什麼我聽說你准許電視台開一個台灣語言節目？你不是要貶低台灣語言與台灣文化，進而消滅之嗎？」

蔣經國：「我這就是在加強啊！」

蔣中正：「怎麼說呢？」

蔣經國：「父親您想想看，台灣還有不少只懂得說、聽他們本地語言的人在，台灣語言與文化不是一下子消滅得了的。現在是先在不佳收視時段開一個台語節目，以後看情況再於其他不佳收視時段，每週加開一兩個點狀台灣語言節

目，不會影響正常節目的。由於台灣語言節目少，非要看台灣語言節目的人自會調整作息去收看。」

蔣中正：「什麼？那不是在延緩台灣語言與文化的消失了嗎？」

蔣經國：「正好相反，反而會消失得更澈底！」

蔣中正：「怎麼說？」

蔣經國：「我已下令禁止對台灣優良文化的描述，台灣語言節目全部限用低俗體材，當然要美其名爲『照顧中、下階層人民』。再限定最小的製作費用，窮久則就簡，簡久即就陋，長久下來，我保證『連台灣人民都會不自覺的忽視台灣優良語言與文化』，因爲看起來俗陋嘛！」

蔣中正：「眞有你的，這又是把台灣人民呆奴化的新招吧！」

蔣經國：「也不能說是新招，這只是因應電視的出現，舊把戲的新延續而已！」

1964年，台灣大學教授彭明敏，世界知名的法學教授，在學校與學生草擬「台灣人民自救宣言」，蔣經國特務探知。在一個星期日的下午，彭明敏與學生謝聰敏、魏廷朝在喝茶聊天時，被警總特務逮捕。警總對外發布逮捕他們的罪名是「從事破壞性活動」。由於彭明敏與吳國楨、孫立人及雷震一樣，都是國際知名，且在美國有影響力夠強的朋友，彭明敏、謝聰敏、魏廷朝三人才得以逃過一死。彭明敏則遭受和孫立人一樣的終生在家軟禁，由一群特務每天二十四小時監視。在遭軟禁、監視五年之後，彭明敏才在日本友人掩

護下，化裝潛逃出境。逃往瑞典受政治庇護。

1965年

蔣經國：「父親，經過二十年的『高壓統治』與『鎖國政策』，第一階段把台灣人民『呆奴化』的過程已完成，但也已把台灣搞成民生落後，國力衰滯。是做適度開放的時候了。」

蔣中正：「開放什麼？」

蔣經國：「開放外國到台灣的工業投資，開放台灣人民的對外國際貿易。」

蔣中正：「有必要嗎？」

蔣經國：「十多年來，我們主要是靠台灣農民的稻米、蔗糖與木材外銷撈油水。但這段時間，世界各國農業、工業建設突飛猛進。而1963年農業普查的結果，台灣人口有半數是全職從事農業生產，這是國家無建設；工業、科學、文化落後的象徵，更代表了農業技術的呆滯。使台灣的國力，在相較之下，落後太多。這對我們也是不利的。何況照這情形下去，稻米與蔗糖的利益，會越來越比不上新興工業的價值；木材也不是砍伐不盡；金、銀、煤礦也不是挖不完。加上美援已停止，不替台灣開闢新財源不可。台灣沒新財源，我們就沒新財源。現在台灣人力資源過剩，人工便宜，可先從開放替美、日等國加工做起。以台灣人民的體力與智慧，應可使台灣快速發展。台灣在1949年之前，被我們劫擄、破壞成斷垣殘壁。現在，在我們層層壓制與剝削之下，仍能安居飽食，可見台灣人民的潛力有多強！小心地適度開放，台

灣才有能力供我們一幫中國貴族繼續養尊處優。」

蔣中正：「但是開放以後，外國資訊流通，民主、自由的世界潮流我們擋得住嗎？」

蔣經國：「民主潮流我們是擋不住，但把它擋緩是沒問題的。每過幾年開放一點，又能吹噓是我們的寬大德政。又已暗中把『呆奴化』的陰謀推向第二代了。哈！全在我們的算計之中。而且開放發展工業，另可拿來當一個『開明德政』宣傳，也算一石兩鳥。」

蔣中正：「好吧！那就去做吧！」

於是，於1966年，高雄加工出口區落成。台灣才在日本放棄台灣主權的二十一年後，重新開啓了工業發展的大門。

1968年6月8日，火燒島。囚犯正在翻土撥壠，準備種菜。

姜清泉：「0297號，看你這個文弱書生，手都磨破了，都流血了。你就蹲著，裝著樣子就好。剩下的菜壠我幫你做吧！」

柏楊：「不要啦！0346號，被管教員看到了，會害你被鞭打，我過意不去。」

姜清泉：「大概不會啦！我剛剛有聽到那幾個管教員說要進去喝酒，所以我才敢幫你。他們若是進去喝酒，至少有半小時以上不會再出來的。我觀察過好幾次了。」

6月24日，火燒島。表現良好者，每天有三十分鐘放風時間。

柏楊：「0346號，我看你應該是個農夫，誠懇、認命又

勤快，怎麼會被抓來火燒島？」

　　姜清泉：「我是遭到無妄之災。」

　　柏楊：「老實的農夫怎麼也會有被關到這火燒島的無妄之災？這裡關的都是思想嫌疑犯啊！」

　　姜清泉：「是這樣的：我鄰居黃坤旺的牛與別人的牛打架，阿旺想要把他的牛拉開，不小心被牛角刺傷右肩，血流如注。我見了，先搓稻草球壓住傷口，用草繩綁緊暫時止血。把阿旺送去臨近鎮裡的一家診所求醫。到診所時，那位陳醫師立即開始治療阿旺的傷口。不巧一位鎮裡的中國人民政課黃課長進來，說胃在痛，要陳醫師立刻幫他看病。我站在旁邊，想也沒想就說：『先生，很對不起，陳醫師正在救我朋友，你可能要等一下。』中國人黃課長就用中國話罵道：『你是什麼東西？竟敢這樣跟我說話！』我嚇了一跳，趕緊退到一旁，不敢再出聲。陳醫師在裡頭聽到了，就用中國話說：『黃課長，您是不是胃潰瘍又病發了，請您稍等一下，這位傷患我快處理好了，應該不用再等十分鐘。』想不到這位黃課長站了起來，大聲說：『好，好，你們這是什麼態度？連我都不尊重了，好大的膽子，竟敢歧視中國人，你們走著瞧好了！』陳醫師立刻追出來道歉，說要立即替他看病，可是那位黃課長頭也不回的走了。第二天一大清早，陳醫師就被一群穿著套裝的人抓走了。隨後也把我抓來了。」

　　柏楊：「後來陳醫師怎麼了？」

　　姜清泉：「聽說他也被關在這裡。不過他可能悽慘了！」

　　柏楊：「怎麼了？」

　　姜清泉：「聽說陳醫師被抓時，還對他家做了一番澈底的搜查，聽說搜到了一本《中國東北行醫記實》的日文醫學書籍當證據。那是一名日本軍醫隨軍在中國東北的行醫日記。」

　　柏楊：「《中國東北行醫記實》？」

　　姜清泉：「是的！我聽說：家裡若有『關於中國的舊書』都要燒掉，不知道為什麼陳醫師家裡還會被搜出那本書？」

　　柏楊：「可能是陳醫師以為那是本有關醫學的書，不認為有什麼關係吧！」

　　姜清泉：「0297號，您看起來是個很有學問的人，又是中國人，怎麼也會被關在火燒島？」

　　柏楊：「我父親把我取名郭興邦，我自覺名字慚愧，後來改為郭衣洞，是隨那個所謂的中華民國政府來台灣的。」

　　姜清泉：「那是高尚階層的人囉！很好的啊！」

　　柏楊：「高尚階層？很好？可憐的台灣人民！我再告訴你好了，1952年至1958年間，我還是蔣經國的『中國青年反共救國團』總團部的一名副組長哩！」

　　姜清泉：「哇！是在國防部長蔣經國太子手下做事，那你是真貴族啊！」

　　柏楊：「哈！但是我命格輕，不適應啦！所以後來改行寫文章度日。筆名叫柏楊。」

　　姜清泉：「我不相信，你們這樣的中國人，應該是飛黃騰達才對，現在怎麼會跟我同在火燒島受罪？」

　　柏楊：「你信也好，不信也罷。半年前，我還是《中華

日報》家庭版主編呢！」

　　姜清泉：「那您是亂寫文章，亂罵人，所以被抓來了？」

　　柏楊：「也沒有。『大力水手』的漫畫你知道嗎？」

　　姜清泉：「不知道。」

　　柏楊：「大力水手是美國的幽默漫畫，大部分的人都耳熟能詳，那就是我翻譯的。」

　　姜清泉：「我識字不多，很少看書報。」

　　柏楊：「我就是因為翻譯『大力水手』漫畫被抓來的。」

　　姜清泉：「那一定是禁書，禁書你還翻譯。你自己找死啊？」

　　柏楊：「『大力水手』不是禁書，只是其中一篇有人看了不高興而已。」

　　姜清泉：「你真笨，你不會找你的老長官蔣部長經國先生幫你說情啊？只要能和『跟蔣經國有關係的人』沾上一點邊，死罪的人都可釋放。你還在他手下做過事，怎麼可能被關來火燒島嘛？」

　　柏楊：「哈！我就是被蔣經國派人給抓來的！」

　　姜清泉：「到底怎麼了？」

　　柏楊：「今年1月份時，刊出的一篇『大力水手』，是描寫主角卜派父子遇難而流落遠方海島，島上物產豐饒，卜派父子當起島主來了，快樂得不得了。」

　　姜清泉：「就這樣而已？」

　　柏楊：「就這樣而已。但蔣經國知道了，他一不高興就

派人把我關到火燒島來了。」

姜清泉：「怎麼會呢？您不是說，那是美國的幽默漫畫嗎？美國的不是樣樣都好嗎？」

柏楊：「是啊！但是，向蔣經國報告的人，說這篇漫畫可能是在諷刺蔣經國跟他父親。」

姜清泉：「但是，那還是美國漫畫啊！」

柏楊：「這樣的美國漫畫刊在外國可以，刊在台灣就可以解釋成是大逆不道，是我太不小心了。」

姜清泉：「還好沒被殺頭！你要被關在火燒島幾年？」

柏楊：「我是被判刑十二年。但是，要被關在這裡多久就不知道了。能否活著離開火燒島也不知道。你知道你會被關在火燒島多久嗎？」

姜清泉：「我不知道，我已被關四年了。他們也從來不告訴我，『我還要被關多久』。」

柏楊：「就是囉，我當然也不知道何時能離開這裡，或是能否活著離開火燒島。」

姜清泉：「但是，你是中國人啊！」

柏楊：「你以為被關到火燒島後，他們還分你是中國人，還是台灣人啊？」

（1975年蔣中正死亡，蔣經國為彰顯蔣中正之死是帝王駕崩，宣布全台減刑，柏楊本合於減刑出獄。由於柏楊是蔣經國深惡的思想犯，名義上是出獄，卻禁止柏楊離開火燒島。至1976年，國際特赦組織等人權團體，發動控訴「依蔣經國之法律已刑滿之人，蔣經國仍不將他釋放」。柏楊才得以離開火燒島。那些非國際知名的火燒島冤囚呢？就不知他們的造化了！）

台灣清明勇者——
黃文雄與鄭自才 (1970)

1970年，美國

　　早期留學美國的台灣留學生到美國後，由於自由、民主的環境與資訊的開放，不少台灣留學生很快發現台灣歷史的真相，逐漸發覺蔣幫集團對台灣的惡毒陰謀與壓霸，憤慨不已，遂經常集會控訴蔣幫惡行。這些台灣留美學生，被中國國民黨派到美國各大學的間諜職業留學生做成記錄，報回台灣警備總部，都被列入不准回台灣的黑名單中。他們在聚會中都會唱著「黃昏的故鄉」這首歌，不少人暗自流淚。主要是為台灣這個多難的土地母親流淚。

　　黃文雄個子小，性格內向而靦覥，平常不多話。在同鄉會的聚會中，他冷靜旁觀，雖然人人因發現真相而憤慨，但是，他們離開台灣時都是在由「勉強型呆奴」進入「習慣型呆奴」的階段。台灣人民謙恭的本質已受汙損，更少人能自覺「遭受蔣家心靈奴化改造」的可怕。覺醒的程度只到「曉得受騙、受壓迫、受殘害」的階段，受十多年腐蝕的心靈，

並不是在短時間內可以完全恢復的。接觸得到民主風潮與開放資訊的留學生尚且如此，想到台灣國內的同胞，更覺心驚與憂傷。黃文雄與另三個志同道合的留學生，驚覺要溫和掃除蔣家父子對台灣的毒害，實不容易。遂決心要給予非常的刺激，才能增加早日挽救台灣的希望。

世界上的現代化民主國家，從未真正有心承認蔣幫集團在台灣的政權，全因美國的大力影響，才暫且在表面上裝個承認的樣子。此時已漸感不耐，有意連這表面功夫也摘除。美國也知道：已抵擋不住各國的抱怨，開始暗中與中國交涉，為讓所謂的「中華民國」亡名而準備。並故意透露些微訊息給蔣家父子，使蔣家父子能先有個心理準備。早已完全掌握所謂「中華民國政府」實權的蔣經國，此時雖然官名是行政院副院長，但美國瞭解蔣家父子在台灣運作的實情。一方面為了確保美國西太平洋防線的完整，須給予蔣家父子安慰與保證會續挺；另一方面考慮讓蔣家父子在國際上再有個虛榮的面子，遂安排時為行政院副院長的蔣經國訪問美國，並給予近乎國家元首的禮遇與接待。

1970年3月，留美台灣同鄉會得知4月下旬蔣經國將訪美，計畫前去示威抗議。賴文雄、黃文雄、鄭自才、黃晴美四人私下會面談論。黃晴美是黃文雄胞妹，鄭自才是黃晴美丈夫。

賴文雄：「台灣幾百年來受到各樣的外來政權統治，以蔣家政權最惡毒。台灣人民在其他外來政權欺壓下，歷來都還能保有自己的文化與民族性。蔣家父子竟然凶狠到要一舉摧毀所有台灣人民的文化與心靈。若有辦法阻止，我願把自

己捐給台灣。」

　　黃文雄：「最可怕的是：蔣家從一開始就設計把台灣人民從心靈澈底呆奴化；又從教育著手，消滅台灣的語言與文化；拔除台灣人民多方理性思考的能力；再從社會現象腐蝕台灣人民的良心。使得即使有機會發現真相，台灣人民亦難完全康復了。」

　　鄭自才：「這從同鄉會的聚會中可看出來，大家來到美國，發現了真相。但多數人都只感到憤怒，發誓要打倒蔣家政權。很少有人感覺到『台灣人民心靈的被奴化、理性思考能力的被拔除、文化的被特意消滅、人格良心的被腐蝕』有多可怕，這才是台灣人民自救之路的最大障礙。更少人警覺到當前最急迫的是：要如何阻止台灣人民的繼續被深層呆奴化？要如何幫助台灣人民心靈的覺醒與康復？台灣人民不警覺到這一點，是沒有辦法使出力量來打倒蔣幫集團的。」

　　黃晴美：「那是因為大多數的台灣留學生，都是從蔣家父子設計的教育與篩選規則中脫穎而出的考高分好學生。出生在被嚇怕了的家庭，又經十多年的陰毒搓塑，即使在美國發現真相而憤慨，還是不瞭解台灣自己的歷史；已被塑造成形的呆滯心靈，亦難自覺『曾被塑造的過程』。沒自覺到自己的心靈曾被改造過，如何能容易覺醒呢？」

　　鄭自才：「我們四人因生長環境不順遂，『出人頭地』不是父母對我們的主要期盼，所以受到的毒害較淺，才能有自覺與覺醒的能力。」

　　賴文雄：「難道就這樣眼睜睜的看著台灣沉入萬劫不復？」

鄭自才：「若能給予蔣家人致命一擊，再順勢澈底揭露蔣幫集團的謊言、陰謀與偽裝的假面具，或許能引起大震撼。震撼夠大的話，或許能搖醒更多台灣人民。有了夠多的覺醒台灣人民，要全民覺醒就較有希望了。」

黃文雄：「蔣經國不久即將來美國，殺了他的震撼夠大了吧！」

賴文雄、鄭自才：「對，刺殺他。這震撼最大，也最便捷。」

黃文雄：「但我們的行動計劃不能讓台灣同鄉們知情，以免事後害他們受到牽連。」

鄭自才：「對，要犧牲我們自己犧牲就好了。若牽連到其他人，太浪費台灣的有用人力了。」

黃文雄：「執行的人不是當場被擊斃，就是被捕後在美國執行完刑期，再遞解回台灣。被當場擊斃還好，若被押回台灣，那可是真慘了。」

鄭自才：「所以要有必死決心。若未死而被捕，寧可死也一定要設法脫逃。」

賴文雄：「那我們三個男人就抽籤來決定是誰出擊，其他人作掩護。」

黃文雄：「不必抽籤了，你們兩人都已結婚。我還單身，我犧牲了，沒人跟著受苦，就我來好了。你們不要再講了。」

在事先演練的時候，黃文雄想到：若以10至20公尺的距離，連開數槍，打死蔣經國的機會最大。但易傷及他身旁的護衛等人士。該死的只有蔣經國，他不願以台灣人身分，犯

下傷及無辜的罪孽；不能像蔣幫集團有「爲了不放過一個，可以錯殺一百」的心態。而且自己是要伸張道德正義的政治行爲，若傷及無辜，爲正義所舉的意義，就會被打折了，所以必須衝上前去，近身開槍。但蔣經國身旁必定護衛環繞，想要近身開槍，易被發現，易被阻擋，得手機會較小，也必無法事後逃脫，但爲免傷及無辜，也只好這樣嘗試了。

1970年4月24日

　　蔣經國坐車到紐約的廣場飯店，在私人保鏢與美國警察的護衛下，走向飯店大門。這時黃文雄從一旁人群中跑出，衝向蔣經國。開第一槍時因身影被一名美國警察發覺，出手托高了開槍的手肘，子彈從蔣經國頭上飛過，打在旋轉門上。黃文雄隨即再開第二槍。此時因聽到前次槍響，蔣經國已彎著腰，被身旁保鏢連跑帶拖地拉進大門，更難打中蔣經國了。這時黃文雄被一群高大的美國警察壓在地上，黃文雄大叫：「Let me stand up like a Taiwanese！」由於他個子小，容易從那些彪形大漢的身體間隙，奮力鑽出頭來，有時甚至上半身都已爬出外面。身旁警察見了，又紛紛飛身壓過來，他又奮力鑽出頭來。如此連續了幾回。本來在發傳單的鄭自才見狀，一時衝動，竟跳向前欲搶救黃文雄。在眾多高大的美國警察面前，當然救不了黃文雄，鄭自才自己更被打得頭破血流，與黃文雄一起被捕。鄭自才的衝動行爲是不理性的，徒增一人受罪而已。然而鄭自才見危難而奮不顧身的作爲，仍令人感動。

　　兩人被捕後，在蔣幫駐美人員要求下，保釋金訂得很

高。黃文雄要十萬美元，鄭自才要九萬美元。這對當時的留美學人來講，是筆天文數字。但台灣同鄉還是在兩個多月內籌到。鄭自才有妻兒，初期先於5月26日被保釋出來；7月8日再保出黃文雄。當時的捐款人中，有不少是在台中國人的子弟留學生。這是值得蔣幫集團深思的。

兩人被保釋出來後，大家估計：以當時美國對蔣幫集團的狼狽袒護情形看來，在美國刑期執行完畢之後，必會被美國驅逐出境而送回台灣，那將是生不如死，於是決定兩人棄保潛逃。

黃文雄選擇留在美國，此後一直無人有他的消息。甚至連蔣幫集團派出去的特務爪牙，也找不到他，真是不簡單。直到1996年，李登輝已因緣際會而任總統多年，將台灣慢慢帶向民主化，黃文雄才回到台灣。

鄭自才選擇逃到瑞典。得到瑞典Bernhard教授的協助，更能將妻子黃晴美接來瑞典。1972年3月，蔣幫特務爪牙探知鄭自才去處。美國政府在蔣幫集團的要求下，向瑞典政府施壓，要求逮捕並引渡鄭自才回美國。1972年6月30日鄭自才在瑞典被捕。起初瑞典政府基於「蔣家政權在台灣是非法政府，鄭自才非一般暴力罪犯」而拒絕。後來在美國政府強力要脅下，瑞典政府提出「不可將鄭自才驅逐出美國或交給蔣幫集團」的條件，經美方答應，才不得已決定將鄭自才引渡到美國。鄭自才得知被遣返美國已成定局，就開始絕食抗議。因為他覺得：以美國政府與蔣幫集團的狼狽為奸，他不敢相信美國一定會信守對瑞典的承諾。9月4日，鄭自才已因絕食而昏迷，仍被強制抬上飛機。班機起飛後，機上組

員向機長報告：鄭自才情況不佳，對刺激反應微弱，隨時有死亡之危。機長緊急降落丹麥機場，誓言：若鄭自才不受到醫療救治，他絕不願再起飛。當時也無其他飛機願意接手搭載因絕食而瀕死的鄭自才。美國政府這才開始因怕演變成國際醜聞而緊張，才安排一架飛機載鄭自才飛往不遠處的英國倫敦，送至倫敦監獄醫院救治，鄭自才情況好轉後再送到美國。

鄭自才被押往美國後，判刑五年。在美國輿論壓力下，服刑八個月即獲假釋出獄，得以續留在美國。在李登輝得任總統多年下，將台灣巧帶民主化，鄭自才於1991年回到台灣。

由於蔣幫政權長期將台灣人民呆奴化的影響，黃文雄與鄭自才兩位清明英勇的才子，在台灣並未受到足夠的應有敬重。又是另一層台灣人民的悲哀。

就是要確保奴役台灣的壓霸特權

令台灣臭爛也罷、轉獻中國也可，更要做好再捲款潛逃的準備 (1971-1977)

　　1971年，聯合國通過，以中華人民共和國取代台灣蔣家政權的中國代表席位。台灣被定位為非中國。因為根據最後的國際簽署條約——1951年9月8日的舊金山合約中，明白宣示：台灣自1952年應已是自由之身，台灣主權應為台灣自己所有。台灣雖被蔣幫集團侵占中，蔣幫集團既非戰勝國，又非四十八個對日本合約的簽署國。在中國，日本軍隊只是奉命向中國軍隊繳械。日本政府並未自己向中國投降。日本是向四十八個戰勝國宣布放棄台灣主權的。且蔣幫政權既已逃離中國，對中國而言，已成流亡罪犯，自然沒有代表中國的正當性。蔣家父子在台灣充其量只是霸占台灣這個國家的強盜而已。此時中國共產黨政權並不認為台灣與中國有何相干。

　　駐美大使葉公超：「報告總統，聯合國中國代表權轉給中華人民共和國已成定局。美國及諸多友邦懇切建議，台灣大可不必再背負中國這大旗。要說台灣是中國，也實在名不

正言不順。只要去除『中華民國』這名稱，各國反而更輕鬆地看重台灣，台灣還是世界上的一個國家。除了不代表中國外，一切並無改變。在國際上會更受尊重。」

蔣中正：「好是好，但我要先與經國商量過，再正式通知你。」

蔣中正：「葉公超大使說，美國及諸友邦建議我們，只要在名稱上回復『台灣』的正名，就還是一個國家，還是聯合國會員國。葉公超也認為這樣較好。」

蔣經國：「怎麼可以？絕對不行！」

蔣中正：「為什麼？你說說看！」

蔣經國：「父親您想想看，當初我們從中國國民黨內帶了大批投靠者來台灣，就是要把他們設計成永遠的當然貴族，把我們自己裝飾成當然的貴族之王。所設計的名義是：台灣只是個地方單位。中華民國永遠高高在上；中國國民黨更永遠高高在中華民國之上。台灣永遠要受中華民國管轄，而台灣永遠管不到中華民國。而中國國民黨更是永遠高高在中華民國之上。所以用青天白日旗為國旗，表示台灣永遠流血也要效忠代表中國國民黨統治的青天白日滿地紅旗；用中國國民黨黨歌當國歌，同樣一首歌，中國國民黨黨內唱的是黨歌，台灣人民唱的是國歌，當然表示中國國民黨是台灣的永遠統治貴族。這些印象在二十幾年的呆奴化訓練中，已根深植於全台灣民眾的心中。現在如果宣稱台灣就是台灣，中華民國政府就是台灣政府，那是對人心多大的震撼，其震撼力必然超越在日本廣島與長崎爆炸的兩顆原子彈。台灣人

民必然加速覺醒。中國人呢？我們長期爲他們塑造的貴族優越感，由於自圓其說的謊言已破裂，必然一下子崩塌，多數人不瘋狂才怪。父親您想想看：覺醒的台灣人民，加上瘋狂的中國人，我們在台灣的王權還保得住嗎？可能屍骨都難存啊！」

蔣中正：「對哦！好險！好在我還沒給葉公超答覆！」

蔣經國：「我們一定要堅持中華民國的假招牌。」

蔣中正：「但我想到一個問題，中國現在並不認爲台灣與中國有何相干，台灣是另一個國家，所以中國只是要把在聯合國的國家代表權搶回。但是，若我們繼續用中華民國之名，將來有一天，中國必會理直氣壯地主張台灣亦爲中國所有。」

蔣經國：「將來是會有那麼一天，但那正合我意！」

蔣中正：「什麼？如果到了那一天，我們豈不又增加了一項危險？」

蔣經國：「正好相反，是又增加了一面護身符呢！」

蔣中正：「怎麼說？」

蔣經國：「父親您想想看，1949年您派馬鶴凌(馬英九之父)到香港與毛澤東代表曹繫仁談的密約，就是『共產黨在中國稱霸，我們在台灣稱王，互不侵犯』。偶爾打打罵罵，是做給兩邊人民與美、蘇兩國看的，二十幾年來中國都還遵守約定，現在也沒有要毀約的意思。將來有一天，若中國愈來愈強大，必會貪得無饜，見到台灣還自號中華民國，中華民國在國際用語裡不就是中國嗎？一定會宣稱中國亦有台灣所有權。而反正「中華民國」不就是中國嗎？所以中國方面

還是會遵守1949年的祕密約定而相安無事。將來若因擋不住
世界潮流，而讓部分台灣呆奴有所覺醒，想要在台灣向我們
討回公道，台灣要民主、要國家正常化。那時，已強勢的中
國，必然會起而威嚇這些台灣呆奴。那時候，中國反而是我
們集團在台灣繼續耍特權的護身符了。內部的政治、媒體、
司法與軍、警全在我們集團手裡；外面還有中國替我們大張
聲勢，加上大部分台灣人民的呆奴化與中國移民的家奴化，
哈！這才眞是百年、千年根基啊！」

蔣中正：「經國啊！你眞是奸巧得厲害！」

蔣經國：「所以在這時候，國際上只承認眞正的中國爲
中國，我們要把這個變化，說成是受到中國共產黨的欺負、
打壓。要全民更團結一致，絕不妥協。絕不要說我們被國際
唾棄，被趕出聯合國。要說是我們退出聯合國，是漢賊不兩
立。要慷慨激昂地高呼『莊敬自強，處變不驚』。以我們把
台灣人民呆奴化的程度而言，已開始進入『習慣型呆奴』的
階段，一定可以順利渡過這關的。我可以百分之百保證。」

蔣中正：「但是，一被趕出聯合國，就表示連美國也不
再維持我們表面上的國際地位，各國一定立即不承認我們在
台灣的政權。到時一定有不少在台中國人會有恐慌心理，會
想做第二次逃難，逃離台灣。」

蔣經國：「我知道。但是經過這麼多年把人民呆奴化的
塑造，已是『習慣型呆奴』的階段。我們稍加激化，很快可
製造同仇敵愾的心理，再高喊『莊敬自強，處變不驚』。屆
時有恐慌心理與逃難意識的大概只有我們自己的家奴。何況
有出入境管制，能被批准出境的也只有這些人。」

　　蔣中正：「這些人都是在台灣吃飽、喝足的人，就這樣放他們走？」

　　蔣經國：「當然放他們走！他們不走，反而在台灣擴散恐慌心理。我們擺出『要走就走』的姿態，除了裝出我們有十足信心的姿態，更表示我們寬大為懷。這樣更強化了我們的偉人氣度。其實，這些人到了國外住不慣的。國外哪有我們在台灣給他們的這麼多特權與尊榮。過不了多久，除了一些死要面子的會硬撐外，大多數很快就會再回台灣的。何況我們開放台灣對外的工商活動已五年，在台灣人民優秀的素質與勤奮的本性努力下，已小有成就。不出幾年，台灣的經濟發展，必會讓那些出逃的家奴後悔的。父親您看看，六年前我提出『開放台灣與外國的工、商活動』之主張，現在已證明是完全正確的遠見了。」

　　蔣中正：「哈！我什麼時候說過你的意見有錯了？自從來到台灣這寶地，除了要殺吳國楨與孫立人外，我哪一樣不是讓你放手去做？」

　　蔣經國：「我也沒讓你失望啊！」

　　蔣中正：「哈！哈！哈！」

　　蔣經國：「哈！哈！哈！」

　　蔣中正：「不要高興過頭了。現在世界上已快沒人承認我們在台灣的政權了，這總是沒面子的事。你所設計的神化偉人形象，可能多少會有折損。」

　　蔣經國：「不會啦，不必太擔心這個。」

　　蔣中正：「怎麼可以不擔心呢？」

　　蔣經國：「老實說：雖然現在我們還是聯合國會員，跟

大多數國家有邦交。但有哪一個已現代化的國家是真正禮遇過我們呢？還不只是看美國面子做個表面應付而已。以台灣在西太平洋的地理位置，美國不可能放棄台灣的。以後只是缺個表面的邦交裝飾而已，實質上與現在不會有任何不同。要說面子上的事，也不會損失太多。因為世界上還有不少以反共為藉口的極權國家與極端落後的弱小國家。以反共為藉口的極權國家，自然有與我們維持邦誼的意願，物以類聚嘛！而極端落後的弱小國家，則用金錢維持外交。面子還是可以維持不少的。」

蔣中正：「用金錢維持面子？值得嗎？」

蔣經國：「當然值得！一個在國際上的假面子，可以穩住我們在這群台灣呆奴心中十倍的實質面子。神化偉人當然要在逆境中屹立才像樣。反正用的是台灣人民的血汗錢，又不是我們的血汗，管他的。」

蔣中正：「好吧！但是，台灣在我們長達二十五年的鎖國政策下，經濟、工商全都停滯。現在工商也剛開始開放五年，雖然是已有增加一點稅收，累積一些財富，但要長期支付收買外交，足夠嗎？」

蔣經國：「放心吧！全在我的設計掌握之中。我已在做發展台灣經濟基礎建設的計劃。以前是在『勉強型呆奴』的培訓階段，必須鎖死台灣以求穩定成效。現在已進入『習慣型台灣呆奴』的階段，加上時勢所趨，可以放心開放發展經濟、工商了。以台灣人民優秀的素質、勤奮的個性，加上部分能為我們所用的留學生返台，相信很快能見到好成果。要應付外交面子所需的費用，不會有問題的。何況又能拿來當

德政宣傳。台灣呆奴還會歌功頌德，感激不盡呢！哈！台灣人民已進入『習慣型呆奴』階段，已習慣於被加上腳鐐、手銬；吃不飽、穿不暖。現在我們解開他們的手拷，雖然還有腳鐐在，他們可以張開雙臂伸個腰，會覺得好舒服哦，必定感謝不已。再准許他們用雙手去賺取溫飽，更非感激得痛哭流涕不可。父親您等著瞧，瞧我導演的這場好戲上演。」

蔣中正：「但是，我們把台灣鎖國已久，世界上現代化國家的工業已進步神速，我們現在才正要發展工商與貿易，短期內趕得上嗎？即使趕得上，真的能和已現代化的國家競爭嗎？真的能在短時間內賺那麼多錢，足夠連年應付收買落後小國邦交的開銷嗎？」

蔣經國：「我早已和幾位家奴化的經濟學者研商好了，交通建設是發展的基礎，那不用講了。能快速賺大錢的就石油工業、化學工業及廢五金的提煉回收。」

蔣中正：「石油工業、化學工業及廢五金的提煉回收就能賺大錢？如果是的話，那些先進國家會放著不做，而白白讓我們賺飽？」

蔣經國：「因為這些都是高汙染工業，沒做好環保的話，空氣汙染嚴重，對人體傷害極大，對環境與土地的破壞更是千年不退之毒害。而要確實做好環保，又成本、代價極高。那些現代化國家不是不做，就是產品價格極高。」

蔣中正：「那你的意思是要賺取利益，不惜毒害台灣了？」

蔣經國：「沒錯！這是目前為要鞏固我們在台灣的地位，僅有的便捷之路了。」

　　蔣中正：「你瘋啦？當年我們決定退避來台灣稱王，不聽宋美齡的建議而流亡到瑞士，就是算計好我們能長治台灣，還要久安的。現在你卻要毒害台灣，我們自己就生活在台灣，我們還能久安嗎？你瘋了啊？」

　　蔣經國：「安啦！我沒瘋的。早在多年前我向您建議開放工商時，一些高汙染的工業就已指定設在中南部。現在這些高獲利高毒害的工廠及工作地點，更特別集中在南部。離我們遠遠的，不用擔心！」

　　蔣中正：「不這樣做真的維護不了我們的霸業嗎？」

　　蔣經國：「不是唯一的辦法，卻是最便利的辦法！」

　　蔣中正：「但是，難道台灣民眾不會有人看出你的陰毒而出來指責嗎？」

　　蔣經國：「沒事的。呆奴化措施已使台灣民眾處於習慣型呆奴階段，能有遠見及洞察力的人已極少。就算有，已沒人敢出來指責。除了因為長期的戒嚴統治，使台灣人民早就習慣於噤若寒蟬。更由於台灣人民二十多年來生活艱難困苦，今天我們給這些人民有機會賺取溫飽，還首次可以有一點生活享受的機會。若有人膽敢出聲反對，即使有天大的堂皇道理，也一定會被多數台灣呆奴唾棄，不被圍攻至死才怪！」

　　蔣中正：「你真的有把握？」

　　蔣經國：「當然！自從來到台灣，我有哪一次的計謀沒有得逞？」

　　蔣中正：「好吧！你有把握就好。」

　　1972年及1973年蔣經國在行政院長任內發布從事台灣十大建設。在學校及報章的鼓吹下，全台歌功頌德。事實上確也帶動了台灣工業的發展與經濟起飛。不少台灣人民果真如蔣經國所預計，開始額手慶謝，台灣人民也是努力不懈。台灣人民的經濟生活是改善了，生活品質卻更低下。一味追求經濟發達，過度開發山林，造成台灣生態和自然環境的嚴重破壞。大量的工業廢水和廢料深深地汙染了空氣與河川、毒害了土地與山林。萬年難治。在「黨國」操控的報紙與電視鼓吹下，全台上下，迷漫於「追求財富，財富塑造地位」的虛榮景象。「生命的尊嚴、自然的和諧、生活的品質」等台灣人民本質，逐漸被遺棄；「敬天地而重萬物，盡本分而惜福報」的台灣人民本性，也不斷淪為笑話。更多人也就漸漸習慣於見利忘義了。

　　1974年，五個在南部鄉里生長，是台灣少數沒被蔣幫集團呆奴化定型的台灣人民之一，現已長大成人。

　　李繼宗：「慘了，蔣家父子『把台灣人民呆奴化』的狠毒陰謀已進入『習慣型呆奴』的階段。蔣家父子的陰毒似乎會繼續得逞了。台灣何時才能見天日啊？」

　　曾阿淡：「是啊！以前都只看到在學校、報章與村里的宣傳，現在已可聽到一些人談起『蔣經國開始用心關心台灣』這樣的話了。」

　　曾吉木：「除了我們五個人，不知台灣還有沒有『心靈與人格尚未被呆奴化』的人？」

　　洪阿土：「應該有吧！但一定都是被擠至聽不到、看不見的角落裡了。」

洪全示：「眞是『台灣人民的悲哀』啊！」

洪阿土：「他們把台灣人手腳綁了三十年，爲了他們的私人面子與利益，一時解開了雙手，以便讓台灣人民放手繼續供養他們的更大開銷。台灣人民竟然看不到自己的雙腳還被綁著、雙手又已染毒。可怕的『呆奴化』狠毒陰謀啊！」

1974年，宋楚瑜獲政治學博士學位，回台灣擔任蔣經國祕書。宋楚瑜與後來的馬英九有很多令人深思的相似處。宋、馬兩人的父親都是蔣家親密戰友；赴美後都是特別快獲得碩士學位；唸博士學位時都轉校；都唸得特別多年；回台後都立即進入政府最高層；在金字塔頂端之內，都是當時最年輕的。不過宋楚瑜看來比馬英九高明多了。馬英九化名當間諜職業學生的身分被人識破，還化名「葉武台」，明顯地表示「我也是要如蔣家耀武揚威於台灣」。高明的宋楚瑜，則從未被探知化名。

宋楚瑜父親宋達，曾任蔣家集權政府的國防部人事局長及聯勤副總司令，是蔣家親信。1966年到美國留學。在加州大學柏克萊校區僅唸了一年即獲得政治學碩士學位。卻轉往天主教大學唸圖書管理學。很奇怪地，唸了四年才獲圖書管理學碩士。再轉往喬治城大學唸政治學博士班。這就比較不奇怪了，因爲在喬治城大學，宋楚瑜的指導教授是克萊恩，克萊恩曾是美國中央情報局駐台灣站之站長，長期與蔣經國關係密切。

這個沾滿情治氣息、得全蔣經國眞傳的宋楚瑜，他的回到台灣，牽連了台語電視布袋戲的被禁。當時家喻戶曉的雲

州大儒俠布袋戲，由於收視率太高，講的又是台語節義，就這樣一聲令下，禁了。主持人黃俊雄只好改用北京話演出這台灣傳統戲曲。

由於布袋戲幾百年來，在台灣用河洛話的台語詮釋，已有語言專屬的文學與趣味精髓。雖然黃家爲了商業考量，加入了「金光」聲色的刺激，損失了部分原有的文化質感，仍吸引了廣大台灣民眾收看。成了台灣民眾唯一的重要休閒娛樂。有電視的人家，總是按時聚集人群觀賞。現在改用北京話演出，味道與幽趣全走了樣，沒人再有興趣收看，黃家的電視布袋戲只好停播。

禁台灣語言、禁書、禁歌都是蔣家禁台的老把戲了。四十年裡禁了八百九十八首歌曲，然而在宋楚瑜回台任蔣經國祕書的1974年，他一個人就禁了一百四十首，他的「功勞」不小。1976年宋楚瑜在新聞局任內，更叫來六個人當橡皮圖章。他們是丑輝英、汪精輝、涂敏恆、張昊、謝君儀、李芳育。在三個半小時內，審核歌曲的查禁，共禁了四百三十八首歌曲，平均一首歌被決定查禁的所需時間不到三十秒。厲害吧！不知道這有無被列入金氏世界紀錄？(大概沒有吧！因爲若真要列入金氏世界紀錄，台灣六十年來的被統治事蹟，會把金氏世界紀錄占去半本。)

宋楚瑜的滿身情治細胞，甚得蔣經國讚賞，視爲傳人。宋楚瑜曾自誇：「我連蔣方良的口味喜好都一清二楚！」

1975年3月10日

宋美齡：「你父親病重了，需要手術治療，你快去找來

台灣的頂尖醫師會診，排定開刀計劃吧！」

蔣經國：「我正在安排美國醫師來台灣爲我父親手術。」

宋美齡：「由美國醫師執刀？好嗎？」

蔣經國：「我不信任台灣醫師！」

宋美齡：「榮總院長召集院內主任級醫師討論的結果，認爲台大醫院有這方面的專精外科醫師。」

蔣經國：「我說過了，我不信任台灣醫師！」

宋美齡：「中正在台灣就如皇帝一般，醫不好皇帝是可能要處死的。你還擔心？」

蔣經國：「要是碰到如黃文雄般心靈清明，又視死如歸的硬漢呢？何況我們是醫學方面的全然門外漢！」

宋美齡：「但是，你要知道，美國人，尤其高知識份子的美國人，他們並不見得會有多尊重我們，你眞認爲他們會有多用心照顧你父親？況且你眞的能請到眞正頂尖的外科專家，專程來台灣爲你父親主持手術嗎？」

蔣經國：「我已決定了！」

宋美齡：「你到底是眞爲你父親考量，還是你有什麼見不得人的可怕私心？」

蔣經國：「妳說什麼？」

據說：那位所謂的美國外科專家，當全體榮總醫護人員小心翼翼地在做進入手術前的自我消毒工作時，他一付輕鬆不在意的模樣，簡單洗了手就進手術室。蔣中正術後因細菌感染而得敗血症，1975年4月4日蔣中正瀕死。

蔣經國：「天助我也！我已下令要把我父親之死期拖到明天。明天發布蔣中正死訊，正好清明節。以後全台灣呆奴會永遠記得蔣中正忌日，當天放假祭祖，順理成章要爲我父親之死放假祭拜。要全國哀悼，也沒有人敢有異聲了。把蔣中正帝王化，我這繼承人，自然有聯想餘蔭。」

宋楚瑜：「但是，清明節是按照節氣推算的，並不是每年都在4月5日。」

蔣經國：「這個我知道，但每年都在4月5日前後，以後就說：4月5日就是清明節。台灣已呆奴化，沒人會注意到這點的。我三十年來下的功夫不是假的。」

宋楚瑜：「亞父英明，我們明日會技巧的發布國殤，在孫文紀念館停柩十天，先動員學生及公務員去瞻仰遺容加祭拜，以帶動一般民眾參與的仿效心理。台北市以外的各機關、學校則廣設靈堂供祭拜。全台灣人民配帶黑紗一個月；報章全部黑色版面；所有娛樂活動與慶典一律禁止。出殯奉厝當天，要有民眾『自發』的沿路滿街擺案祭拜。要更加深入神化偉人與皇室國殤的場景。要做到不用明言而能加深默化台灣人民呆奴心靈的效果。」

蔣經國：「很好！我果然沒看錯你。但是，要做得像是全民自動自發，沒人特意安排才能更好。」

宋楚瑜：「放心，台灣人民呆奴化的進度，已進入『習慣型呆奴』階段，不少公職人員會奉呈上意，自作安排；不少一般民眾已成神化偉人的信徒，也會自動自發，如喪考妣。我只須注意一下細節，再加扇一下風，必定全台沸騰。這方面我的技巧是一流的！只是蔣總統他是基督徒，搞這些

祭拜場面與靈堂，會不會對他不敬或不倫不類？」

蔣經國：「哈！我父親信基督教，是信給美國人看的。放心吧！我父親什麼教都不信，他只信仰他自己。」

宋楚瑜：「楚瑜以爲他是爲了宋美齡而信基督教的。」

蔣經國：「也是沒錯！但一舉兩得。老實說，宋美齡表面上是基督徒，然而她是虔誠的基督徒嗎？你認爲呢？」

宋楚瑜：「楚瑜不敢知道！」

蔣經國：「你不敢知道？那就談談你敢知道的。」

宋楚瑜：「楚瑜愚昧。」

蔣經國：「你才不愚昧哩！只是還年輕，難免疏漏。」

宋楚瑜：「楚瑜謹受教誨。」

蔣經國：「宣布『全台大赦』啦！這樣才有『帝王駕崩』的意涵。」

宋楚瑜：「亞父英明！楚瑜立即著手準備。」

蔣經國：「就這樣？那些放了我不放心的人，以及那些放了我餘恨未消的呢？」

宋楚瑜：「請亞父安心，楚瑜心領神會。對那些人，我們有一招叫『赦而不放』，給個『需要繼續學習』或『黨國需要』的理由，不讓他離開監牢。」

蔣經國：「嗯！我沒看錯人！」

蔣中正死後，貪戀權慾等同生命的宋美齡，開始與蔣經國演出宮廷奪權戲碼，夫人派與太子派不時較勁。蔣經國陪同蔣中正逃到台灣時，即有計劃地把手伸入黨、政、軍、情、特等系統。這時候，宋美齡自是不敵。

台南縣新營，新營高中

五個警總特務進入訓導處。

警總特務：「我們來抓你學校的地理老師謝重開，你帶路。」

訓導主任：「我們地理老師沒叫謝重開的。是有一位謝重開老師，是教物理的。」

警總特務：「教物理的？你在跟我開玩笑？聽好，我們是警總來的。是來抓人的，你給我小心一點！」

訓導主任：「我怎麼敢對警總長官開玩笑？謝重開老師是航太工程師，是火箭專家，在我們學校教物理十多年有了。」

警總特務：「你真大膽！一個火箭專家在高中教十多年物理？又說不是開玩笑！」

訓導主任：「是真的！他很少與同事交談私事。但偶爾提起，他一個人逃難到台灣，對時局心灰意冷，自願來高中教物理。他教學認真而有效率，是位好老師。」

警總特務：「對時局心灰意冷？那就對了！帶我們去抓他！」

訓導主任：「啊！對不起！『對時局心灰意冷』全是我一時口快，用錯了形容詞。不是這樣的，請別列入記錄。」

警總特務：「不用怕成這樣，這與你無關。是你們人二室(人二室是蔣經國在全台灣各機關設立的監視部門，專門考核對蔣家的忠誠度)曾老師檢舉的。」

訓導主任：「他在宿舍，我來帶路。」

警總特務：「你是謝重開？」

謝重開：「請坐。請問有什麼事嗎？」

警總特務：「我們是來抓你的！」

謝重開：「抓我？請問我有做錯了什麼事？或說錯了什麼話嗎？」

警總特務：「我抓你還要告訴你理由啊？沒事抓你幹什麼！」

訓導主任：「警總長官：謝老師為人老實，教學認真。我從未見他與人不合。會不會有誤會？請您告訴他，他要被抓的原因吧！拜託！」

警總特務：「好，我就讓你死而瞑目。我問你，你知道京廣鐵路嗎？」

謝重開：「當然知道，京廣鐵路是中國南北主幹鐵路，是1957年建成的。」

警總特務：「你知道南京長江大橋嗎？」

謝重開：「南京大橋是1968年建成的，這時京滬鐵路才全線貫通。」

警總特務：「你曾經在上課時對學生講過這兩件事嗎？」

謝重開：「有，那是我在講解相對論，以兩列平行火車為例，解釋給學生聽時，順便提到的。」

訓導主任：「謝重開，你提到京廣鐵路與京滬鐵路幹什麼嘛？」

謝重開：「因為那是中國兩條南北幾乎平行的主幹鐵路。我用來解釋，在不同列車上的兩個人，於各自不同速度

下的相對位置與相對速度。」

警總特務：「你知道地理標準教科書裡沒講到京廣鐵路與南京長江大橋嗎？」

謝重開：「知道啊！所以我順便告訴學生，我不懂為什麼台灣學校裡，故意用三十年前的錯誤地理資料教學生。」

訓導主任：「哎呀！謝重開老師，你真是的！」

警總特務：「你看！我抓你，你沒話說了吧！」

謝重開：「我哪裡錯了？」

訓導主任：「唉！你知道我們只用標準教科書嗎？」

謝重開：「知道啊！但標準教科書就是騙人啊！」

訓導主任：「但是，現在人人都知道：你講的跟標準教科書不一樣，就是叛亂罪啊！」

謝重開：「這個我不知道，我是學科學的，事實就是事實。」

訓導主任：「我真拿你沒辦法。」

警總特務：「好了，再講也沒有用了。走吧！」

謝重開：「等等！主任，我床底下有十幾年來的薪水袋。十幾年來我只用了三個月的薪水袋，其他都原封未動，請學校替我保管。」

訓導主任：「什麼？謝老師為什麼不存到銀行呢？」

謝重開：「台灣哪一個機構不是中國國民黨私用的？包括銀行、學校。所以我不信任銀行，不與銀行往來。」

訓導主任：「那你怎麼會信任學校？要學校保管呢？」

謝重開：「我早知道在台灣逃不出中國國民黨的手掌心，所以選擇這學校度日以待終老。這是沒有辦法下的無奈

選擇。我走了。」

此後再無謝重開老師的消息。當初檢舉謝重開老師的曾老師，不久即被中國國民黨扶爲鎭長。

1975年9月17日中國國民黨生產事業部於行政院經濟部第一會議室召開黨務會議，由兼生產事業黨部主委的經濟部長孫運璿主持會議，辜振甫、李友吉出席。

會中討論華孚工業公司桃園廠女工林〇〇及葉〇〇兩人談論一貫道教義一案，經黨員同志黃〇〇向黨委錢〇同志密報，錢黨委已連絡警方抓走林、葉兩位女工，應發給密報有功的黃〇〇五百元以茲獎勵。

洪全示：「一貫道不是溫和的小民間信仰嗎？蔣經國他們爲何非趕盡抓光不可呢？一貫道融合儒、釋、道三家論說，是有點不太正統。但有哪一個宗教傳久了，沒有因時地變遷而出現調整的呢？儒、釋、道的結合是有些突兀，但衝突性並不大，三者皆溫和而內斂。何必視如猛虎般，以『受匪諜利用』的叛國罪名加以追捕？」

李繼宗：「他們將一貫道以『受匪諜利用』的叛國罪名追捕，並不是因爲教義，是因爲當初一貫道是由幾位所謂『前人』的中國移民在中國移民社區設立聚會，宣揚教義。但是因中國移民大多被弄成躁鬱的心理傾向，無法接受『溫和內斂』的說法，反而在台灣民眾間有被接受的情形。由於在中國移民間不被接受，無管道向蔣幫集團報備效忠不違。加上『星雲大師』這位中國國民黨的中央委員，視一貫道爲異教，所以蔣經國才在『寧可錯殺一百，不可放過一個』的

原則下，同意嚴加追捕。」

洪全示：「那也不必用到『受匪諜利用』的叛國大罪名吧？太誇張了。」

曾吉木：「這樣才有連根拔起的功效啊！而且，到處密布的特務爪牙已久無廣泛建樹，他們也想同時讓這個基層特務系統保持活躍，一舉兩得。」

曾阿淡：「那也不必拿到經濟部，由經濟部長親自主持褒獎吧！」

李繼宗：「你忘了他們是黨國一家嗎？黨營事業當然歸經濟部負責打理，經濟部長當然是負責人了。」

曾阿淡：「我是說，以莫須有的罪名抓了兩個小女工，需要呈報到管經濟的最高首長嗎？」

洪阿土：「唉唷！抓到匪諜咧，這是大功一件，見者都想有份囉！呈給經濟部長也算是諂媚獻功。」

曾阿淡：「那我真是沒話講了。」

1975年12月，白雅燦宣布參選增額立委選舉，印製傳單，向時任行政院長的蔣經國提二十九問，其中提到讓蔣經國發怒的「蔣孝勇為何能違法轉學台灣大學政治系？」；「蔣介石的遺產稅繳納了嗎？」；「請蔣經國公布私人財產」。白雅燦及另三個受牽連的人迅即被捕，白雅燦於1976年2月經祕密審判，判處無期徒刑，囚禁於火燒島(綠島)。接受印刷訂單的廠商周彬文，則被處五年徒刑。

1976年

宋楚瑜：「奧林匹克委員會為了讓中國參加，已通知我

們，必須再改以台灣之名才能參賽，楚瑜特來請示。」

蔣經國：「你說呢？」

宋楚瑜：「我們當然要拒絕使用台灣之名，當然要抗議並退出奧林匹克運動會了。楚瑜此來報告，只是做個確認。」

蔣經國：「很好，說說看為什麼要堅持『中華民國』之名？不能使用台灣之名。」

宋楚瑜：「就如1971年時，聯合國判定我們假冒中國之名為不合法，把『中華民國』趕出聯合國，要我們改以實際的台灣之名繼續參加聯合國時，我們也是斷然拒絕地退出聯合國。因為我們能在台灣永享壓霸特權，全是建立在篡改歷史，把台灣說成中國邊陲；把台灣人民硬拗成邊疆華人的基礎上，所以我們才能以中國主人自居來永遠統治『次級』的台灣，若我們承認台灣是台灣；中國是中國，那我們是霸占台灣的侵略政權之馬腳不就露出來了嗎？況且，若讓台灣有台灣之名而受國際承認，台灣應由台灣人民作主的意識就有可能產生。搞不好由於建立了台灣不屬於中國的實情印象，會有人在標準教科書之外去翻查舊文獻資料，萬一找到了被我們篡改之前的歷史真相，那我們多年來刻意呆奴化台灣人民，製造『台灣受虐症候群』人民精神疾病的成果，就有可能被毀壞。這麼一來，若台灣人民清醒了，我們的壓霸特權還能維持多久？所以是絕對不能讓台灣有台灣之名的。」

蔣經國：「嗯，不錯嘛！我果然沒看錯你。」

蔣中正去世時蔣經國為行政院院長，暫時由副總統嚴家

淦掛名為總統，蔣經國先出任中國國民黨主席。等1978年再正式出任總統。就在1975年這年，由於蔣家禁止蔣幫集團以外的人出刊報紙，康寧祥邀請黃信介合作發行雜誌——《台灣政論》。黃信介為發行人；康寧祥任社長；張俊宏負責編輯。雖然有集會與言論的管制，他們試圖藉由雜誌的發行，暗中慢慢喚醒台灣人民的心靈。另外就是可提供園地，給中國國民黨以外的所謂增額立委選舉候選人發表政見。所謂增額國大代表選舉與增額立委選舉，就是蔣經國陰謀中第二階段的所謂德政。原先的立法委員與國民大會代表是由中國帶來，以戰亂為藉口，永遠不必改選的。若有人死亡，則由該人的同祖籍中國人中，找個人來遞補即可，所以稱為萬年中國人國會，非台灣國會。近年來才由蔣經國發布所謂的德政，每隔幾年，撥出一兩名增額，讓台灣人民去搶。但是蔣幫集團還是使出其在地方選舉的腐蝕伎倆，用買票、控制票箱等手法，盡力不讓他們覺得有憂慮的人當選。

（在蔣幫集團踩躪台灣期間的台灣人民自救活動中，黃信介先生是一位無私的建基者。黃信介原名黃金龍。在1969年即已當選第一屆增額立委，當時是不必改選的萬年國會議員。也就是：黃信介在蔣幫集團政權下，已是終身立法委員，若是一般人，早已做一個假中國人而快樂得不得了，但黃信介卻願「身敗名裂」去推動「台灣人民自救運動」。）

因為《台灣政論》這本雜誌，竟然未經允許就讓非中國國民黨候選人發表政見。僅出刊到第五期即被禁了。蔣經國、宋楚瑜為了澈底免除以後的麻煩，也隨即宣布停止任何新雜誌的申請成立。

1977年，美國紐約

馬英九：「姊，妳到底取得美國籍了沒有？」

馬以南：「你問這個幹什麼？」

馬英九：「我想要結婚。想以依親方式先取得綠卡，一來可讓周美青高興，二來在台灣的政權已被踢出聯合國，美國又已和中共在洽談建交一事，不久即將與台灣政權斷交。蔣家在台灣的政權不知會不會有危險。早做個準備，先領有美國的居留權，我好安心。」

馬以南：「對！我立即替你辦！那你還回不回台灣？」

馬英九：「以後再看情形而定，如果蔣家政權仍舊得以穩固，我拿到博士學位後當然要回台灣。在台灣我們能享有特權，蔣經國更早已在他身邊留了個位置給我。在美國誰給我們這種好處？如果過幾年，蔣家政權沒法在台灣維持穩固，那就先用綠卡留在美國了。」

馬以南：「你不是說過：蔣經國非常厲害，早已將台灣人民『呆奴化』？百年不倒的？」

馬英九：「是沒錯啦！但總得預防萬一。」

馬以南：「對！對！」

馬英九：「如果情勢都如蔣經國算計，我預備到台灣享特權之前，先與周美青在美國生個孩子。孩子在美國出生，即可申請美國籍。孩子有了美國籍，若局勢有任何不穩，我是美國人的父親，加上綠卡，我立即能成為美國人優先保護的對象。這叫有備無患！」

馬以南：「但你不怕被蔣家知道了，發現你對他沒信心？」

馬英九：「不會啦！我們中國貴族有哪一個不是這樣做？例如老大哥宋楚瑜就是這種心態，而且也這樣做了。在我們中國貴族裡，我不是第一個，也絕不會是最後一個。況且孩子在美國出生，是可以選擇當美國人或是不當美國人的，回到台灣後，還是替孩子報戶口；領一本ROC護照，只要保密得好，有誰知道我替孩子選擇了當美國人？」

馬以南：「嗯！好！你的心思真細密！」

馬英九：「那還用說！」

小型二二八事件

追殺黨外異議人士、林義雄家祖孫滅門慘案

　　1977年，台灣舉行歷年來規模最大的五項地方公職人員選舉。因爲組黨即是叛亂罪，所以非中國國民黨候選人，自稱黨外。非中國國民黨的有意參政者就成黨外人士。黨外人士組成全國巡迴助講團，提出共同政見，聲勢浩大。雖然台灣人民已被折磨成習慣型呆奴，但由於蔣幫集團的膽大妄爲，惡行毫不掩飾，遂使得黨外支持者大增。

　　當時喝中國國民黨奶水長大的省議員許信良爭取參選桃園縣長，因另一個調查局出身的歐憲瑜更得蔣幫集團歡心，遂提名歐憲瑜參選，許信良憤而自行參選。中國國民黨即刻開除了許信良。許信良爲求奧援，就求助反對陣營的黨外。此時的黨外人士事實上都已受過完整的「呆奴化」塑造，雖因蔣幫集團的妄爲惡行刺激，而知所反對，但長久呆滯的心靈並無康復。因自覺反對力量尚弱，急於擴張，完全沒考慮許信良「爲了奶水找娘」的本質，竟欣然接納許信良，並大力爲他輔選。許信良在省議員任內已蓄積了一些地方勢力，

再加上黨外人士的力挺，聲勢壓過了歐憲瑜。蔣幫集團在地方選舉中已習慣、且熟練於買票賄選與利用票箱作票。但由於歐憲瑜選情告急，各投票所更明目張膽地作票，毫不掩飾，遂引起眾怒。尤其中壢國小的213號投票所監選主任范姜新林，在被高聲斥責中仍繼續旁若無人地舞弊，引來圍觀群眾叫罵。來維持秩序的警察，竟然不處理，還對現行犯的范姜新林加以保護。後因消息傳開，群眾越聚越多，范姜新林竟逃到警局躲藏。許信良的選務中心呼喚選民到警局要求交代。由於警方一直不願表明「有違法案件成立」，一萬多名民眾包圍警局，警方無力驅散。後來有人打破了警局窗戶，掀翻警車，警方開槍，擊斃了中央大學學生江文國及青年張治平，更激怒群眾，放火燒了警局。是為中壢事件。

中國國民黨的買票賄選與作票的伎倆早已習慣而熟練，台灣民眾向來不敢大力反抗。此次中壢事件的發生，純粹是因歐憲瑜出身情治系統，膽大妄為；加上許信良是從中國國民黨叛離，蔣幫集團認為輸不起面子，狗急跳牆，作票手法粗糙且明目張膽，才激起眾怒而引發。也因事情鬧大了，其他人員不敢再作票，許信良才當選桃園縣長。

不過，蔣幫集團並未就此甘心，僅讓許信良當了一年縣長，隨即在1979年1月，藉口許信良參加「蔣幫集團設計陷害的『余登發叛亂案』之橋頭遊行事件」，而將這位民選縣長解除職務。

由於中壢事件中，中國國民黨作票手法過於公開且粗糙，目中無人。檢警又大膽掩飾，且開槍射殺了兩名青年。

消息傳到美國，台灣留美學生與台僑大為憤慨，於1978年1月28日在波士頓聚集，五百人冒著風雪前往所謂「台灣代表處」遊行抗議膽大妄為的惡質蔣幫政府。

由於蔣幫集團在美國各主要學府都派有間諜職業學生，搜集有膽抗議蔣幫政權的人士資料，大多數抗議者均戴著面具，以避免因曝光而讓自己或在台親人遭受蔣幫集團的迫害。此次遊行領導者是陳重信，擔任維持秩序的是張啓典。當時兩人均就讀於哈佛。遊行時，陳重信和張啓典看見同是哈佛學生的蔣幫特派員馬英九正對著參加者拍照，他們兩人上前溫和勸離馬英九。陳重信與張啓典當時是單純的學生，沒能洞察馬英九的心機。他們並未仔細推思，兩人並未戴面具，而馬英九是認得他們的，其他人則大都戴著面具，馬英九會以拍下戴著面具的參與者為滿足嗎？果然，馬英九假裝離去，讓眾人鬆懈了心防。等遊行結束，大家拿下面具準備散去時，狡猾的馬英九再度出現，躲在角落對著眾人猛拍照，有人發覺時，已來不及阻止，只能眼看馬英九帶著得意笑容的身影離去。於是，蔣幫政權的海外台灣人黑名單，又增加了一長串。

1978年黨外助選團聲勢更大，年底舉行「增額」中央民代選舉，黨外助選團發動了龐大的文宣攻勢，很快獲得了極大影響力。但是在1978年12月16日，美國宣布將隨世界其他各主要國家，改僅承認北京的中國政府，不再承認在台灣的蔣幫政權。但表示仍將協助蔣幫集團維持其台海安全。蔣經國順勢以「緊急情況」為由，宣布終止所謂「增額民意

代表」的選舉，立即禁止一切的選舉活動。黨外人士群起抗議，更引起蔣經國不悅。蔣家特務遂製造黨外支助人余登發叛亂罪名，企圖殺一儆百，而於1979年1月21日逮捕余登發，引起黨外人士發動在橋頭鄉的遊行抗議。這是蔣幫集團治台期間，台灣人民首次無懼於壓霸強權，挺身集會遊行，抗議暴政。1979年5月，已開放新辦雜誌。黃信介申辦一個新的雜誌社。1979年6月2日，美麗島雜誌社正式掛牌成立。許信良為社長；呂秀蓮、黃天福為副社長；張俊宏為編輯；施明德為總經理。

1979年1月余登發與橋頭事件

余登發是蔣幫政權統治台灣後的第一位民選非中國國民黨的台灣人縣長。余登發生長在日據時期，是農家子弟。1920年畢業於楠梓公學校，考進了台南的台灣總督府商業學校。在當時的台灣人是極不簡單的。畢業後曾任公職，後來轉做土地代書，二戰時期，土地價落，他利用積蓄，乘土地代書之便，在附近鄉鎮買了幾百甲土地。後來台灣人口劇增，土地價格上漲，這些土地成了他從事政治的最大本錢。

余登發在蔣幫集團統治台灣後，第一次當選高雄縣橋頭鄉長。當時在蔣幫集團的暗示與默許下，不論中央指派或地方民選，是無官不貪的。但余登發當選鄉長，對民眾分文不取，見鄉公所無財源裝設路燈與興建橋樑，他且自己拿錢出來裝設、建造。他心胸開闊，自忖財富並非辛苦賺來，土地價格上揚，乃台灣全民努力所成，只要是為了公眾所需，他不吝付出。這種慷慨嘉惠地方的行徑，使他在橋頭鄉民，

甚至於鄰近鄉鎮，留下了深刻的印象。他以後也都從來沒有偏離這種行事風格，所以他參與各種選舉均順利當選。余登發1960年當選高雄縣長，任內還是為縣政建設出錢出力，人民有急難亦絕未拒絕援助，深獲縣民愛戴。惜因聲名過度響亮，加上任內刪除了縣政府習慣上撥給中國國民黨縣黨部的款項，成了蔣幫政權的眼中釘，遂於1963年藉故將他停職，隨後又判刑兩年。但高雄縣民眾仍人人稱余登發為老縣長。

余登發1973年入獄，1974年因病保外就醫。出獄後的余登發隱居八卦寮，不斷以其財力支助「黨外」人士活動經費，又為蔣幫特務盯上，於1979年1月21日藉口牽涉「吳泰安」叛亂案，將余登發父子逮捕。其實，吳泰安是一個無名的神棍，因案被通緝，卻被蔣幫特務以條件交換，用來誣陷余登發父子。由於誣陷的手法粗糙，無中生有，引起「黨外」人士憤慨，黨外人士多人前往高雄縣橋頭鄉遊行抗議。以蔣幫政權的壓霸，此舉有如狗吠火車。蔣幫政權根本無動於衷，更以「集會遊行」為罪名，將參與遊行的民選桃園縣長許信良免職。此為1979年的橋頭事件。余登發仍被中國國民黨開的法院判刑八年，企圖嚇走所有以財物支援「黨外」的人。不過，海內外台灣人民支援「黨外」人士並未因此膽怯而絕跡，後來又有留美年輕學者陳文成，因匯錢資助美麗島雜誌社而於1981年7月被殺害。

由於海內外的抗議不斷，蔣幫政府不得不於1980年以保外就醫名義將余登發釋放。余登發並未因此退縮，仍繼續援助「黨外」人士。蔣幫特務為一勞永逸，在1989年9月13日，將余登發殺害於隱居的八卦寮。當時名法醫楊日松與魏

契斷定他殺，要求緝凶。當時李登輝表面上雖然已是總統及中國國民黨主席，但情治與司法系統並不理會這個新總統與黨主席。中國國民黨開的法院，仍堅持以意外死亡結案。

高雄縣民對老縣長余登發的感念，延伸使他的女婿黃友仁、兒媳婦余陳月瑛、長孫余政憲連續當選為高雄縣縣長，是為台灣人民給予蔣幫政權最大的諷刺。

1979年5月，由於余登發被陷害案的刺激，不顧警備總部的警告，「黨外總部」成立。並於8月份創刊《美麗島》雜誌。《美麗島》雜誌在言論上敢挑戰蔣幫政權的禁忌，越禁想看的人越多，很快大受歡迎。全台各地都有《美麗島》雜誌服務處。此時美麗島雜誌社的「黨外」人士，仍因被呆滯了的心靈無法康復，似乎只要是口說反對蔣幫政權的人，來者不拒，所以被蔣幫政權關了十五年的施明德加入了，且當上了總經理。

李繼宗：「我爸爸說：『蔣家父子的把台灣人民呆奴化陰謀非常可怕』。真是沒錯！」

洪全示：「怎麼啦？」

李繼宗：「好不容易有一些稍微初步醒覺的人，組成黨外，再大膽辦雜誌。但卻讓許信良與施明德混入，成了高級幹部。真是全在蔣經國的算計之中。縱使有一些人提早醒覺，但是呆滯的心靈不可能短時間康復的。所以這些人以為只要是口說反對蔣幫集團政權的，就可以信任，就可以合作。許信良與施明德會是台灣人民醒覺之路的最大絆腳石。」

　　洪阿土：「許信良這個人我是知道，他是爲奶找娘的人。但施明德這個人我就不清楚了。」

　　李繼宗：「施明德是一個事事只爲出風頭的人，他沒道德觀、沒正義感。他的愛出風頭就是要強出頭，自己無能，什麼大話都敢講，又看不起別人，不顧別人死活。他爲出風頭當英雄，專搔別人心裡的癢處。等事情鬧開，須承擔後果時他就求饒。求饒不成，他就再演悲劇英雄。有誰知道他的假面具，他就拖誰下水或加以踩死。」

　　曾吉木：「怎麼說？」

　　李繼宗：「你們聽過他以情聖自居的『對女人三原則』嗎？就是『不主動、不拒絕、不負責』。他的『不拒絕』、『不負責』我是相信，『不主動』則是自欺欺人的狂妄之語。就像一個用魚餌釣魚的人，到處炫耀：『你們看，我有多厲害，是魚兒自己來上鈎吃餌，我可沒去抓魚啊！』不拒絕，那就是任何女人他都可以要來滿足性慾，那多骯髒啊！不負責，那是看不起女人，把女人當玩物，用完即丟，這多麼卑鄙齷齪啊！」

　　曾阿淡：「有沒有客觀一點的事實，講來聽聽。」

　　李繼宗：「施明德中學時即爲了出風頭常惹事生非，欺負弱小。1959年他唸高二時，高中唸不下去了，剛好他的女朋友陳麗珠懷了他的孩子。他順勢被『保送』兩年制的陸軍炮兵學校就讀。一舉兩得，一來進了軍校可成就他不負責的心願。在當時的年代，把一個女人搞懷孕了，再離她而去，讓她獨自生下孩子，是多麼殘酷與令人難堪的事啊！什麼樣的男人做得出來？二來還有學校可讀。當時軍校的意義和今

日不可同日而語(當時除了陸、海、空三軍官校正期生，任何人肯唸軍校，均會被保送入學)。相信1960年以前出生的人都清楚。施明德日後卻常自誇是以同等學歷『考』入軍校，更大言不慚地說：他報考軍校是『打算以武裝兵變推翻蔣幫政權』，眞是笑話！當時仍是黨軍制度，且軍中特務密布。除了白痴，有誰會有這樣的說法？他會這樣吹牛，大概是因爲1962年時，他在軍中帶頭高談闊論，大談台灣前途的各種可能與選擇。以當時蔣幫特務爪牙密布的情況，當然很快被抓。施明德立即供出他的聽眾爲幫眾，以求得到坦白從寬的機會，結果只害得多人連帶受累，他還是被以判亂罪關了十五年。但這件事也顯露出他『爲出風頭就擺出一副大無畏英雄的姿態，須承擔後果時就成縮頭烏龜了』的本性。」

「1966年，施明德趁已爲他生一個女兒的女朋友陳麗珠探監時，託陳麗珠帶了他的親筆信，向蔣家父子求饒，說他是受人利用，並無叛亂之心，哀求蔣中正給他特赦，讓他出獄報效國家，說他要去殺共匪。」

「1970年，施明德被關在台東泰源監獄時，與獄中難友鄭金河、陳良、詹天增、謝東榮、江炳興等人大談：與其無望地困此無期監牢，不如起事奪槍越獄。並以台灣人民應自救的大義，慫恿一些監獄警衛配合。他原本只是說大話裝英雄，他想不到他的聽眾竟眞的甘願冒死起事。施明德當然臨陣畏縮，讓別人去衝撞。事後多人被槍決，就是他沒事。這可更令人起疑。」

曾阿淡：「像施明德這樣的人，必定本性難移，這類行爲必會一再重演。施明德與許信良，將來在台灣人民覺醒之

路，必會有比絆腳石更糟的殺傷力。」

洪阿土：「可憐的是，我們五個鄉下小人物能保持清醒，看得出來。那些自以爲在做大事的台灣聞達人士，卻仍心靈呆滯，沒能康復而清明。」

曾吉木：「更可悲的是，這些在檯面上代表台灣人民的人士，呆滯的心靈被蔣幫暴行所驚醒的程度不會大於二成，所以無力察覺『被呆奴化的威力』。也就沒能理解到：儘快恢復台灣眞實歷史的原貌、固有文化與人民的善良本質比現在增大反對勢力重要；儘快去除被呆奴化的心靈比立即恢復自由重要。因爲：台灣眞實歷史的原貌、固有文化與人民善良的本質未恢復，要帶領反對勢力擴大，必然困難重重；呆奴化的心靈未完全去除，爭取民主自由的力量必然微弱。」

洪阿土：「可是，在蔣家父子長達三十年陰狠的人格改造下，已進入了習慣型呆奴階段。台灣人民仍能保持清明，而能理解到這點的已幾稀啊！」

李繼宗：「這才是今日台灣人民的悲哀啊！」

洪全示：「好惡毒、好可怕的蔣家父子啊！」

高雄美麗島事件

1979年1月的橋頭遊行事件引起蔣幫集團的高度不悅，又見美麗島雜誌社即將成立，蔣幫集團更是掠狂。於是指使以所謂「反共義士」爲主幹的紅衛兵式中國人，先成立「疾風」雜誌社，專以對抗美麗島雜誌。1979年9月8日美麗島雜誌在中泰賓館舉行創刊酒會時，疾風雜誌社人員率領以中興高中學生爲主的一大群人(中興高中原是中國上海的思源中學，爲

江漢濤所創辦，1953年復校於台北市，更名爲「中興中學」，再改爲中興高中。在當時的教職員全是所謂的中國貴族，學生也多是所謂的中國貴族子弟)。他們包圍中泰賓館，向館內美麗島雜誌社人員投擲石塊、電池。此即中泰賓館事件。此後，這些人更不斷暴力襲擊美麗島的辦公室。因爲此時的台灣與外國交流漸多，世界人權團體也開始注意台灣的人權慘狀。蔣幫特務一改直接掃蕩有疑慮之人的作風，先利用外圍組織恐嚇與鎮壓。

1979年11月與12月初，美麗島雜誌社在高雄服務處，連續遭人砸毀兩次，其他各地服務處也多遭受破壞，甚至發行人黃信介本人住宅也遭到攻擊。雖然都立即報警，並未見有效處理。

12月10日是世界人權日，「黨外人士」爲控訴這些連串暴行與蔣幫政權三十五年無終止的在台壓霸，以「人權紀念委員會」名義，申請在1979年12月10日晚上於高雄舉行集會紀念。多次申請都未獲批，多次嘗試仍失敗後，「黨外人士」決定仍依原定計劃在高雄舉行。中國國民黨則重申禁止任何集會與遊行。

12月9日，美麗島雜誌社義工姚建國與邱勝雄，在街上發「活動通告」傳單時被捕，並遭刑求、毆打，次日凌晨才傷痕累累地被釋放。

12月10日當天下午，黃信介搭火車抵達高雄車站，在車站與南部警備司令常持琇交談。爲了避免出狀況，常持琇答應提供「扶輪公園」做爲和平演講場地。

晚上六點常持琇與黃信介抵達民眾集合現場。由於群眾擁擠，常持琇的軍帽不知被何方人員推落(這事到後來還是不知

是何方人士所爲)。常持琇一怒之下，一改初衷，拒絕提供場地演講，下令封鎖扶輪公園，並出動鎮暴部隊。群眾於是轉往中山一路與中正四路的大圓環。黃信介發表演說，但整個大圓環立即被鎮暴部隊包圍。司令常持琇下了個意圖很奇怪的命令：鎮暴部隊包圍圈內，只准民眾進、不准民眾出。這是要集體屠殺才有的做法。眞正要解決群眾聚集的做法，應該是只准出、不准進才合理。晚上八點半，鎮暴部隊開始射擊催淚瓦斯。群眾受不了而躲避、推擠、衝撞。在中正四路與南台路口處與第一道封鎖部隊衝突，雙方受傷慘重。

晚上十點，常持琇更調來裝甲車並繼續射擊催淚瓦斯，民眾撿拾現場石塊與木材還擊，引發更大規模傷害。直到半夜，未重傷民眾才得以趁隙逃離現場。12月13日警備總司令汪敬煦下令拘捕所有相關人士。當天凌晨六點，軍警展開搜捕，除了施明德聞風丟下朋友從後門逃走外，黃信介、張俊宏、姚嘉文、林義雄、陳菊、呂秀蓮、林弘宣等人都冷靜而嚴肅地被捕。因爲大家都知道，要反抗蔣幫集團，就需有受迫害的心理準備。但施明德可沒有這種心理準備，施明德只想出風頭，他不想承擔後果。

高雄美麗島事件，施明德洋洋得意地當總指揮，事情鬧大了，卻只有他聞風聲即棄朋友，落荒而逃。警備總部先懸賞五十萬，再提高爲一百萬捉拿他，並公告：包庇藏匿者可處死刑。

12月13日施明德先後受到陳婉眞父母及弟弟、林樹枝、趙振二牧師、吳文牧師、高俊明牧師、施瑞雪、林文珍等人冒死藏匿。並經由張溫鷹做整容手術與化裝，以利藏匿。12

月25日，大家覺得：日來藏匿他的人，都是明顯不滿蔣幫集團的人，恐終會被搜及。遂安排施明德轉往西門町漢口街，較不受注目的許晴富家藏匿。直到1月8日被捕。

1980年2月20日，警總軍法處以「叛亂罪」起訴黃信介等七人與施明德。人人帶手銬出庭時，黃信介等七人就如一般受難者，嚴肅冷靜面對。施明德卻面帶一種詭異的蔑笑。不少人因此視他為英雄，殊不知他是在嘲笑黃信介等七人及掩護他的台灣人民。而這正是施明德自中學時候起的一貫伎倆，開始時為出風頭而帶頭起鬨，出事時則先畏縮求饒，拖別人下水，避責無效就再表演悲劇英雄。

李繼宗：「這個囂張而無道德觀與責任心的施明德，開始對台灣人民自救之路展現破壞力了。」

洪阿土：「被你父親料中了，有活動時他會爭當英雄；出事時，他會先逃避，再陰謀拖別人下水。」

曾阿淡：「可惡的是，每次他都害慘不少人，且他從無愧疚之心。」

洪全示：「怎麼到現在無人看清他的真面目？」

李繼宗：「這就是台灣人民的最大悲哀，被呆奴化了的心靈，很難恢復『理性思考』的明辨能力。」

曾吉木：「其實他有更惡毒的性格隱藏在內心深處。」

李繼宗：「怎麼說？」

曾吉木：「施明德被捕時，聲稱他是被徐春泰與高金郎出賣。先說徐春泰，徐春泰是泰國僑民，曾與施明德同被關在火燒島，但從未參與台灣人民的自救運動。施明德為什麼

要與他連絡？為什麼要告訴徐春泰自己的藏匿住所？在蔣幫集團警總特務密布的台灣，想要躲藏而不被搜出已不容易，有哪一個脫逃者會將自己的藏匿處告訴一個不相關的人？徐春泰是領了二百五十萬(在當時是一筆龐大金額)懸賞金，且立即出境回泰國。但這裡面一定有利益與條件交換的陰謀存在，不然講不通的。」

曾阿淡：「高金郎呢？」

洪阿土：「高金郎與施明德同時期被關在泰源監獄。施明德鼓動奪槍越獄，且四處談論，起事時又畏縮在後，讓多人就如落入陷阱般白白送命。整件事高金郎全看在眼裡。從事台灣人民自救運動的人中，大概只有高金郎能看清施明德的真面目。施明德要藉以打擊高金郎的可信度，是不無可能的！」

洪全示：「那施明德這個人太可怕了！」

洪阿土：「何止可怕！其實施明德與蔣中正是完全相同的人，只是生在不同的地方、不同的時間。如果將兩人的時間、地點互換，其結果會完全一樣的。」

洪全示：「怎麼說？」

洪阿土：「大家想想看，兩人年輕時都好出風頭，不用心求學，喜帶頭惹事。年紀輕輕即有女人。對女人，蔣中正是未妄言『不主動』，但與施明德一樣，也是『不拒絕』、『不負責』。兩人都是半推半就地去唸兩年軍校。蔣中正依附孫中山往上爬；施明德依附黃信介往上鑽。兩人都以神自居，都見不得別人比他光鮮亮麗，又視別人如草芥。」

李繼宗：「蔣中正已害慘了中國，施明德將來豈不也會

搞垮台灣？」

　　洪阿土：「我說『若兩人時間、地點互換，其結果會完全一樣』是指：施明德若存在蔣中正的時與地，其一生作爲必如蔣中正。蔣中正若存在施明德的時與地，其行事歷程也必如施明德。台灣人民的傳統本質有異於中國。雖然台灣人民比中國人民更經歷了蔣經國『呆奴化』的陰謀強塑，但台灣人民的韌性未斷絕。我對台灣人民的心靈從『呆滯』中康復仍有信心，只不過需要較長時間，必也苦難重重。這是台灣人民宿命裡的劫難與悲哀。」

林義雄家祖孫慘案

　　1979年12月11日，警備總司令汪敬煦於八點三十分召集警總特務幹部開會。

　　汪敬煦：「昨夜高雄事件的嚴重性，相信大家都清楚，大家神經要繃緊了。1月的橋頭遊行發生時，我就向老大蔣經國報告過，一定要藉機將膽敢反對我們的人趕盡殺絕，永除後患。老大就說，經過三十多年的鎮壓與呆奴化，他有信心，台灣人民不會有大作爲的，只要拿幾人開刀，就能把他們鎮懾住。結果昨夜就發生多出幾十倍的大規模集會事件。這回老大警覺了，下令一定要一網成擒，不准有漏網之魚。當然，昨夜我們有全程攝影，不但主事的美麗島雜誌社人員，全體不會放過，參與者也都會做成紀錄。但是，老大心思較細密，爲了引出未參加昨夜高雄集會，而平常有與他們連絡的人，即時起要對這些人的住所與出入地點做每天二十四小時，滴水不漏的長期監視與攝影，務必將所有出入

這些地點之人做成完整記錄。由於老大已起戒心，此次表面上是我們主辦，背後還有國安局與調查局暗中偵辦。一明二暗的手法，是爲了防止我們有所疏漏。所以大家神經要繃緊，眼睛要放亮。出了任何差錯，我遭殃，我保證每個人都不會好過。趕緊出發吧！」

12月12日，晚上十一點

汪敬煦：「明晨六點，分別前往逮捕黃信介、張俊宏、姚嘉文、林義雄、陳菊、呂秀蓮、林弘宣等七人。記得，若施明德逃跑，務必裝做沒看到或追不到。」

帶隊官：「要放掉施明德？」

汪敬煦：「是的，這次不只要抓這些人，還要抓出可能資助他們的人，就像年初陷害余登發一樣。而根據總統評估：會驚慌而逃的大概只有施明德。而施明德這個人，你不要看他平常不可一世的裝模作樣，只要眞的拿刀架在他脖子上，他會立即跪地求饒、屁滾尿流的。這種台灣人最好利用了！哈！」

帶隊官：「我知道，惡人沒膽嘛！」

汪敬煦：「你懂這句話？你是台灣人啊？」

帶隊官：「不、不是，報告總司令：我是純正的中國人！」

汪敬煦：「跟你開玩笑的啦！我自己也懂這句話。」

帶隊官：「但是國安局與調查局的人呢？我們要放掉施明德，如果施明德被國安局或調查局的暗中給逮了呢？那豈不壞了事！」

汪敬煦：「不會的，他們在現場只是暗地裡監視、攝影，並不負責公開行動。放心！」

1980年2月15日

汪敬煦：「施明德抓回來了，掩護過他的人也全都入網，可以安排形式上的軍法起訴與審判了。老大有指示：另外無關緊要的三十多人則丟給一般法院去判刑。」

帶隊官：「為什麼要丟給他們呢？」

汪敬煦：「反正那些人不是要緊角色，問不出我們所要資料的。一方面大家可減輕負擔，另一方面可向國際上展示：『你們看，我們已不再隨便抓人來軍事懲治了，我們現在是有選擇的了。』一舉兩得。不過，這些人在我們手裡，要嚴厲刑求，務必取得他們幾年來的交往詳情。但要記得，公開出庭前幾天，不可做得太過火，以免留下難堪的痕跡。」

帶隊官：「這個我們知道。那派在他們各住家與活動地點的監視人員要撤回嗎？」

汪敬煦：「不可以，還要繼續長期監視呢！國安局與調查局的暗樁半年內是不會撤的，我們更要長期監視。我們絕不能有任何漏網情資，讓那兩組暗樁撈去，否則不但沒面子，大家更吃不完兜著走。」

帶隊官：「知道了！」

1980年2月20日，警備總部軍法處起訴八人

「黨外」與非黨外人士自動組成十五人律師團為八人辯護。

被告	辯護律師	
黃信介	陳水扁	鄭慶隆
施明德	鄭勝助	尤清
張俊宏	尤清	郭吉仁
姚嘉文	謝長廷	蘇貞昌
林義雄	江鵬堅	張政雄
呂秀蓮	呂傳勝	鄭冠禮
陳菊	高瑞錚	張火源
林弘宣	張俊雄	李勝雄

帶隊官：「報告總司令，眞要准他們由律師陪同出庭？」

汪敬煦：「是啊！有什麼關係呢？在我們的軍事法庭裡，辯護律師能有什麼作用呢？要怎麼審理、要怎麼審判，都已依照蔣總統的指示安排好了。由律師陪同出庭是做給外人看的。這些律師的活動與作爲，又讓我們增加了不少其他人士在思想傾向上的資料。哈！又是一舉兩得。」

帶隊官：「據報，這兩天在這些惡徒家裡走動的人又多起來了。」

汪敬煦：「哈！你看！一舉三得了。」

帶隊官：「我知道，這期間最重要的是：要取得這些大膽惡徒近幾年交往人士的詳情。但是，黃信介與林義雄的交代並不完整。林義雄雖被嚴厲刑求，供出的亦不多。」

汪敬煦：「我知道，黃信介與林義雄是他們之中最重義而無私的兩個人。在清明的台灣人民中，這兩個人會是最被人敬仰的人。所以要來個血腥的震撼，讓他們嚇破膽。同時也給全台灣呆奴們再一次有效的鎮懾。免得這些台灣呆奴，

因生活有所改善而鬆懈了對我們中國人貴族的敬畏。」

　　帶隊官：「那就拿黃信介與林義雄兩家來抄家滅門，夠震撼了吧！」

　　汪敬煦：「不能動黃信介，他已是最受矚目的萬年立委，滅他的門會有點棘手。」

　　帶隊官：「那就拿林義雄家來開刀！」

　　汪敬煦：「會有安排的。」

　　帶隊官：「最好就選在2月28日下手，更可刷新這些台灣呆奴『不可妄動』的順服心，再加強一次這些台灣呆奴對我們中國貴族的敬畏心。」

　　汪敬煦：「不要講了！言多必失。我說過了，會有安排的。」

　　1980年2月27日深夜，蕭裕珍(林義雄律師事務所助理)受林義雄太太方素敏之邀，回林義雄家作伴。進門時，

　　蕭裕珍：「外面的監視特務，明的、暗的都又多了起來。」

　　方素敏：「管他的，已經到這地步了，難道又想加害我們這些老弱婦孺嗎？」

　　蕭裕珍：「我看多了，嚇不倒我的啦！」

　　第二天，1980年2月28日早上，方素敏一早趕去軍法處探視。九歲的老大林奐勻去上學。蕭裕珍因懷孕，約好醫師做產前檢查，近十一點時離開林家。這時林家就剩林母林游阿妹女士與兩個六歲的雙胞胎女兒亮勻與亭勻在家。方素敏在軍法處等了很久，一直不准進去。想到僅兩個幼女與老

母在家，她不放心，就趕回家。回家後，接到呂傳勝太太電話，告知又可以進去了。方素敏才又急著趕到軍法處。臨出門時，門口的男子對她說：「妳不用去啦！不能進去聽的。」方素敏一想，也對，就退了回去。不久呂太太又來電話說：「現在確定可以進去了」，於是方素敏不再理會門口男子的話，趕去軍法處。

中午十二點左右，三名黑衣男子進入位於台北市信義路的林家，拔刀殺了林母與兩個雙胞胎幼女。刀刀致命。林母身中十三刀；亮均、亭均則因身軀小，都一刀喪命。不久，一位專研台灣政治，與林家熟識的美籍澳洲教授「大鬍子」家博(他也是國際特赦組織的成員)帶一盒水果來探視林家。一位黑衣男子出來應門，男子告訴家博：「主人不在。」家博留下水果離去。三位男子並未離開。等到奐均放學回家，再在她胸腹要害殺了六刀，之後才離開林家。

下午，林義雄助理田秋瑾，因打電話到林家沒人接，前去林家探視，發現大門未關，以當時林家每天二十四小時被監視的情況，是不可能的。急忙進屋查看，發現滅門慘狀，亦發覺奐均似未斷氣，急忙送醫。奐均幸運撿回一命。

林家祖孫三人遺體被送殯儀館冰櫃，警方奉命組成「護屍大隊」，由配槍員警每天二十四小時在冰櫃前守護，還每隔一段時間就將三具屍體搬換冰櫃位置，說是怕被盜屍。

李繼宗：「你們看，蔣經國是不是發狂了？這時候竟然還做出林家滅門血案。在228重演228。要台灣人民忘不了血債嗎？」

　　洪阿土：「蔣經國本來就是陰沉的狂人。但他不是要台灣人民忘不了血債。他是自恃『他把台灣人民呆奴化的過程已是習慣型呆奴的階段』，他已無可擔心，他現在擔心的反而是：台灣人民會不會因社會進步，而鬆懈了對其父子的神話敬畏。」

　　洪全示：「喂！你們好像已確定是蔣經國親自下令做的。」

　　曾阿淡：「林義雄是一個和善且堅持人格的人，他跟誰結過仇啊？台灣是一個軍事戒嚴統治的國家，特務密布，除了蔣家，誰會、誰敢做出這樣的事啊？」

　　洪全示：「是沒錯！但證據呢？」

　　曾吉木：「你知道林義雄家有警備總部、國安局、調查局三組人員，每天二十四小時監視、攝影嗎？」

　　洪全示：「知道啊！」

　　曾吉木：「那有誰能進入林宅而不被這三組人掌握的？」

　　洪全示：「對喔！他們連大鬍子家博幾點到林宅敲門，都有紀錄呀！」

　　曾吉木：「所以囉，若是別人做的，他們不會立即公布凶手啊？」

　　洪全示：「但你們說滅門，林義雄夫妻兩人並沒被殺啊？」

　　李繼宗：「你忘了啊，原來警總就是要方素敏留在家，以便一起殺害的。所以堅持等方素敏回家，才開放探視的。想不到方素敏在家接到呂太太電話通知『又開放可進去旁聽

了』，才匆匆又趕赴軍法處的。在她家門口監視的人員還數度企圖阻止她出門呢！」

洪阿土：「若不是方素敏堅持去見丈夫，早已一起被殺了。」

洪全示：「這些蔣家殺手也太無法無天，膽大妄爲了。已經殺了祖孫三人，還坐在屋內等林奐勻放學，一併殺害。甚至於大鬍子家博來按門鈴，還大剌剌地應門，收下水果禮盒。應付走了家博，還繼續等待，等林奐勻回家，再加以殺害。眞是凶狠得可怕。」

李繼宗：「唉！外面有警備總部與國安局特務、調查局人員，三層人員在替這些蔣家殺手把風，這些殺手有什麼好怕！」

曾阿淡：「大鬍子家博也眞衰，蔣幫集團竟想把罪名推給他。」

曾吉木：「家博見過凶手之一啊，禍嫁給他，等於殺人滅口，不是又一舉兩得嗎？」

曾阿淡：「蔣幫集團只知他是澳洲的美籍政治學教授，來台灣研究台灣政治，大概不知他也是國際特赦組織的成員。國際特赦組織一聽家博被扣上嫌犯的罪名，立即要求蔣家拿出家博有在當時踏入林宅大門的照片來當證據。因爲他們也知道：當時有三組不同的蔣家特務，同時在監視林家。所以蔣經國才將家博放回澳洲去。」

李繼宗：「可是，蔣經國不怕他回澳洲後亂說眞話嗎？家博是見過其中一個凶手的。」

洪阿土：「其實，家博是見過一個凶手，但不見得認識

這個凶手。這點蔣幫那些人倒不會太擔心。只是家博回澳洲後，就對他自己下了禁口令，不再談論林宅血案。這倒是奇怪。」

洪全示：「這點我倒是不覺得奇怪。家博離開台灣前，一定有談好什麼利害條件做牽制。國際上骯髒的事多著呢！三十五年前，美國私下開始勾結蔣幫集團，出賣台灣人民，當年參加舊金山合約的其他四十七個戰勝國，到現在有哪一個國家為台灣公開說過一句公道話？」

洪阿土：「是喔！」

曾阿淡：「只是到底是警總特務做的，還是國安局特務做的？」

李繼宗：「應該是警總做的。因為『迫害美麗島人士』是他們主辦的，而且他們也是監視林宅的第一線。」

曾吉木：「我認為是國安局特務做的可能性也不小。應該不是調查局做的，調查局向來都是做幫凶，很少直接參與殺戮。我會指向國安局，是因為蔣經國曾直接建立並掌管國安局多年，國安局等於是他養大的，要執行特殊任務，在國安局裡，蔣經國私下信得過的人夠多了。」

洪阿土：「你們忘了另一個很大的可能。蔣家父子在中國時，就以勾結上海黑幫狼狽為奸出名。他們豢養黑道，專門替他們做一些他們不便出面做的齷齪事。以前如此；現在如此；將來必也如此。」

李繼宗：「聽你一提，我現在認為是蔣經國指使黑道做的可能性最大。何況家博與林奐勻都說凶手穿黑衣服。現在台灣國內與蔣幫集團掛勾的黑道，最喜歡穿黑衣當制服了。

我看將來會在黑道間流行的。」

　　曾阿淡：「蔣經國眞是陰狠得可怕。」

　　李繼宗：「我爸爸早講過好幾次了：蔣經國的殘暴，不輸他父親蔣介石；而蔣經國的假面陰毒，就是蔣介石陰毒的數以倍計了。所以蔣介石在中國的惡行易被看穿，而一路被追打；蔣經國在台灣則一路得意，暢行無礙。當然，這和台灣人民普遍善良的本質與尊嚴、好客的性格，也有很深的關係。」

　　洪阿土：「可惜，經過蔣家父子的奴化改造後，台灣人民都已漸不成人形了。」

　　李繼宗：「講到這裡，我要提一位我爸爸從前在軍隊時認識的朋友，他叫朱文光，是來自湖南的華裔移民，是中國的最後良心之一，他又具殉道精神。看到林義雄家祖孫慘案及後續的發展，竟然留下『白浪滔天，萬人泣血』爲標題的遺書，在自己的車內引火自焚而死。遺書敘述他被蔣幫壓霸集團所害，顛沛流離到台灣，來台後瞭解到台灣更可悲的歷史、看到台灣更慘的現況，希望以他的殉道自焚，刺激台灣人民早日清醒奮起，完成自主復國、建國。」

　　1980年6月，一位自以爲魅力無限的過度精明女人，自台大法律系畢業。她就是陳文茜，她是許信良與施明德兩人的綜合體，性格兼具：爲奶尋娘；有很高掌權慾望，喜歡操縱一切；又看不起別人，誰擋了她的光彩，她絕對與之勢不兩立；爲達目的，無所不用其極。這樣的女人，只會親近與她同類型的男人，也必然視此型男人爲工具，必也用完即

丟。

　　陳文茜、許信良、施明德三人都是蔣經國父子呆奴化台灣人民過程中，所產生的典型具侵略性畸形台灣人。都是扛著民主大旗反民主、舉著台灣大旗反台灣。

　　1980年陳文茜大學畢業時，正值蔣幫集團不慎激化台灣人民自救運動，並達沸騰之時。也是美麗島事件剛過。有點類似小型的1947年228事件，台灣精英被蔣幫集團補殺光一樣。此時初次部分覺醒而挺身的台灣人士，又一次被一網打盡。堅強的美麗島受難家屬，在困苦的情況下，忍痛代夫出征。陳文茜看準悲情可用，經由助選進入當時的「黨外」。她的侵略性兼伶牙俐齒，很快進入「黨外」及後來的民進黨核心。並勾搭上施明德與許信良，成為台灣人民自救運動中，另一個含有劇毒的絆腳石。

蔣經國、宋楚瑜：「與其讓台灣出頭，不如將台灣賣給中國」

1981年1月，總統府

宋楚瑜：「報告總統。」

蔣經國：「楚瑜你來了。」

宋楚瑜：「楚瑜奉令重新申請參加奧運。國際奧委會以中華民國早已被現今的中國政府消滅並取代，不能有兩個中國為由，要我們改掉由中國帶來台灣的『假國名』、『假國旗』、『假國歌』，才准我們重新參加奧運。我不敢自己下決定，特來請示。」

蔣經國：「改就改嘛！反正台灣的中華民國本來就是假中國；國旗本來就是中國國民黨在中國時暫用的軍旗；國歌本來就是中國國民黨的黨歌，這些都是用來騙台灣民眾的。改就改，只要中國高興就好了。」

宋楚瑜：「但是國名改為『中華台北』，連國歌、國旗都被改了，一般台灣呆奴可能會因自以為國格被羞辱了，在心理上難過，而起『呆奴式』的反彈？」

蔣經國：「那簡單，就騙台灣人民說：那只是會名、會旗、會歌。這些已呆奴化的台灣人民，頂多再罵一次共產黨的惡質打壓就沒事了，不久就會沒感覺的。用中華台北總比1960年的羅馬奧運、1964年的東京奧運、1968年的墨西哥奧運在奧運會上被掛上台灣之名好多了。那時台灣選手出場的名牌和大會公報、文件上都被稱爲台灣，我就有點擔心會妨礙到我呆奴化台灣人民和在台灣煉製『台灣受虐症候群』精神之毒的計謀。好在那時有鎖台政策，國際上在聯合國外僅承認台灣不承認中華民國的事實消息沒有滲進台灣。而台灣呆奴也已逐漸進入習慣型階段，『台灣受虐症候群』精神毒化的症狀也早已出現，也漸病入膏肓，所以沒對我的計謀發生任何影響，我才鬆了一口氣。我還看懂一點英文的，中華民國的Republic of China就是中國嘛！Chinese Taipei就是中國的台北嘛！我們就以『中華台北』的譯名對台灣呆奴作麻醉式的敷衍，沒問題的。」

宋楚瑜：「是，我立刻吩咐下去。」

於是，1981年3月23日，台灣蔣幫政權的奧委會與國際奧林匹克委員會簽下協定，爲了再參加奧運會，國名更改爲「中華台北」奧委會；國旗改用梅花旗；國歌改用國旗歌。回台灣再騙台灣人民，說只是改了會名、會旗與會歌。而台灣人民也真的信以爲真。

李繼宗：「國際奧林匹克運動會名義上雖是和平聯誼性質的運動賽事，但各國無不認爲，是一個表現自己人民體質比他國優秀的場合。所以每個國家無不盡全力培養、訓練運動選手參加，認定是一個爭取國家榮譽(雖然近年來已成了虛榮)

的不流血戰爭。如今台灣被強迫更改國名、國歌、國旗。受了這種羞辱，台灣竟還接受而繼續參加，難道在奧運會爭取到的榮譽能抵得過這種國格的差辱嗎？台灣竟不見有人大力主張繼續退出奧運以做抗議。」

洪全示：「唉！蔣經國主張的事，在台灣有誰敢反對？」

李繼宗：「那些反蔣幫壓霸政權的『民主自救人士』啊！」

曾吉木：「也許這些『民主自救人士』認為：反正中華民國的國名與國旗、國歌都是蔣幫集團掛出來麻醉台灣人民的假羊頭，被改了、被羞辱了，與台灣人民無關，所以不理它。」

洪阿土：「也許吧！但我還是有點懷疑，這些所謂的民主自救人士真的有這麼清醒了嗎？如果他們真的有這麼清醒，早年就應反對台灣運動員代表中華民國參賽。現在則應大力主張改以『台灣』之名義才再參賽，香港不就是以香港為名參賽！」

李繼宗：「是喔！」

曾阿淡：「唉！」

蔣幫職業間諜學生馬英九 vs. 台灣良善精英學者陳文成(1981)

　　1981年，往美國當學生間諜特派員的馬英九，以紐約大學法學碩士的學位，再進哈佛大學泡了五年，終於拿到法學博士而畢業返台。馬英九與宋楚瑜一樣，都是蔣幫集團特意培養的第二代接班人之一，所以一回到台灣，即當上了總統府第一局副局長，兼任蔣經國英文祕書，高唱著「啥人偕我比」。以前是權貴子弟，現在是權貴了。到了1984年，更當上了中國國民黨中央委員會的副祕書長。與宋楚瑜一樣，都是當然的「年輕有為」了。

1981年7月2日，陳文成慘死事件

　　陳文成高中畢業時，原本要報考醫學系。後因色盲，改唸數學系。二十五歲服完兵役，獲美國密西根大學獎學金赴美深造。二十八歲即以優異成績獲博士學位。隨即至卡內基美隆大學統計系任助理教授。三十一歲時有重要論文發表在《應用機率雜誌》上。對於統計學理論的進展有

重要貢獻。

陳文成在美期間，常參加同鄉會，關心台灣各項發展。在財力上支持「美麗島雜誌」。陳文成爲人坦蕩，寄給美麗島雜誌的支票都是有簽名的私人支票，從未隱匿。但他未參與或發表「台灣建國」的言論，故被中國國民黨在美職業間諜學生報爲「灰名單」，並未被列入不得歸國的「黑名單」之中，僅是監視對象。

1981年5月20日，陳文成帶著妻子與剛滿一歲的兒子返台探親，除被邀做學術演講外，一家三人遍遊故鄉山水風光。他說：「只有台灣的山才是山；只有台灣的水才是水」。他告訴二姊陳寶月，他計劃儘快再回台灣，做永久居留，希望對台灣學界有所貢獻。至6月份，陳文成假期已到，須回美國。但出境申請(出入境是嚴格管制的)一直沒下來，只好繼續等。

7月2日上午，三名警備總部人員到家裡帶走陳文成(警總特務抓人是不必法院拘票的)。說是要問陳文成關於他捐款給美麗島雜誌社一事。從此，陳文成的家人與朋友再也沒有見過活著的陳文成。

到了晚上，陳文成家人見陳文成整天沒有回來，心想：問個捐款的事怎麼會從早問到晚還問不完？陳文成每筆捐款都是親自簽名的私人支票，也是不用查就知道的。陳文成妻子也證明，陳文成在美國並未有反政府活動。家人開始著急，開始發狂地尋找。陳文成家人並未警覺到：捐款給台灣合法登記的雜誌社也會招來殺身之禍。他們並不知道，余登發就是捐款給美麗島雜誌社而被陷害的。到了晚上九點

多，二姊陳寶月打聽到警總電話，打電話到警總探詢，警總的人回答：「我們晚上八點多就把他送上飛機，他回美國去了。」隔天，7月3日下午，古亭分局員警打電話到陳文成家，說陳文成車禍死亡，要家人去認屍。事實上，當天清晨陳文成就已被發現陳屍在台灣大學研究生圖書館旁，距牆壁數公尺遠的草地上。圖書館旁有水泥地走道及磚造排水溝。陳文成二姊陳寶月趕去認屍，看到陳文成脖子有被電擊痕跡，十根指甲也有被針刺過的傷痕。

警總繼古亭分局的「車禍死亡」說詞之後，再說陳文成是畏罪跳樓自殺死亡。兩天後，台灣大學鄧維祥教授突然出面說，陳文成7月2日晚上到他家聊天，還共進宵夜。警總此時又拿出偵訊陳文成的錄音帶，想證明陳文成在警總並未遭刑求，且離開警總時，他心情非常的好。警總接著不斷發布各種令人不解的消息，忽而說偵訊完後由警總人員護送陳文成回到家門口；忽而又說有數名證人見到陳文成在外流連不歸。

當時，卡內基美隆大學教授狄格魯與病理學家魏契曾來台瞭解案情。結論是「他殺」，且陳文成是在已死亡或昏迷狀態下，被兩人以上，以橫著身子的方式拋下的。因為若是生前跳樓或被推下，會以頭手或腳著地，且會是掉在較近的水泥走道或磚造水溝上，不會以側身方式掉在較遠的草地中央。

當時陪同狄格魯教授及病理學家魏契調查的清大教授沈君山，卻不知憑什麼說：「陳文成在墜樓之後，仍繼續活了二十到四十分鐘。」再據以解釋：「陳文成是生前墜樓，及

非遭蓄意謀殺。因為若是謀殺，必會確定他立即斃命，以免他有機會開口說出凶手。」

曾吉木：「再怎麼呆的人，也一看就知道，陳文成是在被刑求時，被警總特務弄死的。」

李繼宗：「陳文成是樂觀而正直的人。真有的事，他會大方承認；不是事實，他不會屈認的；他也不會為了保命而亂咬他人。警總特務急求口供，必定無所不用其極。」

洪全示：「警總特務大概原本沒想到那麼快弄死陳文成，發現他死了，情急之下，抬到台大校園隨便一丟。後來才想到，陳文成在美國是知名學者，到底要怎麼掩飾惡行才好？才會有那些彆扭的說詞出現。」

曾阿淡：「先是說，晚上八點多送陳文成上飛機回美國了。陳文成本來就急著帶妻兒回美國，是警總不批准出境證才留到7月2日的，還需警總特務強送出境嗎？還留下妻兒？而且出境必會留下一串記錄可查。」

洪阿土：「所以後來覺得這說詞講不通，才在半夜急著把屍體往台大校園丟。」

曾吉木：「7月3日清晨屍體被發現後，並無人認屍，又怎麼會到下午，由古亭分局警方通知陳家，說陳文成車禍死在台大校園呢？」

洪阿土：「照過去的例子看，警方接到命案報告，會派員警去現場處理。警員到了現場，留守現場的警總特務表明身分，警員必定恭敬聽候指示。屍體身分與車禍說詞也必定是警總特務指示警員的。」

李繼宗：「後來又見『校園草地上車禍致死』而草地上無輪胎壓痕，似乎說不通，且一驗屍就會露出馬腳。只好改說畏罪跳樓自殺。」

洪阿土：「一個留美學者，怎麼會為了『捐款給台灣合法登記的雜誌社』而畏罪自殺呢？真是可笑！」

洪全示：「台大鄧維祥教授真可疑，怎麼會等報紙、電視沸沸騰騰報導了兩天後，才姍姍出面說，陳文成7月2日晚上到他家找他聊天？還說有共進宵夜。有共進宵夜，表示聊得很晚了。一個被警總特務抓走的人，被放了不立即趕回家報平安，還跑到別人家去聊天，聊到很晚，可能嗎？」

李繼宗：「所以警總人員又出來補充說，警總特務有護送陳文成到家門口，警總特務才回去的。」

曾阿淡：「既已到了家門口，即使有要緊的事要再出去，也會先進門報平安後再走，何況只是找人聊天。」

洪全示：「照這情形看，鄧維祥如非本來就是警總特務安插在台大的暗樁，就是有小辮子被抓住，被威脅要做成大辮子勒死他，他才屈從做偽證的。」

曾阿淡：「所以警總為了掩護鄧維祥，才又說，陳文成離開警總時，心情看來非常的好。」

曾吉木：「這又和警總先前說的『陳文成是畏罪跳樓自殺』相矛盾了。畏罪的人，離開警總時怎麼會心情很好呢？且警總人員若見他心情非常的好，怎麼會認為他可能畏罪自殺呢？真是矛盾得可以了。」

洪全示：「可笑的是，警總竟然拿出一段偵訊錄音帶放給美國來的卡內基美隆大學教授狄格魯與魏契聽，要證明陳

文成未遭刑求。」

李繼宗：「刑求那一段當然不拿出來了。警總特務眞以爲每個人都像台灣呆奴那麼好騙？」

曾阿淡：「陳文成二姊在認屍時，單看露在衣服外的頸部，就有電擊痕跡了，十指還都被刺過。」

李繼宗：「那是他們刑求時的基本動作而已。」

曾吉木：「清大教授沈君山最是可惡的僞君子，看他一付溫文儒雅的學者狀。他全程陪同的狄格魯與魏契都已經肯定地說了，陳文成是在已死亡或昏迷中，被兩人以上，以橫著身子的方式拋下樓的。沈君山竟然還敢說：『陳文成墜樓之後，還繼續活了二十到四十分鐘，所以陳文成是生前墜樓，非遭謀殺致死。』我倒想問問這位大教授，說陳文成墜樓之後還活了二十到四十分鐘，憑的是什麼跡證？沈君山實在令人匪夷所思。」

李繼宗：「而且是等狄格魯與魏契走了之後，才這樣說的。」

曾阿淡：「以蔣幫集團的做法，我相信沈君山很快就會當上清華大學的校長了。」

李繼宗：「哈！將來當上中研院院士都是必然的了！」

洪全示：「唉！台灣啊！」

李繼宗：「其實最可怕的應該是宋楚瑜。」

洪阿土：「怎麼會呢？這事扯不上他吧！」

李繼宗：「大家想想看，橋頭事件、高雄美麗島事件、林義雄家祖孫慘案，都是發生在宋楚瑜掌理新聞局任內。他又是蔣經國祕書。你們一定會說，新聞局不會捲入殺戮吧！

大家記得嗎？自從1974年宋楚瑜回到台灣，他就一直是蔣經國的祕書兼代理人，並隨即把手伸進新聞局。大家都稱宋楚瑜是蔣經國或台灣政府的化裝師，他也得意地接受了。他甚至於自稱與蔣經國親密到，連蔣方良夫人愛吃什麼他都一清二楚。蔣幫集團再次在台灣加強對人民思想與行動的嚴厲控制及禁止，就是從他任蔣經國祕書兼代理人開始的，也是他躲在後面一手籌劃與指揮的。陳文成慘死後，警備總部一再亂了方寸似的，重複更改漏洞百出的說詞。以警備總部過去的壓霸行事風格，必然一口咬定，不理會也不准任何質疑。就如余登發案、高雄美麗島案、林義雄家祖孫命案，都是一貫的『你又能怎麼樣』的蠻橫姿態。此次陳文成命案，警總會一再胡言亂語，肯定是因為這些說詞讓這位化裝師難以向外國圓謊，警總受到宋楚瑜斥責，情急之下編出的。因為讓宋楚瑜不高興，不是等於得罪了蔣經國嗎？」

洪阿土：「聽你一說，我才想起，美聯社駐台灣記者周清月，用『驗屍』一詞，刊出狄格魯與魏契來台瞭解案情的過程。宋楚瑜勃然大怒，竟下命令，要周清月『寫悔過書』。宋楚瑜認為應該用『審視屍體』一詞才可。」

曾阿淡：「由此可看出，宋楚瑜『狐假虎威』的壓霸心態。」

洪全示：「是啊！不論是科學上、醫學上、刑事偵察上，現代的世界各國都會互通有無，相互支援。有美國人來支援刑事偵察，有何不可？尤其是經核准來的。」

曾吉木：「心虛的人容易有過度反應，可見宋楚瑜心虛了。」

　　洪阿土：「『寫悔過書』！在這個時代還出這種招式，真不怕笑掉人家大牙。眞虧他還是美國的圖書館學碩士、政治學博士。混出來的吧？」

　　曾吉木：「根本就是派駐學校的教官，作威作福那一套。」

　　洪全示：「以作威作福的教官來形容宋楚瑜，似乎對某些學校教官不盡公平。」

　　洪阿土：「是呀！我也見過幾位明理的中國移民教官。」

　　曾吉木：「對不起，我用錯語詞，應該用『就如某些在學校作威作福的教官』。」

蔣經國臨死前的驚悚與來不及救贖 (1984-1988)

　　陳文成遇害之後，蔣經國健康情況逐漸惡化，已無精力繼續趾高氣揚。不知是真有鬼魂還是病中幻覺，蔣經國夜夜見到228後被屠殺的台灣人民、林家祖孫與陳文成等鬼魂，輪流來索命，心驚膽顫。由於面臨死神的威脅，蔣經國開始驚懼「因果報應循環」的道理。開始思索在死前救贖一些罪孽的可能，但另一方面，卻又無法立即放下手中的大好江山。於是先宣布：

　　(一)警備總部不能再未經司法程序，隨意抓人。

　　(二)取消海外台灣人民的黑名單。

　　(三)台灣人民出入境，不再需要警備總部同意。改由出入境管理局簽准(雖然還是對台灣人民出入境加以嚴格管制，但不再是由特務惡意刁難)。

1984年初

　　蔣經國：「楚瑜啊，你去向李登輝轉達，我要他任下屆

的副總統。」

宋楚瑜：「什麼？李登輝？我有沒有聽錯啊？」

蔣經國：「你沒聽錯。用一個台灣本地人接近大位，我知你會不服氣。但我告訴你，現在對台灣人民所鬆開的部分束縛，由於世界潮流所趨，已無法再重新綁緊。不製造個開始重用台灣人民的假象，只會增加台灣人民的反感。李登輝才學俱佳，對台灣整體的將來是有利的。而台灣人民呆奴化的過程已逐漸進入「自然型呆奴」階段。我們中國貴族的特權不會容易失去的，你大可放心。而且，李登輝是我一路提拔上來的。他雖然精明，但正直而不躁進，又是個知感激的人。即使有萬一，他也會念在我的知遇，下手不會太重的。由他推動改革，正是我所需要的。」

宋楚瑜：「是。」

1984年3月21日，蔣經國連任總統，在蔣經國指示下，李登輝被選爲副總統。

1984年，江南命案

劉宜良以江南筆名寫了一本《蔣經國傳》，並即將著手寫《吳國楨傳》，而遭蔣家派人殺害。

劉宜良是跟隨蔣幫集團來台，唸過蔣經國爲培養政治軍官的政工幹校，後來入了美國籍，被殺時劉宜良的身分是美國人。

由於蔣家對劉宜良下令禁止出版《蔣經國傳》，劉宜良仍堅持出書。蔣家憤而又起殺機。1984年7月，蔣孝武與情報局長汪希苓找來蔣幫培養的黑道之一「竹聯幫」幫主陳

啓禮，派陳啓禮帶吳敦與董桂森兩名竹聯幫殺手赴美。1984
年10月15日上午，在漁人碼頭禮品店，由吳敦首先在劉宜良
兩眉間近距離開了一槍，劉宜良隨即倒地而死，董桂森再於
胸、腹各加開一槍。

　　在美國境內殺美國人，那能像在台灣囂張，美方很快查
出是他們三人所爲。陳啓禮記得「兔死走狗烹」的教訓，留
下一卷證據錄音帶在張安樂(白狼)處。當蔣家露出「棄車保
帥」的姿態時，張安樂在美國公布錄音帶，才使蔣家策劃、
指使謀殺劉宜良的眞相大白。事後蔣幫集團還編造劉宜良是
中國、台灣、美國的三方面間諜之可笑謊言，企圖轉移蔣幫
集團「逆我者亡」的習慣惡行。

　　李繼宗：「劉宜良死得眞冤，他只要寄一本《蔣經國
傳》給蔣經國看，大概就不會被殺了。劉宜良的《蔣經國
傳》根本沒寫出什麼蔣經國見不得人的事跡。」

　　曾阿淡：「是呀！蔣家人一聽到有人膽敢在非蔣家指示
下寫他們的事，就開始緊張。深怕蔣家一些骯髒齷齪的事被
掀開來，未經查詢，就趕緊殺之滅口。這是蔣幫集團的一貫
做法。」

　　洪阿土：「其實，劉宜良原以爲他是蔣幫集團的自己
人，蔣家對付他就會比對付台灣人民手軟，才會不當一回
事。」

　　曾吉木：「是呀！看看林義雄家的滅門慘案，兩個雙胞
胎幼兒因太小，一刀下去已近乎斬斷身軀；稍大的奐勻就殺
了六刀；林母更殺了十三刀。其實是刀刀致命的，何需這麼

凶狠呢？好像是要碎屍一樣。再看看劉宜良被殺，在兩眉間近距離開一槍，還能活命嗎？但董桂森卻還在胸、腹各補一槍。」

曾阿淡：「這是因為他們知道，為他們的主子做事是不能有萬一的。圓滿達成任務時，獎賞固然豐厚；若出現缺陷，則必定遭殃。所以他們受的訓練是這樣，做法也永遠是這樣。」

李繼宗：「這件罪行已公諸於世。主謀是蔣孝武，中間人是情報局長汪希苓。現在蔣經國要怎麼善後？」

洪全示：「當然是由汪希苓扛下了。」

李繼宗：「但狙殺劉宜良算是成功了。汪希苓至少也算對蔣家有一半功勞。」

曾吉木：「難道要由蔣孝武自己扛這罪行啊？」

洪阿土：「沒事的啦，汪希苓被判徒刑只是去渡假。蔣幫集團已準備好監獄大飯店迎接汪希苓，大套房有三十五坪，完全是私人渡假別墅規格，還有書房、會客室、客廳，明窗淨几，專人服侍，家人又可隨時去同住，幸福啦！」

由於劉宜良已是美國公民，蔣家竟派人到美國殺美國人。加上林義雄滅門慘案與陳文成遇害不久，舉世譁然，美國更是震怒。蔣經國看出美國有可能不再容忍與放任蔣幫集團在台灣的無惡不作，不得不做一個讓美方暫時息怒的宣誓。而且此時蔣經國健康情況更加惡化，雙眼已漸失明，死神的威脅更緊迫了。想到他們父子對台灣人民的罪行，對死後的世界愈是驚顫。向台灣人民贖些罪孽的想法，也就更常

繞於心。這時蔣經國經常所想的，已是如何減低他子孫所可能遭受的天譴了。

蔣經國：「你安排一下，我要公開宣示，蔣家的人不會再出來當總統了，就到我為止。我更不准蔣家的人再出來從政。」

宋楚瑜：「真非要這樣宣示不可嗎？」

蔣經國：「我要向美國交代，是非這樣宣示不可的。何況我那三個兒子能成才嗎？本來還寄望孝武能用心學著點，看是否有點希望。可是看他主導江南案的情形，輕狂無謀。江山交給他，不出兩年必被他玩完。」

宋楚瑜：「那孝嚴、孝慈呢？」

蔣經國：「反正他們不姓蔣，我對不起他們的娘。我以前就一直有交代親信對他們特別照顧。將來就看他們自己的智慧了。他們夠聰明的話，就不要改姓，也許會有不錯的造化。假若他們智慧不足，冒然想姓蔣，其靈魂必會沾上我蔣家罪孽，而以其生來就名不正、言不順的情況，得到的庇蔭又能有多少呢？就我目前的健康狀況看來，我也沒辦法了。」

宋楚瑜：「那在台灣的這麼多中國人怎麼辦？您也決定要放棄他們嗎？」

蔣經國：「不是我現在要放棄他們，是我以前剛到台灣來時的想法和做法都錯了。不論是對你所說的中國移民或台灣人民，都錯了。就像你，你到今天還用『在台灣的中國人』這種說詞。這是我造的孽，但後悔時已來不及了。從

現在起，我要以『台灣人』自稱，頂多只能叫『華裔台灣人』。我也要訓誡子孫，不可再以中國人自居，再自外於台灣，將來會難以救贖的。只是我已經不知道，到底有幾個子孫能瞭解我現在的用心？」

宋楚瑜：「可是……」

蔣經國：「別可是了。既已是近四十年的移民了，早該落地生根而本土化才是正途。都怪我早年自私、短視，才害苦了這批我們帶來的華人移民，也害慘了全台灣人民。」

宋楚瑜：「可是……」

蔣經國：「你是不是要說，大家在台灣已過慣了貴族地位，叫他們如何適應做台灣百姓的身分？其實，在台灣冒充貴族自居真是一種福氣嗎？我以前一直以為是，現在我可不這麼認為了。現在我真的相信，心安才是福呀！」

宋楚瑜：「可是……」

蔣經國：「你別再可是了。台灣人民已被我們推入開始『自然型呆奴』階段，『自然型呆奴』的特性是，再也不必外力強加其上，這種病態自己會自我延續。台灣人民的思想、心理與人格要康復，還需要一段漫長的日子。大家還有一段夠長的時間可以維持既有特權。你們如果真的有智慧，一方面，應該要利用這段時日，調適自己，真心在台灣這塊福地落地生根，重新做一群善意的移民。另一方面，用心幫助台灣人民，使其能快速從病態呆奴中康復。這樣，台灣這塊福地上的所有住民都能和諧共榮，才是真福氣啊！也能為我們過去在台灣的所作所為救贖，才能造福子孫啊！我現在真正擔心的是，你們到底有幾人能瞭解我現在的智慧啊？如

果你們不能明瞭我現在的苦心，則不但會繼續害慘台灣人民，拖累台灣這塊福地，更會令大家的子孫後代不得超生啊！你懂嗎？」

宋楚瑜：「我知道了。」

蔣經國：「你知道了？你懂了嗎？我眞懷疑，我眞是擔心。」

1985年

因美麗島事件被判刑坐牢的呂秀蓮保外就醫，施明德不甘獄中寂寥，意圖東施效顰不成，又來個悲情表演，以「釋放所有政治犯」爲訴求(當然要包括他自己)，開始絕食抗議。這就是施明德後來常以悲劇英雄自居，所誇傲的「被蔣家關了二十五年，絕食抗議了四年半」。這「絕食了四年半」是施明德眾多冷笑話之一，卻也成了世界有史以來的最大笑話。

其實眞正的絕食，如鄭自才在瑞典被捕時，絕食不到一個月即陷入昏迷。施明德的解釋是，他一直非常痛苦地被插鼻胃管，強迫灌食。只要經歷過鼻胃管灌食的人都知道，受置鼻胃管的人，只要配合，是很輕鬆的；但受置者若拒絕配合，鼻胃管根本放不進去。即使藉助內視鏡放入，亦很容易將鼻胃管吐出。除非是插上洗胃用的粗硬管子，但多張照片中並未看到這種情形。

(施明德的絕食表演，反而害死了不知底細的藝術家親哥哥——施明正。施明正於1988年爲了聲援這位寶貝弟弟，在有喝水的情況下，絕食了四個月就死了。可憐施明正死時，由於鎂光燈還是聚焦在施明德身

上，並未有多少人注意到。施明正為施明德死後，亦未得到施明德任何的哀傷與歉意。）

1986年，由於當年美麗島雜誌社黨外幹部都被關在牢裡，當年挺身辯護的律師，進而挺身帶領餘存的黨外。1986年9月28日，一百三十二名黨外後援會成員，在台北圓山飯店開會宣布組黨。由於蔣經國的肯定交代，宋楚瑜這位大內高手，不敢下令逮捕。民主進步黨遂正式成立，並於同年11月10日的黨員代表大會，選出江鵬堅為首任主席。

1987年，江鵬堅帶領民進黨發動5月19日的519行動遊行示威，要求解除戒嚴。蔣經國順應時機，於5月30日先釋放黃信介與張俊宏；再於7月15日正式解除戒嚴；繼而，准許在台中國人或已落地生根的華裔移民赴中國探親；或回歸中國去當個真正的中國人；由中國帶來台灣，欺騙、壓霸台灣四十年的所謂「國會」，也決定進行全面改選。蔣經國的用心是，在他有生最後幾年，逐步將台灣推向國家正常化。蔣經國同時指示，在戒嚴時期受迫害的台灣人民，包括華裔移民或原台灣人民，一律斟酌個別情況，給予減刑或復權。

由於蔣經國認得施明德已久，瞭解他這個人無德無能，本性又好高、狂妄，踩死同儕來墊高自己從不手軟。蔣經國想利用已不長的歲月，救贖自己的罪孽；復建台灣人民良質本性；在褪卻他所造成的台灣人民呆奴精神與思想過程中，施明德會是台灣人民中的一顆毒瘤。蔣經國知道，台灣人民康復得慢，蔣經國自己的罪孽就減輕得少。蔣經國也知道，他自己時日無多，遂特別交代，為了台灣，減刑、復權、假

釋或特赦都不包括施明德。

　　當施明德發現，解嚴的減刑出獄與復權竟沒他的份。只得逆向操作，在得不到假釋或減刑的情況下，利用機會，以類似反諷的手法求饒，高喊：「我不是罪犯，我不接受假釋或特赦。」由於蔣經國在此時的腦子還清醒，並未受到這些隱含求饒的賤語影響。受影響的，反而是已成「自然型呆奴」的部分台灣人民，不少人又受施明德偽裝出來的「英雄假象」所吸引。難有人能看穿他那屈膝求饒的本意。

1986年3月，台北，總統府

　　蔣經國：「英九啊！你對台灣這個世界歷史上最長的戒嚴有何看法？」

　　馬英九：「戒嚴無罪，是部分不知足的台灣人民與少數別有用心的外國人把戒嚴汙名化了。」

　　蔣經國：「那國內外不少人抗議台灣的戒嚴，要求解除戒嚴，你的意見如何？」

　　馬英九：「我反對解除戒嚴，為了社會安定、國家與政權的安全，實施戒嚴是必要的手段。『台灣人民只要聽話，嚴守政府定下的規矩，不亂發表意見』，生活根本不會受到戒嚴的影響。」

　　蔣經國：「但我已決定要解除長期施加在台灣百姓身上的戒嚴法。」

　　馬英九：「是！是！解除戒嚴是英明的決定，至少可以美化中華民國的國際形象。」

　　蔣經國：「但你不是說反對解除戒嚴嗎？」

馬英九：「啊？喔！我反對的是隨便就解除戒嚴。」

蔣經國：「解除戒嚴就是解除戒嚴，那有什麼隨便與不隨便的？」

馬英九：「啊？喔！我是說人民已長期習慣於戒嚴生活，一下子解除戒嚴，人民會難以適應。」

蔣經國：「難以適應？當初一下子停止一切正常法律，對台灣人民施以不用講理由與法治的軍事統治，台灣人民都熬過來了，現在解除戒嚴，台灣人民會不適應？」

馬英九：「啊？喔？啊！對不起，我說錯了，應該是執行的情治特務系統與司法系統，他們會因突然的改變而不適應。」

蔣經國：「這倒是有可能，情治特務系統與司法系統的任意而為已是長久的習慣。突然解除戒嚴，他們這些人是有可能會不習慣。」

馬英九：「對！對！」

蔣經國：「但我已決心要解除戒嚴。你是法學博士，你回去想想看，要怎麼對這些情治特務系統與司法系統再教育，讓他們瞭解並接受正常國家的民主與法治。」

第二天

馬英九：「報告總統。」

蔣經國：「英九啊！你來了，這麼快就擬好對情治特務系統與司法系統的民主與法治再教育計劃了？」

馬英九：「報告總統，要對情治特務系統與司法系統重做民主與法治的教育，會較麻煩且困難，需要從長計議。

我有一個簡單而快速的緩和解嚴辦法，那就是解嚴前先制定國家安全法，名稱好聽，又不會一下子讓人民太自由。解除戒嚴後，仍暫時保留『動員戡亂』體制與『懲治叛亂條例』等特別法。這樣可為情治特務系統與司法系統保留轉型的時空。」

蔣經國：「要再制定國安法來限制人民自由，又要保留動員戡亂體制？那解除戒嚴解除假的啊？」

馬英九：「不是解除假的，是先解除一半，如此可使情治特務與司法等系統慢慢適應，又可避免我們的自己人有太多疑慮。」

蔣經國：「但是，我已經想通了，我要在有生之年還給台灣人民一個正常的國家；也想讓當年隨我父子來台的中國移民，能在台灣認清移民的身分，心靈上從無根浮萍的躁鬱與中國人的虛幻自大中康復，融入台灣社會，恢復做一個心理正常的普通台灣人，這才是真福氣啊！我想，這樣至少能減輕我的罪孽，也許還來得及減少禍延子孫。」

馬英九：「報告總統，台灣語言有句諺語『食緊撞破碗』，我提出這個辦法，也是為了總統的解除戒嚴能夠順利啊！可以避免橫生變數。」

蔣經國：「好吧，就暫時這樣做吧！」

此時蔣經國心裡是這樣想：「你馬英九代表的是特權族群，當然害怕在民主法治之下，會使你們的特權保護傘受損。可惜啊！你們中了我的毒太深了，自以為得意快活。殊不知，心靈的扭曲才是悲哀啊！但是，這也是我的罪孽之一啊！現在就要靠李登輝的睿智來救贖了。」

而馬英九心裡想的是：「好險，差點騙不過蔣經國。若一下子眞的完全解除了戒嚴，我們的特權哪來完整的保障？蔣經國頭殼歹去啦！」

(1987年7月15日，解除台灣之戒嚴，同時頒布施行國安法。)

(1987年9月8日，解除台灣人民赴中國的禁令。但是，台灣人民仍不能自由出國或回國，因爲台灣人民出入境仍依國安法加以管制、審查。)

1986年，遠赴美國享度晚年已十年的宋美齡，得到留台親信的報告，得知蔣經國健康情況已惡化到隨時可能面臨死亡的地步，兩眼已逐漸失明。近兩年又逐漸顯露對台灣人民懺悔的意思。宋美齡一方面雖已逾九十高齡，仍難抑權力慾望的誘惑；另一方面，由於保守的「自認貴族」勢力請託，毅然飛回台灣。想利用蔣經國之晚年病重，搶奪黨、軍、政大權，以待不久之後，阻止李登輝依法繼任，切斷台灣民主化、國家正常化之路。

1986年10月25日，在所謂夫人系權臣沈昌煥安排下，以主持蔣中正百年冥誕爲由，宋美齡由美返台。

1986年11月10日，宋美齡就開始了撇開蔣經國，以展現「垂簾聽政」的企圖。當天先後接見代表中央的行政院長俞國華與代表省級的邱創煥，指示施政應注意的方向，嚴然是女元首的姿態。11月11日宋美齡大宴群臣，一舉召來副總統李登輝、五院院長、各部會首長、台北與高雄兩市的市長及議會議長，令群臣向她報告施政成績。宋美齡並當場諭示「深表欣慰」並「深致期勉」，姿態完全不讓慈禧太后。

　　11月13日，宋美齡再召見軍方七位一級上將，包括參謀總長郝柏村、陸海空、憲兵、警備等總司令及國防部總政戰部主任。其實，這些軍方高階將領才是她的班底，才是她臨老還想再逐權力慾望的手上王牌。宋美齡席上還狂言：「現在台灣的警察不夠凶狠」。

　　1987年，高檢署嚴厲查辦蔡有全、許曹德兩人，並蒐集鄭南榕、江蓋世「叛亂資料」的動作，就是宋美齡下的命令，是她透過軍、情、特系統，向法務部施壓的結果。

　　宋美齡更下達指令給郝柏村與蔣緯國，說：依據1949年派馬鶴凌去香港與中國密談達成的協議，蔣幫集團必須遵守澈底壓制台灣人民的約定。蔣經國近兩年的言行，已引來中國的不滿。宋美齡指示郝柏村與蔣緯國兩人，分由軍方與國安系統，嚴懲膽敢抗議的份子，要確實嚇阻台灣人民的民主自救運動，圍堵台灣的邁向國家正常化。

　　宋美齡、蔣經國這一對名義上的母子，各自坐在輪椅上較勁，正帶動黨、政、軍的權力鬥爭，而遭池魚之殃的正是全體台灣人民。

　　1987年11月12日《聯合報》刊出中國國民黨副祕書長馬英九談話：「誰都沒有主張台獨的自由。」

　　洪阿土：「馬英九真是這群狂妄之人中的狂人！」

　　李繼宗：「馬英九是中國國民黨特權貴族集團養大的，當然不減狂妄。但你說『這群狂妄之人中的狂人』，我有點不懂。」

　　洪阿土：「你知道他昨天說『誰都沒有主張台獨的自

由』吧！」

李繼宗：「知道啊！這群狂妄的人最近常說啊！以前說的是『主張台獨的人必須殺光』啊！」

曾阿淡：「你們等等！什麼『台獨』的，『台獨』是呆奴化的用詞，台灣本來就與中華民國無關，台灣是被中國國民黨壓霸集團那個原本的乞丐跑來趕走台灣這個原本的廟公，才造成今天這個局面。台灣既然本來就與中國無關，講獨立是不對的，應該是要恢復自由與主權。」

李繼宗：「這個大家都知道啦，現在是在說『馬英九這樣講』啦！」

洪阿土：「這群狂妄之人常如此說，可以用『他們從來就不懂法律、不懂民主』來敷衍。但馬英九是法律系畢業，還是美國『哈佛大學』法學博士。他要說他不懂法律、不懂民主，這說不過去吧！所謂民主，即使是他們所謂的『中華民國法律』都表示，任何人民都可有不同的主張，但要付諸實行，則須經過表決通過才可。這是(在正常教育下)小學生都明白的道理，他法律系畢業，又是法學博士，竟然說出這麼狂妄的話『誰都沒有主張台獨的自由』。總不能再推說『他不懂法律、不懂民主』了吧！那他不是『狂妄之人中的狂人』是什麼？」

曾吉木：「這只證明了一點，馬英九能法律系畢業及在哈佛取得法學博士，都是靠特權混來的。」

洪全示：「是沒錯啦！但是，他至少在美國生活了七年。美國是現代化的自由民主國家，他不用讀書，用聽的、用看的都經歷了七年的民主自由社會，馬英九會不懂民主的

意義？在騙白痴啊？」

　　曾吉木：「所以阿土說『馬英九是這群狂妄之人中的狂人』啊！」

1988年初，台中一家主要醫學院附設醫院

　　主治醫師水月大晚上開完急診手術，急於返家，抄近路走過醫院太平間，見看守太平間的荊先生與楊先生在喝著小酒，荊先生臉上掛著兩行淚水。荊先生與楊先生是退伍中國老兵。

　　水月大醫師：「荊伯，您怎麼了？」

　　楊伯：「你們不會懂的啦！」

　　水醫師：「我們？我怎麼了？」

　　楊伯：「要不要喝一杯？」

　　水醫師：「好呀！但我只能小陪，我還得趕回家。」

　　楊伯苦笑：「哈！這就是老荊之所以掉淚啊。當年老荊在福建撤退時，被子彈打穿右大腿，我都沒見他掉下一滴眼淚。」

　　水醫師：「什麼？就為了我沒能常在晚上陪你們小酌？不會吧？」

　　楊伯：「水醫師你聽到哪裡去了？不是啦！」

　　水醫師：「那到底發生了什麼事？」

　　荊伯：「何處是我家啊！」

　　水醫師：「喔，想念家鄉啊！那容易，已經准許台灣住民申請出國了，而且去年起就開放前往中國，你們可以回去一趟，要再移民中國也可以的。」

此時荊伯淚更流了。

水醫師：「對不起，荊伯，我不知道我說錯了什麼，使您更傷心，但我說的是眞的。」

楊伯：「我們知道的，就是因爲知道已經有人回中國去了，才更引起老荊傷心的。」

水醫師：「旅費不夠啊？我可以先借你們，你們不必放在心上，什麼時候寬裕了再還都沒關係的。」

楊伯：「水醫師，我們知道你是好人。但我們節儉慣了，還存有點積蓄。所以我說，你們土生土長的台灣人民，雖受過苦難，還是不會懂的。」

水醫師：「楊伯，荊伯，我現在眞的滿頭霧水。不過，請您們說說看，也許我可以理解的。」

楊伯：「老荊，由你來向水醫師說吧！對水醫師吐一吐悶氣，也許可以舒坦一點。」

此時荊伯眼淚乾了。

荊伯：「水醫師，你知道我和老楊都是單身一人？」

水醫師：「我知道。」

荊伯：「那你知道我們是如何當起兵的嗎？」

水醫師：「我是沒聽你們說過，但不是參加募兵，就是被徵兵啊！」

荊伯：「都不是。我們是被『抓兵』的。」

此時楊伯嘆了一口氣，獨自靜靜地連乾了兩杯高粱。

水醫師：「抓兵？」

荊伯：「我和老楊是同村莊的人。老楊沒讀過書，我上過一年的漢文學堂，會寫幾個字，老楊的名字還是我教他寫

的。中國內戰時，有一天，我和老楊牽牛出去吃草，遇上中國國民黨軍隊路過，就被順手抓來充軍了。兩條牛也被宰做軍隊的加菜。那時我們才十四、五歲。從此就隨著軍隊逃逃打打的。僥倖各自留下一條命，輾轉被帶來台灣。在台灣茫茫過了四十年。」

水醫師：「時代悲劇，命運捉弄人，看開點。」

此時楊伯不知是酒喝多了，還是……，滿臉通紅，突然口出粗話。

楊伯：「他馬的，我早看開了，但我們是漂在水面的無根浮萍啊！」

水醫師沒見過楊伯大聲說過髒話，嚇了一跳。

荊伯：「對不起，水醫師，別理他。大概看你是好人，又不嫌棄而和我們打熟，這是真情流露，平時他不會這樣的。」

水醫師：「沒關係的，這個我能理解。但是，『無根浮萍』是怎麼說的呢？」

荊伯：「我們小時，家在一個地名好像叫『青埔』或是『慶普』那類發音的小村落，記得十歲左右，我們曾一起跟長輩到過城裡一次。大概是因為幾十里內僅有此一城鎮，我們都只叫『城裡』、『城裡』的，沒叫過那個『城裡』的確實名稱。所以我們根本就不知道老家在那一個城鎮附近，也不知道是屬哪一縣或哪一省。所以我們到底從何而來？完全無從查起！」

水醫師：「啊！」

水醫師頓覺一陣鼻酸。

水醫師：「但是，你們必有軍籍登記，也查不到嗎？」

荊伯：「軍籍上登記的出生地，是以把我們抓兵的排長的祖籍登記的。」

水醫師：「那位把你們抓兵的排長總有印象吧！」

荊伯：「那位排長在要撤到台灣前，就獨自叛逃了。我們只知道他姓張，況且到台灣後，軍籍整編過，也沒有了他的資料。」

水醫師：「世上竟有這種事！」

楊伯：「剛才我說『你們不懂的』，現在你懂了吧，水醫師。」

水醫師：「但是，在剛到台灣時，你們就應已知道永遠丟了家鄉啊！所以台灣應該就是你們唯一的家鄉了。你們為什麼不學某些人，早日在台灣娶妻生子，落地生根呢？」

荊伯：「你年輕，所以你不知道。當時大家好像被催眠了似的，天天高喊『反攻復國、反共抗俄、解救同胞』，一片熱烈景象，就跟真的一樣。我們心想，若在台灣落地生根，娶妻生子，將來被帶到中國打仗，那不是又多害苦了一家人。所以一直沒有做台灣人的打算。等到看清楚真相時，已這把年紀了。」

水醫師：「雖然當時被『反共抗俄、光復中國』騙了，但也不必因此就不敢在台灣落地生根，做個台灣人啊！即使真有打仗，打完了也會再回家的。不是嗎？」

荊伯：「說你年輕是好話，事實上你是無知。啊！對不起，說你無知是指你清純而不知內情，不是說你鈍戇，因為有很多事實，你們在台灣無法瞭解，所以不知情。」

水醫師：「我去過美國一年，對歷史真相，還略知一二。但士兵打完仗就回家，世界各國不是都一樣嗎？」

荊伯：「唉！老實告訴你好了，中國共產黨與中國國民黨本質上雖是一丘之貉，但共產黨對外更有狠勁。我們打輸了，不是戰死就是被俘，自然沒能回來台灣；就算萬一真的沒戰死又打贏了，你認為我們能回來台灣嗎？」

水醫師：「勝利了，就解甲歸田，不是嗎？」

楊伯突然插嘴：「說水醫師呆奴，他還真至死不知呢！」

水醫師：「荊伯，楊伯在說什麼？」

荊伯：「沒什麼，他大概喝醉了，胡言亂語，別理他。」

楊伯：「啊！是！是！」

荊伯：「中國國民黨這批人，沒有足夠的槍桿子不會有安全感的。你想想看，為了來台灣這個地方，就帶了百萬大軍。若真的讓這幫人稱霸中國，面對幾億人口，你說，他們要擁有多少軍隊才會有安全感？在台灣，我們都得年邁才能除役退伍；若真到了中國，還能有被放回台灣的一天嗎？」

水醫師：「是喔！雖然我書讀得多，但想不到你們看事情，竟然比我透澈得多。」

荊伯：「不，這只因為有很多事實是你們被蒙蔽了，而我們可是親身經歷的。」

水醫師：「別客氣了，並不是所有經歷過的事情，人人都能看得透澈的。我一直相信『田野之中，自有智者』。」

荊伯：「好了，夜已深，水醫師快回家吧！」

　　楊伯：「是呀，以後若早一點有空，大家還可小飲清談一番的。快回去吧！」

在驚濤駭浪中，李登輝把台灣帶向民主化 (1988-2000)

1988年1月13日，蔣經國病死，李登輝繼任總統。由於蔣經國真正承認罪孽與現出悔意，僅三年多，並未有足夠時間讓他進行太多救贖措施。李登輝當上總統，也面臨了一群以宋美齡與郝柏村為首，自命是中國囂張貴族勢力的抵制。這群人在台灣一直自認是特權貴族，哪那能忍受一個他們眼中的台灣呆奴爬到頭上去。他們雙手插腰，眼露凶光，要看看李登輝能奈他們何。

李登輝由副總統繼任總統乃暫時無可改變的事實。但是，宋美齡儘管已逾九十高齡，仍難捨對權力的貪婪，全心覬覦大位。在拉下李登輝之前，宋美齡先要阻止李登輝任中國國民黨黨主席。就在1月20日開中常會之前，暗推先由行政院長俞國華代理黨主席。

不過，形勢顯然對李登輝同時兼任黨、政領導人較為有利。因為一來，在位的中國國民黨黨、政要員們，認為李登輝無政治班底與人脈，又未顯露出強烈企圖心與政治

手腕，看來應該只是名義上的暫時共主。多數人想先穩住自己目前的地位，將來眞正誰掌大局還未定呢！雖無把握，但人人自覺有機會。若任由宋美齡主導，敢自信必得寵幸的人畢竟不多。二來，民間輿論之主流情勢，亦是傾向由李登輝先代理主席，較無紛擾疑慮。於是李登輝暫時順理安然穩坐中國國民黨的黨政領導人地位。

蔣經國生性奸巧、聰明，專精於陰謀與特務操作，善於閱人。晚年意欲救贖罪孽，看中李登輝，一來李登輝正直又聰慧、沉穩而幹練，其才能可帶領台灣人民安全渡過轉型期；二來李登輝既然正直，必知感激，不必特別交待(若所託非人，特別交待亦無可保證)，定能從旁照顧其後人之安全、富足無虞。

李登輝繼任總統之初，沉穩而不露鋒芒，表現出一付唯唯諾諾的聽話總統，以使虎視勢力放心。待熟悉一切政權操作後，再不動聲色地，一步一步緩和地推動民主改革，並設法摘除政權內的跋扈勢力。同時在中國國民黨黨產中撥出一筆金錢，要宋楚瑜成立黨內專戶，用以照顧蔣經國子孫，用以回報蔣經國的知遇和晚年對台灣的懺悔與醒悟。這項用心，也使得宋楚瑜有機會侵吞了四億四千萬元至他的私人帳戶內，還匯了一億四千萬元暗藏在美國。

當年蔣中正爲免直接掌控三軍的參謀總長建立個人過深的影響力，參謀總長一直是兩年一任。但由於蔣經國長年經營特務系統，缺乏正規軍的人脈；加上健康情況一直不佳，就一直依賴郝柏村，郝柏村在參謀總長位置連任了八年。以致郝柏村勢力坐大。

1989年，李登輝爲了安撫軍隊，並逐步減低郝柏村在軍隊的直接影響力，先明升暗抑的升郝柏村爲國防部長。

1989年，鄭南榕自焚事件

鄭南榕1947年9月12日出生，是民主型正派中國難民的後代，1972年與台灣客家語系女子葉菊蘭結婚，1980年育有一女——鄭竹梅。

鄭南榕本性善良、聰慧，爲人誠信，總是直言無諱；眼光遠大、意志堅定，但性格剛烈，對、錯分明而不妥協。

鄭南榕1984年創辦《自由時代週刊》。

1986年，因對台灣的無限期戒嚴，不願再忍受。於5月19日推動「519綠色行動」抗議台灣戒嚴三十九週年。引起蔣幫集團的震怒，6月2日即藉口以張德銘違反選罷法的罪名將他牽連入獄。

1987年1月24日出獄，鄭南榕隨即在2月4日成立「228和平日促進會」，推動平反228事件，再度引起蔣幫集團的不快。1988年12月10日，他的《自由時代週刊》第254期更刊登了台灣旅日學者許世楷的「台灣共和國新憲法草案」，再度引發宋美齡、郝柏村爲首的蔣幫集團的震怒。

當時雖然已解除戒嚴，蔣經國已死，李登輝繼任總統與中國國民黨主席，但李登輝只是因緣繼任，蔣幫集團並無人真想聽他發號施令。雖然有人想扶起蔣孝武，但由於他過去紈褲無能又輕浮的記錄，一時拿不定主意。但不給李登輝機會是肯定的。李登輝並不被視爲自己人。雖然李登輝正運用智慧，企圖一步一步排除障礙，抓取實權，但此時尚未成

氣候，尤其情治特務與司法系統，早就一個一個成為蔣幫集團密不透風又無法無天的私用工具。尤其有宋美齡與郝柏村在，李登輝對警總等情治、司法系統根本無能為力。

1989年1月21日，高檢處送來一張「涉嫌叛亂」的傳票。鄭南榕當場高喊：「中國國民黨只能抓到我的屍體，不能抓到我的人。」鄭南榕會做這樣的宣誓，主要由於他自持無瑕的人格，他認為被中國國民黨的特務、蔣家的家奴所逮捕，是對他最大的羞辱。另外，被按上「涉嫌叛亂」的主角，事實上也無人活著走出監牢。

1989年1月26日鄭南榕隨即自囚於「自由時代週刊」雜誌社內，不再理會蔣家家奴的騷擾。

警總特務覺得：「世上沒有不怕死的人，既然你自稱我抓不到你的活人，我就非把你的活人抓到不可，否則太沒面子了。怎能讓一個青年小子，有損我們的神化權威？」遂於1989年4月7日派人強對雜誌社破門，攻堅抓人。令蔣幫餘孽意外的是，世上竟真有人寧死不屈。在蔣幫集團爪牙攻入時，鄭南榕當場自焚而死。

1989年5月19日，鄭南榕送葬隊伍行經總統府時，一位性格如鄭南榕的台灣青年詹益樺，突然撲向鐵刺蛇籠，淋上汽油自焚，追隨鄭南榕向蔣幫餘孽抗議。

1990年

李登輝於5月1日再提任郝柏村為行政院長。郝柏村為接任政職的行政院長，須先放棄其一級上將的終身頭銜。跋扈的郝柏村獨自暗爽，以為李總統屈服於他的惡勢力，他就要

一步登天了。其實李登輝是傳承蔣經國的一石二鳥之計，一方面除去郝柏村已享有終身不退的一級上將軍職；另一方面藉郝柏村，拉下此時在政府體制內影響力已頗大的行政院長李煥。此時，只從呆奴化中部分覺醒的民進黨人士，不明李登輝的用心，還高舉「反對軍人干政」的大旗出來抗議。

李登輝故意讓郝柏村得意忘形，郝柏村愈是囂張。如李登輝所料，郝柏村的跋扈，連自家的中國國民黨要員和國會議員也得罪了不少人。

1990年5月20日，李登輝正式就任總統時，特赦施明德。施明德接到特赦令，見被釋放已成定局，又不忘適時做個英雄式表演。施明德撕毀李登輝的特赦狀，並說：「我堅持不接受特赦，我要的是無罪釋放。」說完，還是喜形於色的快步走出監獄，真是不要臉至極。

曾吉木：「這就是施明德在偽裝表面下的本性——欺善怕惡。」

李繼宗：「被蔣經國父子逮捕入獄時，就以各種姿態求饒；李登輝善意地特赦了他，他就拿翹裝出不屈傲骨。」

洪全示：「哈，剛講完不接受特赦，還不是很快就自己走出監獄，還帶著他那一貫之得意兼輕視的奸笑。」

曾阿淡：「出了獄，還立即對媒體大言『忍耐是不夠的，還要寬恕』。我比較了施明德之前後矛盾心態的說法，覺得他真是不要臉得太澈底了。」

曾吉木：「我真的不知道，施明德以前對誰忍耐過？現在他要忍耐什麼？也不知道施明德以後會對誰寬恕？他會寬

恕什麼？」

　　洪阿土：「可惜被呆奴化的台灣人民，現在有幾人能看清楚他這種人？」

　　曾吉木：「我看，施明德會寬恕的，大概只有他自己；會忍耐的，也只有他認為對自己有利的人與事了。」

　　李繼宗：「最可惡的是，施明德的矯情害死了自己的親哥哥，卻一點自覺歉疚也沒有，真不是人。」

　　曾吉木：「台灣人民極少有這種異類。但是，這種少數異類就是會害苦台灣。大家等著承受吧！」

　　洪阿土：「要是台灣人民沒有被這麼惡毒的呆奴化，台灣人民就能保持清明的本質與清晰的理性思考能力。那麼，就可以洞察明白，台灣人民被這種異類害苦的機會就不會太大了。」

　　李繼宗：「是啊！但現在台灣人民已被『呆奴化』毒害得這麼深，此劫應該難逃！」

　　曾阿淡：「又是一項台灣人民的悲哀！」

　　李登輝繼任總統後，雖還無力管得住警總等情治單位，尚可經由柔性勸說，以「世界民主潮流及保證不會有重大事端」，力勸他們不要再強力鎮壓抗議活動。這些情治單位心想，反正是你李登輝的總統任內，沒面子的是你自己，他們樂得輕鬆旁觀。遂有1988年3月29日的「台灣國會全面改選」大遊行，並爆發「大湖山莊」事件；1990年3月16日台大學生發動的中正廟萬人靜坐抗議。此時民氣可用，李登輝就主導大法官會議，於1990年6月21日，確認代表中國的無

限期中央民代於1991年12月31日結束。李登輝並於同年(1991年)宣布中止動員戡亂時期。等於正式告訴所有的台灣住民，中國是中國、台灣國是台灣國，兩國不相干。

1990年，宋美齡見李登輝又被正式選任爲總統及黨主席，已知時不予她；又見李登輝在黨、政領導的穩健政治手腕，更明白她已無能爲力，開始有了永遠離去的打算。但宋美齡又不甘心就這樣空手而走，於是展開搜刮的動作。1991年9月21日飛回美國時，帶走了一百多大箱的財物。其中有部分是長期藏在陽明山居所的美鈔、金條與古董寶物；部分是一年多來祕密搜刮來的，實質內容則至今仍未能有人得窺詳細。

此後，宋美齡僅在她的女兒「二先生」死時，爲運走遺體回到台灣一次。

1990年李登輝見宋美齡夫人系的狂妄勢力氣焰稍減，決定先從明目張膽歧視台灣人民的「公務人員高普考」改革。公務人員的晉用考試，錄取比率是依照大中國比率定的，所以台灣籍的人民，無論考試分數有多高，能錄取的均只占錄取人數的極少數。李登輝利用郝柏村正得意洋洋地上任行政院院長時，指示考試院暫停這種「限制台灣人民錄取名額」的強盜式惡法。再於1992年5月修憲，年底正式停止適用。這時，台灣人民被剝奪公平參加政府考試的機會已四十五年。

1991年，李登輝雖任台灣總統已三年，國安局、警備總部、調查局等情治系統仍由郝柏村、馬英九爲代表的蔣幫

特權集團所完全掌控，並不把民主政治制度放在眼裡，李登輝總統亦無力糾正其壓霸行為。繼鄭南榕事件震驚海內外之後，調查局新竹調查站人員，還是狂妄地於1991年5月9日凌晨5點45分進入清華大學學生宿舍，押走歷史研究所學生廖偉程，同時進行搜索，帶走所有書籍、書信與電腦資料等；同一時間，調查局在台北縣市與高雄市同步逮捕了陳秀惠、陳正然、林銀福三位青年，後來又逮捕了安正光。理由都是因與旅日創辦獨立台灣會的史明有連絡，即被扣上涉嫌叛亂罪名，加以拘捕、搜索、起訴。調查局等情治單位，不必證據，你不必有叛亂行為，只要他們認為你有嫌疑，即可拘捕、搜索，並利用他們開的法院加以判刑。而他們假借的所謂「法條」就是刑法第一百條與懲治叛亂條例。不論你是在家裡、任何機關或學校，他們是不必知會即可衝入抓人。四十五年前即是這樣，四十五年後李登輝在當總統，在推行民主化、在推行國家正常化，情治、特務與司法系統，今日還是這樣。

由於此案引起校園連串抗議，立法院於5月17日不得不遽付二讀，廢止「懲治叛亂條例」。但卻留下刑法第一百條。「懲治判亂條例」講的是判亂罪名，刑法第一百條講的是內亂罪，其本質是相同的，都是可用嫌疑為藉口來抓人、判刑的。蔣幫特權集團就是要留一條可以清除異己的路來橫行。於是，於1991年9月21日，台灣知識界發起「100行動聯盟」，要求廢除侵犯人權的刑法第一百條。

由於「100行動聯盟」都是知名學者，不少還是聞名國際的人士。時間又是接近蔣幫集團用來精神自慰的雙十慶

典。行政院與中國國民黨於9月30日中午及10月6日凌晨0時兩度主動邀約聯盟學者在來來飯店協商。此時馬英九剛由研考會主委轉任陸委會副主委，職務本與此事無關。但馬英九是蔣幫特權集團舊勢力的代表，拿著行政院長郝柏村的令旗，馬英九硬要取代法務部長呂有文，隨行政院副院長參加，監視協商的意謂濃厚。協商接近共識時，都由馬英九加以阻撓。尤其在10月6日0時的那次協商，最後由林山田與宋楚瑜達成共識：「非暴力的和平政治主張，不構成刑法之內亂罪」。但馬英九卻當場一再阻撓宋楚瑜接受此共識。由於馬英九代表的是特權集團舊勢力，理所當然的，當天清晨即由郝柏村與施啟揚將此共識作廢。

直到1992年，中國來的立法委員全部退職，才在李登輝的全力支持下，刑法第一百條獲得處理機會，5月20日立法院在鄭南榕遺孀，也是民進黨立委的葉菊蘭嚴正勸說下，三讀通過修正刑法第一百條，確定「非暴力的和平政治主張不再構成內亂罪」。馬英九當然十分不滿。馬英九常講的「誰都沒有主張台獨的自由」一直與郝柏村常講的「國軍不保護台獨」相呼應。雖然「台獨」是個不合邏輯的名稱，是舊日蔣幫集團用來奴化台灣人民的眾多口號之一。台灣原本就是一個獨立國體，曾多次被不同國家侵略過、占領過。但從未被現在這個中國政府占領過。而現在這個在台灣自稱「中華民國」的政權其實就如強盜一樣，強占了台灣。台灣應該是要復國才對，應該是要國家正常化才對，台灣本來就是個獨立個體，又不是一個附庸國，何來獨立？但是，被呆奴化的反「蔣幫特權集團」台灣人民，卻一直迷迷糊糊地跟著「蔣

幫特權集團」，台獨、台獨的叫著。

　　1992年立法院改選，中國國民黨挫敗。李登輝以行政院須向立法院負責的道理，要郝柏村下台。郝柏村悍然拒絕。表示，除非中國國民黨中常會通過要他下台，否則他可不甩什麼總統不總統的，或什麼主席不主席的。李登輝則冷靜看之。心想，就讓他再跋扈一時，只會更加刺激中國國民黨中的反郝勢力。看他還能囂張多久。

　　1992年8月1日李登輝終於運用技巧，正式裁撤了警備總部這個蔣幫集團的重要特務組織。

1992年底，1993年初

　　李登輝眼見郝柏村已近發狂式的得意忘形，不只眾叛，更已親離。已不必再需李登輝費力，郝柏村即將在台灣政壇自腐而再無立足之地。於是轉向應付宋楚瑜。

　　在蔣經國死前，宋楚瑜即自命為蔣經國接班人。尤其蔣經國還下令，蔣家人不准再參與台灣政治，使宋楚瑜更堅定了接班的決心。他根本冷笑蔣經國晚年的懺悔之心。宋楚瑜自認奸巧不輸蔣經國，在既已成「自然型呆奴」的台灣人民之前，他要繼承蔣家霸主集權，可是輕鬆綽綽。但他尚年輕，軍政界的勢力均未成熟。而李登輝性格沉穩，不輕易露鋒芒。宋楚瑜並未有戒心，心裡以為先站到李登輝一邊，等李登輝任滿，天下就是他宋楚瑜的了。

　　可能是死前已懺悔的蔣經國有所指點，而李登輝自己也耳聰目明，明白有宋楚瑜的存在，台灣人民在自救之路上，將會再被宋楚瑜推落原先的深淵。為了台灣全體住民的未

來，李登輝須先防堵宋楚瑜這位大內高手的可預見殺傷力。李登輝應付宋楚瑜的手法，其實可看到他應付郝柏村的影子。

李登輝先誘使宋楚瑜去當省主席，再選省長。宋楚瑜心想，省長只比總統少管轄台北市與高雄市，當省長正好是登天的台階，快樂得不得了。其實，李登輝早就準備廢省，以除掉這個被蔣幫集團拿來「遮蔽台灣人民眼睛、呆奴化台灣人民心靈」的假招牌──省。現在更可廢物利用，用來凍結宋楚瑜的不良野心。

於是1993年宋楚瑜滿懷心喜地辭掉了中國國民黨祕書長之職，去當省長了。由許水德接任中國國民黨祕書長。

1993年

國民大會閉幕時，民進黨與一些中國國民黨的國代，高呼「郝柏村下台」，郝柏村不甘受辱而掠狂。當場高呼「中華民國萬歲，消滅台獨」後，宣布辭職。全照李登輝的錦囊演出。

3月23日，李登輝任命連戰為行政院長。李登輝知道，由於家庭的耳濡目染，連戰完全被他父親連震東影響成更道地的假中國人貴族，易為那些在台灣自命為貴族的勢力集團所接受。他又是一個紈褲阿舍团。經過李登輝任內一翻準備之後，由連戰來接任李登輝，必然不會有什麼作為，是讓台灣人民從呆奴化中康復的最有利條件，台灣人民在康復過程所受的二次傷害也可能最小。

台灣中央政府的邁向民主化之路

1987年蔣經國宣示準備解嚴後，於11月間兩次在台北大直七海寓所臥病床上召見馬英九，說明其讓台灣國家正常化的決心，不要再設置中國的中央民意代表，台灣中央民意代表應全面改選，總統也將要由全體台灣人民選舉出來。但是，馬英九心裡冷笑置之。

蔣經國死後，在1990年李登輝順應民進黨立委陳水扁等二十六人提案，就中央民代聲請釋憲，使大法官會議於6月21日做出解釋，指明中國來的第一屆中央民代應於1991年12月31日以前終止職權，並全面改選。在此以前，馬英九仍代表蔣幫特權集團，全力阻止中國民代退職與全面改選。甚至在1990年6月推動總統民選的國是會議上，及1992年馬英九任中國國民黨不分區國民大會代表前後，馬英九與施啓揚，仍代表蔣幫特權集團，力阻在台灣直選總統，他們推出所謂的「委任直選」，試圖阻撓台灣人民選舉台灣總統。既然堅持委任選舉，又怎麼叫直選呢？他們是不願意台灣人民選出自己的總統，所以就拿出「直選」的羊頭來掛在「委任」狗肉之上。馬英九一幫人心裡想的，當然仍是堅持保護其在台灣的特權霸業，對蔣經國死前的懺悔嗤之以鼻。

他們清楚知道：在四十多年來蔣家父子把台灣人民呆奴化的過程中，在地方所培養的假中國人，早已將政治與黑道、金錢緊密結合成根深難移的派系。已被呆奴化的一般民眾，在有意或無奈的情況下，已長期習慣於依附這些假中國人，這些假中國人在地方小區域選舉，憑藉原有勢力，加上買票及人情牽制，由這些假中國人來選委任代表，勝算太大

了。而這些假中國人正是他們特權集團的馬前卒。若眞由全民選總統，台灣人民雖已開始要進入自然型呆奴化的階段，這群蔣幫特權集團還是沒十足把握的。更何況若由全民來選台灣總統，更會有「刺激台灣人民加速從呆奴化中醒覺」的疑慮。所以這些蔣幫特權集團當然對蔣經國臨死前的懺悔嗤之以鼻，當然要全力阻止台灣的國家正常化了。

最後，李登輝暫時接受妥協，在1992年5月底所通過的增修條文，只訂出「總統由全體人民選舉之」(後來，在1994年，時勢與氣氛醞釀成熟，7月份，終於由國民大會修憲時，確立「總統由公民直選」)。

尹清楓命案

1993年12月8日晚上，台灣海軍武器獲得室上校尹清楓獨自一人在寢室裡，驚嚇過度，冷汗直流。他心想：再過三個星期就要晉升少將了，眼看可能因此次接辦的掃雷艦與拉法葉艦採購案，不但少將之位不保，一不小心，連性命都會丟了。也許是嚇得失去了理智，也許是知人知面不知心，尹清楓竟然找上郭力恆密商如何自保。

拉法葉巡洋艦的巨額採購案，是由當時任參謀總長的郝柏村，於1989年10月5日獨斷決定的，並於1991年6月9日派其代表陳博士赴法國洽談購艦細節。後卻交由海軍的一位中階小上校去執行。尹清楓接辦此案初時，以爲自己時來運轉，天上掉下禮物，讓他有機會獨自辦理這麼一件國家重大採購案，是一個立功表現的好機會。於是他勤於與法國賣方及中間軍火商連繫接洽，並詳細研究每一樣細節，務求盡善

盡美，以免有任何疏失而辱職責，或負長官栽培的厚愛。

可是，當尹清楓上校為仔細監理造艦過程，而搜集採購過程與合約細節資料時，他發現：此時台灣採購拉法葉艦的價格竟比原法國國際報價高達近三倍。這種誇張的資訊，他一個小上校都可以獲悉，又怎麼瞞得了眾多高官呢？當初購艦細節是怎麼談的呢？購艦合約又怎麼簽得這麼大方與隨性呢？

當尹清楓基於職責，向法方緊密監查造艦進度與品質細節時，每次又都有中間軍火商向他「善意勸說」，說：「上級長官很看重你，才交你辦此輕鬆的採購案，讓你有機會立大功。細節都已有默契，你不必多費心。你只要把例行文件辦好，該簽名的簽名，該蓋章的蓋章，採購完成後就是大功一件，少將升上去後，中將唾手可得。若因你的遲疑而使此案不順利，影響你前途事小。若上級長官尷尬，事情就大條了。」

經過幾次這種「善意勸說」，尹清楓才忽生警惕：自己並無特殊背景，又缺有力人脈，也未曾有驚人表現，長官怎會特別看重自己呢？採購拉法葉艦是海軍大事，怎麼會由陸軍出身的參謀總長郝柏村一人獨斷決行？又是郝柏村派代表去談細節，海軍總司令莊明耀與國防部長伍世文，看來又是處於完全配合的地位。而他自己既是此次拉法葉艦重大採購案的執行者，卻只能接受由海軍總司令辦公室主任陳祿傳來的指令，在執行過程有疑慮時，並未被授權可向那位長官請示。種種百思不解的疑問，使尹清楓開始對自己的處境擔憂。所以他開始私下留存各種承辦過程中附帶獲得的資料。

　　1993年12月7日，尹清楓的法國對口單位人員，無意間向他透露，法方單給台灣政府主導採購的高階官員之佣金，就高達四億美金。這時尹清楓才真正受到驚嚇。12月8日尹清楓整天幾乎都躲在房內思考，近兩倍的價差，這麼龐大的不法利益，必難密不透風。以這些高官的習慣行徑推想，必已預先準備好替死鬼應付。而尹清楓自己是此案的執行者，當然是直接需負責的人。再仔細回想，尹清楓發覺，在海軍總部裡，其他軍官知道的內情似乎都比他這位負責執行的人多。怎麼會這樣？想到這裡，尹清楓開始嚇出一身冷汗。將來棄車保帥時，自己不就是那顆「車」嗎？

　　到了12月8日晚上，尹清楓決定不求自保不行了。他找上了常與自己閒談拉法葉艦採購案的海軍總部上校軍官郭力恆密商，尹清楓告訴郭力恆，他要錄音自保。當時夜已深，尹清楓迫不及待，於12月9日0時30分抵達軍火商祝立本住處訪談，加以錄音，當時郭力恆在外守候。隨後尹清楓立即獨自前往海軍造艦計劃管理室上校組長劉楄家訪談至凌晨三時。兩次訪談錄音，尹清楓已發覺好友郭力恆是幕後大黑手下面的幾隻小黑手之一，他萬沒想到，郭力恆竟為了利益參與陷害他。

　　尹清楓離開劉楄住處後再無睡意，七點多穿著軍服離開海軍總部。此後再也沒人承認見過他。

　　12月10日上午，一艘台灣近海漁船意外發現一具屍體，屍體身著白色上衣、藍色長褲，後來證實為失蹤的尹清楓。屍體由海軍運回後，驗屍時見到的卻是身著另一套便服，變成是黑色長褲。屍體更見多處瘀血外傷。

案發後，與拉法葉軍艦採購案有關的軍火商全都立即出國躲避。

郭力恆出面說：尹清楓約他9日早上在來來豆漿店碰面，但尹清楓未出現。

調查期間，有黑函寄往總統府與海軍總部，檢舉尹清楓在拉法葉軍艦採購案收受賄賂。

案發後尹清楓寢室被一名海軍後勤署軍官翻搜過，並取走一些尹清楓特意私藏的文件。

之後，調查人員還在隱密處找到了沒被拿走的三卷錄音帶，由兩名人員保管，有多人聽過這些錄音帶的內容，是尹清楓暗中錄下來自保的。但後來錄音帶竟在兩名人員共同保管下被消磁。

調查人員發現海軍總部通聯記錄不見了，中華電訊的尹清楓通聯記錄也被取消掉。

海軍總部軍法處判定尹清楓之死爲自殺而結案。

李繼宗：「都已經1993年、1994年了，台灣與世界都已現代化到這麼進步了，都還發生尹清楓命案與拉法葉艦採購案這麼離譜的事件，眞是悲哀！」

洪阿土：「蔣幫集團的『奴化改造』並非只針對原台灣人民，對來自中國的移民也是沒放過的，可能還奴化得更嚴重。有什麼辦法呢！」

曾阿淡：「主導拉法葉艦採購的這個人眞是膽大包天，以國際報價近三倍的台灣人民辛苦錢去買，然後個人就拿了四億美金的贓款，還設計一個小上校來當替死鬼。還能算是

人嗎？」

曾吉木：「這些蔣幫集團高官，幾十年來凶殘霸道慣了，尤其軍中舊有的惡勢力，根本就目中無人。這種事我倒不覺奇怪！」

洪全示：「是沒錯啦！但現在是什麼時代了，還公然以近國際報價三倍的價錢成交，主導的那個人還一口氣拿了四億美金之鉅款。他真的遮一下都不用了嗎？」

曾吉木：「他這個人壓霸久了，已成習慣。何況他當時以『挾天子而令諸侯』的姿態，根本是不可一世，目中無人。」

李繼宗：「尹清楓他自己也太不小心了，既已察覺自己深處『替死鬼』的險境，又曉得非負責採購案的郭力恆，知道的內情都比他自己這個負責人知道的多，竟還向郭力恆透露要錄音自保。郭力恆也是貪腐集團之一，自然迅速向該主導的高官密報，該高官當然就狠心下令殺掉了尹清楓。」

曾阿淡：「案發後更膽大妄為，屍體運回後，竟公然把屍體衣褲換了。」

李繼宗：「尹清楓遇害時穿的是軍服，他們為免日後屍體很快被辨識身分，替已死亡的尹清楓換了便衣，該長褲應是參與者之一所有。沒料到屍體隔日即被發現，所以運回屍體後就被換下來了，以免留下線索。」

曾吉木：「不可思議的是，那三卷重要證據的錄音帶由兩位軍官共同負責保管，竟也會被完全消磁，那兩位負責保管的軍官竟也沒有受到軍法審判。」

李繼宗：「那兩位軍官當然不會受制裁了，對貪腐者而

言，他倆是大功一件呢！」

洪全示：「但是，那三卷錄音帶已有多人聽過了啊！」

李繼宗：「聽過又怎樣？有這位主導的高官在，那些軍法處的人有誰敢說出錄音帶內容？」

洪阿土：「也難怪無人敢說出內容，因為他們都知道，若有某甲說出錄音內容，必會有某乙與某丙被唆使出來反駁某甲，講某甲說謊要誣陷該高官。因已無證據，某甲不死得很慘才怪。」

曾阿淡：「案發後，各有關軍火商立即出國躲避，那真是有鬼了。」

洪全示：「想也知道，那位高官為了怕這些軍火商被約談時萬一說溜了嘴，當然會立即下令這些人出國躲藏了。」

李繼宗：「這些無人性的貪腐集團竟然畫蛇添足地寄發黑函，誣指尹清楓收賄。要追查一個無特殊背景的人有無收賄，不是太簡單了嗎？」

洪阿土：「那是因為這些沒人性的人，早打定主意要軍法處趕快以『畏罪自殺』結案，所趕工出來的低劣伎倆。」

曾阿淡：「可笑的是，軍法處竟然完全配合演出，迅速以自殺結案。」

洪阿土：「其實，任何明眼人都知道，只要追查贓款流向；從偷換屍體衣褲的人、翻搜尹清楓寢室的軍官與保管錄音帶的兩名軍官加以查辦，很輕易可以使本案水落石出的。另外，有能力毀去海軍總部通聯記錄及消掉中華電訊通聯記錄的，還不就是那幾個人。軍法處不是最喜歡以叛國罪辦人嗎？這種故意毀壞國家重要情資的事，為什麼不辦他？」

曾阿淡：「可憐的尹清楓！」

曾吉木：「可笑的軍法處！」

洪全示：「可悲的台灣輿論！」

李繼宗：「可悲又可憐的全體台灣人民！」

1994年

陳水扁與黃大洲競選台北市長，因黃大洲的台籍身分，台灣受虐症候群未激烈發酵，使得陳水扁當選台北市長，民進黨氣勢大增。可惜民進黨這群人，都是在蔣經國把台灣人民呆奴化的過程中成長的，只因蔣幫集團的過度壓霸與殘暴，懂得起而抗暴，本身多無「被呆奴化」的自覺。當然無法自內心深處澈悟與醒覺，只知急功求進。自然無法瞭解「全台灣人民從呆奴化心靈疾病中加速康復」才是解救台灣的根本之道，一時的成就，無值得高興。

1994年，宋美齡的女兒，掌管圓山飯店的「二先生」孔令偉病死於台北，宋美齡特地回台灣把遺體運回美國，埋在紐約的芬克立夫墓園，葬在離宋美齡居住地僅幾十公尺的地方，顯示出臨老思親的孤仃心虛。

由於宋美齡心理上對孔令偉的虧欠，宋美齡不但對孔令偉袒護、放任，還由特權給予無盡財富，多到無人能統計個數字出來。單從國稅局帳面上的數字，孔令偉法律上的繼承人──孔令儀就須繳交1.5億元的遺產稅。但於壓霸惡勢力仍在的情況下，未見追繳。

1995年

　　由於李登輝為使司法制度自己朝向正常化演進，並未如
蔣家父子般伸手進入司法圈，讓司法系統獨立自主。當然，
司法為蔣幫集團私用的惡陋習性，並不會立即褪去。但是，
一群中國國民黨長期培養的官僚、民代，由於作惡多端，仍
難免疑慮。時任中國國民黨祕書長的許水德，乃公開大言：
「台灣的法院是我們中國國民黨開的。」意思是，「你們擔
心什麼？」這段話，報紙登了，電視也播了，沒人覺得驚
奇，一個人都沒有。

　　李繼宗：「沒想到，世界民主發展已到現在這地步了，
中國國民黨還大言不慚地公開承認、強調『法院是中國國民
黨開的』。」

　　曾阿淡：「這有什麼好奇怪的？『法院是中國國民黨
開的』有誰不知？你沒看到嗎？中國國民黨祕書長公開宣示
後，報紙刊登了，電視播出了，在台灣生活的任何人有誰提
出質疑了？有誰說出不服氣的話了？」

　　曾吉木：「其實，在台灣以貴族自居的蔣幫集團才樂
呢！搞不好還是他們指示許水德說的呢！第一，可藉此再安
撫自己人；第二，重新給予所豢養的假中國人繼續跟隨的信
心；第三，再一次警告民進黨及其他懂得反抗的人士，『雖
然李登輝在當總統，你們的死活還是掌握在我們集團手中。
我們可利用司法體系，讓我不高興，就抓來判你死；若能讓
我高興，也能隨時判你生。』」

　　洪阿土：「可能還有在警告李登輝的味道。告訴李登

輝：『雖然警備總部被你撤了，你要法治是嗎？我們還是可以用法來治你。整個司法體系還是我們的，你雖是總統，不也說得尊重司法嗎？哈！哈！』」

李繼宗：「但爲什麼要用許水德來強調『法院是中國國民黨開的』呢？」

曾吉木：「許水德是溫和型的假中國人，由他來做強調性的宣示，能讓國際人士啼笑皆非，難以著墨太多。而對全台灣人民警示的意義是相同的。」

李繼宗：「最可憐的是司法體系的人，司法人員的人格，以前是被蔣幫集團放在地上踩，現在是被他們丟去餵豬了。」

洪全示：「司法體系裡，難道沒有一個清廉人士在嗎？如果我是司法體系內的法官或檢察官，在報紙上看了、在電視上聽了許水德的話，我會生不如死的。不如去死算了。我如何面對父母、妻子與兒女？每天照鏡子時，又要如何面對自己？」

洪阿土：「你忘了蔣經國說的，滴幾滴清水到一缸墨汁裡時，那一缸墨汁還是一缸墨汁，那幾滴清水早被消滅得無影無蹤。」

曾阿淡：「可憐的台灣司法人員啊！」

李繼宗：「他們會自己覺得可憐嗎？不少狂妄之人會覺得能隨意判定別人生死是超爽的。他們會覺得其他台灣人民才可悲呢！」

洪阿土：「其實，這些台灣司法人員也是蔣幫集團呆奴化台灣人民下的犧牲者之一。因爲已進入自然型呆奴階段而

不自知。僅是台灣人民的悲哀中之一環。」

　　曾阿淡：「台灣人民就繼續接受老天的試煉吧！」

　　洪阿土：「就整體而言，台灣人民的韌性是夠的。雖然後面的苦難還多著，但我相信，撐得過的。」

　　曾吉木：「我也相信會撐得過的，是要撐到何時呢？」

　　五人齊聲：「唉！」

1996年，台灣第一次公開正式民選總統

　　李登輝帶領台灣人民一步步走向國家正常化，他認為已是由他帶頭開啓民選總統制度的時候了。李登輝選擇連戰搭檔代表中國國民黨選總統、副總統。郝柏村找了林洋港一起與之競選。郝柏村被李登輝玩完，自然恨得牙癢癢的。林洋港則當了假中國人數十年，本來自信，有一天蔣經國非用台灣人民不可時，他會是首選人物。想不到蔣經國最終挑中的卻是，並未眞正當過蔣幫集團馬前卒，也一直維持台灣人民本色的李登輝。這叫他如何甘心。奴才當成性了，怨不了主子，自然轉而怨恨李登輝擋住了他的騰達之路。於是，郝、林兩人一拍即合。

　　由於李登輝以穩健的步伐挽救台灣，不動聲色地帶領台灣朝向民主化與國家正常化推進。他又是蔣經國生前欽定。蔣幫集團中，僅有以郝柏村、郁慕明、趙少康等爲首的少數得了重中國躁鬱症之人，率先歇斯底里地欲除李登輝而後快。而蔣幫集團之外的台灣人民，有感於李登輝技巧地推動台灣民主化與國家正常化。雖然已是自然型呆奴狀態，仍品嘗到了一點身爲台灣人民的尊嚴，自然會對李登輝加以擁

護。所以，李登輝自然以高票當選。

1996年底，李登輝主導「國家發展會議」，以中央與省府政事重疊，阻礙行政效率的事實，決議應於1997年完成修憲，並於1998年底正式凍結、廢除省政府。台灣國家正常化的腳步又向前邁了一步。但也刺激了宋楚瑜。宋楚瑜一直自認是無敵的大內高手，正等著李登輝任滿來接收。此時驚覺自己卻步上向來所看不起的郝柏村之後塵，被李登輝用計釋權，既羞又怒。又發現李登輝的真正意圖是在使台灣國家正常化，並藉以挽救台灣人民的精神與靈魂。宋楚瑜更掠狂了。因為宋楚瑜知道，台灣人民精神與靈魂的復甦程度，與他將來想要君臨天下的機會是成反比的。

1996年正是民進黨在畸形心靈狀態下產生的兩位黨主席——施明德、許信良交接的一年。民主進步黨1986年勇破禁忌創黨時，公推江鵬堅為黨主席。江鵬堅性格類似黃信介，大公而無私。江鵬堅僅任一年即退讓，由姚嘉文接任。1987年黃信介獲釋，很自然地在1988年與1989年兩度被推任黨主席。1991年由許信良接任；1994年由施明德繼任；1996年再由許信良接任。1994年，江鵬堅原在黨內登記參選第一屆直接民選的台北市長，由於陳水扁與謝長廷堅持競爭，江鵬堅決定禮讓，後由陳水扁出線，並順利當選台北市長。

李繼宗：「民進黨人士，還是無人能免於『呆奴化』的摧殘！」

洪阿土：「或者是，極少數未受呆奴化的民進黨人士，勢單而發揮不了影響力。」

洪全示：「怎麼啦？又有什麼事讓你們有感而發？」

李繼宗：「像許信良那種爲奶尋娘，及施明德那種永遠只會出風頭，慣於假裝英雄作踐別人之輩，民進黨內竟無人有足夠判斷力，以看出他們的本質底細，都當上了民進黨的黨主席。許信良還一再當選！」

曾吉木：「是呀！許信良原本是喝中國國民黨奶水長大，是在替中國國民黨搖旗吶喊的人。只因爲中國國民黨未如其所願提名他選桃園縣長，才憤而退出中國國民黨轉投當時的黨外。如果當初中國國民黨提名了他，我保證，許信良現在會如其他高侵略性假中國人，在中國國民黨腳下，對著台灣人民耀武揚威。」

李繼宗：「只要有一天，民進黨內有事不能讓許信良遂其所願，許信良必定立即叛離民進黨，更會反過來大傷台灣的自救運動。」

洪全示：「世事哪可能樣樣如其所願呢？」

洪阿土：「是呀！這將是民進黨的悲哀之一。」

李繼宗：「而施明德永遠只會裝英雄，永遠只要出風頭。他目中無人，無良知，沒道德觀。他爲了搶站高處，至親好友都會被他踩在腳下當墊腳石；只要替他鼓掌、歡呼，即使是偷盜無恥之流，施明德亦會加以親吻。」

洪全示：「所以，有一天，若施明德覺得他在民進黨內失去了明亮的光環，必會反目而視民進黨爲仇敵。尤其若有任何人站得比他高，或被他認爲遮到了他的光彩，施明德必定視此人爲不共戴天的仇敵。」

李繼宗：「施明德與許信良這兩人在民進黨裡面，必會

使民進黨造成嚴重的內傷。」

洪全示：「也必會造成全台灣百姓不輕的內傷吧！」

洪阿土：「你們忘了一個與施明德與許信良同類型的人。」

曾吉木：「我知道你是指陳文茜，我認為陳文茜更像施明德多一點。」

曾阿淡：「是的，陳文茜有施明德的陰狠，許信良在相較之下，是顯得比較溫和。」

洪全示：「陳文茜是後起之輩，她急著竄升，當初緊抱著施明德來滿足權力慾。現在許信良又任黨主席，她必會很快棄施明德而轉抱許信良。」

李繼宗：「以陳文茜用完即丟的性格，她把施明德玩完了之後，相信很快又會把許信良玩完。不信你們等著瞧。」

曾阿淡：「我們當然相信。只是民進黨後幾年被這三人玩過之後，不元氣大傷才怪。」

洪阿土：「其實，這些民進黨人士，和其他這一代台灣人民一樣，成長過程中是被蔣幫集團呆奴化的。被呆奴化的人，生活在呆奴化的環境之中，如何能有『被呆奴化』的自覺呢？若有『被呆奴化』的自覺，就不會被繼續呆奴化了。」

曾阿淡：「所以囉，這些民進黨人士，雖是一群較聰慧的人，知道要起而抗暴，卻不知道必須同時要幫助全體台灣住民從『呆奴化』中康復才是根本之道。當然更不知道，要從呆奴化中康復，必須先尋回台灣的真實歷史、恢復台灣人民的心靈尊嚴、重建理性思考的能力。」

洪全示：「黃信介呢？黃信介在成長過程中總沒被呆奴化吧！黃信介又廣受尊敬，他怎沒洞察到這些呢？」

洪阿土：「其實，黃信介與李登輝是類似的人。他們成長於『陰狠的呆奴化』計謀之前。他們雖然看到了一些『呆奴化』的惡行，但未身受，自然沒能全盤瞭解其過程；與『呆奴化』在台灣所造成的可怕程度。」

曾阿淡：「但是，若本身受呆奴化，又哪能瞭解呆奴化之毒呢？不瞭解呆奴化之毒，哪能知道如何解毒；沒能深刻體認呆奴化的毒害，又怎能知道，在抵抗外力之前，須先排毒自救呢？」

曾吉木：「眞的很可惜！若李登輝能瞭解今日台灣受虐症候群的原由，以李登輝的睿智，定能在將台灣帶向民主化與國家正常化之路上的同時，也能逐漸恢復台灣眞實歷史和固有文化，復建台灣人民理性思考的能力，進而重整台灣人民的人格尊嚴。那台灣人民的心靈要從『台灣受虐症候群』中康復將容易得多，台灣要國家正常化也不會這麼艱辛了。」

洪阿土：「李登輝在任總統的前六年，不動聲色地將台灣帶向民主化與國家正常化，是做得很好。但是，在後六年沒能好好利用民主化，先恢復台灣眞實歷史和固有文化，實在可惜！」

曾阿淡：「其實早在1993年郝柏村下台之時，就可以先從事台灣現有語言漢文字的拯救(現在的台灣語言雖然源自河洛語和客家語，但在台灣歷經三、四百年獨自演化，已和原河洛語和客家語有很多差異)。幾十年前從事說書的藝人與漢文耆儒健在的還

不少。當時就該趕緊禮聘他們，不論是河洛語或客家語，各整理出一套漢文詞本，存放各地圖書館及電腦網路上，供需要的人可查閱。這是重建台灣文化與心靈尊嚴的第一步。如果當時李登輝有想到、也這樣做了，現在就不會在報章、電視與歌詞上，把台灣現有語言亂寫一通，給那些狂妄之徒拿來嘲笑已幾乎被他們消滅殆盡的台灣文化。」

洪阿土：「是呀！若能先恢復台灣的固有文化，再從教育改革復建台灣人民的理性思考能力，則破除台灣受虐症候群這心靈病態的基礎就打好了。而這些基礎工程對還處在躁鬱心情的蔣幫特權集團，並不會有太大刺激。等台灣國家正常化有更大進展時，再還原台灣歷史的真相，則台灣人民的心靈尊嚴就會快速拾回。這時，國家正常化的腳步也會更快速而有力，能安心在台灣落地生根的正派中國移民也會愈來愈多。因為，中國移民沒能在台灣落地生根，成為一個真正的華裔台灣人，除了被蔣幫特權階層教化成心虛與優越感相矛盾的家奴外；更重要的是，還由於被陰毒貶損的台灣現有語文、歷史、文化與人格尊嚴，使他們不自主地不願認同台灣。所以，若能先恢復台灣優秀的傳統文化和真實歷史，進而重建台灣人民的心靈尊嚴與拾回台灣人民理性思考能力，則正派的華裔移民，會以身為台灣人為榮。相對的，還繼續懷念、貪婪舊有特權的中國移民也會愈來愈少。尤其是中國移民的第二代與第三代，除了少數當權的既得利益者家族，已少有不當特權。他們的躁鬱心情全是受老一輩之家奴化與台灣人民呆奴化的影響所致，他們本來就較有平等與民主觀念，當移民地本身展現尊嚴與正確價值觀後，他們較易在心

靈上眞正的落地生根，安心做一個華裔台灣人。則心理上不安的躁鬱，自然會逐漸消失。在台灣，中國移民、河洛語群、客家語群及山地原住民，本來就有通婚的情形在，如果加上心靈尊嚴的差異沒了，全體台灣人民都會自然認同台灣這塊土地，台灣國家正常化就會水到渠成，台灣就是名符其實的寶島了。」

洪全示：「可惜李登輝的父親在日據時期雖是鄉里士紳，李登輝受的是完整的日文教育，沒有足夠台灣白話漢文底子，又缺乏對蔣中正父子將台灣人民呆奴化洗腦過程的深刻知覺，錯失了挽救台灣的第一個契機。」

洪阿土：「有什麼辦法呢？就如先前講過的，李登輝是沒受過這種呆奴化洗腦教育，才有今日的李登輝，李登輝當然難對呆奴化洗腦教育的過程與可怕程度有正確認知。假如李登輝本身被『呆奴化』洗腦了，那就更難有『呆奴化』自覺。只有像我們這種親身經歷過呆奴化洗腦教育，卻在這過程中一直做一個境內的旁觀者，才能對其洗腦過程一清二楚，在心靈上也仍能保持清明啊！」

曾阿淡：「但也因爲我們一直是『境內的旁觀者』，所以現在才『雖然看得清楚，卻沒有著力點』啊！」

民進黨意外地過早執政

未先解毒，陳水扁太早就當上台灣總統 (2000)

1999年

李登輝任期將滿，他雖然沒明瞭到蔣家父子將全體台灣住民呆奴化的過程與嚴重程度，但他意識到台灣人民大多尚未覺醒，而華裔移民更未能從蔣家「家奴」中清醒。為了台灣能在穩健中邁向國家正常化，必須阻擋像宋楚瑜這類學會了蔣家父子十八般武藝的大內高手復辟，選擇了由連戰與蕭萬長來代表中國國民黨參選正、副總統。

宋楚瑜當然不服氣，宋楚瑜自從蔣經國死後，即磨刀霍霍，全心就為接收蔣家江山而準備。李登輝當台灣總統，宋楚瑜自然恨得牙癢癢的。他讓李登輝順利繼任總統，並非是遵從蔣經國遺願。全因他在政、軍界紮根尚淺。宋楚瑜甚至對蔣經國死前的懺悔嗤之以鼻。他在李登輝身旁吞忍了這幾年，就是在勤練蔣經國的厚黑學武功祕笈；就是在等待在2000年李登輝任滿後出手。宋楚瑜此時哪能容忍他一向看不起的假中國人紈褲子弟——連戰——搶去他覬覦已久的禁

攣。於是，宋楚瑜從「中侵略性假中國人」裡，挑選了從醫界旁支竄起的張昭雄爲副手，登記參選正、副總統。

民進黨則提名陳水扁與呂秀蓮參選。陳水扁在1998年，由於台灣受虐症候群的不可抗拒因素，競選台北市長連任失敗，但在台灣人民心目中的氣勢正旺，民進黨內無人能出其右。事實上，因爲台灣人民覺醒程度尚淺，加上李登輝力挺連戰，民進黨內並無人看好這第二次的總統直接民選。所以除了許信良外，並無人想要爭取這看來無望的參選機會。「我從小就立志當總統」是許信良常掛嘴邊的一句話。他又自認是老前輩，自然堅持要代表民進黨參選。黃信介爲了黨內和諧，認爲以陳水扁的氣勢，代表民進黨參選，若沒當選，得票數也較不會難看。黃信介出面勸退許信良，但許信良堅持黨內初選。黃信介協調失敗，抑鬱至年底即逝世。黨內初選結果，自然是由陳水扁代表民進黨參加總統大選。

許信良參選總統無望，恨意難消。再加上陳文茜的慫恿，立即與陳文茜雙雙退出民進黨。陳文茜由施明德轉抱許信良，本期望依附而升天，哪知許信良沒了黨主席，又不能代表民進黨參加總統大選，光環已不再亮麗，故而悔恨交加。基於她那「我得不到，就加以摧毀」的小眼殘心本性，從此以打擊陳水扁及民進黨來塡補她對權力的飢渴。

1999年全球十大醜聞第七名——台灣外交部長胡志強以近一億美元買來和巴布亞・紐幾內亞的三天外交承認。

台灣外交部長胡志強透過認識的外交掮客進行祕密外交，承諾由台灣提供每年五千萬美元，五年共二億五千萬美

元的援助給巴布亞‧紐幾內亞；以及另兩億五千萬美元的十年貸款；再加上給予九百六十萬美元的政黨活動費。台灣在付出頭期款近億美元後，兩國簽下建交公報。就在三天後，巴布亞‧紐幾內亞宣稱：「巴布亞‧紐幾內亞是和中國建交且維持正常外交關係，由於台灣的外交部長胡志強以假造的『中華民國』謊稱代表中國，所以巴布亞‧紐幾內亞即日起否認和偽裝為中華民國的台灣有任何外交關係。」此時台灣外交部長胡志強還毫不知羞恥地自言自語：「都是來自中國的打壓，阻礙了台灣國際外交之路。」全台灣的聞達人士，不見有人對這樣的外交部長表達憤怒，也不見有人覺得羞恥。

後來《時代週刊》評選1999年全球十大醜聞，胡志強的「用近億美元買來三天的外交關係」被列為十大醜聞的第七名。

李繼宗：「李登輝任台灣總統已十二年，他在將台灣民主化之努力和成就是值得台灣人民敬重與懷念，可惜他在台灣國家正常化的努力不夠，其他施政上則太過消極。」

洪全示：「李登輝總統也是有在推動台灣的國家正常化啦，比如發表『和中國之特殊的國與國關係』和『西進宜戒急用忍』，以及說出『中國國民黨是外來政權』和『台灣人民的悲哀』等。他在台灣國家正常化方面的沒有實質作為，也許是不想對蔣幫壓霸集團遺留的特權勢力、被家奴化的華裔移民和高侵略性的假中國人有太大刺激，以免壞了已建立的寶貴民主化成果。」

　　李繼宗：「是沒錯，可是在後四年，他身為首次的台灣民選總統，早可先重拾台灣的眞實歷史和固有優良文化，這對那些反動勢力的刺激應不會太大吧？以台灣人民對他的支持與擁護，逐步地先將那些不三不四的國營事業『中國名稱』改正過來，應該也不是太難吧！都四年了呀！」

　　洪阿土：「糟糕的是，李登輝竟推動以『中華民國名義重返聯合國』，眞是阿Q！難道他不清楚，全世界都知道所謂的『中華民國』只是蔣幫壓霸集團用來奴化台灣所掛的假『羊頭』，連蔣中正、蔣經國都說過『中華民國早已滅亡、早已不存在了』。各主要國家之所以不支持台灣的國際地位，最大的原因是，被奴化的台灣，還一直自己戴著『中華民國』這個可笑的假面具，到現在還不肯拿掉。自己標榜是『中華民國』，當然被看不起，更沒人甩你。各國稱你為台灣，你卻說是和中國意思完全相同的『中華民國』，這要別的國家如何看得起台灣。如果今天的韓國自稱是『日本民國』或『民主美國』，韓國人也強辯說『這國名和日本或美國並不完全相同』，沒同樣被各國笑死才怪！有誰會看得起他？」

　　曾阿淡：「更糟糕的是，李登輝總統放任外交部長胡志強繼續拿台灣人民的血汗錢，延續蔣中正和蔣經國的做法，收買一些集權專制的極端未開發小國，用來偽裝『中華民國』仍有人承認的假面子。這種只能自己騙自己的事，眞是貽笑國際，自己討來羞辱。」

　　曾吉木：「就像一個被欺壓的佃農，不思自強，卻把衣服漆成金黃色，用來向土豪及士紳們誇示他穿的是金鏤衣，

自以爲面子十足。只會引來他人笑話和更加輕視。今日被欺壓是事實嘛！只要自己堅強，把衣服洗乾淨，穿戴整齊，不卑不亢，努力拍拚，自會贏得眞正的敬重。」

洪阿土：「其實，只要頭腦稍微清楚的人都知道，在國際上『中華民國』是不存在的，沒人承認的。蔣中正父子也自己承認中華民國早被他們玩完了，中華民國只是拿來奴化台灣的羊頭口號。事實就是事實嘛！各國本來就直稱我們是台灣。務實的做法應該是先在國內還原歷史眞相，向世界各國努力說明台灣被奴化的事實與困境，向各國展示台灣在一步步邁向國家正常化的決心。同時和各主要國家努力發展實質關係。如此可建立台灣自己的尊嚴，我們的努力別人看在眼裡，必會受到尊重。」

曾吉木：「可惜，現在又發生了胡志強的『用近億美元買來三天外交關係』之大笑話，被看成是全球十大醜聞之一，各國更看不起台灣了。」

李繼宗：「這種事若發生在正常國家，這樣的外交部長怎敢出門，一出門不被民眾吐的痰淹死才怪。胡志強還能好官自爲，眞是天下奇聞！而台灣人民卻可以平常心接受，眞是駭人。」

曾阿淡：「就是『台灣受虐症候群』的延燒啊！」

洪全示：「這也是會被列爲全球十大醜聞的原因之一。」

日本三井化工業務代表——渡邊先生來高雄與欣阜公司洽商業務。洪阿土是欣阜老闆的朋友，洪阿土應邀參與晚

宴。

渡邊：「你們台灣在選總統，怎麼會有一個叫宋楚瑜的登記參選？」

洪阿土：「渡邊先生，你怎麼知道宋楚瑜這個人？」

渡邊：「洪先生，日本很關心台灣政情，各大報紙都有詳細介紹，很多人也都在談論。」

洪阿土：「渡邊先生的意思是，像宋楚瑜這樣的人，在日本是不可能出來參選的？」

渡邊：「是的。」

洪阿土：「我知道你的意思，但台灣人民的心靈被狠毒地摧殘過，很多人心靈上被扭曲了。請渡邊先生以一個外國人『旁觀者清』的看法，說來讓其他人聽，比我說來會較有說服力。」

渡邊：「宋楚瑜兒子是美國公民，他自己怎麼可以出來選台灣總統？」

朱比易：「他兒子是他兒子，他兒子在美國出生，自然是美國人了。宋楚瑜並非美國公民，怎麼不能選台灣總統？」

渡邊：「因為他兒子是美國公民，宋楚瑜在台灣隨時可以向美國在台協會(地位等同大使館)宣示依親，立即會被視同美國人而受美國保護。一個國家，怎麼可以讓一個隨時會變成外國人的人來當總統？」

朱比易：「他兒子在美國出生也有罪啊？」

渡邊：「宋楚瑜的兒子在美國出生當然無罪。但是，在美國出生的人，並不是自然就是美國人，這一點你們糊塗

了。你們想想看，我兒子若在美國出生，美國能強把我兒子拉去當美國人嗎？不會的。美國法律是這樣的，若人在美國領土出生，是可以申請成爲美國人，不是一定成爲美國人，是必須由父母提出申請的。而宋楚瑜替他兒子申請成爲美國人，他心裡在打什麼主意，路人皆知。」

周水言：「也許當時有當時的考量，也不能拿以前的考量來定他現在的罪啊！」

渡邊：「好吧！雖然這是強辯，那就談現在吧！他現在不是說，他很清廉嗎？說他窮到沒錢幫他母親的廁所裝一扇門嗎？他只要把他穿的西裝賣了，要替他母親的廁所裝三個門都沒問題。自己要穿好的西裝，卻讓母親上廁所沒遮掩，這種人太可惡了。能讓他當一國的總統嗎？」

周水言：「也許是他母親爲了兒子能體面，硬是要兒子省下門錢來買西裝穿。母親疼兒子不是常理嗎？」

渡邊：「唉！你們台灣人還真是強辯得大膽。好吧！你們知不知道，宋楚瑜在美國有五座豪宅？價值數億台幣。一個把數億家產全藏在國外，不在自己國內替母親留一扇門的人，是什麼心態？這種人能選總統嗎？這種人若在日本，不要說選總統，連在街上走都不敢。」

周水言：「爲什麼？」

渡邊：「因爲若在日本，每個人都會向他吐痰，痰會多到把他淹死。」

朱比易：「但他說，若他在美國夏威夷有五座豪宅，他願意立即退出政壇。這是重話，應該不假吧？」

渡邊：「我真奇怪，你們台灣人民很會做生意，怎麼

在政治上會這麼單純無知？這是一點也沒掩飾的移花接木手法，一般是用來騙小孩子的。五座豪宅都在美國本土，夏威夷當然沒有了！」

周水言：「宋楚瑜在美國有五座豪宅，我是有聽說過，但據說是他兒子的，不是他的。」

渡邊：「這就更可笑了，宋楚瑜的兒子宋鎮遠，大學四年級就開始在舊金山購買豪宅，二十多歲就買了價值數億元的五座豪宅。宋鎮遠是比爾蓋茲嗎？他做過什麼工作？做過什麼事業？會有這麼多錢。全球首富——微軟的比爾·蓋茲二十多歲時也沒買過五座豪宅。單人人皆知的，宋楚瑜就匯了一億四千萬到美國。我想，除了部分台灣人民外，世界上大概沒人相信那五座豪宅不是宋楚瑜從台灣人民貪汙所得的一部分。」

朱比易：「但宋楚瑜說，那是某長輩給的。」

魏阜人：「這個內情我知道，當初李登輝繼任總統之後，為了他對蔣經國死前的承諾，批示要宋楚瑜設立中央委員會專戶，存入一億元，用來照顧蔣家遺族。以備將來蔣家有人玩世放蕩而落魄時，能得以救濟，免於淪墮至對外乞討的地步。

宋楚瑜趁機上下其手，拿了四億四千多萬元，而不是李登輝批示的一億元。且是存入宋楚瑜的個人帳戶，而不是設立中央委員會的帳戶。宋楚瑜匯到美國的一億四千萬元，就是從他這個私人帳戶轉出去的。」

渡邊：「對！因為錢來自台灣，所以美國政府沒能徵贈與稅。贈與稅是應在台灣繳的。這麼一大筆錢，會查不出是

從何而來嗎？難道台灣的檢察官與調查人員，每天吃飽了就是在睡覺？應該是在選擇性的時候睡覺吧！」

洪阿土：「好了，大家不要再談台灣的政治了，再談下去，十天也談不完，只會弄得大家心情鬱悶。」

渡邊：「我只是不懂，只是覺得非常奇怪。」

朱比易：「你是說台灣人民非常奇怪？」

渡邊：「不只台灣人民奇怪，我祖父更奇怪。」

洪阿土：「你祖父更奇怪？」

渡邊：「我祖父是鐵路工程師，七十多年前曾在台灣工作十幾年。我小時候，他一直懷念台灣，說台灣山水有多美；台灣人民勤奮、善良、好客、有智慧，又充滿了人性尊嚴。」

洪阿土：「你祖父懷念的是事實，是以前原本的台灣。」

周水言：「你們的意思是說，現在台灣已不美、人民已不勤奮、不善良、不好客、沒智慧、又缺乏人性尊嚴了？」

渡邊：「不是，這些人格特質在台灣民眾都還看得出來，只是看來怪怪的。就像一幅好畫，你沒把它攤平，顯得扭曲，所以看起來怪怪的。不睜大眼睛仔細瞧，你會以為是劣質的贗品。」

洪阿土：「這就是陰狠下的絕世悲慘啊！」

朱比易：「好了啦！阿土，你不是說不要談台灣政治了嗎？那就不要再談了。」

渡邊：「對！談政治對你們而言會有很多無奈。那就來談一項我自己都百思不解的非政治。」

朱比易：「什麼事會令你百思不解？」

渡邊：「你們知道的，我因為工作的關係，常到台灣來。在台灣我最常被問的第一句話是：『請問你會不會說國語？』我是不太會說北京話或台語。但我真的不知道怎麼回答。」

周水言：「你就說『你國語講得不是很好』呀！」

渡邊：「但是，我的國語講得很好呀！」

朱比易：「你剛剛不是說『你的國語不太好』嗎？」

渡邊：「我是說『我的北京話和台語不太好』。我的國語是日語，我日語講得很好啊！」

洪阿土：「渡邊先生，這就是我對你說過的『台灣受虐症候群』之一啊！」

渡邊：「洪先生，你是說過。但是，我還是不太能理解。為什麼你心裡明白，而我見過的其他台灣人民沒有一個人明白呢？」

朱比易：「你們到底在說什麼？」

渡邊：「朱先生，你知道嗎？所謂的國語是普通名詞，也是集合名詞，並不是專有名詞。」

朱比易：「你說什麼普通名詞？集合名詞？專有名詞？」

渡邊：「國語是指一個國家的人民所使用的各種語言，是形容式的名詞，非語言名稱，當然不是專有名詞。」

朱比易：「我沒聽懂，國語就是國語嘛！怎麼不是語言名稱？」

周水言：「我也沒聽懂！」

渡邊：「你們知道西班牙語也是美國國語之一嗎？」

朱比易：「美國的國語不是英語嗎？」

渡邊：「你問對了，英語是美國數種國語中的主要官方語言。你會不會問一個來台灣的美國人說：『請問你會講國語嗎？』」

朱比易：「會呀！因爲我英語講得不好。」

渡邊：「既然你認爲美國的國語是英語，你怎麼還問他『你會不會講國語？』？」

朱比易：「……？……？……？」

周水言：「……？……？……？」

洪阿土：「對不起，渡邊先生。台灣人民從小就受『有政治陰謀的威權教育』，要聽話、要背書、禁止理性思考與質疑，所以一般台灣民眾一下子頭腦轉不過來的。」

周水言：「你說什麼？你們是罵人囉？」周水言與朱比易生氣地拍桌離去。

渡邊：「怎麼啦？洪先生。」

洪阿土：「對不起，是我剛才心直口快，惹他們生氣了。我忘了一般台灣民眾是聽不進去的。一般台灣民眾在陰謀統治的扭曲下，在國家觀念與文化層面上習慣了『先入爲主的呆奴式生活與思想』的精神模式，故不自覺而習慣。更慘的是，現在已習慣成自然，很難一下子恢復理性思考與自省的本能。讓渡邊先生見笑了。」

渡邊：「我對台灣有一點瞭解，沒關係的。只是怎麼只有你特別清醒與明白呢？」

洪阿土：「我沒什麼特別，只是因爲我在鄉村長大，與

我一起鄉村長大的幾個朋友都沒有被呆奴化。我們父母都是樸實農夫，敬天地而重萬物，盡本分而惜福報，要子孫多學廣知而不求聞達。所以我們幾個朋友在中、小學的受威權教育階段，並未全心全意專注於學校的唸書，也因而未受外來政權『奴化思想』教育的影響。」

渡邊：「你說你們自幼未全心全意於學校的唸書，但我看你專業學精，又博學多聞，怎麼可能？」

洪阿土：「我和我的幾個朋友也許是相互影響的關係，讀書是為求知而不是求聞達，沒有對著『標準教科書』埋頭苦讀，所以在標準學程的標準化考試中，從未有過亮眼的成績。但閒時則多各據認知來一起討論，所以求知、識理的慾望不低，在標準化的考試中還能保持在中等的表現，但從未名列前茅。」

渡邊：「但是，在今天台灣社會所看到的檯面上人士中，為什麼我似乎看不到像你們一樣心靈清明，又能理性思考的人呢？」

洪阿土：「那是因為在這種特意陰狠設計的『標準教科書』與『標準化教育』環境下，你所看到的檯面上人士，都是在學校認真讀書，心無旁鶩，經過考試有好成績才脫穎而出，呆奴化的影響必深。雖知抗暴，但心靈上一時無法完全康復的。其實，心靈仍維持清明本質，又留有理性思考能力的台灣民眾不在少數。只是在這種扭曲的大環境中，都被擠到晦暗角落，浮不出檯面罷了。」

「台灣血液之母」林媽利教授，二十年台灣族群研究總結之作

緊急再版！

前衛出版
隆重鉅獻

我們流著不同的血液：以血型、基因的科學證據揭開台灣各族群身世之謎

DNA不會說謊，它清楚明白地告訴我們：

1. **85%的「台灣人」（閩南人及客家人）帶有台灣原住民的血緣：** 這一結論確認了先前其他學者從史料文獻、地名、諺語、風俗習慣等的推論，即大部分「台灣人」都是「漢化番」的後代。

2. **「唐山公」是中國東南沿海的原住民—越族：** 也就是說，四百年來陸續渡海來台的「台灣人」祖先，根本就不是族譜所誤載的正統中原漢人，而是一群群被漢化的越族後代。

3. **平埔族沒有消失，只是溶入「台灣人」之中：** 平埔族雖大多已漢化，但從血緣看，平埔族並未消失。

4. **異質多元的高山原住民：** 台灣高山族的語言雖同屬南島語言，但他們卻具有不同的體質，應該是在不同時間，從東南亞島嶼及東南亞等不同遷移途徑落腳台灣，然後互相隔離千年。

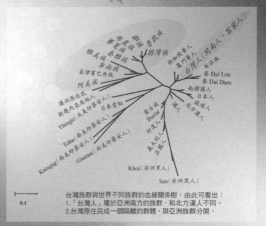

台灣族群與世界不同族群的血緣關係樹，由此可看出：
1.「台灣人」屬於亞洲南方的族群，和北方漢人不同。
2.台灣原住民成一個隔離的群體，與亞洲族群分開。

【關於作者】林媽利教授

前馬偕醫院輸血醫學研究室主任，國際知名的血型專家、分子人類學家，生涯發表的英文期刊論文超過160篇，學術研討會摘要超過200篇。名列「世界名人錄」、「科學及工程世界名人錄」、「醫學及生物世界名人錄」。曾獲得聯合國教科文組織推薦，成為台灣第一位入圍「Helena Rubinstein獎」的傑出女性科學家。被天下雜誌評選為「台灣最具影響力的兩百人」。

林媽利教授長期從事輸血醫學的研究，是台灣輸血醫學能躍上國際舞台的重要推手。早期因研究台灣人的特殊血型，及建立台灣捐、輸血制度等重要成就，被尊稱為「台灣血液之母」。近20年來，她轉而投入台灣族群的研究，對閩南、客家、平埔、高山等族群做全面性的研究及分析，對台灣各族群的尋根溯源做出前所未有的巨大貢獻。

台灣經典寶庫 **4**

封藏百餘年文獻
重現台灣

Formosa and Its Inhabitants

密西根大學教授
J. B. Steere（史蒂瑞） 原著

美麗島受刑人 **林弘宣** 譯

中研院院士 **李壬癸** 校註

2009.12 前衛出版　312頁　定價 300元

> 本書以其翔實記錄，有助於
> 我們瞭解19世紀下半、日本人治台
> 之前台灣島民的實際狀況，對於台灣的史學、
> 人類學、博物學都有很高的參考價值。
>
> ——中研院院士 **李壬癸**

◎本書英文原稿於1878年即已完成，卻一直被封存在密西根大學的博物館，直
　到最近，才被密大教授和中研院院士李壬癸挖掘出來。本書是首度問世的漢譯
　本，特請李壬癸院士親自校註，並搜羅近百張反映當時台灣狀況的珍貴相片及
　版畫，具有相當高的可讀性。

◎1873年，Steere親身踏查台灣，走訪各地平埔族、福佬人、客家人及部分高山
　族，以生動趣味的筆調，記述19世紀下半的台灣原貌，及史上西洋人在台灣的
　探險紀事，為後世留下這部不朽的珍貴經典。

回憶在滿大人、海賊與「獵頭番」間的激盪歲月

Pioneering in Formosa

歷險
台灣經典寶庫5
福爾摩沙

W. A. Pickering
(必麒麟) 原著

陳逸君 譯述 ｜ 劉還月 導讀

19世紀最著名的「台灣通」
野蠻、危險又生氣勃勃的福爾摩沙

Recollections of Adventures among Mandarins,
Wreckers, & Head-hunting Savages

前衛出版
AVANGUARD

國家圖書館出版品預行編目資料

台灣受虐症候群 / 埔農著 . -- 台北市：前衛，
2012.07
　　上冊；15×21公分
　　ISBN 978-957-801-688-0（上冊：精裝）.--
　　ISBN 978-957-801-689-7（下冊：精裝）.--
　　ISBN 978-957-801-690-3（全套：精裝）

　1. 台灣史　2. 台灣政治

733.23　　　　　　　　　　101010885

台灣受虐症候群（上）台灣受虐症候群的煉製

作　　者　埔　農
責任編輯　鄭美珠
美術編輯　趙美惠
出 版 者　前衛出版社
　　　　　10468 台北市中山區農安街 153 號 4F 之 3
　　　　　Tel：02-2586-5708　Fax：02-2586-3758
　　　　　郵撥帳號：05625551
　　　　　e-mail：a4791@ms15.hinet.net
　　　　　http://www.avanguard.com.tw
出版總監　林文欽
法律顧問　南國春秋法律事務所林峰正律師
總 經 銷　紅螞蟻圖書有限公司
　　　　　台北市內湖舊宗路二段 121 巷 28、32 號 4 樓
　　　　　Tel：02-2795-3656　Fax：02-2795-4100
出版日期　2012年7月初版一刷
　　　　　2013年8月初版三刷
定　　價　新台幣 500 元

*「前衛本土網」http://www.avanguard.com.tw
*加入前衛facebook，上網搜尋"前衛出版社"並按讚。
⊙更多書籍、活動資訊請上網輸入"前衛出版"或"草根出版"。